群体冲突的逻辑

群体冲突的逻辑

[美] 拉塞尔·哈丁 著　刘春荣　汤艳文 译

世纪出版集团　上海人民出版社

出 版 说 明

自中西文明发生碰撞以来，百余年的中国现代文化建设即无可避免地担负起双重使命。梳理和探究西方文明的根源及脉络，已成为我们理解并提升自身要义的借镜，整理和传承中国文明的传统，更是我们实现并弘扬自身价值的根本。此二者的交汇，乃是塑造现代中国之精神品格的必由进路。世纪出版集团倾力编辑世纪人文系列丛书之宗旨亦在于此。

世纪人文系列丛书包涵"世纪文库"、"世纪前沿"、"袖珍经典"、"大学经典"及"开放人文"五个界面，各成系列，相得益彰。

"厘清西方思想脉络，更新中国学术传统"，为"世纪文库"之编辑指针。文库分为中西两大书系。中学书系由清末民初开始，全面整理中国近现代以来的学术著作，以期为今人反思现代中国的社会和精神处境铺建思考的进阶；西学书系旨在从西方文明的整体进程出发，系统译介自古希腊罗马以降的经典文献，借此展现西方思想传统的生发流变过程，从而为我们返回现代中国之核心问题奠定坚实的文本基础。与之呼应，"世纪前沿"着重关注二战以来全球范围内学术思想的重要论题与最新进展，展示各学科领域的新近成果和当代文化思潮演化的各种向度。"袖珍经典"则以相对简约的形式，收录名家大师们在体裁和风格上独具特色的经典作品，阐幽发微，意趣兼得。

遵循现代人文教育和公民教育的理念，秉承"通达民情，化育人心"的中国传统教育精神，"大学经典"依据中西文明传统的知识谱系及其价值内涵，将人类历史上具有人文内涵的经典作品编辑成为大学教育的基础读本，应时代所需，顺时势所趋，为塑造现代中国人的人文素养、公民意识和国家精神倾力尽心。"开放人文"旨在提供全景式的人文阅读平台，从文学、历史、艺术、科学等多个面向调动读者的阅读愉悦，寓学于乐，寓乐于心，为广大读者陶冶心性，培植情操。

"大学之道，在明明德，在新民，在止于至善"（《大学》）。温古知今，止于至善，是人类得以理解生命价值的人文情怀，亦是文明得以传承和发展的精神契机。欲实现中华民族的伟大复兴，必先培育中华民族的文化精神；由此，我们深知现代中国出版人的职责所在，以我之不懈努力，做一代又一代中国人的文化脊梁。

上海世纪出版集团

世纪人文系列丛书编辑委员会

2005年1月

群体冲突的逻辑

目录

译者前言
重新理解群体冲突

一个群体认同的幽灵，正在现代政治与社会生活中徘徊。

在许多社会科学家看来，在现代化进程中，族群和群体在社会政治生活中的重要性会趋于弱化：小的社会政治单位让位于大尺度的现代科层国家，人们的群体认同和文化差异也会随之淡化。然而，事实却似乎与此相悖。冷战结束之后，关注"国家缔造"的学者和政治家们，一再痛感群体认同的作祟魔力。有别于马克思年代的阶级政治，这恰恰是一个族群动员勃兴、国家认同面临挑战的时代：身份认同引发的暴力冲突和治理困局似乎有增无减，结党营私、以邻为壑的"巴尔干化"现象屡见不鲜。群体冲突加剧了政治的碎片化和国家失败，间歇式暴力和独立运动构成了主权治理中最为棘手的挑战之一。在这方面，北爱尔兰、魁北克、卢旺达和科索沃的故事或许只是更具戏剧性的例子罢了。

当代的群体冲突方兴未艾，对其性质、根源及防控机制的研究因此具有了前所未有的迫切性。规范主义和经验主义的社会科学均对群体认同的政治作了大量的探究，理论学说纷呈。在经验研究中，这个研究产业可以择要区分为两个理论主题：一是个体的群体认同的形成机制——群体认同的根源何在？个体究竟是如何产生或建构一定的群体忠诚或共同体想象的？什么因素以何种方式促成了族群认同（包括民族主义）？与此相联系，人们是如何决定忠诚（大、小共同体）的重要性次序的？二是群体认同的社会政治效应——群体认同是如何实现政治化或者去政治化的？强大的群体内部认同是否以及如何导致各种形式的群体间冲突（包括战争乃至种族清洗）？相应地，族群间的外部竞争和冲突是否以及如何影响群体的内部认同和参与行动过程？ 这些不仅是困扰着民族建构者的现实问题，也是比较政治和政治行为研究中经久不衰的理论议题。

在卡尔·多伊奇（Karl Deutsch）、欧内斯特·盖尔纳（Ernest Gellner）、埃里克·霍布斯鲍姆（Eric Hobsbawm）以及本尼迪克特·安德森（Benedict Anderson）等人的经典作品中，群体身份或认同构建的问题是一种现代现象。 这些学者倾向于把族群乃至民族意识的形成视为现代化过程的一种社会政治反应。 他们广泛认识到，当代的族群暴力与一定的社会政治结构因素有关。 比如，在封建社会中，由于缺乏普遍而有效的国家渗透，血亲属性成为社会行动的主要基础之一，个体间的纠纷或者是哪怕对个体的羞辱也因此具有内在的集体对抗性质。[1] 在晚近的比较政治研究中，政治学家们复兴了早期的"交叉分裂"（cross-cutting cleavage）概念并用它来理解群体冲突的结构根源。 埃里克·诺德林格（Eric Nordlinger）指出，交叉分裂能够帮助缓和并规制冲突，这恐怕是最受美国政治家广泛认可的一个命题：如果个体面临着交叉性的压力，那么他或她的社会政治行动必将是相对温和的。[2] 亦如阿马蒂亚·森（Amartya Sen）之洞察：一旦人际关系被定义为一种单一的群体间关系，而完全忽略同一个人与其他群体的联系，那么人就被"渺小化"了。 换言之，一旦人被填塞到一个个"小盒子"之中，冲突与暴力就在所难免。[3]

然而，特定的社会政治结构不必然导致群体的冲突，正如我们不能想当然地认为对群体利益的识别、认同的构建就必然导致群体的冲突行动。 群体认同及其行动本质上是一种集体行动，若非克服或者超越集体行动的困境，群体间的冲突与合作便难以达成。 在这个理路上，拉塞尔·哈丁（Russel Hardin）的《群体冲突的逻辑》为我们展示了一个堪称经典的分析工作。 作者把族群冲突现象表述为这样的命题：群体认同可以为个体带来私利，包括控制组织的权力、获得再分配资源，以及认识论上的家园舒适感。 因此，群体认同能够深得个体动机的强力驱动而得以维持；同时，在特定的协作游戏规则的支配下，群体认同能够超越集体行动的逻辑，酿成群体的集体动员和暴力冲突。根据工具理性主义（instrumental-rational）的立论，本书不仅鲜明地颠覆了传统的文化决定论的观点——后者倾向于将群体认同看成原生性的或非理性的文化现象，而且有力地批驳了当代社群主义的理论迷思。[4]

　　哈丁并非理性主义理论的首倡者，但是他对群体认同的理性主义之辩护也许是最为强劲的。[5]为了辨识群体冲突的逻辑，作者首先区分了社会互动的基础结构和权力的来源：依赖协作权力的群体能够爆发出非同寻常的力量，这与其他那些依靠资源或交换权力的组织殊为不同。在他看来，群体认同和冲突并非某种一般的仰赖资源或交易的集体行动，而毋宁是一种协作游戏，这种博弈与囚徒博弈不同，它能够让每一方主体都能够获益而不以损害他人的利益为前提——驾驶规则即是如此，它对于游戏者而言是"互惠"而非"互损"。正因为如此，人们为了更大的权力而进行协作是可能的。其次，作者讨论了两种基本的规范：排他性规范和普世性规范，并检视它们与群体协作行动的契合关系。排他性规范或差别性规范能够被自我利益所强化。以历史上贵族决斗规范为典型，此类规范所内含的集体利益，能够促成个体为之进行合作，从而克服集体行动的困境；普世性规范也能发挥调控作用，条件是它嵌入二元关系以及小规模的社会互动关系，从而为个体的自我利益所强化。此外，普世性规范也能够通过被扭曲的自我利益而得到强化。建基于常识认识论及上述理论推导，作者富有技巧地揆诸历史上的和文学作品中的复仇、仇杀现象以及当代的重大族群冲突事件，深入地论证理性的个体（包括族群认同的跟随者以及具有克里斯玛权威的领袖）如何利用群体间的竞争和冲突去动员资源并达成自己的利益，这也就从微观基础上解释了群体认同是如何演化为暴力冲突的。

　　如此一来，当代的社群主义道德理论及其所尊崇的社群团结似乎就不具备规范上的正当性了。在本书的最后两部分，作者展开了对社群主义的智识批判。根据社群主义者的立场，一个人的知识很大程度上是由社会决定的，因此，社群决定了个体社会成员对现实的知识和道德准则的认识论解释，定义了成员行为对错的标准，个体成员如若不合群，就往往会出现道德上的沦落。毫无疑问，当代政治理论中的这种道德主张是对普世主义的强有力的反动。而在哈丁看来，社群主义的道德论证毋宁是一种"群体唯我论"，它存在着内部推论的难题。从现实中看，诸如族群这样的"想象的共同体"的动员所造成的伤害要远远超过可能的收益；尽管"群体唯我主义者"的族群行动偶尔会产生一些善，带来某种好处，但它却是现代文明的巨大灾难的重要肇因之一。在解构原生论和社群主义观点的过程中，哈丁的斯密式的个体主义和理性主义的规范立场进一步得以呈现：个体为自利而奋斗，这将削弱群体或组织所产生的激励，从而避免社会被毁掉的命运（反过来说，即是有助于社会的公共福祉）。

在集体行为的研究中，理性选择是最具渗透力的理论之一，它不仅意图揭示群体冲突的根源，也在一定程度上解释群体合作的动力机制。[6]不过，一如人们对理性选择理论的批判，哈丁在本书中的理论预设和观点也引发了各种困惑和质疑：比如，协作博弈是如何形成的？它得以运作的条件是什么？考虑到信息不对称和个体认知能力的限制问题（尤其是在大规模的想象的政治共同体中），个体究竟如何可能计算认同选择的收益（包括认识论上的舒适感），并获得他人协作（或者不协作）行为的信息或信号？为什么在参与成本或者风险很高的情况下，依然有人执意强化群体认同并为之赴汤蹈火？理性选择是否可以解释所有群体价值的形成和演化？是否所有的群体冲突都是建基于协作权力且规避了个体的搭便车困境和囚徒困境？为何事关认同的动员可以典型地概念化为一种协作博弈，而其他类型的动员（比如阶级动员）则面对着搭便车的困境？群体认同和其他认同的相关性和相对重要性是怎样的？如此等等。[7]显然，作者对相关问题作了澄清和辩护，然而有些问题似乎是工具理性主义立场本身所难以克服的。

秉持哈丁式的理性主义立场，人们在多大程度上能够重新理解群体认同和群体暴力的根源并予以预防和有效管制呢？　本书并没有给出避免党同伐异、解决群体暴力的具体处方，但却勾勒出自由主义、多元主义、普世主义等各派理论的主张，发人深省。　在比较政治研究中，学者们热衷于讨论阿伦·李帕特（Arend Lijphart）所谓的"协和主义"（consociationalism）或权力分享（power sharing），以及权力下放（decentralization）、权力切分（power dividing）乃至各种选举规则的功效，实际上，究竟怎样的政治代表和政党制度有助于冷却、表达、平衡并弥合社会分歧，其中的争议亦从未平息。[8]在我们看来，要形成更为平衡的、动态的理论，还需要创造性地把行动者因素、历史与情境因素和制度结构因素（包括地方性因素）加以辨别和贯通：群体认同具有某种原生性，但是只有在特定的社会结构和情境因素下（比如控制政权的机会结构增大或者群体面临的集体威胁增加），并且经由领袖或精英的动员才成功地实现动员并引发群体间的冲突；特定的制度和机制也许只能在某种历史-社会-文化场景中才能奏效。　或许只有认识到这种权变的、动态的因果关系，创造和维系群体间和谐关系的工作才能寻获合用且有效的制度设计和解决方案。[9]

　　在更为抽象和基要的意义上，一个完美的道德论证和制度设计也许终究是难以企及的，其中不仅仅有理性的限度问题，而且也有推理的悖论：一方面，善的政治形态需要某种群体政治和结社过程，但是理性的个体张扬某些群体身份或者共通纽带（communal ties），却难以避免地与自我利益以及认识论局限有关，结果是在很大程度上酿成了排他性和敌对政治，从而损害了共同体的善。　另一方面，在多元族群的政治现实中，只要国家控制大量的资源，它就会持续性地面临着族群政治的威胁；然而，如果国家不掌握一定的资源和能力，一旦领导力式微，就有可能陷入某种"霍布斯状态"。　放任族群对权力的竞逐不啻打开潘多拉之盒，势必给政治社会秩序造成困局甚至灾难。[10]

　　本书主要以苏联、东欧和非洲地区的群体认同与冲突为主要讨论题材，兼顾北美西欧的社会政治秩序问题，同时也提及中国改革之后的政治经验。无论如何，群体动员与中国政治社会的相关性是不言而喻的。中国是一个有着丰富的族群历史多样性的国家或文明体系。在现代化过程中，语言、宗教、生活方式的差异给现代民族国家构建提供了巨大的挑战。当然，在中国的古典和当代治理理念中，预防、管制和处理族群冲突的思想资源和制度安排也是十分丰富的。[11]改革开放以来，族群（或者更为广义的群体）动员及群体间关系的治理持续性地成为国家统一和社会安定的核心议题。一个晚近的相关例子是在"一国两制"背景下的香港人的认同动员：围绕着"双非孕妇"等问题，甚至出现了排斥大陆同胞的"蝗虫论"，这一现象的性质及其形成机制是值得深思的。不用说，市场转型、城乡关系和代际关系的剧烈变动，也带来了新的认同问题——户籍和身份的差别系统性地导致了社会分层和群体区分。除了深受国家制度安排的影响，群体认同和群体动员的政治在全球化、新技术革命，尤其是社交媒体迅猛发展的背景下获得了新的发展动力。要理解此类现象的性质、动力及其前景，哈丁的理性主义视角，包括他对社群主义的批判，均富含想象力和启发性，具有重要的理论参考与对话价值。

作为一种跨文化的沟通，翻译这本著作对我们而言不啻一次充满着好奇与困惑、欢乐与惊险的旅程。本书所涉及的知识面极为宽阔，尽管其理论主张可能难以赢得普遍共识，但作者的缜密推理、对史实和文学的娴熟料理和雅致的文笔却十分值得激赏。在翻译过程中，我们的词语难免是短缺的（有时候是冗余的），理解力难免是有所不逮的（有时候是过度阐释的）。需要说明的是，原著的主标题之英文为 One for All，富有理性主义的旨趣，或许可以理解为"结群营私"。几经斟酌，我们终觉得这样的翻译是隔靴搔痒的，故而在中译本中直取其副标题"群体冲突的逻辑"。译本中的纰漏之责理当归于我们，有不当之处，盼望读者多予以指教。

在这里，除了向作者拉塞尔·哈丁教授致敬，我们要感谢学界的诸多良师益友，在集体行动和群体认同等问题上，他们的思考令我们深受启发。　我们还要感谢上海人民出版社的潘丹榕女士以及本书的编辑周丹女士，她们为这本书的翻译过程付出了极大的耐心，她们的专业精神令人敬佩。　借用哈丁的话，我们之间的合作是"超理性"的。

在当代社会政治生活中，群体、群体认同与基于群体认同的社会行动愈见活跃，非但直接影响个体行为，而且持续地塑造公共政策、制度结构乃至文化观念的变迁。　至少在这一点上，相信读者们和译者是有同感的。　有了这样的同感，人们就可以开始对这本书的阅读之旅并从中受益。　倘若本书的中译本能够积极地增益我国学界对这种力量的理解与反思，那么这将令我们感到十分欣慰。

刘春荣　汤艳文

注 释

〔1〕除了本书作者援引的相关作品，还可以参见 Jacob Black-Michaud, *Cohesive Force: Feud in the Mediterranean and the Middle East* (New York: St. Martin's Press, 1975); 以及 Christopher Boehm, *Blood Revenge: The Enactment and Management of Revenge in Montenegro and Other Tribal Societies* (Philadelphia, PA: University of Pennsylvania Press, 1987)。

〔2〕Eric A. Nordlinger, *Conflict Regulation in Divided Societies* (Cambridge, Mass.: Center for International Affairs, Harvard University, 1972).

〔3〕阿马蒂亚·森:《身份与暴力——命运的幻象》，李风华等译，北京:中国人民大学出版社 2009 年版。

〔4〕关于文化解释，可以进一步参见 Donald L. Horowitz, *Ethnic Groups in Conflict* (Berkeley: University of California Press, 1985); Robert D. Kaplan, *Balkan Ghosts: A Journey through History* (New York: St. Martin's Press, 1993); 以及 Robert A. LeVine and Campbell T. Donald, *Ethnocentrism: Theories of Conflict, Ethnic Attitudes, and Group Behavior* (New York: Wiley, 1972)。

〔5〕循理性主义视角研究冲突政治行为的文献甚多，比如 Steven E. Finkel and Edward N. Muller, "Rational Choice and the Dynamics of Collective Political Action: Evaluating Alternative Models with Panel Data," *American Political Science Review*, Vol. 92, No. 1(1998):37—49; Edward N. Muller & Karl-Dieter Opp, "Rational Choice and Rebellious Action," *American Political Science Review*, Vol. 80, No. 2(1986):471—487; Mark Lichbach, *The Rebel's Dilemma* (Ann Arbor: University of Michigan Press, 1995); 以及 James D. Fearson, "Rationalist Explanations for War," *International Organization*, Vol. 49, No. 3(Summer 1995):379—414。

〔6〕事实上，在加拿大，法语社群和英语社群的冲突持续发酵，而在比利时和瑞士的社会政治生活中，族群关系却甚为和睦。　理性选择在一定意义上也解释了群体间合作关系的逻辑，可以参见 James D. Fearon and David D. Laitin, "Explaining Interethnic Cooperation," *American Political Science Review*, Vol. 90, No. 4(December 1996):715—735。

〔7〕哈丁出色地分析了群体边缘面的行动结构，但是边缘面上的个体流动在本质上也

许不仅具有群体性，而且也具有阶级性。 社会分层的研究表明，一个少数族群的成员散布到整个社会经济政治体系之中，较高层级的个体成员的地位总是与其族群身份相关的，参见马丁·麦格：《族群社会学》，祖力亚提·司马义译，华夏出版社 2007 年版，第56 页。

[8] 这方面的思想至少可以追溯到《联邦党人文集》。 詹姆斯·麦迪逊（James Madison）把让选民决定政府管理权力视为解决"派系"问题的制度安排，这持续地启发着后续的群体政治研究，可参考 Arend Lijphart, *Democracy in Plural Societies*(New Haven：Yale University Press, 1977)； Seymour M. Lipset and Rokkan Stein, eds., *Party Systems and Voter Alignments*(New York：Free Press, 1967). Horowitz, *Ethnic Groups in Conflict*；Eric Nordlinger, *Conflict Regulation in Divided Societies*； Timothy Sisk, *Power Sharing and International Mediation in Ethnic Conflicts*(Washington, DC：United States Institute of Peace, 1996)；以及 Dawn Brancati, "Decentralization：Fueling the Fire or Dampening the Flames of Ethnic Conflict," *International Organization*, 60（2006）：651—685。

[9] 诸如战争和危机状态这样的情境因素对于民族认同的强化影响是显而易见的。在其对前苏联各加盟共和国公民认同转变的研究中，戴维·莱廷（David Laitin）发现，社群中其他成员的行动构成了民族认同选择的重要情境因素，参见 David Laitin, *Identity in Formation*(Ithaca：Cornell University Press, 1998)。 关于综合因素的考量，可参见罗杰·V.古尔德（Roger V. Gould）对科西嘉社会秩序的精彩研究：Roger V. Gould, "Collective Violence and Group Solidarity：Evidence from a Feuding Society," *American Sociological Review*, Vol.64, No.3(1999)：356—380。

[10] 巴里·R.波森（Barry R. Posen）率先把国际政治中的"安全困境"用于分析国内族群竞逐政治权力所产生的安全悖论，参见 Barry R. Posen, "The Security Dilemma and Ethnic Conflict," *Survival*, 35（1993）：27—47。 亦参见 Stephen M. Saideman, "Is Pandora's Box Half-empty or Half-full?" In David A. Lake and Donald Rothchild, eds., *Ethnic conflict：Fear, Diffusion, Escalation*(Princeton, NJ：Princeton University Press, 1998), pp.127—150。

[11] 比如，费孝通先生以"多元一体"概括中华民族的性质，并分析其历史起源与演化过程。 他指出："中华民族的统一体之中存在着多层次的多元格局。"在民族区域自治法的框架下，还必须有民族间团结互助的具体措施，不能"放任各民族在不同的起点上自由竞争"；而"一个社会越富裕，这个社会里成员发展其个性的机会也越多"。 参见《中华民族的多元一体格局》，载《费孝通文集》（第十一卷），群言出版社 1999 年版，第 381—491 页。 这契合了他后来倡导的"各美其美、美人之美，美美与共、天下大同"的和谐思想。

前　言

多年前，我参加了一个关于民族主义和族群认同的会议。 会议一开始，大家都得进行自我介绍。 我一马当先，讲了自己的学术工作单位、研究兴趣以及我开展族群问题研究的缘起。 我后面的那个人讲述了他自己的族群身份，他还建议我们以相同的方式进行自我介绍，因为大家势必各有其强烈的群体认同。 他十分确信的一点是，所有在场的人都不只有美国人一种身份——这种身份在他看来乃是一种"空洞的类属"。 于是，每个人都亮出了自己的族群身份。 不出所料，众人皆展示出强烈的族群归属感，比如法裔美国人、亚美尼亚裔美国人、不太愿意归化美国的南非裔美国白人、犹太裔美国人以及俄罗斯流亡者等等，他们中有相当一部分人是在北美之外出生的，或者是在美国出生的第一代。 一轮过后，我被要求讲述我自己的故事。 而我所能说的，充其量是把自己当成美国人，属于所谓的"空洞的类属"。 我过去所拥有的一切和传承都融成了一种混沌状态，既难以辨析也不具有鼓动性。我能实在地感受到的，大致只有学术上的认同。 即便是这种认同也是分化的——我几乎总是兼顾规范性和经验性，并因此和我的同事争辩不休。但是，在那个会议上，我两次成为局外人——在这些乐享其族群身份的人面前，我甚至显得格格不入。

有人或许认为，人们对自己的族群传记的描述是大不相同的。 大多数群体都在真诚地讲述他们是谁的故事。 我讲述的是我自己的认同故事。 埃里克·埃里克森(Erik Erikson)认定，认同乃是身份的核心问题——问题在于什么东西在激励着你，而非你有怎样的性格。 对此，我和埃里克森的观点是一致的。 而且在根本上，至少就"自我是被文

1

化或者族群所决定的"这一点而言，我所认同的是加纳什·奥贝赛克拉（Gananth Obeyesekere）所说的佛家的无我状态（这是否也是一种所谓的"空洞的类属"？），至少是到了通过文化或种族认定自我的程度。 也许有人会说，另外一些人可能也是真的在讲述他们的身份，但他们只是给出了客观理解。 我认为那种说法是错误的。 其实，那些人也真诚表达了他们的认同对象，他们只是切实地认同着其生活中与族群相关的内容。

《群体冲突的逻辑》这本书试图去理解我们这个时代的群体影响力。 依其在现实政治中的分量，族群构成了一种主要的利益团体，它们具有惊人的多样性和复杂性，它们卷入了那些支配着我们整个社会生活的冲突状态。 研究这一问题的实际意义自不待言。 此外，有人认为此类组织不该出现，而个体应当从群体的劳作中抽身引退，出于这点考虑而进行族群研究，对这样的判断和理论旨趣，我只能用"肤浅"二字予以形容。 个体为何如此乐意且自愿地分担群体的负担，以至于群体把自己凌驾于个体成员之上，这才是理论研究的奥妙所在。

在某次芝加哥大学的"加里·贝克尔-詹姆斯·科尔曼"研讨会上，我报告了本书的一些内容，一再提及克罗地亚人和阿塞拜疆人之间曾经不为人知的冲突。 我的一位同事戴维·莱廷（David Laitin）纠正了我的认识，他说这两个地方相距一千英里之多。 另外一位同事斯蒂芬·斯蒂格勒（Stephen Stigler）插话进来："不过，戴维，你只是在进行族群冲突的四分之一决赛，而在这个领域拉塞尔已经在期许他的超级杯了。"斯蒂格勒急中生智，却不经意泄露了一个幽暗面。 唉，群体认同通常就是能够把一个幽暗观点加以合理化。

致 谢

我要特别感谢加里·S.贝克尔(Gary S. Becker),詹姆斯·S.科尔曼(James S. Coleman)和罗伯特·K.默顿(Robert K. Merton),他们自始至终地影响了本书的立论,他们的一些观点融汇于本书之中,甚至连他们自己都难以辨析。也许他们最大的影响力在于提供了一种不断进行探求和质疑的模式。在拉塞尔·塞奇(Russell Sage)基金会的一个悠闲的周三午餐会后,默顿鞭策我思考一个问题:黑人把"黑鬼"(nigger)这个脏词变成惹人爱慕的说法,这该作何解释? 这个问题强有力地教促我对规范问题进行重新把脉和理解。于是,对第四章和第五章的修改有了一种茅塞顿开的感觉,这两章的写作亦得益于塞奇基金会的每日午餐会。那里的午餐会也是本书的民族志材料和信息的主要来源,比起那标价5英镑的食物,这不啻是一种"超值享受"。在离开芝加哥多年以后,我对本书的写作(包括我晚近的其他研究)还是一直得到了来自保罗·布伦(Paul Bullen)的富有创意的研究协助。

本书的观点得益于许多学界同仁的讨论。我感谢理查德·阿尼森(Richard Arneson),罗伯特·博纳齐(Robert Bonazzi),阿尔伯特·布雷顿(Albert Breton),尤瑟夫·科恩(Youseff Cohen),安妮·科恩-索拉尔(Annie Cohen-Solal),戴维·科普(David Copp),英格丽德·克雷佩尔(Ingrid Creppell),南希·坎尼夫(Nancy Cuniff),德博拉·戴蒙德(Deborah Diamond),杰尔拉德·德沃金(Gerald Dworkin),哈斯克尔·费恩(Haskell Fain),乔治·弗莱彻(George Fletcher),温迪·戈登(Wendy Gordon),吉尔伯特·哈曼(Gilbert Harman),已故的格雷戈里·卡夫卡(Gregory Kavka),帕特里夏·费尔南德斯·凯莉(Patricia

1

Fernandez Kelly),刘易斯·A.科恩豪斯(Lewis A. Kornhauser),玛丽·克莱尔·莱农(Mary Clare Lennon),亚历杭德罗·波特斯(Alejandro Portes),舍温·罗森(Sherwin Rosen),萨拉·罗森菲尔德(Sarah Rosenfield),萨斯奇雅·萨森(Saskia Sassen),约翰·肖尔茨(John Scholz),巴特·舒尔茨(Bart Schultz),理查德·森尼特(Richard Sennett),米尔顿·辛格(Milton Singer),弗里茨·斯特恩(Fritz Stern),查尔斯·泰勒(Charles Taylor),罗恩·温特罗布(Ron Wintrobe),以及埃里克·万纳(Eric Wanner),以及不计其数的会议讨论者。我也感谢来自许多学者的书面评论,他们是安德鲁·奥斯汀(Andrew Austin),加里·贝克尔(Gary Becker),让-皮埃尔·贝努瓦(Jean-Pierre Benoit),保罗·布伦(Paul Bullen),乔·卡伦斯(Joe Carens),约瑟夫·科洛默(Josep Colomer),费尔南多·科罗尼尔(Fernando Coronil),吉姆·费伦(Jim Fearon),詹姆斯·W.费尔南德斯(James W. Fernandez),罗伯特·古丁(Robert Goodin),卡萝尔·海默(Carol Heimer),威尔·金里卡(Will Kymlicka),戴维·莱廷(David Laitin),玛格丽特·利瓦伊(Margaret Levi),罗伯特·默顿(Robert Merton),唐纳德·穆恩(Donald Moon),巴特·舒尔茨(Bart Schultz),邓肯·斯奈德尔(Duncan Snidal),以及保罗·斯特恩(Paul Stern)。

本书的部分内容曾经在许多大学和研究机构举办的研讨会上做过报告,包括密歇根大学、华盛顿大学、科罗拉多大学、墨尔本大学、澳大利亚国立大学、加州理工学院、南加州大学法律研究中心,法国的应用认识论研究中心(CREA, the Centre de Recherche en Epistemologie Appliquee)、巴黎综合理工学院(Ecole Polytechnique,Paris)、"贝克尔-科尔曼"研讨会(the Becker-Coleman seminar),伦理、理性与社会研究中心(the Center for Ethics, Rationality, and Society),跨文化会议(the Transcultura Conference),以及芝加哥大学常年在周三晚上举行的研讨会。此外,我也在美国哲学学会的太平洋分部(the Pacific Division of the American Philosophical Association)、公共选择学会(the

Public Choice Society)、美国国家科学院（the National Academy of Sciences）、维拉·科隆贝拉集团（Villa Colombella Group）的意大利佩鲁贾外国人大学（Italian University for Foreigners，Perugia）和锡耶纳大学（the University of Siena）等机构举行的研讨会以及耶鲁大学的小型讲座上发表过本书的一些观点。我感谢慷慨资助这些研讨活动的组织者，与会学者们的伙伴精神及其尖锐评议让我受益良多。我在思考这些冷峻问题的过程中自得其乐，这或许显得有些不合情理。

安德鲁·W. 梅隆基金会（Andrew W. Mellon Foundation）、拉塞尔·塞奇基金会（Russell Sage Foundation）、芝加哥大学、纽约大学以及制度改革和非正规部门研究中心（IRIS）在不同的阶段资助了本书的研究工作。和社会研究的普适性规范相关的所有参与者都让我心存感激。

我把本书献给芝加哥大学社会学系的吉姆·科尔曼（Jim Coleman）。对我来说，吉姆是一个绝好的同事、优秀的典范。他为同事和学生的生活带来了许多美好的东西。他展示了果断地将一个理论用于分析一个问题或者一类问题的好处，这也许是他最为重要的影响力所在。他与许多贤达一起成就了芝加哥大学这一伟大的学术机构。

本书的第二章"群体权力"，最初是为普林斯顿大学的亨利·斯塔佛德（Henry Stafford）小型讲座（1986 年 4 月 10 日）而写的。它的一个早期版本曾见诸《理性的限度》一书，参见卡伦·库克（Karen Cook）和玛格丽特·利瓦伊（Margaret Levi）编著的《理性的限度》一书第 358—378 页，该书由芝加哥大学出版社于 1990 年出版。

第一章

个体与群体

> 儿子告诉其犹太人的母亲,他将迎娶餐桌前这位前来作客的中国女子。母亲陷入了绝望:"你能够因为她而放弃我们那五千年的文化吗?"
>
> 儿子回答道:"妈妈,你要知道,她的文化有六千年的历史。"
>
> ——犹太人的民间轶闻

非常行动

1992 年, 在洛杉矶发生的一次骚乱中, 白人卡车司机雷金纳德·丹尼(Reginald Denny)被人拽出车厢。 达米安·威廉斯(Damian Williams), 一个年仅十几岁的小伙子, 向他投掷砖块并砸中了其头部。这场骚乱肇始于一场具有种族歧视意味的审判。 四个白人警察奚落并殴打了一个超速开车的黑人, 尽管殴打现场有录像为证, 但是陪审团却仍宣布将白人警察无罪释放。 威廉斯的种族主义行动也有录像为证, 对此, 他这样进行自我辩护:"我陷入了狂欢状态而不能自已。"[1]实际上, 威廉斯在这场骚乱中已迷失了理性判断, 无法自控。 可以说,他的所作所为已经偏离了其正常的习性。

在"狂欢状态"下, 大多数人或许都会迷失自己。 这种状态即使不足以让我们像威廉斯那样操起砖头故意袭击一个陌生人, 也常常让我们做出一些与自己利益不相干的事。 比如，德黑兰许多年轻的自由主义女性曾经参与游行示威，这最终导致了阿亚图拉·霍梅尼（Ayatollah Khomeini）的上台，然而霍梅尼却最终粉碎了这些妇女对自己生活的期望。 此类例子还见诸 13 世纪欧洲的童子十字军。 尽管金钱诱惑和一些日常的自我利益在动员中发挥了很大的作用，但是，类似于迷狂和为上帝增光的信念，却必定是许多人（尤其是那些儿童）的核心行为动机。童子十字军给孩子们带来了奴役和病痛。 如同那些深切的宗教信仰的后果那样，十字军的信念带来了灾难。 面对自己的冲动，德黑兰那些年轻的自由主义女性或许会终生懊悔；同样地，对于威廉斯来说，他付出的代价是大约三年半的徒刑和余生的绵绵悔恨。

威廉斯的狂欢时刻以及许多群体导向的行动具有一个非常显著的特征，那就是当事人很清楚自己的身份。 更为重要的是，他认同自己的类属。 人们知道很多群体，但是大多数人只是认同其中的一个或几个，而非全部。 在有些鼓吹群体认同的人看来，群体的成员资格是客观决定的，然而事实显然不总是如此。 举例而言，在客观上有相似生活经历的同胞兄弟，其群体认同却可能截然不同。 一种流传甚广的说法是，族群成员资格具有客观性且易于辨识。[2]即便这颇有几分道理，但是身份却并不必然带来认同。

奥塔·本噶（Ota Benga）的故事提供了一个甚为贴切的例子。 他是一位来自中非的侏儒，20 世纪初期，他曾被布展于圣路易斯世界博览会、布朗克斯（Bronx）动物园以及其他一些地方。 他最终在弗吉尼亚的一个神学院安顿下来，其间短暂回过非洲，然后又折返美国，此后不久他便自尽了。[3]人类学家深信，奥塔·本噶具有客观上的某种身份——毕竟他的形体是如此的独特。 然而，形体并不能说明其认同。 很显然，奥塔·本噶不再认同其故乡的社群，到最后，他或许对什么都不认同了。

本书旨在理解那些代表群体的行动者的动机，并阐释他们如何认同自己为之奋斗的群体。 这是社会理论中一个历久弥新的核心论题。 在当下的历史时刻，它也已经成为一个急迫的现实问题。

集体行动

近年来，在塞尔维亚人、克罗地亚人和穆斯林之间发生了残酷的暴力冲突，令生灵涂炭。胡图人与图西人之间也陷入了仇杀，惨烈程度前所未见。针对英国和北爱尔兰的新教教徒，北爱尔兰的天主教徒也非同寻常地动员起来；魁北克人则因为法国-加拿大的文化议题而走到了一起，如此等等。过去的几个世纪中，不断有家族和其他群体卷入了持久而血腥的仇杀之中，个体为了荣誉而奋起决斗的事情更是屡见不鲜。在这些情景中，我们看到形形色色的群体脱嵌于社会，作茧自缚。关于这类特定行动的性质，人们总是认为，它们实际上是众多个体为了更大范围的群体利益——比如家族、族群、民族或者阶级——所采取的集体行动。

根据"集体行动的逻辑"，自我利益和群体利益之间总是相悖的。[4]它的推论是令人悲观的——因为人们都是利己的，所以无法实现集体行动，结果也损害了自我利益。既然如此，认为某些集体行动组织竟然能够成功地契合个体与群体的利益关系，这便令人大惑不解。于是，许多观察者相信，一定是某种别样的动机激发了这类社会行动。而本书的观点正是：个体的自我利益常常可以很好地契合群体的利益。契合一旦达成，通常就能够酿成骇人听闻的后果。如果群体无从实现这种契合，那么这个世界的许多方面就可能因此变得美好一些了。

无论契合与否，结果都很糟糕，何以如此？第一个论断是，个体总是难以实现集体行动——这一论述只适用于说明那种成员与群体的共同利益息息相关的群体；第二个论断认为，当个体成功地进行了集体行动，其结果是糟糕的——这一论述则适用于说明那种只有损人才能利己的群体——在个体形成群体认同并实现集体行动的过程中，我们常常可以感受到这种群体间零和关系的力量。 正是群体成员的性质以及群体间关系的某些特征，使得群体认同得以运转并且超越了集体行动的逻辑。

在亚当·斯密（Adam Smith）看来，较之于这样一个制度——其中的各个群体为生产、分配或者任何其他问题组织起来、争夺政治控制权，自由不羁——市场制度具有优越性。 其根本原因在于，在那些问题上发起集体行动，其后果可谓有百害而无一利。 所幸的是，除非政府插手加以组织，集体行动本身是难以启动的，这就是"看不见的手"能够为个体带来福祉的理据所在。 有了这只看不见的手，群体就难以摧毁个体的命运——群体死了，个体发达了。

本书旨在解释具有某种非同寻常的逻辑的集体行动类型。 倘若集体行动仰赖个体的利己动机，那么缺乏此类动机驱动的集体行动何以成功？ 此乃本书之焦点所在。 我们的论点背后也有一只看不见的手——因为正如斯密年代的重商主义的保护主义和垄断那样，那些导致群体成功的因素，常常也能导致有害的后果。 然而，群体行动及其所带来的损害，并不仰仗于政府的支撑；它们依赖自我利益所产生的激励便能取得成功。 随着行动的告捷，这些群体通常实现了对政府的控制，从而带出比它们的自发行动更为严重的后果。 不过，即便它们不去控制政府，也能够造成大规模的灾难。

规范或群体利益的兴衰成败，本质上取决于它们与自我利益的契合程度。 不过，社会科学理论对规范诉求的推断，似乎总是从人们对其规范及集体命运的共同担当出发，而非依据自我利益。 当代政治与法律哲学中的社群主义思潮，就有一股区别于所谓认识论社群主义（epistemological communitarianism）的规范性社群主义（normative communitarianism）。 认识论社群主义者仅仅承认，知识深受认知主体所在社群的影响；而在规范性社群主义者看来，"共同义务"（communal commitment）深切地影响了甚至决定着社群之善。

尽管那些规范推论屡见不鲜，但是我们能够理解这一令人称奇的事实——族群的或群体性的义务能够比那些普世性的义务来得更为强劲。群体性义务相对强劲的原因，在很大程度上是因为个体的自我利益以及认识论上的差错，而这与善或公正并无瓜葛。因此，群体性义务本身无所谓善恶之分。由于群体性义务的后果通常是惊世骇俗的，我们对某种义务的善恶之别也许很快就能得出结论。

认同（identification）乃是本书论点的主题与驱动力，此处我将简要地讨论一下它与"身份"的差别。本书的每一个论点均包含着一系列难题，容我逐一加以探究。这些难题本身都可以单独著书论述——的确，每一个主题都有丰富的研究文献，但本书只能予以扼要分析。让我们集中考虑三个重要的论题：第一，倘若我们的理论违背了研究对象的自我理解（这可是常有之事），它是否还可能被正当化？第二，如何理解个体行动背后所存在的多重动机？第三，常识认识论（commonsense epistemology）的本质是什么？在下文的解释和规范推论过程中，所有这些问题都具有核心的理论涵义。接下来，我将扼要地阐述涉及群体认同的若干重要哲学议题与理论立场。最后，在简明阐述本书的总体论点之后，我将扼要说明各章的内容概要。

身份与认同

在个体及族群身份的研究文献中，客观意义上的身份（identity）与主观意义上的认同（identification）常常被混为一谈，然而它们实在是大不相同的。关于群体的讨论大多关注身份问题，而本书的重点却在于认同。要解释行动问题，就得解析人的主观认同——认同涉及行为动机，而非某种公认的、不需要动机的身份。埃里克·埃里克森（Erik Erikson）尽管经常使用"身份"而非"认同"的概念，然而，在其关于生命周期中的身份形成的诸多论著中，他所探讨的大多是认同问题——比如他所论及的"内在身份的感知"（a sense of inner identity）。[5]

乐于鼓吹某些群体成员身份的人，似乎总想为那些共享身份的人的认同之正当性或者善发表规范性的主张。 然而，身份绝非仅仅具有客观性。 我们或者也可以说，由于个体身上所具有的族性及其他固有特征难以从客观上加以鉴定，故不能用以识别其群体身份。 比如，在南斯拉夫，大部分的穆斯林、塞尔维亚人和克罗地亚人，其外表上难以互相区分，差别在于他们共有的语言有着不同的字母表，此外，他们的宗教信徒有三种不同的信仰（见第六章的深入讨论）。 当然，图西族人和胡图族人的形体差别是鲜明的，两者的部落认同与形体特征大致上也是相互对应的。

倘若缺乏认同，亦即缺乏对群体的义务，即使人们拥有某种半客观的身份，这又有何意义？ 比如我宣称自己是"盎格鲁-撒克逊-凯尔特-胡格诺教徒-山地人-得克萨斯-美国人"，你可以说自己是图西人、塞尔维亚人或者其他什么。 哪怕对于一个塞尔维亚人而言，我们也能够通过追溯其家族史发现其祖先根系的复杂性。 在历史的长河中，这种身份继续开枝散叶。 五千年的犹太文化已经演化出了各种各样的民族，六千年的中华文化所繁衍出来的支脉可能还更多。 人类学家伊万·卡普（Ivan Karp）就曾讲述了一个传统的肯尼亚村庄以及部落长老的故事，其主角是一个长老教会员，而他忠诚于自己的每一个身份。[6]

正如民族是一种想象的共同体那样，[7]个体的身份在很大程度上也是被想象出来的。 我有一位同事正是如此——她声称认同自己的故乡文化，然而她自幼离乡并且从未回归故里。 她的祖父母身上有着四种不同的族裔背景，并繁衍到她这一代。 实际上，她的先人中没有一位是来自她所认同的那种故乡文化。 我或许可以认同自己为一介山乡草民，虽然我也自幼离乡且归根无期。 尽管比起我的这个同事，我有更强大的客观理由去认领自己的故乡认同——毕竟，我的父母以及更早的祖先都是清一色的乡民，然而，山乡及其文化无从塑造我的行动。 大多数客观身份所给予我的义务感是至为微弱的。 我最主要的认同，或许是探究认同问题、教书育人的生活方式——这是一种习得的而非先天赋予的身份。对于我的那些所谓公认的族群身份，我实在没有多少义务感，因此也不予考究和计较。在这一点上，必定有许多塞尔维亚人与我感同身受：缺乏族群认同，而其他一些人却还兵戎相见。客观的身份并不说明任何问题——实际上，它带来的只是迫害：许多群体曾因此深受其害，理由便是他们在客观上被认定为是需要加以压迫或予以灭绝的对象。

关于认同，有两个重要的问题需要回答。首先，人们为何以及如何形成其所拥有的认同？第二，认同的影响何以如此重要？我们总是假定，人们的认同——或是埃里克森所说的身份——是与其可识别的客观身份相互匹配的。但这不能假定了事，而是需要予以解释。解释认同的形成，这是人类学家的本职工作，同时也是政治哲学以及政治科学的核心课题——或许也是埃里克森的心理学的核心论题。本书对于某些认同的形成的解释，秉持的是理性选择的理论立场。换言之，我们所要解释的是，一些认同是如何深受个体动机的强力驱动而得以维持的。

顺便提一下，为了解释认同的获得与维持问题，人们或许得阐述认同及其行动的道德依据。在身份问题的讨论中，人们倾向于认为，某种身份的事实存在就足以论证某些行动的正确性。这种论述取向，实际上是从描述性事实中推导出道义，从实然推导出应然（这种取向和另外一种看法相关，亦即认为因为"自我"是一个"名词"，所以它必定是一种"事物"[8]）。如果说认为人的身份可以使其行为合理化是一种唯我论的话，那么类似地，认为个体的群体认同能使个体代表群体采取行动合理化，这便可以说是一种唯群体论（group-solipsism）了。

认同何以重要？让我们来考虑认同发挥作用的两种方式：首先，在个体层面，认同直接影响了个体间的行动取向——是敌是友，这取决于对方是否属于自己的群体。事实上，在多数情况下，这个层面的重要性看来并不起作用。波斯尼亚的克罗地亚人、穆斯林以及塞尔维亚人曾经那么和谐共处，只是到了20世纪90年代初期，他们之间才发生了互相杀戮的惨剧。

其次，认同的重要性很可能与某种结构条件有关，当这种条件出现的时候，个体作为优势群体的一分子获得了某种潜在的好处。假使前苏联加盟共和国有机会建立独立政府，那么，人们都想要自己所属的群体能够掌握权力。在过去，当俄罗斯人执掌政权的时候，各族群之间也许还可以相对均衡地竞逐政治经济的权力。而如果某个族群获得政权，其他族群的利益或许就会受损，因此人们也就有了奋起斗争的集体理据。人们突然发现，自己其实置身于某种霍布斯式自然状态的情景之中，缺乏能够保障和平的强大权威。

一旦触发斗争，冲突中的群体除了互相斩草除根，便再无内在的（或者说是自助的）解决方案——基于对未来的恐惧和根除后患的考虑，种族灭绝成为这种冲突的最终形式。然而，地球上的各民族毕竟曾经长期和平共处。我们的族群认同并不包括暴行和种族清洗之类的东西——它们只是保护族群认同的手段之一。倘若如此，那么，与其去探究族群暴力的心理机制，不如去抑制那些激发群体冲突的条件。由此观之，问题在于博弈和制度规则，我们需要结构性的、能够改变行为动机的解决之道。从短期来看，我们必须同意鲁思·本尼迪克特（Ruth Benedict）的说法，即我们的任务是让这个世界——或者是其中的各种部分——能够包容文化的差异。

据此，群体认同的重要性就在于它能够引导人们为了更大的权力而进行协作。这种权力一旦获得，便很可能成为一种毁灭性的而非创造性的力量，原因就在于破坏更为容易，更能迅速聚焦于某种具体的、现存的对象——比如波斯尼亚莫斯塔尔的土耳其大桥，或者像伊朗的国王政权那样的现存体制。群体认同最为典型的正面作用，不外乎制度（比如某个国家的机构）替代和保家卫国的行动。由于经济及其他利益的多样性，一个政权很难在正面的政策方面实现彻底的协作，但是让它协作起来去推翻一个特定的前政府，这却是轻而易举的。

很多人把最近在南斯拉夫的族群屠杀事件看成是一种"原形毕露"

的现象。 如果认为人们具有天然的暴力倾向，倘若不加以控制就势必爆发，这就大错特错了。 暴力仅仅是潜在的，若非某种适当的（或者也可说是不当的）激励结构的作用，暴力就不会发作。 如果领导人诉诸暴力动员，抑或发展机会因经济不景气或经济体制转型而发生变化，暴力的激励结构就能随之迅速变化。

在印度人类学家阿希斯·南迪（Ashis Nandy）看来，克服文化差异的举动是危险的，在某种意义上，我们需要保持这些差异的神秘性。[9]当年被关入笼子、送进动物园展出的侏儒奥塔·本噶就是一个极端的例子——人们试图在原本互相孤立的原初文化与现代文明之间建立联系。 尽管有此类不幸的例子，但关于克服种族间的文化差异，我们并不清楚南迪的担心是否可以一概而论。 纵观历史，文化混合是否真的危机重重？ 其实，文化混合的例子量多类杂，不管是南迪本人还是他的反对者，他们的论证都难以令人服膺。 无论如何，文化差异的某些方面似乎需要被很好的理解——其神秘性需要被破解，以便我们能够预防大屠杀以及其他形式的生命桎梏。 我们所看到的文化混合所造成的问题，大多就像北美最后的印第安人易希（Ishi）那样，危险就在于，他不得不消减其文化差异性，而这仅仅是出于生存的需要。[10]

最后，需要提醒注意的是，在浩瀚的研究文献中，"身份"和"认同"的用法是千差万别的。 人们非常熟悉西格蒙德·弗洛伊德（Sigmund Freud）的观点——认同某人，即等同于以此人为角色模型。比如，依弗洛伊德之见，某些形式的同性恋就反映了强烈的恋母情结。[11]在晚近的社会学和心理学文献中，认同的含义并不那么复杂。大多数文献聚焦于人们如何选择其认同对象的问题，比如自己的父母、哈里·杜鲁门（Harry Truman）抑或贝茜·史密斯（Bessie Smith）——认同就是以他者为角色模型。[12]但这些界定并不触及更深层次的心理学动因。

本书所关注的是个体对某个群体的认同，而非个体对个体的认同。我们所讨论的不是角色模型的选择，而仅仅是个体与某个特定群体的利益关联——或者说个体成为群体成员的考量。 或许没有一个塞族人会认同斯洛博丹·米洛舍维奇(Slobodan Milosevic)，但是他们中的许多人会认同塞族这个群体或者是塞尔维亚这个国家。 某个弗洛伊德意义上的同性恋者，可能会把自己归属于更大的同性恋群体，并因其与该群体的利益关系而认同之。 弗洛伊德的认同概念无疑具有丰富的理论含义，然而，不管其正确与否，它与我们的问题意识关系不大——我们所关注的，简单而言就是个体是否将群体的利益视为自己的利益。

谁之选择，何种理论？

人类学家有时会被一种他们称之为"文化掮客"(cultural broker)的困境所困扰。 当人类学家在一个社会情境中描述或者解释另外一个社会时，他们实际上就是文化掮客。 这个现象说明了理论家们解释行动者所面临的一般问题。[13]且让我们考虑一下理性选择理论家面临的问题。 理性选择理论家所面对的、貌似最为严酷的批评，就是理论脱离实际。 与理论所说的不一样——现实中的人们可能不会计较得失，不全是自私自利，不信可以去问问看。 马基雅维利和霍布斯也许是纯粹的利己取向的，但休谟、穆勒及其他人或许就不然。 理性选择属于理论家，而非行动者。

然而，这种指责是一种奇谈怪论，因为，与实际脱节可不是理性选择理论的特有问题。 比如，当代人类学家的用语有几个外行人能懂？更不用说其研究对象了。 许多社会学家甚至不能理解他们自己的语汇——作为其研究对象的人更无机会去参与解读。 心理学所研究的，尽是关于自我的各种未知因素以及幕后的行为动机。 经济学家的语言亦显得曲高和寡。 的确，发达工业化国家的公共议题深受经济学家的影响，这也使得经济学家的研究对象常常也能理解、甚至使用他们的各种术语。 但是，要说普通老百姓在货币市场领域之外的事情上也经常自觉地使用经济学的推理，这不免言过其实。 实际上，即便是在经济问题上，他们可能也不会进行那样的推理。

如果我们最终建构出关于某个现象的理性选择理论，我们常常会宣称掌握了人的实际行为逻辑。 然而，要达成那样的认识，只能依赖于许多艰苦卓绝的分析，而我们在解释人的理性行为的时候，那样的学理努力通常是不够的。 更有甚者，被解释的对象还可能否认我们的理论解释与其实际行为及动机的相关性。 不管是规范主义还是实证主义，也不管是理性选择或者其他解释，所有的社会理论都面临着这样的棘手难题。

如果研究对象辩称没有相关的意图，或者更糟糕的是，他们无意理解这样的意图，我们如何能够把一个关于行为的意图主义的解释加以合理化？ 这是困扰大多数社会科学家的问题。 在很多情况下，我们只是简单地把动机化约为本能，但是这样做并不能满足重大理论的需要。比如，理性选择总是需要自觉的推理、甚至计算，不能用本能一说来敷衍了事。 此外，在克洛德·列维-斯特劳斯(Claude Levi-Strauss)的人类学理论中，象征意义本身是无意识的，然而，行动者根据这种象征的行动，却常常需要对这些象征的自觉意识。 人们对群体原生的情感联系也总是需要自觉意识——在族群边界难以辨析的情景下，自觉意识就更为重要了。

系统理论家们貌似避免了这种问题的纠缠。 他们会声称，系统层面的现象无须从个体层面的现象中推导出来。 但即便是系统理论家，他们自己也常常假定，系统层面的现象也具有心理学上的涵义，这些现象所导致的行动构成了系统后果的一部分。 比如，阿纳托·拉波波特(Anatol Rapoport)就认为，乌合之众中的个体是根据某种特定的暴民心理状态来行动的，而这种行动是有差别的、非理性的。[14]对于这些看似个体非理性的心理现象，系统理论家的解释和个体层面的理论解释都是成问题的。

我们可以依此来检视几乎所有尝试呈现生活复杂性的理论。 那些试图解释貌似非理性或不一致行动的理论也有这样的问题。 考虑一下乔恩·埃尔斯特(Jon Elster)关于"适应性偏好形成"的理论，以及一个人改变自己的偏好以迎合吃不到葡萄的情景。[15]就像伊索寓言对狐狸和葡萄的解释那样，因为没法吃到葡萄，我便说葡萄或许是酸的。 要如此来解释本人的行为，作为行动者的我是难以苟同的。

因此，几乎所有的社会学和心理学理论都有着同样的问题，它们使用了一些与研究对象的想法相悖的理论和术语。 和大多数理论流派相比，列维-斯特劳斯及其他的结构主义者在这方面走得更远，他们对此奉若圭臬。 然而，这种理论的取向并没有解决我们的解释难题。 即便我们同意结构主义者的判断，我们也会对其理论推理心存疑惑。

好在问题并不总是令人困惑。 迈克尔·波兰尼(Michael Polanyi)强调，有些知识是默会的——某些事只能意会而不能言传。 比如，在一些行为试验之中，当实验者实施休克疗法的时候，在一连串无意义的音节中出现了某种特定的、无意义的音节；而有些实验对象就能据此准确地预知休克疗法的实施，但是他们就是无法解释其成因——很显然，他们并没有理论上的自觉。[16]实验对象根据这种默会知识避免行将实施的休克疗法，这貌似理性之举，然而却难以自觉地加以论证。 心理学家乔治·S.克莱因(George S. Klein)指出："我们确信无法觉察出所有行为的刺激因素，这一点无须实验证明。"[17]我们甚至也许可以根据大脑不同构成部分的功能，来解释人的不同知识学习模式。 于是，当我们说个体是理性的，也就意味着大脑的每一个不同组成部分都运作良好，从而能够确保个体的利益。 但是，如此一来，我们的理论便离题万里了。

即便是在常识的讨论中，我们也能确信人的行为背后存在着未予辨识的动机。 让我来举一个极端的例子，在《去日留痕》(*The Remains of the Day*)这部小说中，作者石黑一雄(Kazou Ishiguro)让他的主角——斯蒂文斯(Stevens)——追忆自己作为达灵顿(Darlington)勋爵总管家的漫漫生涯。 故事精彩地呈现了斯蒂文斯鲜活的人物特征、令人扼腕的机会错失和主要的人生败笔。 然而，有些读者未免自作多情，因为斯蒂文斯甚少有读者所感受的那些光芒。 令人惊奇且发人深省的是，斯蒂文斯的故事能够告诉我们许多道理，而他自己却几乎无法感受这些。斯蒂文斯所沉思的，乃是作为一个伟大的管家所具有的尊严："它与这个管家保持职业习性的能力有关。"[18]为了追寻这种职业尊严，斯蒂文斯丧失了作为一个个体所能拥有的各种机遇。 不幸的是，根据这部小说拍摄的电影无法从视觉上刻写这部作品核心的、迷人的思想，这属于上述复杂问题的一种微妙情景——理论家的理论无法被其对象所认可。

我们或许可以肯定地说，对于大部分看似理性的行动，人们是很难完全自觉地予以辩护的。 心理学家和理性选择理论家甚至不能就自己的行为进行自我解释。 对于那些没有心理学或者理性学理思想的人而言，面对这种解释，他们或拒绝或不解，这都是正常不过的了。 解释上述休克疗法和一些明显的本能反应，我们可能需要预设一些发生学机制。 不过，在一些更为复杂的选择情境中——比如基于自己的利益去投票或是去认同某个族群群体——那样的机制就更加难以预设了。

我们似乎可以认为，所有的社会学和心理学理论都违背了分析对象关于其行为和动机的自我理解。 这可能是因为波兰尼所说的默会知识——他对这种知识的作用有一种相对乐观的看法。 石黑一雄笔下那个哀伤的斯蒂文斯令人同情，以至于我本人也乐于相信默会知识的力量。 问题也许还在于，行动者通常需要从自己的经历中提取某些知识，使之成为心理学意义上的动机并激发其进一步的行动和判断。 如同杰茜卡·安德森(Jessica Anderson)所说，"非人格化的知识不够尖锐"[19]。 然而，这种背离的更主要原因，或许在于每一个严肃的理论都必须超越既有的知识或常识，那是理论和解释的使命所在。 我们所面临的问题，不在于理论和解释因为无法传达行动者的自觉意图而失之谬误，而在于，有些理论或解释宣称在一些案例中表达了行动者的意愿，但对此却没能很好地予以辩护。

假定我们拥有了对个体知识和动机的合理解释，那么，对于那些综合性的社会结果——比如说制度的形成，或者是一些集体选择现象——又如何进行理性的或者利己的解释？ 总体而言，这是一个复杂的工作。 这种解释几乎不可能是一种简单的推理形式：因为做 X 是我们的利益所在，所以我们就做 X 了。 在一般意义上，它需要一个中介的步骤：做 X 是我的利益，也是你的利益，因此我们每个人都做了这个事情，结果就有了 Y 这个集体结果。 即便如此，我们也得需要分析一下，为什么做 X 这个事情是所有人的利益所在。 在第四章所讨论的各种排他性规范中，我们可以看到，成功的群体认同所带来的反馈是如何使得群体认同成为每一个个体的利益的。

动机的多样性

大多数人也许会声称自己的行为动机不一而足，而大多数社会理论家也都会同意这一点，即人受到各种因素的激励——包括直觉、私利乃至道德的考量。 理性选择理论家通常因为言必称利己动机而广受批评。 他们所能提供的解答通常是，自利驱动着市场领域与政治生活里里外外的各个方面，甚至构成生物进化的动力。 在群体认同及其引发的群体行动中，自利的作用不可或缺，对此以下各章将逐一论述。

自利在群体认同中的重要性，取决于它是否被动员并用于支持或强化其他行为动机——尤其是用以支撑特定的规范。 举例来说，如果你是一个民族主义者，而你的职业前景与民族未来息息相关，那么你的民族情绪和行动方面就可能更为激烈。 在战时状态，个体的民族主义情绪高涨，部分原因就是个体的命运与民族的命运更为紧密地捆绑在一起。 况且对于许多人而言，战时状态的动员为个体的发展提供了某种机遇。 民族主义情绪或许会一发而不可收，而自利总在其中发挥作用。 一旦民族主义的规范占据上风，它便会进行自我强化。 在战时民族主义的情境中，个体开始变得狭隘，并越发难以冷静地进行自我审视。 在更一般的意义上，话不投机的人们会因此变得更加不友好。 看一下社会评论家库尔特·图霍夫斯基（Kurt Tucholsky）的例子——在希特勒赢得选举之后，他从德国逃往瑞士，从此拒绝为德国的出版界写社论。 在他看来，既然他的德国同胞似乎都选择了追随希特勒，他与德国政治便由此绝缘了。[20]

社会科学中的规范性论断，大多有某种功能主义的含义。 它们的假设似乎是：若事发有因，则这些事物将满足社会的某些功能。 然而，不管我们拿什么动机说事，这种假设显然是错误的。 因为，最友善的动机也可能产生出可怕的结果；而最贪婪的利己动机有时候也能带来美好的社会福祉。 动机或许能解释一部分结果，然而由于它们与其结果的好坏没有必然关系，动机无法用以证明行动结果的合理性。如同斯密所看到的，只要排除群体利益的干预，天然的利己动机加总起来是有利于经济关系的。

需要指出的是，斯密并不认为受自利驱动的行为必定能带来美好的结果。 实际上，自利和其他各种各样的动机一样，都可能带来可怕的后果。 以上文提到的达米安·威廉斯为例，此人的破坏行为就并没有自利动机。 在大量的文学作品中，狂欢状态能够带出好的结果，然而在威廉斯身上，狂欢却带来了耻辱，这说明，行为后果与行为动机是否激进没有必然关系。 利己动机能够为整个社会带来福祉，然而它也能增益特定群体而损害整体社会。 在许多冲突事例中，利己动机造成了故意伤害。 即便是利群这种最为美好的动机，也不乏各种批评——在一些社会主义的批评者看来，普世的慈善会带来整体的贫困。 一些主要的思想家，包括萨缪尔·约翰逊（Samuel Johnson）、约翰·斯图尔特·穆勒（John Stuart Mill）、约瑟夫·汤森（Joseph Townsend）以及阿历克西·德·托克维尔（Alexis de Tocqueville），也对此多有反思。[21]最重要的事实是，各种动机显然都能带来非常有害的结果。 因此，把某类动机视为"善"的，这不过是一种谬论——除非人们能够以某种方式把这种"善"从一个动机横行的世界中抽象出来。 对于本书所要论述的诸多群体而言，我们不能在道德上把其群体导向的动机和规范视为善的。

常识认识论

人们通常认为，经济学和理性选择理论所关注的是行动者如何进行利益最大化的计算，而社会学视野下的个体则受到各种制度结构的约定，他们无从选择，不能进行计算。 这些制度结构可能因临时、甚至合理的原因而建立。 尽管这种对比使得学科分野显得清晰，然而这两种论断都失之粗略。

理解个体选择似乎还有更好的第三条路线。 在进行计算或选择的时候，人的知识通常受其经历的局限，而获得相关新知识的成本可能很高。 我们的大部分知识，都是在确知其有用之前习得的。 在很大程度上，我们只能依赖已有的知识进行理性选择，即便事后我们发现这种选择并不符合我们的利益。 我们不应该把在已有的知识范围内的行动看成是非理性的。

因此，从理性选择的角度去解释人的行为，就得考虑到每一个个体所拥有的知识的独特性。 这种知识可能构成了某种规范或规范性信念。 尽管在界定理性行为的时候，人们可能出于某种偏好而不考虑这些因素。 在常人的实用主义认识论中，事实判断和规范判断或许难以区分。 不过，理性选择理论家可能还是得把明显受到规范因素驱动的行为排除在外——哪怕分析对象辩称这种行为关乎其利益。 我们依然要说，理性行动只能与一个人有限的知识范围有关，行为是否理性，这不能依据人们所不知道或无法知道的客观真理来加以判定。

很显然，我们大部分的知识都源自社会——比如通过查阅字典或者百科全书，或者是诉诸习俗或制度规范。 制度是理性选择的分析框架的一部分，因为它设定着我们的知识，提供各种约束和机会。 就像我们分析惩罚如何遏制犯罪那样，制度的作用有时候是如此显而易见，以至于人们觉得它和成本收益计算一样简单。 然而，制度的实际作用是十分复杂和微妙的。 因此，理性行为的解释必须得很好地分析人的知识体系的建构原理。 获得知识的成本和收益或与人的环境有关，在第三章对群体认同的阐述中，我将对此详加分析。

在这本书中，我力图对各种原生的、道德主义的和非理性的族群及民族主义认同和行动进行一种理性选择的解释。 理性选择理论认为，在许多情境下，行动者都能够当场表现出理性。 对此，原生论者和道德主义者试图搜罗证据来加以批驳。 假如我们不去检视行动者的知识理性及其事后给行动者所带来的利益的话，这样的批驳看起来就是振振有词的。 然而，如果我们可以依据行动者的知识来决定他们的理性，我们就可以澄清群体导向的行动的道理——理解这种行动既无需神秘主义的原生论，也无需大张旗鼓的道德主义。

有时候，人们不会计较行动的沉没成本（sunk cost）——事情既已发生，成本便不可收回，然而，恰恰与此相反，这种成本终得自己给付（这方面的讨论见第三章）。 尤其是，我们牵绊于自己的知识，并且总是积极动用之，使之记忆犹新。 我试图进一步指出的是，不管人们的存在是如何偶然，我们的那些被社会所建构的利益和偏好，也许依然可以准确地加以辨别并且理性地予以追寻。 进而言之，尽管我们利益的生成具有偶然性，但是它在道德上却具有可辩护性——尽管存在着不同的道德辩护，但某些辩护可能更胜一筹。 比如，对塞族人来说，他们完全统驭南斯拉夫，这在道德上就完全是可以辩护的，只是他们的道德面对着来自克罗地亚人、穆斯林或者其他族群的挑战。

本书的一个中心论点是，行为是否理性取决于行动者是谁，亦即取决于行动者拥有怎样的知识。 很显然，这是一个常识认识论的问题。如果不能体认这种常识认识论的作用，就难以理解本书的内容，包括特定认同如何形成（第三章），排他性规范如何发挥作用（第四章、第五章），暴力冲突何以得到维系（第六章），以及认识论社群主义（第七章）。把这一认识论置于理性选择分析框架的重心，就能帮助我们澄清诸多题域中的主要问题。

具有讽刺意味的是，主观分析看起来和常识差不多，然而理性选择理论家却常常不能坚持这种立场，他们甚至抛弃常识的判断——在他们看来，那是一种因其非理性而导致的捉摸不透的取向。这种敌意，部分也来自人们对"主观"的看法。"主观"一说强调了个人的知识，肯定了人对自己行动的理解力。通常，我们的研究对象或许有为其行动辩护的意图，然而他们的宣称却不敌其他更具说服力的辩护。我们的知识太多，以至于连我们自己所能想到的所有事情都不信，遑论其他人所想到的所有事情。

哲学上的混杂

在学术界，关于社会思想的大部分讨论大都纠缠于"如何讨论事物"的问题，而行外人士则更愿意侧重于对事物本身的讨论。即便如此，他们也会追问：我们对这些事物的不同理解方式究竟会如何影响这些事物？以及，怎样的理解可以带来更好的结果？有更好的理解，并不意味着我们就可以终结暴力。正如赫维·瓦雷纳(Hervé Varenne)所言，商讨或许可以澄清问题，但并不改变伍德沃德苑(Woodward Court)的咖啡馆没有美酒的事实。[22]在南斯拉夫以及美国总统的座谈会上，"理解"能够揭示出冲突的利用方式，甚至因而恶化暴力和冲突。我们也可以据此来抨击哈贝马斯式的、赞美政治商谈的论点。商谈可未必有用。

越来越多的学者相信，国家中心主义的视角不足以理解当下公民社会的问题。[23]常有人提及欧洲市民社会的解体，仿佛东欧就是前车之鉴。这种看法谬之千里。只有在国家崩溃或者其他大型危机出现的时刻，公民社会才爆发出广泛的政治参与的热情。这种热情不能持续高亢——试问终身热心政治的人究竟有多少？1989 年以及 1787 年至

1788 年间，乃是非同寻常的历史时刻——像瓦茨拉夫·哈维尔（Vaclav Havel）以及詹姆斯·麦迪逊（James Madison）那样，许多凡人一跃成名，成了那个时代的知识巨人甚至贵为政治哲学家。麦迪逊做了将近 50 年的政治领袖，哈维尔的地位却无法维持这么长久。我们对公民社会的期待不能过高，倘若没有下一次危机，这些政治领袖的成就是很难出现的。在常态时期，美好的世界的标志莫过于有一个冷静的好政府。

最后，在跨文化会议以及当代的学术讨论中，很少有像"解构"这样歧义纷呈的字符。恕我直言——在理解"解构"这个问题上，本人就是一个解构主义者。解构主义者肢解传统——包括符号、神话等等——并且使之去神秘化。值得注意的是，解构的表述有各种微妙的差异，然而这并非说明其本身的内涵不同，它毋宁体现了一种学术上的趣味，这是分析哲学家所要做的事情。伯特兰·罗素（Bertrand Russell）、早年的维特根斯坦（Wittgenstein）以及他们的先哲们（包括霍布斯、洛克、休谟和穆勒在内）都是分析家：他们的工作是把复杂的语汇简约化、世俗化。众所周知，在英美世界中，哲学分析当前正在走下坡路。如果这种分析传统被更为无政府主义和刻薄的理论所取代，那就甚具讽刺意味了。早期的分析家似乎认为，当他们分析一个对象（比如说一幅奥克兰地图）的时候，他们就能够发现它是真实存在的，并且能够按图索骥。而解构主义者则认为，画中的对象也许不存在，因此不必劳神积虑地去寻访。

在伦理学和社会哲学领域，传统分析的方法仍然富有生命力。很大程度上，这只是因为伦理学曾长久地被直觉主义所支配。直觉主义没有原则，无须演绎推理。某项行动或事情的对错好坏，一眼便可判断——假如我曾经在 20 世纪初在一个英格兰的精英男校就读过，我就肯定能够知道这些事情。在全部的哲学史中，直觉主义是最为空洞的思潮之一。它终于被元伦理学（metaethics）所取代——转而侧重于分析道德语言中的逻辑，解释道德术语及判断的意义。在过去的几十年中，它又被日常语言分析所替代。经由彻底的分析或解构，直觉主义已经变得一无是处了。

本书概览

  本书的第二章大致阐明了所要分析的社会问题之结构。 在此基础上，我要讨论四个问题：一是个体对群体的认同（第三章）；二是一些规范如何受惠于自我利益的激励而得到强化（第四、五章）；三是群体认同如何导致暴力，这种暴力曾被广泛地误解为是仇恨的结果（第六章）；四是我们的这些论点将如何削弱社群主义以及其他群体唯我主义者的规范性主张。 第七章指出，对于政治理论家而言，规范的社群主义是族群认同分析的一种变异版本。 第八章回顾了这些观点并得出结论。 在此处对上述观点进行预览，当有助于澄清各个论点之间的关系。

  有人也许会说，这本书的主题是规范或者冲突——尤其是种族冲突。 然而，我们实际的关注点却比这些主题更为具体。 本书所讨论的是个体的自我利益和群体认同是如何发生契合或错位的。 规范和冲突的问题会适时予以阐述，因为毕竟它们在塑造个体利益、使之融合于群体认同的过程中有重要的作用。 我们所关注的规范，是那些能够激发强大的、貌似与利益截然对立的行动的规范；我们所关注的冲突，是那些能够分裂群体、有时能导致暴力的冲突。 在很多场景中，人们总可以见到那些试图代表更大范围的集体利益的、自发的或者是有组织的个体行动。 不管是分析规范还是冲突，我们的焦点都在于，集体行动的逻辑在这些行动中何以彻底丧失了解释力？ 探究群体认同和行动的规范意涵，这是本书一以贯之的主线所在。

第二章：群体权力

  群体（诸如族群）认同能够形成巨大的权力。 权力常常被认为与对资源——诸如武器和钱财——的控制有关。 倘若革命组织能够获得这种资源，它们自然不会拒之于千里之外，但是即便没有这些资源，它们也常常能够兴旺发达。与此类似，建立在个体认同基础上自发组织起来的群体，尽管缺乏如上界定的资源，却也总能够独占鳌头。可以说，这些群体巨大的权力来自多数人之间的协作而非资源。

依赖于协作权力的群体能够完成一些非同寻常的任务，这与其他那些依靠资源或交换权力的组织甚为不同。相形之下，前者的内在灵活性不足，因为它们所指望的是其成员个体的承诺，而且它们的行动必须得非常聚焦，否则便难以维系这种承诺。这就意味着，比起那些务实地谋求发展的动机，那种针对现存制度、行动或秩序的敌意更易于把这种群体的成员动员起来；较之于和平与进步时期，发生危机或遭受重创的时刻更能凸显这种群体的重要性。

举例而言，当经济停滞致使工会力量式微的时候，对工会运动的认同就会趋于最强化；当经济回暖、就业改善，这种认同即随之弱化。学术界和其他一些分析家把人们投身工会与剥削和官僚体制诸如此类因素联系起来。然而，在很大程度上，它们之间实在没有什么瓜葛。人们投身工会，更直接的因素是工作和工资。意识形态也许可以激发动员，但是意识形态的动员作用主要在于促成人们之间的协作，这部分是通过把劳动关系的冲突进行道德化来实现的，但是，意识形态更为具体的作用方式，在于清楚地呈现出群体性而非个体性冲突的存在。[24]

第三章：群体认同

群体认同的重要性不言而喻，那么它是如何形成的？大多数的相关论述都假定，认同是一种原生的、道德的或者非理性的现象。非理性貌似一种很大的分析范畴，然而除非确指某种本能或者癫狂行为，这种范畴往往流于空洞。撇开似乎是原生性的本能，后天的非理性就只能是一种癫狂了。一个人献身于某个违背自己利益且没有道德依据的群体，这颇为不可思议。在圭亚那的琼斯镇（Jonestown）和得克萨斯州维柯镇（Waco）所见的有个体虐待和自杀倾向的邪教，或许就属于一种诱导性癫狂(induced insanity)的例子。

把群体认同视为原生性的，这或许只是一种社会生物学的观点。根据这种观点，人们把自己的苦难和损失归咎于他者，这是一种天定的行为，它是在进化中被自然选择的一种本能。这样的原生论并没有解释我们的问题——为什么在克罗地亚人和塞族人、图西人和胡图人，德国人和犹太人之间发生了如此剧烈的冲突，而像瑞士这样的民族却是太平的。原生论者相信，某些特定的群体与其他群体之间似乎有着天然的反感和仇恨。这一命题可以表述为：出于某种原因，个体对某一群体的认同以及对特定群体的敌意，都是被设定了的。然而，这种论点荒唐且似是而非——它再现了拉马克的获得性遗传的进化论，用煽动性的语汇来掩盖问题的实质。这种论点的一种替代性说法是，群体认同是一种社会过程——但是如此一来，"原生"一词便不知所谓了。倘若认同的确是在日常的社会过程中发展出来的，那么理性的、自我利益的考量就应当发挥很重要的作用。

人们一般把自我利益和理性选择看成是当下和未来导向的——毕竟，选择只是针对行将发生的事情。往事不必纠缠。[25]其实不然，"往事"至少会通过两种方式影响理性选择。

首先，在进行抉择的时候，人们的选择理性与其已有的或者所能获取的知识有关。设想一下，当我和你行进在阿巴拉契亚山径(Appalachian Trial)上，突然间你心脏病发作，如果我是医生，那么我的选择可能是把你及时抢救过来；假如我不是医生，那就只能给你一些安慰，最后眼巴巴地看你撒手人寰。我的这两种选择，在当时的情景下，都是理性的。我们日常生活中的各种选择层出不穷，尽管如此具有戏剧性的例子并不多见。在那种情景下，我必须得依据常识来进行选择，而非什么完美的理解。假设我的确根据理想来行动，那么说我的行为是非理性的，就意味着我并不具有一些应有的知识，这也意味着我一早就应该知道我需要获得怎样的知识——这也就是说，我当初便是非理性的了。不过，在事情发生之前，我决定获得某种这样而非那样的知识与能力，这却是一种理性权衡的结果。在早先的知识选择过程中，我完全无法预料到得去急救一个心脏病突发者的特定情境。对我来说，之前选择具备怎样的知识，主要取决于各种知识在当时的获取成本。如果知识与一些有吸引力的活动相伴而来，那么它们就可以轻易获取。以本人的例子而言，到晚年之前，我并未进行语言的选择，然而，现在我在大多数情境下选择讲英语，这无疑是理性的。

其次，人们的兴趣在很大程度上是人生经历的产物。举例来说，我会从某种音乐中获得很大的愉悦，我对它已经非常了解并因此甚有共鸣。假如我要决定今晚做点什么，就要看在自己的经历中所形成的偏好是什么。同样地，对于某个社群或者文化中的成员来说，他们的行为方式，也体现了其在社群中所形成的处事之道。在认识论意义上，这种行为偏好能够建构出一种强大的义务感，进而界定个体所认同的群体之特征。

第四章：排他性规范

许多规范都有这样的特征——它们所引导的行为可以被自我利益这一激励因素所强化。于是，这些规范就既有了规范的动力，也有了利益的激励，两者共同驱动着规范并维系其稳定性。第四章和第五章试图论证，某些群体规范——亦即排他性规范与差别性规范——尤其能够被自我利益所强化。这些规范所包含的集体利益，能够促成个体为之进行合作。于是，这些规范克服了集体行动的困境——人们通常认为，在那种困境下理性的个体行动难以产生集体利益。

在所有行之有效的社会规范中，最令人称奇的当属欧洲历史上的贵族决斗所表现出来的荣誉。为了荣誉，贵族们在那些今天看来是鸡毛蒜皮的事情上进行殊死决斗。荣誉这种规范强化了贵族区分于非贵族的优越阶层地位，它似乎具有某种一般意义上的集体动员能力。不过，在争辩两个作古的诗人的作品孰优孰劣的问题上冒死争光，这对于贵族个体本身来说似乎没有多少激励或者自我利益可言。然而，事实上，这种规范似乎就是具有非凡的强制力，它让许多贵族别无选择。

能够被用以区分群体与社会，并且能被自我利益所强化的规范有很多，决斗只是其中一种极端的例子。指出这些规范背后的激励结构，这是一种简单的功能（而非功能主义的）分析。根据规范行事，就能强化这种规范，并且加大不服从的成本，从而令他者就范。

第五章：普世性规范

普世性规范并不指向其他组织，但求服务于本组织成员或社会。这种规范并不会因个体自我利益的激励而得到强化。因此，比起排他性规范和差别性规范，普世性规范的动员力通常要微弱得多。不过，有两种普世性规范看来甚为强势。一种是与二元关系以及小规模互动相关的规范——比如，守诺言、讲真话和保持亲密伙伴间的忠诚。它们之所以强大，主要还是因为它们能够被个体的自我利益所强化，这种自我利益就是人们之间为了诺言、真诚和忠诚所必须形成的可靠的互动关系。诚如休谟所言，信守诺言的第一动机在于利益。[26]

第二种强势的普世性规范，是那些能够被自我利益的机制所扭曲的规范——这种被扭曲的规范而后又遭到自我利益的强化。举例而言，在一个无政府的社会中，面对诸如偷盗、伤害、谋杀等诸多恶行，所有人都可能从一个地方性的复仇体系中获得好处。这种复仇体系很可能演化为一种结构性的世仇或宿怨。在世仇关系中，一个群体——通常是一个血亲组织——与另外一个群体陷入了持续的冲突状态。因此，冲突各方都能从给对方造成的伤害中获得好处；借助排他性规范的机制，每一个群体都可以号召其成员去捍卫其群体利益。一旦普世性规范以这种方式遭到扭曲，它就会变得很强大了。

第六章：暴力冲突

群体认同——尤其是族群或者民族认同，以及诸如欧洲决斗年代的贵族认同——所导致的一个最非同寻常的后果，就是它能让个体为了空虚的群体利益而甘愿进行个人冒险。 为了相对狭隘的民族利益，数百万的人赴汤蹈火、献出生命。 对此，本尼迪克特·安德森（Benedict Anderson）问道："究竟是什么力量，使得人们对历史（不过是两个多世纪的时间而已）的想象造成了如此巨大的牺牲呢？"[27]在很大程度上，问题的答案就在于，人们对群体的认同逐步升级，形成了强大的认同动员，然后引发了群体之间的潜在冲突，最终演化为暴力。 如果先发制人能够给相关群体带来好处，这个过程的实现就会更为轻而易举。 是谓先下手为强，随着冲突的升级，人们的群体外部关联变得越发稀薄，群体内部义务感越见强大，于是别无选择地加入了群体暴力。 20世纪90年代发生于南斯拉夫的那些族群冲突，正是这方面的极端案例。 在那种情景下，人们倘若不参与群体间暴力冲突，便休想在群体内部自我存续下去。

第七章：爱因斯坦的箴言与社群主义

在相当长的一段时间内，普世主义曾是西方所有主要的政治或道德理论的核心价值。 二十多年前，西方政治理论家们提出了社群主义这一空前的、真正的反普世主义的理论。 或许应该说，他们提出了一个被广为认可的对普世主义的批判性理论——他们尚未提供一种建设性理论。 社群主义常常被鼓吹为一种为特殊社会的观点进行辩护的理论——至少是为了合理化这些社会中的成员的观点。 不过，社群主义思想的一个诡异之处在于，哲学家们将其奉为圭臬，而现实社群中的那些特质论的社群主义者却并非如此。 后者并不相信社群所建立的规范是正确的，他们毋宁相信他们的观点是正确的，即便是在关于迫害他者的问题上，他们也能将其加以合理化。

哲学上的社群主义有两种流派：认识论的社群主义和规范的社群主义。 个体的理解方式受到社会的塑造，几乎所有的理论家都能接受这种认识论。 然而在本质上，这种说法并非规范社群主义的意涵。 要具备规范性，社群主义的批判理论就必须发展出一个关于善的原理，其中至少有一部分的善是群体为了其成员而建构出来的。

　　显然，在某种意义上，人们的偏好和兴趣是其社会经历的产物。 是否因为如此，这些偏好和兴趣就是社群主义的或反普世主义的？ 我要重申的是，它们在认识论意义上是社群主义的。 和我的邻居不同，我自有本人在特定时空背景下形成的品位和价值观。 这是否说明我的价值和偏好就是正确的呢？ 只要这些价值和品位的实现与他者之间发生了冲突，它们可能就未必正确。 然而，从功利的或福祉的角度看，它们的实现可能对于我本人来说是有好处的。 因此，社群可能会产生善，这种善却未必是社群主义的善，因为这种善甚至也能被方法论个体主义的经济学家或其他理论家所接受。 不过，社群所产生的善，是否在本质上都是一种共同体的善，抑或说某个社群固有其善，这还不是很清楚。

第八章：差异何去何从？

　　为社群进行特定的道德论证，在表面上看是不可信的，尽管在实际中，一个特定的社群的道德表现可能显得尤其璀璨夺目。 但是可以说，社群主义哲学家以及诸多政治运动组织所期许的各种理想的社群，在现实中几乎难以寻觅。 如果我的群体归属并非被某一个社群所垄断，那么就没有任何一个社群能够诛求于我，现代世界中也就不可能有真正的社群。 乌托邦的思想家们意图制造社群的愿景，从而展示某种更好的社会组织方式。 但是，人们没有理由去追捧那种通过强制性的忠诚和排斥而组织起来的强大的社群。 舍却这些乌托邦的想法，在事实与可能性之间，我们亟须面对的是现实的考虑。 我们的任务是与差异性共存，而非去诉诸同一性，亦非受命于有限的群体。

注 释

　　[1] *New York Times*(12 December 1993)，p.4.2.

　　[2] 当然，族群混合会导致族裔身份的名不副实。 实际上，在一些社会中，几乎所有的人都可能名不副实。 比如，许多——也许绝大多数——美国种族主义者都经历了两代、三代或者更为晚近的混合。

　　[3] Philips Verner Bradford and Harvey Blume，*Ota Benga：The Pygmy in the Zoon*(New York：St. Martin's 1992).

〔4〕Mancur Olson, Jr., *The Logic of Collective Action*(Cambridge, Mass.: Harvard University Press, 1965); Russell Hardin, *Collective Action*(Baltimore: Johns Hopkins University Press, 1982).

〔5〕Erik H. Erikson, *Insight and Responsibility*(New York: Norton, 1964), p.91.

〔6〕在"互惠理解的条件：国际与跨文化理解的一百年"的跨文化会议上的口头发言，芝加哥大学，1992年9月12—17日。

〔7〕Benedict Anderson, *Imagined Communities: Reflections on the Origin and Spread of Nationalism*(London: Verso, rev. ed., 1991〔1983〕).

〔8〕这是约翰·甘柏兹(John Gumperz)在上述跨文化会议上提出来的。

〔9〕参见跨文化会议之讨论。

〔10〕Theodora Kroeber, *Ishi in Two Worlds: A Biography of the Last Wild Indian in North American*(Berkeley: University of California Press, 1976〔1961〕).

〔11〕参见 James Strachey, ed., Sigmund Freud, *The Ego and the Id*(New York: Norton, 1962), p. xvi。

〔12〕这方面的论述，可参见 John Finley Scott, *Internalization of Norms: A Sociological Theory of Moral Commitment*(Englewood Cliffs, N.J.: Prentice-Hall, 1971), pp.146—154。

〔13〕参见第六章关于"意图与行为"的讨论。

〔14〕Anatol Rapoport, *Fights, Games, and Debates*(Ann Arbor: University of Michigan Press, 1960), pp.47—59。

〔15〕Jon Elster, *Sour Grapes: Studies in the Subversion of Rationality*(Cambridge: Cambridge University Press, 1983). 科克嘉德(Kierkegaard)被认为说过天才从来不会期待不存在的事物——酸葡萄一说乃是那些不那么有天分的人的自我安慰。

〔16〕Michael Polanyi, *The Tacit Dimension*(Garden City, N.Y.: Anchor, 1967〔1966〕), pp. 9—10。

〔17〕引自 Polanyi, *The Tacit Dimension*, p.95。

〔18〕Kazuo Ishiguro, *The Remains of the Day*(New York, Knopf, 1989), p.42。

〔19〕Jessica Anderson, *Tirra Lirra by the River*(Penguin 1984〔1978〕), p.119。

〔20〕Kurt Tucholsky, *Politische Briefe*(Reinbek bei Hamburg: Rowohlt, 1969), letter of March 4, 1933 to Walter Hasenclever, pp.11—14, at p.12。

〔21〕关于萨缪尔·约翰逊，参见 James Boswell, *Life of Johnson*(London: Oxford University Press, 1976〔1791〕), pp.947—948; John Stuart Mill, *Principles of Political Economy*(Toronto: University of Toronto Press, 1965〔1871〕, 7th edition, ed. J. M. Robson), bk 5, chap.11, sect.13, p.960; Joseph Townsend, *A Dissertation on the Poor Laws, By a Well-Wisher to Mankind*(Berkeley, Calif.: University of California Press, 1971〔1786〕); Alexis de Tocqueville, "Memoir of Paupersim," in Seymour Drescher, *Tocqueville and Beaumont on Social Reform*(New York: Harper, 1968〔1835〕), pp.1—2。更进一步的讨论，参见 Russell Hardin, "Altruism and Mutual Advantage," *Social Service Review* 67(September 1993):358—373。

〔22〕此处指前文提及的跨文化会议，该会议的用餐安排于芝加哥大学的本科生宿舍伍德沃德苑内的咖啡馆。

〔23〕另外一个日益增长的文献脉络(包括那些研究葛兰西霸权理论的作品)，指出国家的角色被忽略了。

〔24〕Russell Hardin, "Acting Together, Contributing Together," *Rationality and Society* 3(July 1991):365—380。

〔25〕Anthony Heath, *Rational Choice and Social Exchange*(Cambridge: Cambridge University Press, 1976), pp.56—60。

〔26〕David Hume, *A Treatise of Human Nature*, 2 rd edition, ed. L. A. Selby-Bigge and P. H. Nidditch(Oxford: Oxford University Press, 1978〔1739—1740〕), bk. 3, pt. 3, sect.1, p.523; Russell Hardin, Morality within the Limits of Reason(Chicago: University of Chicago Press, 1988), pp.42—44。

〔27〕Anderson, *Imagined Communities*, p.7。

第二章

群体权力

没有王子,也就没有巴干达人的反叛。

——巴干达的寓言,载于马克斯·格拉克曼:
《部落社会中的政治、法律和仪式》

社会互动的结构

社会中的策略性互动有三种基本的类型:冲突、协作(coordination)和合作(cooperation)。任何相互影响的行动都属于其中的某一类型。纯粹的冲突互动,其典型例子是玩扑克或者下棋,在一定程度上也见诸原始的灭绝战争和对自然资源的争夺。在纯粹的冲突关系中,一方的获益唯有以另一方的损益为必要条件。协作的互动几乎与此相反。在这种关系中,一方的获益必须以另一方的获益为必要条件。这类社会互动关系最明显的例子就是照章行车。在车道上所有的驾驶者都想共同遵守规矩。有些国家左侧通行,有些则右侧通行,但这不要紧,人们想要的是在同一个地方大家都共同遵守交通规则。合作的互动包括冲突和协作的要素。交换是合作互动的一种典型形态:双方均有彼此想获取的东西,通过交换,各取所需,实现双赢。交换中包含着冲突,因为双方都不得不让渡某些权益给对方;其中也包含着协作,因为双方都可以通过交换而更好地增进各自的福利。

在日常语言和政治理论中，关于合作的讨论，大多把我所谓的协作与合作这两种类型混为一谈。在这里无须咬文嚼字，但是把互动形式直白地表达出来却是必要的。因为，区分这两者对于解释诸多社会过程与制度而言，具有不言而喻的重要性。为了避免含糊表意，我将时常把合作的互动称为交换，尽管合作比交换来得更为宽泛。

交换对象可能是某种客观事物，比如你我之间互赠书籍。交换的对象也可以是一种行动，比如你我之间互相帮忙。这似乎就是一种政治关系。此外，交换的对象甚至也可以是弃权：比如，在冷战年代，如果苏联能放弃建造一个新的武器系统的话，美国也可能放弃这种行动。在交换中，冲突和损失的要素可能比协作和获益的要素更占优势，因此这种行动可能是有悖常理的。比如，你赠我以你的专著，而我则回赠我的专著。

协作问题通常是通过惯例获得解决的。在各种貌似合理的协作途径中，人们以某种方式找到了其中的一种，并且将其沿袭下来而不做其他考虑，这正是休谟对惯例形成的解释，也是戴维·刘易斯（David Lewis）博弈理论的观点。[1]举例来说，美国的驾驶规则或许就是自发形成的，而非基于立法，尽管它现在是被法律所强制执行的。我们如今习以为常的时间规则，是在 19 世纪才自发形成的。在 1833 年前，美国各地还存在着各不相同的日落时间，这使得列车时刻表一塌糊涂。于是铁路部门协作起来，制定出标准的列车时间表，最终各个城市、州乃至全国都制定了执行标准时间的法律。[2]在 20 世纪 60 年代，从俄亥俄州的斯托本维尔（Steubenville）到西弗吉尼亚的蒙兹维尔（Moundsville）有 35 英里的巴士旅程，在旅途期间，人们竟然需要进行 7 次时间转换，从中不难看到协作的问题之所在。[3]

在逻辑上和道德上，协作现象常常令人困惑不解。查尔斯·泰勒（Charles Taylor）论证说，交通信号是对自由的一项限制，但这并不具有严肃的政治意义，何以如此？在泰勒看来，这种限制实在轻微不过。[4]然而此解并未触及问题的深层结构。在我看来，交通信号如果合理加以使用，就根本不构成对自由的哪怕是微弱意义上的限制。实际上，它们绝非什么限制，它们促成而非限定了行动。人们可能振振有词地反对交通信号系统，指责它干扰了我们的行动。然而，设置完好的交通信号非但不构成干扰，反而能在一般意义上起到协同作用，使人们的行动更加便利。人们对协作的不解，部分原因是社会协作的解决之道通常是体系性的，而非零敲碎打的。我们不是要在当下的某一个时刻来看路上是否有交通信号；而往往是看路上是否总有交通信号，或根本没有交通信号。当我接近一个交叉路口的那个时刻，才考虑是否有信号限制，在这个层面上来推理并提出解决问题之道是没有任何意义的。[5]

此外，当协作不充分或者有人不愿意参与其中的时候，协作也是令人困惑的。上述驾驶规则和时间规则中的协作，容易在全社会中和谐运行。而其他一些协作——包括诸多重要的协作在内——对于某些组织来说是和谐的，但对于整个社会而言则意味着冲突。其中最为重要的原因乃是协作构成了权力的基础。

协作与权力

社会协作，不管是有意还是无意的，一旦成功便都能创造非同寻常的权力。即便是上述驾驶规则也包含着巨大的惩罚违规者的权力——那些习惯了某一种驾驶规则的人，总是不得不痛苦地在其他国家适应另外一种规则。我们每个人或许都得参与协作，否则个体就得付出代价。然而，正因为大家都参与协作，协作的约定就能够帮助某些人获得权力。这个过程乃是亚当·斯密国家理论的核心所在。据我在芝加哥大学一些旧同事的权威之见，斯密乃是最受经济学家推崇的政治理论家。

人们对斯密的国家理论的兴趣通常集中于他的发展阶段理论——即自然状态如何演化为游牧社会，最终发展到他那个时代的英国社会。不过，我们的关注点不在于此，而是斯密对政府权力形成的解释。在斯密看来，在一个游牧社会中，作为个体的牧羊人发现他的利益与某个牧羊群体有关，因为那个群体或部落可以更好地保护该个体，使之免受外部的侵害。[6]在一个竞争性的游牧社会中，个体便可以通过依附于最强大的部落而获得最大的福利。 因此，如果有人成为某一部落的能人领袖，其他人就会投身于该部落，部落领袖所掌控的巨大权力就这么形成了。[7]为了生存而形成的联合不仅使得生存是可能的，而且也可能带来部落的繁荣和掠夺性扩张。

在本质上，这个论点来自协作原理。 我们之所以要团结起来，这是因为，假如其他人也来合作，那么合作就是我们每一个人的利益所在。 只要有充分的领导力量以及足够数量的参与者，我们就能团结起来，而个体就能从中获益良多。 如果有其他人凝聚在另外的领袖力量之下或群体之中，我们也可能很乐意随波逐流。 在这一关于权力如何增长的演化理论中，与群体保持一致性不仅有助于生存，而且也增加更多的一致性。 权力未必仅仅是一种可以被耗尽的资源，它在一定程度上可以从协作中获取并且实现自我再生产。[8]

在某些情况下，协作可以激进地放大一些微弱差异的重要性。 例如，在过去的几十年中，波斯尼亚人、克罗地亚人和塞族人曾经互相通婚、比邻而居、和谐共事。 如今，为各自的群体优越性所进行的社会协作，使得这些和谐景象不复存焉。 我们不能把协作视为种族仇恨和暴力的产物，而是要把它看成种族仇恨和暴力挑衅的催化剂。 当然，暴力的后果显而易见，它强化了为土地和其他资源而互相竞争的群体之间的割裂状态，同时，它也撕裂了个体在从前的多元文化社会中获取成就的发展机遇。

协作出权力，这甚至也是现代国家权力的逻辑，可以从约翰·奥斯汀（John Austin）法律理论的一个难题看出端倪。 在奥斯汀看来，人们服从法律，这是因为受到惩罚的威胁。[9]我们也许可以称之为法的"枪手理论"（gunnman theory）。[10]然而，难题就在于，如果人们是基于强制力而服从法律，那么国家是否有足够的强制执行机制？ 休谟说：

"如果暴君除了恐吓之外没有任何其他权力来源的话，那么将没有人有任何理由因暴君的震怒而感到恐惧。因为，作为一个个体，暴君的个体力量终究是有限的，他所拥有的一切更为远大的力量，必须建基于人们的意愿，或者是某种他人所推定的意见。"[11]用一位当代律师的话来说："没有一个国家能够迫使人们时时刻刻地在枪口之下执行法律；没有足够的士兵和警察来执行这种任务（这正是奥威尔所想象的警察社会），他们总得困顿而睡，然后，一种无政府状态可能就出现了。"[12]

无政府状态的确可能爆发。然而，众所周知，即便是在群体控制力式微的环境下，无政府状态通常也不会真的出现。何以见得？原因就在于，合作与服从的规范有助于让人们各就其位。塔尔科特·帕森斯（Talcott Parsons）写道："没有一个共同的规范性系统，秩序问题……将无从解决。"[13]然而，有了规范未必就有秩序。小打小闹的无政府状态不足以瓦解国家。无政府状态只有全力爆发，才能战胜来自国家的胁迫性的惩罚体系。这种状态必须是弥散性的。一个适度组织化的现代国家，可以不用奥威尔式的极端手段就能实现对其公民的控制。包括阿根廷的魏地拉（Videla）政权、占领捷克斯洛伐克的纳粹政权、罗马尼亚的齐奥塞斯库（Ceausescu）政权等在内，这些政权都几乎不用暴力就控制了大规模的人口，原因很简单：它们实际上不需要针对所有的人同时使用暴力。那些想要推翻这种政权的人，就必须协同反对力量的行动，否则便显得渺小无力。加埃塔诺·莫斯卡（Gaetano Mosca）指出，少数人之所以能统治多数人，因为"多数中的每一个人……孤零零地面对着有组织的少数总体"。[14]

在一个相对有序的国家，大多数个体不能通过严重违法来获取利益，因为再微弱的警力也能逮捕到相当数量的违法者。在很大程度上，这就是关于国家的枪手理论的奥妙之处。枪手理论或许可以被称为国家权力的协作理论，甚至是"二元协作理论"（dual-coordination theory）。它依赖于政府层面的协作，以及任何民众反对势力的不协作。国家不需要把每个人逼迫到枪口上，而把服从法律清楚地和每一个人的利益联系起来就足够了，尽管对于这些人来说，集体行动起来反对法律或许才是他们的真正利益所在。

让我们来看协作是如何显示其威力的：协作之所以创造权力，是因为它使得攻击一个未经协调的群体的行动——比起代表相关行动者利益的行动——能够带来更高的回报。这反过来意味着，协作起来的、强势的群体能够以非常低的成本采取各种行动。因此，协作不仅创造权力，它也降低了使用权力的需要；也因为如此，少数警察便可以维护秩序——除非发生引爆事件，或者出现了反对力量进行集结的征兆，在这些情况下，个体就能够参与示威或骚乱而免受惩处。

根据国家权力和法律服从的二元协作理论，我们就能很好地理解，民众的忠诚何以在快速的政府替换过程中迅速发生变更。举个例子，我们曾经对德国人的品性感到不解——他们为何迅速忠于希特勒，又能转而服从西方盟国以及苏联控制下的傀儡政权。自始至终，大多数德国人看来是模范公民。然而，要是我们也遭遇希特勒及其他外来力量的统治，在那样的强制环境下，我们中的大多数恐怕也会成为模范公民。假如真正忠诚于纳粹政权的人果真有那么多，或者说服从确实取决于合作的公民规范或者某种共享的价值观的话，那么德国人轻易地选择接受战争政府的统治这件事就颇令人费解。

同样地，根据国家权力和法律服从的二元协作理论，我们也能更好地理解"消极不服从"的力量，正如印度的独立运动或者美国的民权运动所揭示的那样。消极不服从仰赖于民众在有限的国家管控能力面前实现协作。显而易见，双方协作能力差异甚大。在民众一方，由于人数众多，除非有精心策划的阴谋，协调通常很难做到；而国家的僚属们却可以明目张胆地进行谋划。民众一方的消极不服从并不常见，这是因为它也需要公开的策划，以及广泛的道德共识。然而，消极不服从并非无政府状态，至少它不是一种混乱状态。通常，它是很有秩序的。无序通常是国家试图驱散有序的反抗者所导致的。

罗马尼亚的尼古拉·齐奥塞斯库（Nicolae Ceausescu）政权是二元协

作并最终失败的一个典型例子。 1989 年 12 月，紧随着东欧剧变，齐奥塞斯库政权在四天之内便垮台了。 其引爆事件是当年 12 月 7 日发生在蒂米什瓦拉市（Timisoara）的示威，在那场示威中，人们走上街头支持一位被开除公职的匈牙利裔的神父。 随着更多人的加入，事态失控了，示威者抛出了"让齐奥塞斯库下台"的口号。 齐奥塞斯库下令军队进行镇压。 12 月 21 日，齐奥塞斯库在党中央广场召开大规模的群众大会，试图引导人们对事件的看法。 因为他在 11 月 25 日第十四次党代会上曾全票当选为罗共总书记，齐奥塞斯库自然相信自己可以获得人们对其权威的服从。[15]

在集会中，一些人开始怒吼，称齐奥塞斯库为独裁者。 此举未遭惩处，因此大量的群众加入了反对浪潮。 齐奥塞斯库离开了中央委员会总部阳台，逃离布加勒斯特。 然而，他很快被反戈的军队逮捕，四天之后，他和他的妻子就被审判并处死了。 事件当中，有三百名士兵自愿为其开火、镇压示威。[16]保安部门——实际上就是齐奥塞斯库的私人警察部队——却无法分清群众和倒戈的部队。 在此之前，齐奥塞斯库及其保安部队还可以掌握几乎所有罗马尼亚人的生杀大权。 一旦建构其权力的协作瘫痪了，权力也随之灰飞烟灭。 具有讽刺意味的是，民众在齐奥塞斯库的眼皮底下实现了协作。 如果齐奥塞斯库不曾在那个场合出现，也许民众永远也无法成功地拧成一股绳。

成功的革命有规可循，一如德国议会政府中所谓的建设性否决（constructive veto）原则。 在德国，只有在出现了总理的替代者并且获得了多数票支持的情况下，现任总理才能被废黜。 这种规则避免了在意大利所常见的乱局——旧政府下台了，却没有新政府取而代之。 正如巴干达的格言所说，没有王子，也就没有巴干达人的反叛。 革命的背后总有潜在的主使人。 把罗马尼亚抵抗齐奥塞斯库政权的行动看成是在没有备选的替代领袖的情况下所发生的一个罕见事例，这种看法貌似有理。 对于某些抗议伊朗国王政权的伊朗人来说，其目的或许只是为了颠覆既有政权。 不过，这场民众动员的背后不乏替代性领袖，亦即霍梅尼。 对于那些包括自由派女性在内的参与者们来说，如果能意识到自己的行动是一种有替代性领袖的"建设性否决"的话，其行动恐怕就会大不一样了。

　　建设性否决以及大部分的革命，需要满足二元协作理论的两个方面的条件：既有领袖的协作力不断衰竭，而替代性领袖的协作力则蒸蒸日上。 假如只出现一个条件，政治秩序通常就能够存续下去。 权力是否有效，取决于权力的障碍能否被移除。

交　换

　　人们在日常话语中所说的"合作"这种互动，通常也就是博弈理论家所津津乐道的囚徒困境，它是由两位早期的博弈理论家——梅里尔·弗勒德（Merrill Flood）和梅尔文·德雷舍（Melvin Dresher）——所发现的，似乎也可以说是被他们发明出来的。 他们试图通过实验来检测谈判理论。[17]奇怪的是，在囚徒困境被发现之前，弗勒德的两个实验都包含着简单的以旧车换钱的交易。 弗勒德似乎没有意识到，他的囚徒困境是对这种交换形式的简化与概括。 不幸的是，在后来艾伯特·塔克（Albert Tucker）将其命名为"囚徒困境"的过程中，交换与互动的关联似乎流失了。 为了说明问题，塔克牵强地用美国的刑事司法来进行比附。 在其中，检控方试图用减刑来引诱囚徒的招供。[18]对于社会理论家来说，社会互动中的囚徒困境不胜枚举，这种困境的普遍性令许多人深感惊讶。[19]假使这种博弈一开始就被命名为"交换"游戏，我们或许会对这种行动的普遍性感到释然。

　　正如弗勒德关于加利福尼亚旧车销售的博弈那样，我们通常把交换视为双方的事情。 然而，交换的策略结构可以涉及多方博弈行动者。在多人或者集体博弈的情况下，交换就成为社会秩序问题的关键。 比起双方的博弈，这种情况通常更难以厘清，而且，这种多人博弈包含着某种反常的集体行动逻辑。[20] 在集体行动的逻辑中，一群具有共同利益、需要集体行动的人，可能有集体的利益但却各怀私利。 你和我都想要清新的空气，我们都可以各自做到这一点，比如，不燃烧树叶，不用木炭烧烤，或者是多付点钱去买那些低能耗的车。 不幸的是，我的利益在于其他人都如此行为，而不在于自己如此行为。 从自我中心的角度看，最好的情况就是他人都致力于公共利益，而自己却快活地独享一己之利。

这样的行为动机，与弗勒德和德雷舍原创的那种行动困境或者任何日常生活的交换中所见的动机并无两样。 在弗勒德所描述的买车博弈中，购买者最希望自己分文未支而拿到车子。 在现实世界的两人博弈中，这种情况相当于盗窃。 但在群体博弈中，如果我为了一点愉悦而污染了哮喘病人的空气，那就不能算是盗窃——这正是集体行动的惨淡逻辑。 当我们需要从集体交换中获得个体利益的时候，我们仿佛被一只无形的手打压下去——这种无形的力量让我们沉溺于市场上的二元交易，并从中获得好处。

污染是一个普遍的难题，在某种意义上也是当代社会生活中集体行动问题的一种反常写照。 其背后的集体行动难题来自无法控制有利于个体的破坏性冲动。 在社会生活的基础构造中，如何激励创造秩序、增进繁荣的建设性行动，这是更为迫切的问题。 我们在一个秩序井然的国家中所享受到的好处，在某种程度上就来自个体对集体福利供给的贡献，亦即集体交换或行动。 在集体行动中，我们创造了集体权力的资源。 然而，通常我们不能指望个体会这么做。 因此，为了集体利益，我们便需要某些能够给个体带来好处的动机——它可以解决弗勒德的旧车交易的难题。 而问题能够轻易得到解决，是因为如果买卖双方都不放弃自己的车或者不付款的话，双方便都不能从交易中获得好处。在一般情况下，只有一种方式可以把集体行动的收益和成本直接挂起钩来，那就是法律制裁。 我们的车不会像从前那样污染空气，那是因为法律命令我们去买汽车的污染控制装置。 几乎可以肯定的是，很多人会为了自己车子可选择的安全装置——比如气囊或者安全带——而额外掏钱，但很少人愿意为可选择的污染控制装置而付费。

传统的政治哲学家认为，自发的集体行动是难以激发的，因此，人们就需要创造国家权力来制裁个体。具有讽刺意味的是，指望通过集体行动来解决集体行动的难题，这就陷入了一种循环论证的困境，这种立论无济于事。然而，认为人们之间的相互协作驱动了社会生活中的集体行动，这种说法也不无道理。倘若如此，当人们关注社会秩序的时候，他们的行为就一定得被规范动机而非利益所激励吗？当然，在某种意义上，人们的确受到规范的激励。但是大多数现代社会生活的规范有赖于利益的刺激。如果把规范视为工人的工作激励，那么工业社会中巨大财富的来源问题就难以解释。那么，是否说我们在政治上进行规范考量，而在经济上进行利益考量？这导致了理论解释的分歧，在许多人看来，这也成为了学科之间的分水岭。

与这种看待社会协作的视角不同，我认为，必要的合作能够创造中心权力从而规制进一步的合作，而这种必要的合作起源于一种另类的集体互动：它产生于协作博弈而不是交换博弈。协作生产权力，权力生产制裁，制裁激励着集体交换。当然，社会生活的因果链条并非如此简单和朴素。实际上，这个因果链的第一动力无迹可寻。在任何一种现实的制度中，我们都可以看到某种资源的混合状态，其中的资源有时候出自协作，有时候是产生于自发的集体交换，有时候则是通过利用既有资源迫使个体为集体作贡献。在这些情况中，或许会有受到规范引导的行为——尤其是自发的集体交换行动。但是，对于许多制度来说，其激励结构显然就是个体动机，这种动机很大程度上是从协作的权力中派生出来的。

协作与交换的混淆性

区分协作与交换，对于理解政治理论而言是重要的吗？要理解这一点，且让我们简单地来考虑几个问题：首先有一个核心的问题，即如何理解政治权力？ 由于无法澄清权力的各种来源，关于权力的辩论通常是十分混淆的。 其次，这种混淆也见诸当代的政治理论，让我们来分别检视一下霍布斯的政治社会理论、马克思的革命理论以及将法律建基于从效率出发进行论证的当代普通法理论。 要理解权力的性质以及上述这些理论，就得直观地区分权力的不同策略来源，这对于政治理论来说是至关重要的。

权力

从理论上说，一个有着共享目标的群体或人群，总是相对容易加以动员的。 我们继而可以认为，这个群体或人群面临一个协作问题。 然而，动员能够达到什么目标？ 通常来说，大规模的协作产生出了巨大的权力，这种权力能够实现多种目的。 具体而言，唯有出现了一个凝聚人心的目标，权力才能发挥作用。 如果人们为了民族国家的诉求而行动起来，并且团结在某些领袖周围，然而，一旦这些领袖对民族国家的目标进行妥协或更改，他们很可能就会顷刻间失去人们的支持。

集体行动至少可以通过两种方式产生权力：第一，集体行动提供了能够以多种方式来强制或者影响他人行动的资源。 第二，它们围绕着领袖协作起来，赋予领袖以行动能力。 因而，权力至少有两种表现形态：对普通的经济资源的聚集以及对个体行动的大量协作，我们或许可以分别称之为交换权力与协作权力。

对于激发民族与族群认同、代表某个民族而采取的行动而言，协作权力尤其重要。 某个人参加了 X 群体的协作行动，这就增进了这个群体的权力，从而也加大了这个群体达成目标的可能性，由此，这个人以及 X 群体中的其他成员也从中受益。 协作权力在逻辑上要优先于交换权力，因为人们必须得先协作起来，创造出秩序，然后才谈得上进行资源聚集。 这就是霍布斯政府理论的精髓所在：秩序优先于生产。

如果集体行动的成功表现为对某个群体或民族的支配，那么，要取得成功，就不能仅仅依靠参与行为的加总。 如果无利可图，或者无机可乘，要团结在一个领袖周围进行族群或民族主义的动员，就没有什么动力可言。 因此，在相当长的时间内，人们可能感受不到某个族群群体有何政治行动。 前苏联的少数民族曾经很沉寂，那种状态持续了两代人的时间。 随着个体在经济方面的前景看淡，以及中央政府无力回应其群体政治诉求，这些族群便即刻爆发出了集体行动。

类似地，也与二元协作理论相一致，革命运动通常在如下情况下取得成功：中央政权的严重衰竭（尤其在军事方面）——比如 1917 年的俄国和 1991 年的伊拉克；以及政治强人的失势抑或死亡并因此导致政体无法有效地进行自我协作——比如伊朗的伊朗国王政权或者埃塞俄比亚的海尔·塞拉西（Haile Selassie）政权。 在苏联，20 世纪 60 年代和 90 年代初所发生的族群行动差异甚大，这显然是因为人们认识到这种行动的回报发生了变化。 除了实际行动层级的变化，族群组织对其理念或利益的忠诚度也会随着成功前景的看好而得到强化。 对未来的信心提升了人们的注意力，从而强化其对群体的义务感。 尤其是当行动成功的引爆点或倾泻点（tipping point）出现的时候，忠诚的边际效用就越发显著，人们的群体忠诚度亦随之加剧。

当民族或族群的忠诚与权力的制度基础相互交汇，它们就形成了巨大的强制力，把更多的人卷入运动之中。 于是乎，中央政府可以动员民众，而宗教领袖也可以把族群集结起来。 随着民众被协同起来，国家的、宗教的及其他方面的领袖就变得强大（或更加强势）了。

让我们据此来检讨关于权力的种种概念上的混淆性。 权力的研究通常只关注权力是什么的问题，而非权力从何而来、如何创造的问题。如上所述，权力可以直接地建基于众人的协作。 我们可以把这种协作视为权力的一种形式。 权力也可以间接地建基于集体交换，这种交换产生了包括金钱在内的资源，人们在这种交换中所发生的合作可能是自发的，也可能是被胁迫。 胁迫的力量可能来自某个协调一致的组织，或者与国家及其他制裁者所拥有的资源有关——这些资源可用以操控人们的行动，使其偏离交换行动之初衷。

据此，基于资源的权力可以用来扩充资源。资源遭到消耗，权力亦随之减少（在战争中就是如此），而如果资源得不到及时补给，权力就会耗竭殆尽。相比之下，基于协作的权力会随着更多人投入协作行动而发展壮大。比如，斯密笔下的牧领之所以具有强大的号召力，那正是因为人们需要牧领的保护。基于协作的权力也可能迅速瓦解，其原因可能是围绕另外的领袖出现了再协作，或者协作的规则发生变化，甚至仅仅是因为协作的失败。比如，根据色诺芬（Xenophon）的说法，公元前 401 年，居鲁士（Cyrus）的军队在与波斯王阿塔薛西斯二世（Artaxerxes II）的作战中几近胜利。而当居鲁士冲上前攻击密阵中的阿塔薛西斯王的时候，他却被国王身边的卫士用投枪所杀。当这个消息传开，居鲁士的军队群龙无首而迅速溃败。重整军队花了几个月的时间，但是，由于没有了居鲁士王子，这支军队的强大力量在几个小时内便被瓦解了。[21]阿塔薛西斯笑到了最后——对他来说，坚持就是胜利，即便战斗的代价是如此惨重。

比起基于资源的权力，基于协作的权力可能更难于操控。它可能更加脆弱，就像希腊人对居鲁士的作战那样，这种权力看来也更加难以调适。这种权力通常与克里斯玛权威有瓜葛。不管它是否依赖于克里斯玛，它总是需要某种焦点。如同巴干达人（生活在今天乌干达的维多利亚湖附近）所言，"没有王子，也就没有巴干达人的反叛"[22]。反叛要组织起来，必定得依赖于一个相关的王位继承人。通过集体交换或强制所得的资源所形成的权力，就更加容易遭到替代了。这种权力常常被政变所篡夺。

和交换相比，基于协作的权力更像是某种货币系统。人们通常会不假思索地依赖口袋里的钱，这是因为几乎所有其他的人都如此这般。但是，如果大家突然都涌向银行，要求把货币兑换为金、银或者日元等其他通货，已有的货币就会顿时一文不值。协作权力正是如此，它有赖于对他人行为预期的强化。而交换权力更像是以物易物，不管交换的是金钱还是其他物品。 这种权力的形式就是可供配置的资源。

考虑到权力来源的这种二元属性及其运作方式，既有的文献通过争论不休的"权力是什么"的句式来定义权力，在我看来便是不尽如人意的。 例如，与帕森斯的观点相左，权力没有"普遍化的媒介"，而相形之下，交换的普遍化媒介乃是货币。[23] 协作权力具有货币的属性，它们都需要人们之间互相强化彼此的预期；而交换权力也具有货币的某些属性，这表现在它受到实际资源的支撑。

协作产生权力——我们应当用这种视角来审视包括政治参与在内的政治生活。 布莱恩·巴里（Brian Bary）问道：对于一个选民来说，"他要的究竟是运气还是权力"[24]？ 他正确地指出，选民需要的是运气——因为投票者所指望的，不过是使自己的观点成为多数派的观点。如果依据资源产生权力的观点，那么我们所要探讨的就是投票者所拥有的资源：资源决定其权力的多寡，然而这种分析并不足取。 相形之下，依据协作产生权力的观点，个体投票者并无权力可言，相反，权力在协作行动、共同投票的投票者大众手中。 同样地，在斯密笔下的游牧社会中，牧领作为个体并没有权力可言，权力来自牧羊人在统一的领导下所进行的群体协作。 而正如居鲁士的军队那样，一旦协作崩溃，权力便不复存焉。 用博弈论的语言来说，基于协作的权力是超可加的（superadditive），它意味着"整体大于部分之和"。

如前所述，成功的协作能有效地降低群体的行动成本，理由很简单——协作可以卷入更多的人，赢得更多的合作。 因此，在相同的环境下，个体或小群体的牧羊人总要时刻警惕以保护其牧羊，而大型的游牧部落的成员却可以高枕无忧。

利维坦

在有些人看来，霍布斯政治秩序理论的核心问题就是囚徒困境：如果人们都自发进行合作，而不是相互掠夺、彼此胁迫，大家就都能得到更大的好处。 然而，只要我身边所有其他的人都如此合作，我便可以坐享其成。实际上，不管他人如何行动，采取掠夺而非节制的策略才能使本人得到更多的好处，这就是囚徒困境的逻辑结构。

这是对霍布斯的误解。[25]比起这种解读，斯密对游牧社会中强势领袖的形成的分析看来更有信服力。依斯密之见，在集中畜牧形成之前，掠夺他人财产可能是毫无意义的，因为在那种情况下没有什么有价值的财产可言。[26]没有国家来界定所有权，也就没有财产，这并不是概念上的问题，而仅仅是从经济上来看——如果没有群牧，掠夺他者的财富就是没有意义的。换言之，损害他人并没有什么潜在的好处。况且，如果掠夺者的冒险之举伤及本人，那么就更加不值了。

这也就是说，在政治经济发展的野蛮状态下——且不论哲学家们所谓的"自然状态"——不顾一切地进行掠夺，这并非所谓的霍布斯囚徒困境中的主要行动策略。因为进行这样的掠夺和攻击很可能得不偿失，野蛮社会的策略行动结构是一种进行协作的游戏——条件必须是多数人的协作能够而且必定能够保护自身的利益。因此，霍布斯所要解决的问题并非摆脱囚徒困境或者进行利益交换，而是如何进行协作。在那些有利可图、值得掠夺的财富出现之前，已经有了原初形态的国家。

与霍布斯的逻辑相似，协作博弈的解决方案是推举强有力的领袖。这一领袖推举过程并不来自某种用来规范交易的契约，而只是经由协作——或许是那种自发的而非受指使的协作。而且，领袖的权力也难保永固——正如居鲁士军队的权力那样，它也能在瞬间崩溃。

在柏拉图的《理想国》中，格劳孔（Glaucon）提供了一个早期版本的政府理论——政府的存在是为了解决囚徒困境。格劳孔说，如果他能够拥有可以让自己随意隐身的盖吉士的指环（the ring of Gyges），他便会肆意妄为。他的法律服从理论就是某种枪手理论的早期理论。[27]人们在法律面前随意犯法、逍遥法外的可能性，这就导致了一个囚徒困境的问题，而不仅仅是一个协作的问题：某人的不合作行为要得到好处，前提就是别人都在进行合作或遵守秩序。因此，格劳孔所关注的是，在创造和增加财富的秩序建立之后，如何激励人的行为并使之符合这种秩序；而霍布斯所谓的自然状态的问题，关注的是在秩序建立之前的行动困境，或者说建立秩序的问题。倘若所建立的秩序能够有效惩治违反者，或者说不能存在盖吉士指环的隐身力量，那么，搭便车之说也就无从谈及了。

社会主义革命

　　除了利维坦，马克思及后来的马克思主义者所期许的社会主义革命，通常也被视为解决囚徒困境的一种方案。然而，如果问题的策略结构就是进行革命，那么正如曼瑟·奥尔森（Mancur Olson）所断言的，"如果组成阶级的个体采取理性行动，那么阶级导向的行动就不会出现"[28]。实际上，这反映出更具普遍意义的集体行动的逻辑：所有可能受益于革命的人都指望他人去冒险并冲锋陷阵，结果革命的战斗沦为空谈。大多数人认为马克思把社会变迁归因于利益而非意识，因此，他应该会同意奥尔森的观点。

　　由是观之，我们可以说马克思误解了革命问题的策略结构，而他对社会主义诞生的历史理论的推理也是站不住脚的。[29]有些人或许会为马克思辩护，认为马克思把阶级行动归因于阶级取向的动机，而非狭隘的理性或者个体自利动机。这种解读抬升了规范或利他倾向的动机的重要性，而贬低自我利益动机的作用。从表面上看，个体出于自身所属的阶级利益的考虑而采取违背个体私利的行为，这似乎不可理喻。然而，驱动我们生活主要方面的自利动机，在某些场合下的确可能失灵——比如路人有难、拔刀相助的事例，抑或是人们为儿童权益而奔波，以及国难当头、挺身而出的情景。

　　那么，阶级取向的动机如何导致革命？此处需要解释的问题，乃是个体如何把阶级的利益变成自己的利益。如果没有这一论证环节，当代那些试图修复马克思关于工业社会中的社会主义革命的理论就只能是空想。这让我想起了悉尼·哈里斯（Sidney Harris）的一幅漫画：两个数学家一起站在黑板前。 黑板的两边写着复杂的、看似很不一样的数学公式，但是其中的一个数学家似乎看不出其中有何差别。 另外一个数学家则迷惑不解，他指着黑板的中间说，"我觉得你应该把第二步骤说得更详细一点"。 第二步写的是："之后奇迹便发生了。"

要为马克思的社会主义革命理论辩护，还有一个替代性的、更为可行的取向，这就是假定马克思不仅把革命的本质看成是一种囚徒困境，而且是一种协作问题。 具体而言，在某些场合中，只要有足够多的人被动员起来，反抗国家权力的成本就大大降低了。 根据马克思早期生命历程中所实际发生的革命事实，这并非一个有悖常理的解释，尽管这种解释在后来变得似是而非。 要说马克思对革命行动的策略结构问题有清晰的分析，这不免太过牵强。 但是，法国大革命以及 1848 年革命的事实告诉人们，假如能够做到协同作战，革命就会相对容易取得成功。[30] 一旦达成协作，反叛就能够变得有序和有针对性，而一旦参与者足够多，参与的成本就变得微乎其微了。

正如那场导致伊朗国王退位的德黑兰街头示威那样，革命难免流血，然而，一旦诸如巴士底狱那样的大规模聚众出现，伤亡就显得不足挂齿了。 从技术上说，就博弈的收益矩阵结构而言，革命、囚徒困境以及美国政治生活中的投票都可以说是完全一致的。 不过，成功的协作可以如此显著地降低参与的成本，以至于成本可以忽略不计，结果是，轻微的义务感便可以成就宏大的政治行动。 对于许多美国人而言，投票是轻而易举的，然而因为要付出一丁点的代价而对是否去投票感到犹豫不决，这是不可理喻的；同样地，如果工人、士兵或其他人对参与前往巴士底狱的游行畏畏缩缩，这也会令人困惑不解。 在驾驶规则这样的多方协作问题上，人们只想随波逐流，革命的协作行动与此不同：行动者的偏好选择是要么全力进攻，要么按兵不动。 而且，一旦身边有足够多的人操戈而起，行动者便会加入行动；反之，如果没有足够的人群起而攻之，人们就会选择按兵不动。

这一论证可能与马克思的分析甚为吻合。 不过，理查德·阿尼森

(Richard Arneson)有不同的解读。 他认为，马克思在革命问题上更像是"一个德意志的浪漫主义者，而非冷静的维多利亚时代的政治经济学家"[31]。 在马克思看来，现代无产阶级革命的问题在于，"在其自身的宏伟且不确定的目标上，无产阶级是畏缩不前的；而他们只有在走投无路的情况下才投身革命"[32]。 阿尼森则认为，这并不意味着革命的临界点会在革命行动者的个体收益大于其风险的时候出现。 相反，他认为，"一个人关于自我的理想形象被绑定于宏大的目标之中，而这种目标的达成则有赖于英勇的行动。 一旦人们无法背弃对这种理想形象的承诺，革命的临界点就出现了"[33]。 马克思华丽的文采，使得人们容易把他的解释看成是浪漫的而非冷静的。

然而，与阿尼森的观点相反，促使人们踏上革命的"不归路"，这并非因为他们被绑定于浪漫的"自我理想形象"之中，而是人们最终所形成的某种必要的阶级意识，这种意识一旦形成，就能让人在国家面前幡然醒悟。 当无产阶级为自己的统治使命作足了准备，并且具备了在突袭中掌权的机会（诸如 1848 年的革命情境），革命就能够取得成功。[34]不过，如果没有足够清晰的目标，协作便会随即崩溃，1848 年革命的失败说明了这一点。 一旦目标确定，协作的倒退就是不可能的，这部分是因为，一旦反对派的力量在革命的声势中势如破竹地崩溃，它们通常就无力回天了。

这种自发的革命能够轻而易举地攻城略地，正因为如此，当年法国的梯也尔政府才如此无情地对巴黎公社革命予以暴力镇压，这种镇压简直就是一种谋杀而非战争。 只有施行高压才能拆除革命中的社会协作。 后来，许多政权和领袖——比如纳粹、智利的皮诺切特(Pinochet)，以及阿根廷的魏地拉——都很好地从巴黎公社革命中汲取了这个教训，持不同政见者和潜在的反对派，均遭到了残酷而全面的镇压。 镇压者把革命行动的成本抬升到了足以改变革命的策略结构的程度。

在巴黎公社革命之后，再也没有人宣称通过自发协作就能在工业化国家中完成革命。 只有在国家丧失了其自我防卫资源的条件下，革命才变得相对容易——比如 1917 年战乱之后的俄国；或者是其国王在死亡线上挣扎的伊朗，抑或是在国家所控制的资源极为薄弱的社会之中。 也正是意识到这一点，长期以来，人们对南非的革命前景感到黯淡。

如果一个国家提升了个人发动革命的成本，能够帮助降低革命行动成本的协作权力就遭到了消解。 于是，潜在的革命者发现，他们被迫置身于一个彻底的囚徒困境之中——人人都为一己之利而企图搭便车。实际上，以晚近几十年的经验来看，在很多情况下，革命的前途甚至面临着比囚徒困境更严重的问题。 国家总能有效地针对革命团体的领导层采取行动，以至于革命的早期领导者无法从其革命事业中看到集体行动的好处，哪怕这种集体行动最终取得成功，其好处也是不明朗的。一个有效组织起来的国家，能够动员马克思认为的革命者所要夺取的资源来截断革命者的行动轨迹。 由此，在反叛的集体行动中，冲突的面向就可能大大地掩盖了协作的面向，结果是人们难以指望出现进一步的革命行动。

普通法

对法律的性质和内容进行经济学的解读，这是过去十年间出现的一个饶有趣味且富有创意的学术取向。 迄今为止，这项工作尚有一个主要的不足，亦即在效率和财富最大化的焦点问题上忽略了策略性的思考。[35]这方面的研究大多关注一个既定的状态，并判析它与其他状态相比是否更加具有效率。 相对而言，这是一种静态的分析，与一般意义上关于静态均衡的经济分析的主导模式并无差别。 对效率做静态分析有其难处，因为人们通常重点关注政策，以及如何从某种现状过渡到理想状态。 从根本上说，这是一个战略和动态的问题。[36]如果这样的动态考察对于经济学而言非常重要，那么在法律分析中亦是如此。

一般而言，在普通法系统乃至立法法系统之中，要获取理想意义上最有效的结果，人们面临最大的羁绊是如何权衡已经作出的决定，以及人们业已创造的制度。这种羁绊塑造了人们的预期，并且根本性地决定着后果的表现。这些既有的决定和制度一旦持久发挥作用，它们便成为在博弈论意义上能够解决协作问题的惯例。尽管我们能够移风易俗——那也正是通过立法部分地改变普通法体系所要达到的目的——但是这种变更并非轻而易举。进而言之，如果我们关注效率，那也应该包括动态意义上的效率——这涉及作出改变的成本和收益，而不只是静态意义上的效率，仅仅看到某种法律体制而非其他体制下生活的成本和收益是不够的。

一旦我们有了一个特定的法律规则，它就既需要政治力量的驱动，也需要道德力量的支撑。这两者中的任何一方都不能足以阻止对规则的修订，但是倘若规则很重要，人们很可能就都会严肃地权衡这两种力量。之所以有消极服从法律的情况，那是因为驱使法律的道德力量出现了问题。架空或通过立法来反对美国南方的吉姆·克劳法案（Jim Crow Laws），很显然改变了人们关于种族歧视的诸多预期，毫无疑问，这也损害了许多人的利益。这些预期在很大程度上也许是道德意义上的，消解这些道德预期是修改法律所要付出的成本。

在更为根本的意义上，也许需要问的是：我们为什么需要一个普通法的体系？答案来自遵循先例的信条：因为我们已经有了这个体系。在特定法律体系的早期形成阶段，人们作出了不同的选择。在很早以前，当人们还可以进行各种选择的时候，要论证一种体系——不管是成文法还是普通法——比另外一种体系优越，这或许并不容易。选择哪一种体系可能无关紧要，然而，选择某一个体系却有天壤之别：为了生活可以继续，人们需要某种法律体系来断然解决问题。因此，问题的核心在于让所有的人围绕一个可运作的体系进行协作。如果我们不曾作出某个选择，那却未见得是一种严重的损失。基于先例的普通法体系是一种可以自我成长的系统，哪怕人们没有通过积极的、创造性的行动去发明出一种可能是最优的制度。

规范问题

如何使国家的运作方式合理化？ 广泛地回答这一规范问题已经超出本书的范围。 但是，此处让我们来考虑规范问题对解释工作的一些含义。 根据休谟的著名格言，客观事实与价值应当区分开来。 对此奉若圭臬的人可能会断言，我们在前文所作的分析并不能对国家的运作提出正当的理由。 在某种程度上，基于如下两个理由，我认为这个结论并不正确。

首先，应然和实然之间并不截然区分。 如果在某件事情上我无能为力，那么，就不可能说我在道义上应该去做这件事情。 在社会的层面上，这样的区分意味着，如果达成某个目标所必需的制度结构不能被人类的实际行动创造出来，那么，那样的目标就不应该去获取。 在伯纳德·威廉斯(Bernard Williams)看来，这正是社会生物学所昭示的道理。 在他看来，"社会生物学能够充分地启发伦理学，告诫人们有些制度或者行为结构并非人类社会的实际选项[37]。"

其次，在狭义上，"权力有时候意味着真理"，这回答了"如何使国家行动合理化"的规范性问题。[38]比如，面对一个特定而重复出现的问题，人们一旦成功地采取协作行动，就能够建立某种惯例——这正如在上述普通法的讨论中那样。 在此惯例面前，每一个个体都有很强的服从动机。 更重要的是，人们的服从还受到强大的道德动机的支配，因为违背某个惯例——比如在北美的公路上靠左行驶——将在很大程度上损害他人的利益。[39]据此，那些试图为许多法律或者普通法体系寻求先验的规范理据的努力，都可以说是徒劳无益的。 要证明这些体系的合理性，就得既考虑其历史起源，也要考虑它们的合理而非理想意义上的可行性。

除却这两个理由，休谟的二分法似乎还是令人信服的——我们不能从事实中推导出价值。我们可以认为，国家权力来自协作，以及通过集体交换所创造的资源，但是这个解释并不能告诉我们国家应该做什么。的确，我们有理由认为，为了共同目的所创造的资源，可能被腐败的国家用于某种特殊的目的。当然，这正是传统自由主义者的担忧所在：国家有滥用权力的倾向。的确，就在斯密发展其游牧国家理论的同时，他就已经注意到，在主权国家有偿分配正义的体系中，"权柄几乎总是能够被有效地肆意滥用"。[40]

结　论

社会与政治生活中所见的主要合作形式，根植于两种明显不同的策略互动：协作与交换。它们在许多重要的制度安排中交织出现。但是，在很多情况下，比如在斯密的游牧社会的组织以及许多国际关系的问题中，协作更显重要。在解释各种社会协作和制度安排的问题上，协作与交换相比是否具有优先性呢？在解释意义上这或许不错，尽管历史分析似乎难以予以证实。协作之所以具有逻辑上的优先性，是因为它创造了作为制度、规范和权力的惯例，这种惯例继而催化了进一步的协作和交换。

这么说有点循环论述的意味，尽管如此，这种解释仍然是合理的。如前所述，集体行动的问题不能通过类似的循环论述来解决——即假定我们通过集体行动来解决集体行动的难题。集体行动的问题就是如何进行集体行动。但是，协作的形成不需要刻意为之，也无须克服反向的激励。协作就是能够自行发生。而如果协作以相同的方式多次发生，那么一种强大的惯例就由此形成了，这种惯例通过特定的行为激励塑造着人们的后续行为。

在最近的几年中，演化论的视角已经十分精巧地解释了合作和利他行为的形成逻辑。这种解释之所以很重要，因为演化的视角似乎能够展现出个人自利的性质。很显然，在许多情况下，这种自利性质和任何利他主义的性质是相互冲突的，我们或许会认为，利益的因素终将支配我们的行为。与生物演化理论相对应的是社会演化理论，该理论认为社会演化促成了某些制度和规范的产生。基于社会演化理论，即使把人预设为生物学意义上的坚定的利己主义者，我们也能够解释促成合作的强大制度是如何形成的。因此，人们之间的合作与人在生物学意义上所注定的利己主义是一致的。

通过社会进化，我们创造出了更为复杂的制度结构。到最后，交换和协作不可避免地交织起来，来自资源交换的权力和建基于协作的权力也混杂在一起。本书的重点是分析群体如何进行成功的协作，这些协作建构出了权力，而这种权力通常能够用来制造大规模的伤害（尽管未必尽然如此）。在许多（当然并非全部）情景下，这种协作仰赖于如何通过制度来操作个体对相关群体的认同。第三章所要讨论的，就是协作如何使加入群体符合个体的利益，从而带来群体认同。

注 释

[1] David Hume, A Treatise of Human Nature, any edition, especially bk. 3, pt. 2 sect. 8, "Of the Source of Allegiance"; David K. Lewis, Convention(Cambridge, Mass.: Harvard University Press, 1969).

[2] Ian R. Bartky and Elizabeth Harrison, "Standard and Daylight Saving Time," Scientific American 240(May 1979):46—53.

[3] Ibid., p. 49.

[4] Charles Taylor, "What's Wrong with Negative Liberty," in Taylor, Philosophy and the Human Sciences, Philosophical Papers, vol. 2, pp. 211—229, at p. 218.

[5] 这与策略互动的一般问题有关。在互动情景中，我的行动并不仅仅是只选择 X 而不选择 Y。是否选择 X 并考虑其所有可能的后果，这要依赖对方的行动。因此，一个简单的行动理论不考虑这种策略选择。这可以进一步参见 Russell Hardin, Morality within the Limits of Reason(Chicago: University of Chicago Press, 1988), pp. 68—70。

[6] Adam Smith, An Inquiry into the Nature and Causes of the Wealth of Nations (Oxford: Oxford University Press, 1976; Indianapolis, Ind.: Liberty Classics, 1981, reprint), bk. 5 chap. 1, pt. 2, pp. 711—715.

[7] 威廉·詹姆斯(William James)说道："有机物一旦形成，便具有自我聚集的倾向，这绝对是我能够从斯宾塞的笨拙的进化理论中提炼出来的所有真理。"(William James, "Herbert Spence," pp. 107—122, in James, Essays in Philosophy[Cambridge, Mass.: Harvard University Press, 1978; essay fist pub. 1904], p. 119.)

[8] 当然，在我的群体中可能有一些冲突。对于既有的领袖，我可能想取而代之。然而，要做到这一点，我得有足够的跟随者以使得其他人围绕我来进行再协作变得有利可图。

［9］John Austin, *The Province of Jurisprudence Determined*（New York：Noonday Press, 1954［1832］）.

［10］哈特(H. L. A. Hart)对此理论作了严厉批驳，参见 Hart, *The Concept of Law* (Oxford：Oxford University Press, 1961)。

［11］David Hume, "Of the First Principles of Government," pp. 32—36, in Hume, *Essays Moral, Political and Literary*, ed. By Eugene F. Miller(Indianapolis, Ind.：Liberty Press, 1985; essay first pub. 1741), p. 34. 许多哲学家都赞同休谟的观点。"他人所推定的意见"中的"意见"即是"要是不支持暴政就会陷于危险状态"，关于这一点，休谟在此处并未予以澄清，尽管他在其他地方似乎表述得很清楚。只有在确信其他人也会加入其挑战权威的行列的情况下，他们才会扛起这种风险而免于惩罚。进一步的分析，参见 Gregory S. Kavka, *Hobbesian Moral and Political Theory*（Princeton：Princeton University Press), pp. 254—266。卡夫卡引用了几处文献(p. 257n)。

［12］Anthony D'Amato, "Is International Law Really 'Law'?" *Northwestern Law Review* 79(1984—1985)：1293—1314, p. 1295.

［13］Talcott Parsons, "Power and the Social System," pp. 94—143, in Steven Lukes, ed., *Power*(New York：New York University Press, 1986［1963］), at p. 121.

［14］Gaetano Mosca, *The Ruling Class*(New York：McCraw-Hill, 1939), p. 53.

［15］Pavel Campeanu, "The Revolt of the Rommanians," *New York Review of Books*(1 February 1990), pp. 30—31.

［16］Campeanu, "The Revolt of the Romanians."

［17］关于这个未命名的囚徒困境，可参见 Merrill Flood, "Some Experimental Games," *Management Science* 5(October 1958)：5—26, esp. pp. 11—16。另外一个更难检索的出处参见 "Some Experimental Games," Rand Corporation Research Memorandum RM—789—1, 20 June 1952。据我所知，"囚徒困境"的表达首次见于此处。

［18］和梅里尔·弗勒德的私下讨论。1975 年 2 月 25 日，他告诉我，塔克为该博弈命了名。

［19］阿瑟·斯汀康比(Arthure Stinchcombe)对此深有感触，参见 Jon Elster, "Is the Prisoner's Dilemma All of Sociology?" *Inquiry* 23(1980)：187—192。

［20］Mancur Olson, Jr., *The Logic of Collective Action*(Cambridge, Mass.：Harvard University Press, 1965).

［21］Xenophon, The Persian Expedition, bk. 1, chaps. 8—10; bk. 2, chap. 1.

［22］Max Gluckman, Politics, Law and Ritual in Tribal Society(Chicago：Aldine 1965; reprinted New York：New American Library, 1968), p. 181.

［23］Parsons, "Power and the Social System," pp. 97, 101.

［24］Brian Bary, "Is It Better To Be Powerful or Lucky?" *Political Studies* 28(June and September 1980)：183—194, 338—352.

［25］Russell Hardin, "Hobbesian Political Order," *Political Theory* 19(May 1991)：156—180.

［26］Adam Smith, *An Inquiry into the Nature and Causes of the Wealth of Nations*, bk. 5, chap. 1, pt. 2, p. 709. 另请参见 Smith, *Lectures on Jurisprudence*(Oxford：Oxford University Press, 1978; Indianapolis, Ind.：Liberty Classics, 1982, reprint), p. 16。

［27］Plato, *The Republic*, bk. 2, 360b—c.

［28］Olson, *The Logic*, p. 105, 强调系原文所加。

［29］相关的文献回顾可以参见 Scott Lash and John Urry, "The New Marxism of Collective Action：A Critical Analysis," *Sociology* 18(February 1984)：33—50。为了避免把革命理论建立在个体利益的基础上，拉希(Lash)和厄里(Urry)强调了社会阶级是一种"肇因力量"。

［30］马克思把 1848 年革命称为"一场意外的进攻，对旧社会不曾预料的占领"(Karl Max, *The 18th Brumaire of Louis Bonaparte*［New York：International Publishers, 1963］, p. 18). 同时，请注意到旧社会是可以被消灭的，如果它缺乏对未来的自觉的话。

［31］Richard J. Arneson, "Marxism and Secular Faith," *American Political Science Review* 79(September 1985)：627—640, 引文见第 633 页。

［32］Max, *18th Brumaire*, p. 19.

［33］Arneson，"Marxism and Secular Faith," p.633.

［34］Max，*18th Brumaire*，p.18.

［35］这个领域的文献回顾可以参见 Jules Coleman， "Law and Economics," chap.5 of Jeffrie Murphy and Jules Coleman，*The Philosophy of Law*(Boulder, Colo.：Westview, 1990，rev.ed.)；Richard A. Posner， "The Ethical and Political Basis of Wealth Maximization," pp.88—115 in Posner，*The Economics of Justice*(Cambridge, Mass.：Harvard University Press， 1981)；以及 Russell Hardin， "The Morality of Law and Economics," *Law and Philosophy* 11(November 1992)：331—384。

［36］理查德·波斯纳(Richard A. Posner)当然未注意到普通法中的策略考虑。 参见他对遵循先例原则(stare decisis)的简要讨论，参见 Posner，*Economic Analysis of Law* (Boston：Little, Brown, 1992, 4th ed.)，pp.547—548。

［37］Bernard Williams，*Ethics and the Limits of Philosophy*(Cambridge, Mass.：Harvard University Press, 1985)，p.44.

［38］关于这方面的进一步讨论，参见 Russell Hardin， "Does Might Make Right?," pp.201—217 in J. Roland Pennock and John W. Chapman, eds.，*NOMOS 29：Authority Revisited*(New York：New York University Press, 1987)。

［39］显然，这个说法是有条件的，取决于进行协同的可能性。

［40］Smith，*Wealth of Nations*，bk.5，chap.1，pt.2，p.716.

第三章

群体认同

你就是你所知道的你。

——一种看问题的认识论

自　利

在多大程度上，政治生活中的族群或民族认同是由实质性的自利行为所导致的？乍一看，两者貌似没有太多关联。民族主义或族群忠诚可能违背或超越了理性的考量，从这个意义上说，人们通常把它们视为非理性的或者超理性的。这种流行的看法在一定程度上当然有其道理。不过，要理解这种群体责任感和行为，描述人的自利动机在某种程度上还是有用的。当然，除了自利动机，还有另一类理性无涉的（a-rational）动机。比如，你只是想坐在椅子上看海鸥，严格地说，这只是一种个人兴趣或消磨时间与精力的方式而已，而与你的利益无关。与此类似，人们的行动都可能受到理性无涉的动机的支配。当这种动机起作用的时候，我们就难以把自己的行动界定为理性的。这四个概念——理性的（rational）、非理性的（irrational）、超理性的（extra-rational）或理性无涉的（a-rational）——有着各自的涵义，而非完全等量齐观。

在本书中，我用"理性"这一概念来指狭义的自利目的——恕我此后不予赘述。当然，理性不仅仅具有纯粹的客观性，也总是具有主观性或意图性。 如果你做了自以为对自己有利的事情，那么你的行为便是理性的。 不过，我们最好把自利视为一种具有客观性的概念，理性的行动目的服务于个体的利益，尽管人们可能不能理解什么事物才符合自己的利益。 当乔治·华盛顿（George Washington）冒着致命的危险让医生们对他实施放血治疗的时候，他大概是理性的，尽管是错误的。我将把那些原初的、返祖的、不一致的以及诸如此类的动机视为"非理性的"——这些动机并不服务于个体和群体的利益，而把那些致力于群体或民族层面的利益而罔顾个体自身利益的动机看成是"超理性的"。当然，在某些情势下，理性的和超理性的动机可能引发类似的行动。理性选择要能够令人信服地解释族群的、民族主义或其他的群体忠诚，取决于：（1）自利和群体认同通常是相互一致的；（2）个体的行动成本越高，有利于群体或者民族主义的、但是得付出高昂个体代价的行动就越发不可能出现。

尽管许多读者对这些概念都耳熟能详，但我仍想指出，它们在不同学科和不同的文献中的使用方式是五花八门的。 比如，人们通常赋予理性以某种实质性的内容。 人们认为，理性人意指成为特定类型的人，或者说指拥有某种欲望的人。 在另外一些文献中，理性具有工具性，它意味着手段而非目的。 无论目的如何，人们所要做的就是不择手段去实现它。 从苏格兰启蒙运动到当代思潮，在一般的理性选择的文献中，理性的考虑总是包含着自利这一准实质性的目的，以及为了自利所进行的手段选择。 自利只是"准实质的"，这是因为它与消费手段有关，而不是消费本身。 比如，我对拥有很多金钱感兴趣，但金钱对我并不是实在的物品，它仅仅是获得不同物品的一种手段。 如果自利就是行为的直接目的，那么我们甚至就可以通过分析各种手段的相对有效性，来选择实现目的的手段。

在某种意义上，和"理性"相比，人们更容易把握"自利"的含义。 但是，我们这里所使用的"理性"、"非理性"、"超理性"等术语却难以找到简单的对应词。 而且，我们或许经常会把关注他人福祉的"超理性"等同于"利他行为"，而后，我们会为了他人的利益而"理性地"寻求最好的方法。你可能是一个利他主义者，忠诚于自己的族群，而你却既有群体的利益，也有自己的利益。最后，也是最重要的，人们通常不会把自利视为一个主观性概念——即使我可能喜欢某种毒药的味道，但吃下它却不是我的利益所在——如果我对它有足够的了解，我就更不愿去吃它了。客观知识的有限性，导致了我们对利益的误解，我们不能把这看成是一种主观意图的错误。乔治·华盛顿就曾对重感冒的放血疗法信以为真。人的行为的主观性，常常使得我们难以对有意图的行动进行辨析，这同样也增加了对群体认同进行解释的复杂性。

许多民族主义研究主要关注意愿、利益与认同。这类研究分析了一个人成为民族主义者的各种认知因素。而族群研究则通常更加诉诸原初的及其他的情感性动机。除了民族主义和族群，可能引发冲突的认同还有许多。不过，有些认同不能用来解释包括战争、内战在内的各种主要冲突。事实上，在战争时期，民族主义认同的重要性似乎盖过了其他的认同——正如列宁所痛心疾首的那样，在第一次世界大战中，民族认同超越了社会党国际（Socialist International）中的阶级认同。在一个多族群的国家中，即便国家卷入战事，民族认同与族群认同也可能发生冲突。

人们经常声称，族群认同的形成是自然而然的。正如人们可以说某个特定族群的"形体认同"（physical identification）有其遗传学的根据，对于那些具有相关形体特征的人来说，他们的"心理认同"（psychological identification）也存在着遗传学的根据。[1]我相信，认为人们对某个特定群体的心理认同有基因根据，这是一种错误的看法。事实上，它不仅是错误的，而且是荒谬的——比如，美国人在海湾危机或伊拉克战争中所展示出的令人印象深刻的民族认同，人们就难以据此作出合理的解释。

人们可能发现了族群和民族主义认同的基因基础，无论如何，这充其量说明人们对某些较大群体的认同具有若干遗传学的倾向。[2]人们会如何形成其群体认同，或者说人们的群体认同如何成长，这很可能还是一个如何作出选择的认知问题。选项可能不仅仅是直接认同特定的群体或民族国家，但它们会对群体和国族认同产生意外的影响。我们这里所要关注的正是这些选项及其自利基础。有人甚至比我走得更远，认为认同的基本冲动也是认知的结果。至少可以说，在此类认同的证据中，人们无法轻易地将认知的解释与生物的解释区分开来。

本章要讨论两个相互区分的问题：利益在群体认同形成过程中的作用，以及个体因为受益于群体的成功而采取支持该群体的行动，这两个问题在一定程度上是有差别的。和第一个问题相比，第二个问题似乎更像是一种蓄意的行动。当然，人们看到作为特定群体的成员所具有的好处，因此会发展出一种表面的甚至是内在的认同。但是，对于多数的认同而言，我们不能认为它们是个体所刻意形成或接受的。因此，我们必须解释的是不同选择的合理性，正是这种合理性导致了人们对群体的认同——这里我们可以再次看到，群体认同可能是许多理性行动的意外结果。

接下来，我将展示三个关于理性的论证取向。首先是人们在选择时，基于给定的知识、理论或者诸如此类的因素而采取行动的理性；其次是人们形成并拥有知识与理论的理性；再次，我考虑的是，从认识论的角度，一个有知识或者有信仰的人的道德与实际知识被混淆的可能性。这三重考虑是相互独立的，人们可以接受其中的某一个而否认另外一个。我认为，就理性选择的解释而言，第三种考虑是最成问题的。前两个取向的理性考虑看似明确而难以反驳，但是，理性选择理论家及其批评者在这个问题上的立场也并不是澄明的。所有的这三个取向都极大地增强了我们对用于评估行动合理性的数据的需求。

基于协作的群体认同

我们如何合理地将民族主义者、族群或其他强群体认同与自利联系起来？的确，有些行为是超越自我的，它似乎是忠诚于某种共同体的行为。为了穿透事物的真相，我们首先要注意的是，许多民族群体或族群群体之间的冲突很可能带来有利于或不利于相关群体成员的后果。因此，为自己所属群体的成功而作出贡献，是有利于自己的。不幸的是，集体行动的逻辑告诉我们，成本的计算总是会超过这样的考虑。[3]比如，我在选举中投票，这可以帮助我支持的候选人获胜。但是这样做，我得费劲去投票，有时候得付出许多实质性的成本。除非我的选票能够改变选举结果，且这种可能性非常高，否则我便无法根据自我利益去合理化自己的投票行动。那么，人们为民族或族群的集体目的而奋斗，这又如何加以合理化呢？

第一个答案是参与群体的相关行动是没有成本的。第二个答案是，即使有成本，人们会得到和人们的行为相应的、特定的回报或者惩罚机制。第一个答案适用于这样的情境，我们得进行协作，但是无须付出资源。第二个答案出现在许多情境之中——人们得付出很多实在的成本，以至于这不是一个简单的协作问题。在后一种情境下，即成为领袖可能获得回报，或者伙伴们对不参与行为可能报以自发性的惩罚。

当然，忠于民族或族群很可能是纯粹理想化的或者说是规范的行为，因为这种忠诚可能只包含与理想相关的动机，也可能包含其他相关的动机。不过，这种忠诚也可能与个体利益密切相关。假定人们所忠诚的民族或族群处于与其他群体的冲突状态之中，并且有可能在冲突中取胜，那么，该民族或者族群的成员就会一并受惠于这种成功。这种好处通常是集体供给而又落实到个体的。群体是作为一个集体获得成功或遭遇失败的，但是群体的成功意味着每一个成员或者许多成员都各得其利。实际上，人们可以从群体的成功中看到个体的利益，而无需在规范上或心理学意义上建立对群体的忠诚。

一般来说，集体的、互惠的行为有两种形式。它们可以用两种游戏规则来表示：囚徒困境及协作博弈，如博弈1与博弈2所示。囚徒困境或许是在所有博弈论文献中最广为人知的，在散漫的社会科学应用研究中尤为多见。 在这一博弈图示中，横排上的行动者面临的选项是合作或背叛。 而纵列上的行动者也面临着同样的选择。 最后，我们都将因为选择同样的合作策略而获得回报。 作为回报的不同结果按序排列如下：1是最优结果，4是最坏结果；在每个方格中，第一个回报归于横排行动者，第二个回报归于纵列行动者。 如果我们都选择背叛，我们都得到了次次优的结果。 如果我们都选择合作，我们都得到了次优的结果。 如果我选择合作而你选择背叛，我得到最差的回报而你却获得最好的回报，反之亦然。 因此，双方都有动机去欺骗对方，企图让别人进行合作而自己选择背叛。

博弈 1　囚徒困境或交换

		列	
		合作	叛变
排	合作	2，2	4，1
	叛变	1，4	3，3

博弈 2　协作

		列	
		I	II
排	I	1，1	2，2
	II	2，2	1，1

在协作游戏（博弈2）中，你我利益一致。 我们都愿意协作，一起选择策略I或者策略II，不存在冲突。 而在囚徒困境中，有一个合作的利益，即我们都选择了（2，2）而非（3，3），以及一个冲突的利益，体现在我想选择（1，4）而你则偏好（4，1）。

政治动员的许多常见问题，都可以一般化为囚徒困境的策略结构。我们每个人都想在政治运动中不劳而获，因为我们可以让别人冲锋陷阵而自己坐享其成。 在这种事情上，我自己去付出可能得不偿失。 因此，我们每个人都想成为搭便车者。（这就是曼瑟·奥尔森所说的集体行动的逻辑[4]）。

政治动员的许多其他问题，则几乎可以一般化为上述简单的两人协作博弈。 在这类问题上，成功的动员所需要的只是相关的协作沟通，如果我们确信其他人也在做这些事情的话，那么这种沟通就可以协同大家去做大家想做的事情。　接下来，我要论证的是，与代表某个群体的行动不同，群体认同的核心策略问题只不过是个协作问题。

　　一个族群或民族的观念中既有客观要素，也有主观要素。[5]这对于协作而言也是如此。　在 X 上而非 Y 上选择进行协作，我自有客观的理由。　但是，除非你知道你自己和其他人如何进行选择，在选择 X 而非 Y 的问题上，你可能找不到一个优先的客观理由。　因此，群体协作的实现很可能取决于非常主观的考虑，比如在所有可能的协作点上所出现的某些突出的心理要素。[6]

　　从协同博弈来解释群体认同的一个特别之处在于，这些解释具有某种机会要素。　我们可能协作起来左侧同行，如在英国那样；也可能右侧同行，如在北美那样。　原初的选择，或者是某些强大的协作，在其早期发展模式中，可能是没有理性基础的。　类似地，我们可能在语言、宗教或者族群关系方面协作一致。　如果这些要素共同界定了我们所属群体的特征，那么我们就很可能成功地发展出对群体强烈的忠诚。如果这些要素并不共同界定群体特征，我们中的一些人可能就会根据其中的某些要素来界定群体的属性，而把一些其他可能属于我们这个群体的人排除在外。　但是，机会要素的影响可能比这还要深远。　即使共享语言、宗教及族群，人们仍可能无法进行任何积极的合作。　在某种程度上，人们是否合作可能还得取决于是否有人敦促我们意识到自己的身份并据此进行协作。　人们可以有充分的群体认同，但是未必据此采取任何行动，除非是亚历山大·赫尔岑（Alexander Herzen）、马丁·路德·金（Martin Luther King）或者鲁霍拉赫·霍梅尼（Ruhollah Khomeini）这样的领导者把有类似身份认同的人动员起来。

　　更重要的是，成功的动员在很大程度上可能是一种引爆现象。　如果只有少数人在行动，某些事情对一个自利的个体而言是没有意义的，但是一旦有许多其他人行动起来，情况就大为不同了。[7]在那个时间点上，人与人之间的关系就会发生转变：从一个具有潜在风险的囚徒困境演变为实质性的、几乎没有风险的协作关系。　无论在引爆点之前还是之后，这种互动可能成功地为群体创造出了可惠及其成员的集体利益。 正是这种可惠及成员的集体利益，为个体对相关群体的认同提供了直接的利益。

一个囚徒困境至少可以通过两种方式转化为协作问题。 首先，当为群体利益行动的人数足够多时，对个体协作者实施惩罚与进行镇压的可能性就会变小。 正如集体行动的逻辑所指出的，如果参与行动的人数太少，那么对惩罚的预期可能会加大参与行动的成本。 然而，如果足够多的人都采取了行动，那么，国家的回应就可能变得捉襟见肘，法不责众的情景就出现了，这时，对于密集的人群，警察或军队会更关注如何进行引导而不是予以彻底镇压。

其次，当那些处于协作之中的人能够通过伤害来对那些不参与协作的人实施惩罚的时候，互动的引爆点也就出现了。 我们也许可以认为，惩罚的成本在一定程度上可能与对惩罚的错误估计密切相关，惩罚行为仿佛就是一个潜在的常和博弈（constant-sum game）——比如，逼你接受 10 美元的制裁可能也要花我 10 美元。 这种关系可能会在某些情形中出现，但人们没有理由认为它是普遍的。 比起制裁所带来的伤害后果，制裁的成本可以是极低的。 进行制裁所付出的成本和承受制裁所付出的代价，这两者在逻辑上未必有联系。 在黎巴嫩和索马里，我们看到低廉的成本造成了可怕的伤害。 威廉·里斯-莫格（William Rees-Mogg）写道，在爱尔兰共和军轰炸伦敦的时候，上百镑的炸弹造成了数十亿镑的损失。[8] 在越南战争中，反战群体的威胁之一（实际很少发生）是要重创公司和大学的设施。 人们或许可以认为，意图在黎巴嫩和美国制造伤害或者进行恐吓的人，他们所造成的伤害未必和其所得到的收益一样多。 不仅是他们，这种得失关系对所有的人都一样。 确实，如果说在民族主义或族群的忠诚中有一个重要的、看似非理性或者超理性的要素的话（除了下文将要讨论的"实然-应然"谬误），那就是有许多人从伤害他人中得到了很大的快乐，包括那些混迹于群体之中但不为群体目标作贡献的人。

　　伤害是廉价的，这一洞见支撑了霍布斯政府理论的核心观点，它说明了为什么政府的存在是居功至伟的。[9] 同样地，它也支撑了罗伯特·阿克塞尔罗德（Robert Axelrod）的元规范（meta-norm）理论，这种元规范要求人们对不惩罚集体行动的背叛者的人予以惩罚。[10] 在阿克塞尔罗德的惩罚安排中，付出 2 个单位的代价实现对 9 个单位的惩罚，在许多情景下，这种惩罚实际上可能还称不上是严苛的。 如果伤害是用来威慑他人，那么人们就没有必要把伤害与惩罚行动一致地对应起来，于是，采取怎样的伤害形式，就可以根据有效性和廉价性的考虑进行精挑细选。在冷战时期，比起核战争可能造成的伤害，有些国家进行核威慑就相当廉价，这是诉诸核威慑的主要理由：它是可承受的。 不仅如此，在集体行动的情景中，有效的惩罚可以落实到一对一的或小群体的行动之中，这通常比有效的奖励来得更加容易。

协作传递的信息

　　与一些有共同利益的人进行协作，能够以某种方式释放出信息，从而使得进一步的群体认同行动变得理性化。 要清楚地认识这一点，我们应考虑一个案例——在这个案例中，协作或认同与群体或群体的认同目标之间，理应没有什么内在的关联。 因此，让我们看一下体育运动队，着迷于这种团体使许多人深受折磨，但却很少祸及所有可能受到影响的人。

　　为什么会有人忠诚于某个运动团队（比如芝加哥幼童军棒球队）？显然，这不是一种生物遗传或者任何意义上的天性的抑或原初的认同。有人或许不以为然，认为这种认同的冲动与生物基因有关。 不过，即便承认这一点，仍有一个难解的问题：为什么人们认同这个特定的群体？ 我们可以向任何群体作这样的提问，包括幼童军拉拉队（Cubs boosters）、亚美尼亚人等等。 在这里，容我对童军拉拉队作深入的分析。

本地的体育迷们很容易因为本地运动团队而产生协作。新闻媒体、邻里间的闲言碎语、工作时的聊天都会关注幼童军棒球队。在地方上的朋友圈和其他群体中，难以保持多种多样的忠诚对象。这不是说人们因此而选择支持这支地方球队，而只是说，这些因素实实在在地约定了球迷从体育比赛中所能获得的快乐。而且，它们也影响到一个潜在的球迷对这支球队的了解。地方性球队与本地人更接近，关于球队，本地的球迷也知道得更多，他们能够方便地前来观赏比赛并且追捧自己的某个明星球员。在现场看球的球迷一定会更加熟悉自己所喜爱的地方球队。最后，很多球迷可能会从支持者转变为批评者，但他们仍然关注地方球队。在这里我们可以再次看到，本地球队获得本地人的关注和追捧，原因是它有一种近水楼台的优势。

本地人相信家乡的球队殊为可爱，值得追捧，这体现了一个"实然-应然谬论"：他们所做的就是好的。芝加哥的球迷总是认为，在所有的篮球运动员中，迈克尔·乔丹打的球是最好看的，而在洛杉矶球迷眼里，魔术师约翰逊才是最棒的。我们可以说，他们的判断至少都出自他们的地方性忠诚，而地方性忠诚导致了他们对本地球星的追捧。这与族群认同的逻辑在本质上是相似的。忠诚于族群的人因其对自己族群的了解，获得了从族群的行动和习惯中感受快乐的特权。他们感到舒适和快乐，并由此觉得自己的群体优人一等。

就当前的讨论而言，追捧某个体育团队带来了独特的好处——这种认同对于球迷来说纯粹是一种消费品，我们不能说球迷们从中获得了利益，正如人们拿到了更高的薪水或得到意外之财那样。在很多情况下，族群认同或许与个体利益息息相关。要获得作为家乡球队粉丝的快乐，就得需要一些资源，而我们可以合乎情理地认为，获得这些资源就是我的利益所在，正如我必须得有钱才能满足其他的欲望（比如食物或者住房）那样。因此，在某种意义上，让我周边的人也作为本地球队的粉丝，从而创造出一个有利于我乐享观赏比赛的情境，这也是我的利益所在。在这里，我的利益就在于有志同道合者相伴，并与他们成功地实现协作。

同样地，我所属的民族或族群的状况也与我的利益息息相关，我对它的深入了解即是令我倍感舒适的原因（在第七章中，我将对家园舒适感的认识论问题作更充分的讨论）。除此之外，群体状况还会以其他方式影响到我的利益，比如说，如果我的族群在政治上获得了优势地位，我可以因此谋得一份好工作，捞到个人好处。因此，他人的入伙之所以事关我的利益，这并非他们的加入直接令我满意（正如球队的案例那样）。我希望让他人参与进来，是因为实质性的协作能够为我带来某些利益。协作能够为群体获得更大政治权力，我和族群内其他成员便能共享由此所带来的好处。在这个意义上，协作本身是一个达到目的的手段。因此，就像许多其他手段那样，协作可能失败，无法给群体成员带来众所期待的好处。相形之下，对于入伙的球迷来说，围绕家乡体育团队进行协作却可能带来立竿见影的收获。所以我们说，较之于支持地方体育团队的协作，为族群或民族利益的协作行动更难以被激发出来。

进而言之，我们可以说对于一个处于迁徙状态中的人来说，在新的城市里围绕一个新的球队再次协作起来往往会更容易。如果一个人成为某个特定球队的粉丝只是为了感受到作为粉丝的快乐，那么进行再协作就尤其容易。显然，和球队认同相比，族群认同的功能更为强劲，因为后者能够产生集体福利，并惠及忠诚于该族群的个体。而且，对个人而言，某个族群的认同不会轻易地被其他族群认同所替代——尽管其他族群可能会为个体提供某种另类的集体福利。

民族主义介乎球队认同与族群认同之间。比如，法国、德国和日本的民族认同将持续地激励那些背井离乡的法裔、德裔及日裔移民，他们的第二代可能也很难放弃这种认同。这在很大程度上可能是因为那些认同包含着族群的和民族主义的协作，或者是他们仍然有些家庭成员生活在祖国。但很清楚，许多人发现，他们移民到美国之后成为美国民族主义者(不必是超级爱国主义者),这却是相对容易的。 出现这种认同转变,是因为人们能够很清楚地看到,自己的个人利益如今已经和美国的成功联系在一起了。

信息影响群体的一个最重要方式就是让群体成员理解群体的共同利益。 这是"半个马克思的革命理论"——该理论认为,在采取阶级导向的行动之前,需要发展阶级意识。 工厂里的工人朝夕相处,于是他们可以更好地理解其共同命运,尤其是因为他们都能够受益于所有人的洞察力。 而分散各地的农民却没有足够的共度时光,从而无法形成可参照的阶级认同。 因此,他们就不能变成一个自为的阶级。[11]马克思说,他们就像装在袋里的土豆,无法从多种关系中得益。[12]于是,即便他们有机遇,法国的农民也不能为他们的利益而行动;由于不能理解他们自己的利益,他们将选票投给了路易·拿破仑(Louis Napoleon)。阿根廷五月广场运动的母亲们有着与马克思笔下的工人阶级十分相似的工厂经历。 在去各种官僚机构打听其"失踪"的孩子的下落的过程中,她们在相同的情境下发生了频繁的互动。 通过对彼此经历的了解,她们发现了问题的实质,于是很快动员起来,帮助推翻了那谋害其孩子的军人政权。[13]在苏联的一些地方突然爆发出族群认同和族群政治骚乱,其部分成因或许就是社会的突然开放,这种开放让群体可以公开地讨论和集合知识、观点,并且公开地组织政治行动。

基于群体协作的冲突

人们常常去求索族群冲突的情感原因。 不幸的是,情感不能充分解释族群导向的行为,它或许只能解释其业已发生的某些方面。 我们最需要解释的是:为什么这种行为会发生,为什么是族群导向的? 而且,我们还需要解释,为什么某一个群体会与另一个群体产生冲突?为什么是这些群体? 在前面的讨论中,群体认同的过程似乎是含情脉脉的。 但是我们也知道，它也常常造成深仇大恨、血腥战事，乃至种族灭绝和种族清洗。 很显然，含情脉脉的现象为劣迹斑斑的事端埋下了伏笔。

含情脉脉的现象很好理解。 语言、宗教、地方共同体、风俗、习惯等等都是群体进行协作的良好基础。 所有这些都将影响人际交易成本，它们能稳定人们的行为预期，还会影响群体意识乃至群体认同的发展与维持。 大量关于族性、族群以及群体政治的文献，通常不从经济上去分析这些影响。 比如，有时候人们会认为，魁北克人是出于对其语言消逝的担忧而奋起争取独立的。[14]但是，担心语言消逝显然是出于经济上的考虑，因为它将影响今后两三代的多数魁北克人的利益。深刻影响我们利益的经济考虑有很多方面，不是都得要按商业上通行的收入和支出来计算。

冲突的根源何在？ 假定两个群体在一个社会中形成了不同的族群认同。 他们各自的群体协作都是无意得罪人的，而且完全有利于其群体成员。 但是，每个群体的协作都提供了其他行动的基础，包括对抗其他群体的政治行动。 在资源分配引发的政治冲突中，群体协作的好处是减少了内部交易成本，而且还往往可以强化认同与共识。 由此，一个群体的协作具有潜在的政治性。如果两个群体寻求不同问题的集体解决路径，它们就可能直接卷入冲突。 比如，我这一群人想要让自己的语言成为官方语言，你那一群人也有此目标；尽管双方的资源供应都是相对固定的，但我这一群人想要让自己的成员拥有更多的土地与工作，而你那一群人也正有此意。 一开始在每个群体的内部基于共同利益而进行协作，终于在更大的社会中酿成了严重的利益冲突，由于某个群体可能战胜另一个群体，这就使得利益冲突变得更为残酷。

为了更好地认识冲突的性质，让我们来关注这三类问题：职位性物品（positional goods），比如公职；分配性物品（distributional goods），比如收入与福利；以及这两者间的互动。[15]图西族希望掌控布隆迪，因为这个社会中大量的工作机遇（职位性物品）都是政府公职——这些公职似乎只能归于政治冲突中的赢家。 他们可能也希望从政府那里获得某些好处（分配性物品）——比如为养牛的开支提供资助；最后，由于政府控制着某些分配性物品，这也激励他们去掌权并获得大量公职。

来看一下掌管公职的职位性物品。 独立之后的卢旺达组建了以胡图族为主的政府，但在此前的殖民政府中，图西族人的仕途更宽阔，正如他们在殖民统治之前就已经牢牢统治了这个国家。 图西族人似乎是自发地行动起来，试图阻止权力向胡图族人转移，卢旺达于是爆发了血腥内战，结果是大量图西族人惨遭杀害、胡图族人重掌政府。 然而，图西族人的奋起回应或许并非自发行动，因为组织和领导这场反叛的多数是那些职位受到威胁的人。 到了下一代人那里，当布隆迪成立了第一个民选的多数派政府的时候，中央的权力从图西人向胡图族人转移，在其所掌控的军队的领导下，图西族人再次揭竿而起。 在其他国家也多有类似的经历。 比如，斯里兰卡的佛教徒僧伽罗人政府对僧伽罗人采取了许多优待措施，为了在国家控制的工作中给塔米尔人以平等的机遇，后来的政府开始推翻这些政策，这时，僧伽罗人因为职位略减而发动骚乱。[16]所有这些行动都聚焦职位性物品。

因为分配性物品而发生冲突，这在政治生活中屡见不鲜。 在美国政治历史中，这方面的一个最为典型的例子是在关税问题上的冲突。农业利益集团（尤其在南部与西部）一直想要低关税的工业物品（他们想要买这些东西，他们自然希望少付钱），而工业利益集团（尤其在北方）则想通过高关税来保护他们的内部市场。 在尼日利亚，北方的约鲁巴人（Yoruba）想要通过对农业（尤其是可可粉）收入的地区性控制，以及对矿藏（尤其石油）收入的全国性控制来获得利益，但东部的伊博人（Igbo）则要从相反的安排中获益。[17]伊博人试图独立，但却在继而发生的内战中被镇压。

在南斯拉夫，军队与政府领导人的职位性物品大多不成比例地流向塞尔维亚人，塞尔维亚人也因此从政府那里获得了诸多分配性好处；富饶的克罗地亚和斯洛文尼亚则给塞尔维亚人提供了大量的不成比例的分配性物品，因此是它们滋养着塞尔维亚人。自然而然，我们可以推断，塞尔维亚人的职位优势很大程度上带来了其分配性物品。无论如何，由于塞族人在斯洛博丹·米洛舍维奇领导下改变了职位分享的规则与预期，南斯拉夫内战的爆发就在所难免了。同样，克罗地亚人试图改变塞族人在克罗地亚的地位，要将他们从警察位置上赶走，并将他们降格为"受保护的少数民族"而非完全的公民地位，这时，争夺克拉伊纳(Krajina)的塞克战争几乎也是在所难免的了。[18]

值得注意的是，在经济景气的时期，国家管理的分配性物品的重要性会有所降低，因为这时私人发展机遇向好。实际上，在经济非常景气的情况下，即使是政府的职位性物品的吸引力也要相对降低很多。但在艰难时期，个体发展机遇黯淡，如果能利用政府将一个群体的好处转移至自己的群体，这就能更好地提升自己的地位。苏联和东欧社会主义剧变的重要原因之一，在于它们无法提供一种能够激发个体发展机遇的经济形态，这也为苏联解体后的大规模族群冲突种下了祸根。显然，独立的原苏联加盟共和国提供了填补之前政权中的公共职位的机遇，这也就提供了职位性物品。从波罗的海到乌拉尔再到温带大草原，各族群都意图控制政府以获得对公职的分配权。

同样的灾难降临到了许多(或许是大多数的)新兴的去殖民化的国家，比如非洲国家。葡萄牙政府采取了一种十分轻蔑或愚蠢的方式，将其在安哥拉的权力移交给安哥拉人而不是其政府。[19]因此，三个主要的群体开始兵戎相见，共同竞逐"人民的定义"。许多前殖民政府都选择国家主义的经济政治发展路径，如此一来，这些国家的人民的发展机遇就十分依赖政府。在欠发达国家中，这一国家主义的路径可能几乎是不可避免的，因为它能迅速地提供足够的职位使人民支持新的本土政府。令人感慨的是，在其独立之时，它们大多相信苏联的模式，这也可能是一个历史悲剧。

族群冲突常常并不能通过控制互补性的功能而使局势得到缓和。一个群体中的成员很可能被另一个群体的成员完全替代，有鉴于此，群体全盘掌控职位的分配能够使群体所获得的好处最大化。 一般而言，在政府供给好处的情况下，群体间就会具有很强大的冲突性。 任何通过征税或规制使一个群体获得好处的政策，都将深深伤害某些其他群体。 基于群体认同形成的歧视有两种形式：一种是故意的，另一种则在很大程度上是意外的。 然而，二者都是具有冲突性的。

何以见得？ 首先，在加里·贝克尔（Gary Becker）的经济学解释中，雇佣与销售领域的族群歧视只会发生在不完全竞争的市场中，因为歧视是无效率的并且其操作成本是昂贵的。[20] 族群冲突发生在前苏联的一部分几乎没有市场机制的地方。 在这些地方，有人反对市场可能是出于族群的考虑。 如果人们相信重组市场可以带来足够多的发展机遇，统治集团及其领导人就可能会放手让市场去配置职位，这样就会削弱歧视。 如果人们对市场回报并没有信心，那么两个群体就会因为经济原因而发生直接冲突，每一方都会力图通过政府来关照其成员的利益，而关照我这个群体中的成员利益会减少对方群体成员的收益。

其次，如果两个群体讲不同的语言，那么他们实际上各自都在某种语言上实现了协作。 如果一个群体在政治或经济中获得了主导性地位，它可能会歧视那些讲另一种语言而不讲自己语言的群体。 正如直接的族群冲突那样，从经济意义上讲，这种歧视未必无效。 实际上，语言歧视会受到生产效能因素的驱动——如果公司成员能够更容易地相互协作，并且如果他们能更好地与他们公司的主要顾客打交道，他们的生产效能就可能会更高些。 如果政府对语言的使用保持中立，不采取任何管制措施，那么，讲少数民族语言的一方就会处于不利地位。 少数族群成员们的工作机遇将严重依赖他们是否掌握了多数派的语言。

反种族歧视的规则可以提高经济生产效能，但是对于反语言歧视的规则来说却未必如此。 这种规则可能有利于当前一两代的讲少数民族语言的人，但却可能降低经济效能。 语言政策具有内在的冲突性，因为不同的政策对相关方面的影响是不同的。 如果少数民族的语言失去其功用，那么讲这种语言的当前两三代人将会成为输家。 而如果少数

民族语言大行其道，那么，这一代讲多数族群派语言的人就会成为
输家。

应然-实然之谬误

人们有强烈的社群专属的信仰，它让人们明辨是非，清楚自己社群
所独有的善以及权利——人类学家的这些发现，恐怕人们也能从经验中
感受得到。 或许，我们所有的人都能对《伦敦时报》的一封读者来信
有所共鸣。 这位读者写道："先生，在正午与午餐时间之间，有人以
'下午好'回应我的问候'早上好'，我对此有点不悦。 我不知道我的
这种心态是否唯我独有呢？"[21]我们认定，我们的方式不只是我们的
方式而已，它也是一种正确的方式。

在讨论梅尔维尔·赫斯科维茨（Melville Herskovits）的文化多元主
义的观点时，詹姆斯·费尔南德斯（James Fernandez）写道："在文化之
中，人们拥有一些饶有趣味的文化间差异，有人发现，人们接受并同意
遵守某种他们所适应的文化方式中的规范与价值。 他们为何如此？ 对
此赫斯科维茨总是说，这很难理解。"[22]人类学家被认为乐于相信不
同的文化具有不同的价值，人们指责他们所持有的简单的道德相对主
义，他们似乎声称不同的共同体有适合自己的不同的价值。 费尔南德
斯指出，赫斯科维茨的观点遭到了广泛的误读，尤其是哲学家，人们把
他误解为一个道德相对主义者，认为他是在倡导群体或者社会所产生的
群体中心主义价值在事实上的正确性。 实际上，伯纳德·威廉斯
（Bernard Williams）称他的这种取向为"'人类学家'的异端，它可能
是从道德哲学中发展出来的最为荒谬的观点"[23]。 其实不然，赫斯科
维茨只是认为人们客观上受其文化价值的约束，但他并不以为人们应当
受到这种限制。[24]

我并不想对族群中心取向的道德信仰作面面俱到的剖析，而是要指

出两个方面的解释要素：第一，如上所述，这一信仰的形成与个人获得知识（包括道德知识）的方式有关。 在这里可以说，利益和理性选择在认同的形成过程中发挥了重要的作用。 不过，认为人们采用与其共同体信仰相一致的特定认同就是理性的行为，这样的看法却失之粗浅。 相反，我们应该说，形成某种特定的认同，这或许是一种理性的行为；一旦认同形成之后，人们采取行动去增进这种认同所定义的利益，这通常就是一种理性的行为了。

赫斯科维茨问题的第二个解释要素在于，人们貌似有一种非常普遍的倾向，即从"是怎样"转向"应当怎样"，他们似乎强烈地认为，是怎样就意味着该怎样。 在这种常识思维中，人们根据"实然"推断"应然"。 自从休谟以来，这种化约取向已经遭到道德哲学家们的广泛批判。[25]休谟关注的是，作家们描述事物状态，而后又偷偷地植入一些未予申明的道德原则，这就使事物状态呈现出某种道德上的不正确性。 对相关的道德准则不加申明，这就使得道德是非的结论看起来似乎是一种事实描述而非价值判断。

在从事实推导出价值的通俗思维中，人们倾向于认为，他们的处事之道并非唯一的或者比较好的，但却是唯一正确的。 许多规范判断的潜台词就是：正确的——或者更通俗地说我们所做的——就是正确的。我们习惯于见面时握手，他们则是拥抱或亲吻，我们的习俗是正确的，他们的则是不当的——而且还有一点点好笑（如果还有宗教歧见卷入其中，根据这种"实然-应然"谬误的思维趋势还可能变得更为激进）。

赫斯科维茨认为，"族群中心主义的要义是，一个人自己的生活方式优于所有其他人的生活方式。 在逻辑上，受到早期文化适应过程的影响，族群中心主义成为大多数人感受他们自己的文化的方式，无论他们是否用言语表达出这种感受"[26]。 从"实然"到"应然"的跳跃是一种"简单的推理"和"天然的偏见"。 赫斯科维茨进一步认为，群体认同对自我的强化来说很重要。 基于这一原因，人们可能会把族群中心主义者推定为"好的"，因为它对我们有好处。 然而，它会转变成好战的、与其他群体针锋相对的行动计划，就如同在现代的欧洲与美国所出现的那样，族群认同不必再显得友善，这种状态与人类学家笔下的社会又如出一辙。[27]一个苏联记者曾这样描述气数将尽的苏联政权：不同的群体"坚持它们自己民族的优越性"，并"不惜以个人权利为代价坚决维护本民族的权利"。[28]很显然，他看到有些群体是好战且充满恶意的。

从"实然"转向"应然"既有非理性的一方面，也有超理性的一方面。说它通常是非理性的，原因在于这种推导没有正当的理据，以至于它可能与利益没有什么关系，它充其量只是一个推理的谬误。但是它也可能会导致超理性的行为，原因在于，人们可能由于错误的推导而形成道德激励，即便当其依令行事与个人自身利益相悖。一个人的行动指向一个假想的更大的好处，或许是自己所属的群体或民族的更大的利益，然而这也许只是给其他人带来了更大的好处，而他自己的利益却被置之度外。

现在似乎很清楚了——在大多数族群和民族主义认同中，"实然-应然谬误"发挥着核心作用。比如，在20世纪上半叶，许多德国人不光是想着为本民族人民的利益而赢得战争，他们认为德国人统治其他民族是正当的，他们甚至以为这样做是他们的道义责任所在。美国领导人时常提到美国的道义责任，呼吁其公民应该为了善而行动，这种善举在实质上总是被定位为要复制美国的经济与政府形式。在美国的例子中，我们所看到的结论可能有其独立的道德基础，以至于它不需要依循"实然-应然谬误"。可是即便如此，这种结论通常也会因为那个错误推理而被大大强化。

霍布斯鲍姆挪揄道："民族主义在明显没有信仰的地方索求了过多的信仰。"[29]这也许帮助人们把为群体利益而协作合理化为自己的利益。如果群体在冲突中获胜，而且能够将职位和奖励分配给其成员，那么，那些潜在的成员就会出于自利的考虑而参与群体协作。[30]在许多情景中，正是虚幻的信仰造就了民族主义。把那种信仰的核心看成是"实然-应然谬误"，似乎是言之成理的。 虚幻的信仰和某种科学的或事实的信仰一样，后者常常招致与之截然对立的、事实的信仰的质疑，而且这种质疑难以置之不理。 为本民族的正确性进行辩护的民族主义者，除了让自己的同胞信以为真，他的观点终究无法令其他民族的成员拳拳服膺。 然而，一个信仰根本经不起推敲，因而不能令人衷心信服，这一事实并不意味着人们不会去信仰它。

有人可能会说，族群或民族优先的知识基础是变质的。 不幸的是，其他知识——可能包括大多数关于客观事物的知识——也是如此。[31]（或许有人坚称数学与逻辑关系的知识基础能免于这种变质。）因此，在知识基础的层面，人们很难将所推测的规范知识与客观知识区分开来。 在一般的思维中，这两类知识可能几乎没有区别。 我们是否应该认为，任何以这样的知识为基础来采取行动的人都是非理性的？我们可以这么看，不过倘若如此，我们可能就得认为几乎所有人的行动都是非理性的了。 认为一个人的知识基础可能是变质的，但是考虑到这些变质的知识，为了达到某个特定的目标，某些行动方式比其他的方式更为合理，这样的看法似乎更为顺其自然一些。 比如说，对我而言，我所掌握的许多客观的世界知识（如地理学）是累积得来的，其中可能有很多知识是错误的或不准确的。[32]但是，如果我想在这个世界立足，那么所有这些知识累积起来就要比没有知识更好。 所以，对我而言，基于贫瘠的知识采取行动是理性的。

但果若如此，那么根据我对规范事物的知识而采取的行动也可以说是理性的。 就我而言，因为我赞同休谟对从事实推导价值的驳斥，并且将这种批评作为我自己对理性的理解方式，因此，即便我根据那些不可靠的地理知识采取行动在一定程度上是理性的，根据我的某些预设的规范知识去采取行动，却不能说是理性的。 有人宣称她的族群在事实上甚至在规范上也都高人一等，进而据此忠诚于其族群，这比起我根据地理知识去采取行动可能还要来得理性。

在真实的世界中，我那歪曲的地理知识最终可能遭到挑战，而少数民族的成员们所拥有的关于共同体道德优越性的知识，却不会经受任何类似的检测。尽管如此，关于她的信仰，这个世界还是会提供一些证实。在日常生活中，比起其他的群体，她会对自己的群体产生更多的了解，她在其中自然感到舒适，而在一个陌生的群体之中则不然。令她感到舒适的就是正确的，而令她感到不适的就是错误的。然而，实际上，在这两个群体之间，唯一实质性的区别只在于她对其中的一个更为熟悉而已。

族群中心主义者的观点诉诸从实然到应然的简单推论，其心理的原因可比拟于某种缺乏包容性的论证过程——或许是拜赐于"实然-应然谬论"，这种论证的结论通常是正确的。这种论证可以作如下表述：这就是我们的行事之道，所以，这对我们来说就是好的。如果从个人层面看来，这样的推论也适合于说明个人对某些口味的偏爱。一旦我有了自己的口味，那么符合这些口味的食物对我而言就是美食。这样的结论不一定站得住脚，因为它是有条件的，而仅仅合乎逻辑是不够的。我可能遵循罗马贵族的口味，喜欢喝用有害的铅所调制的葡萄酒，但我所形成的口味偏好，却影响了我对不同消费品的优劣的判断。类似地，一个社群根据自己的偏好采取行动，这也影响了该社群对其行动的好处的判断。

因此，对一个群体传统的正确性的规范性诉求进行严格的推理，尽管这或许能够合理化个体对群体的义务感，甚至合理化一些代表群体的行动，但这种行动还是带出了某些利益。其原因部分地在于，群体中的其他成员对于群体的优越地位有某种规范性的愿景，成员们可以期待从群体的成功中得到好处；而如果有些成员不采取行动，这就可能给群体的利益造成损失，惩罚这些人便有了充足的理由。进而，当协作产生了权力——这种权力能够带来集体福利并将其分配给其群体成员，以强势领导人为核心与群体中其他人进行协作就显得特别有价值。我们为群体尽心尽责，就是为利益尽心尽责。你们的利益应基于社会决策的考虑，但它们不需要凌驾于其他的考虑（比如我的利益）之上。同样地，你们群体的认同也不需要凌驾于其他与你们有冲突的群体认同之上。

要注意的是，这一论断不是概念上的循环。它不是这样被论证的：我们重视我们的群体，因此群体的成功就是我的利益所在。相反，因为历史和个人的原因所造成的个体阅历的独特性，使得我们的利益与我们群体的利益具有了因果关系（其逻辑如前所述，协作提供了信息）。

想要一呼百应的领导人也许会致力于激发族群或民族主义的情感。但是，有些隐性的激发力量或许已然存在。[33]一个典型的隐性激发因素就是与群体命运攸关的共享利益——如果作为一个群体有其命运的话。不过，即使一个群体积极行动起来，人们对这种利益的认知也可能还是处于隐性状态。领导人可以去激发这种潜在利益，但他们也会去激发那种基于"实然-应然谬误"的族群或者民族主义的情感（这么做或许更有可能）。霍布斯鲍姆分析了民族主义所生发出的那种令人难以置信的信仰，在此之前，阿克顿爵士（Lord Acton）早就指出："少数人缺乏支援，无法独自成就大业；多数人则缺乏智慧，难以根据纯粹真相采取行动。"[34]

直到最近，道德与政治哲学的原理几乎还完全是普世主义的。从功利主义到康德哲学再到权利理论，各种不同的传统理论都一律适用于每个人。包括黑格尔在内的一些人偶尔会为特定共同体的价值正当性进行辩护，但道德与政治理论家却常常坚持普世取向。比如，道德理论家批评赫斯科维茨的人类学理论——不过，他们显然误解了赫斯科维茨关于族群中心主义观点的正面主张，以为赫斯科维茨是在对这种观念的正确性进行道德论证。然而，在过去十多年间，却出现了一个强烈且毫不含糊的社群主义道德思想家群体，他们认为，价值必定源自共同体或社群，而且社群的价值对于该社群而言通常是一种善。

值得一提的是，哲学家的社群主义不是一般人的社群主义。普罗大众们对社群及其价值的道德主张，总是特指其自己的共同体。这是赫斯科维茨族群中心论的一个例子。 这种主张与共同体的道德准则无关，因此，它可能与任何当代的道德和政治理论均无瓜葛。 特别是，大众对社群价值的主张，这本身并非一种社群主义的观点。 社群主义的政治哲学家坚持共同体的善，但这不是某个具体的共同体所独有的善。 因此，我们可以区分出哲学社群主义（philosophical communitarianism）和特质论社群主义（particularistic communitarianism）。 哲学社群主义是关于共同体的一种特殊性的普世理论，而特质论社群主义是关于特定社群的一套信仰（尤其是当这种信仰具有限定性的时候）。 本书的第四章到第六章主要讨论了特质论社群主义，关于哲学社群主义的讨论则见于第七章。

赫斯科维茨认为，坚持族群中心有助于建构一个成功的自我。 这种看法可以强化族群中心的观点，从而增益于相关共同体的成员——为他们的自我带来好处。 但是，相对而言，这种"好处"只是功能性地满足了那些持这种观点的人的利益。 它并非族群中心者所设想的内在意义上的好处。 因此，与群体成员关于族群中心论的好处所进行的内部评判相比，我们进行外部评判所考虑的东西是截然不同的。

"实然-应然谬误"的影响范围超乎寻常，委实令人惊叹。 民族主义与族群认同仅仅是其中的两样而已。 这种谬误将很多观点加以道德化，并主张人们应当将这种道德化视为重要的道德问题，这其实没有什么特别之处。 我们应当关注的是道德化所导致的巨大后果——只有在这种描述的和因果分析的意义上，我们才应该认真对待这个道德化的问题。 只要"应然-实然"的道德化是民族主义和族群动员的唯一道德主张，它们对我们就没有什么道德说服力。 因此，奇怪的是，也许是民族主义或族群认同及其行动所要达到的特殊利益，以及它所可能提供的分配性集体好处，才给我们以某些潜在的道德号召力。因而，关于这一现象的利益解释构成了其道德解释的基础。 如果认同没有被利益正当化，那么，道德事实也就不足挂齿了。

不可化约之社会物品

当代社群主义者对于普世道德和政治理论的批判，大多针砭其方法论上的个体主义假设。 他们认为，人的身份是在社会中而非个体性地建构出来的。 人们必定会乐意承认其社会身份是在社会中生成的。 的确，认为人们自己靠自己的努力就能够形成身份，这种看法是荒唐的，显然也没有人会去论证这种看法。[35]要让对普世主义的批判显得有说服力，社群主义者就必须生成一个关于善的原理或理论，在其中，至少有一部分善是群体为其成员建构出来的。 在其关于"不可化约的社会物品"的论述中，查尔斯·泰勒对此进行了直接的理论尝试。

在其论述中，泰勒首先指出，集体物品（collective goods）是多种多样的，但他所关切的是一种与众不同的集体物品。[36]用于国防的军事力量与防止河流泛滥的地方堤坝都是集体物品，如果把它们提供给你，我也能轻易分享之，而且不需付出任何额外费用。 这些物质性的物品具有工具性的好处，它们可以使我们免于敌人的攻击或洪水的祸害。我们从这些物品中所获得的好处不是它们本身——也许只有军人会热爱他们所用的武器，只有工程兵部队会热爱一个实在的堤坝。 我们从中获得的好处是安居乐业以及自己的家园免于洪涝灾害。 军队和堤坝所带来的物质性的产品在逻辑上产生了这些好处，因此它们是善的。 如果我们可以通过其他方式获得和平并免于洪涝，我们也就不需要军队和堤坝这样的工具性的物品了。

泰勒认为，与这类物品相比，共同体与文化所提供的集体物品是殊为不同的。 被我们重视的文化必然与我们从中获取的好处有关。 它不只是一种获得某种善的手段，它本身就是一种善。 他进一步提到了将特殊美德概念化的一些美德理论，认为如果这些美德都是善的，那么建构这些美德的文化也必然是善的。[37]但是，它们只是在功能意义上才是善的，正如亚里士多德所看到的那样，不同的美德有不同的功能。美德有助于国家的良性运转，有助于善的生活，甚至有助于幸福或者其他。它们权变地发挥着这些功能——在一个狩猎社会中显得非常重要的美德，对于泰勒的大学世界的意义可能是微乎其微的，甚至是没有意义的。因此，这些美德本身并非一种善，它们是否为善要依具体情况而定。但是，这并不意味着，无论是在内在意义上还是在工具的意义上，产生这些美德的文化都是善的。在泰勒所在的蒙特利尔以及其他许多地方，右侧通行减少了道路危险，让生活更美好，这是一种固有的好处。但是，右侧通行本身并非一种善，左侧通行也是如此。

因此，我们也许可以认为，特定民族的文化应得到培育和保护，不管该民族是否能够从中获益。是这样的吗？这貌似有理，实则不然。特定的文化值得保护，是为了使当下的社会成员免于在其文化的苟延残喘中受到折磨，正如易希（20世纪初加利福尼亚最后的雅希印第安人）那样。[38]但如果不存在一个需要照顾的易希，那么保护雅希文化也就不值得为之（保护它可能有社会科学的价值，但这与泰勒的理论无关）。然而，泰勒认为，一个特定文化"在本质上是善的"（intrinsically good）。[39]这里，要么他是在曲解"在本质上"一词，要么我们说他的主张是错误的。如果大量已经消失的文化"在本质上是善的"，那么人们就会认为，我们应该努力保存它们，或者现在就应该使之复兴。但是，许多此类文化都已不能够再为它们的成员提供善的生活。很多文化是由于其成员为了其他发展机遇而被抛弃，从而自我消亡的。

比较语言学家估计，在当今世界上6 000余种被使用的语言中，约有一半将会在一个世纪内消失。这不是一个纯粹的猜测或是趋势性的描绘。小孩们已经不再去使用这些语言了。一些语言学家显然以为这将是一个很大的损失，应努力为这些语言注入新的生命力。人们提出一个解决方案，要"成立机构，教会孩子们学习语言，并鼓励他们使用这些濒危的语言"[40]。对于语言学家或其他对语言理论感兴趣的人来说，多达3 000种语言即将消失，这或许是巨大的损失。但对那些来自这些文化背景、使用这些语言的下一代孩子们来说，这种消失就不会是一大损失。 如果孩子们以一种只有几百人或几千人使用的语言为其主要语言，那么可以说，他成长之后就会产生被其文化所欺骗的感觉。那样的文化还能具有本质性的善吗？

语言只是泰勒所提及的不可化约的社会物品中的一种。 所有的语言或许都具有不可化约的社会性，但是没有一种语言具有本质性的善。它们只有在某些条件下才能够带来善。 这些语言是否为"善"，取决于这些事实：谁在使用它？ 这种语言创造了什么？ 这种语言为其使用者带来了怎样的个体发展机会和福祉？ 值得注意的是，我们认为一个特定的语言或者文化的好处仅仅是工具意义上的，但是没有以此来反驳泰勒的理论，即语言具有本质性的善。 我们要指出的是，语言是善的，但这种善要依情况而定。 值得一提的是，通过阐释它如何造福并影响使用该语言的个体，我们就可以说明它是善的。 个体是一种文化或者一个语言社群的成员资格的受益者，因此，对文化的善进行辩护不需要把方法论的个体主义排除在外。

尽管如此，正如泰勒所要表明的那样，从很多重要方面来看，诸如语言与文化这样的物品是具有不可化约的社会性的。 一个人不能生产出一个重要的语言。 即便是一个标准委员会也做不到，世界语的凄惨经历就说明了这一点。 为了避免对使用某种语言的人产生不公平，我们也不能把几种语言混合起来，妥协出一个用于国际交流的语言。 一个有价值的语言一定是通过丰富的、社会性的互动产生出来的。

但是，在这里我们只能部分地赞同泰勒的观点。 语言与文化的其他好的方面都是集体创造的，从这个意义上说，它们具有不可化约的社会性。 甚至，在为本地体育团队呐喊助威的过程中，分享体育迷快乐的可能性也是在社会中创造出来的。 但是，我们不能从快乐的创造方式中推导出这样的观点，即快乐的享受具有不可化约的社会性。 我从我的文化中所获得的好处就是我的好处，即使这些好处可能部分的是我的行动和信念所建构出来的，而这些行动和信念则是文化灌输的结果。

正如物质性好处一样，集体生产或供给并不意味着必须得进行集体消费。事实上，集体消费的情形是难以想象的。我们可以认为，一些特定的物品可能通过集体来供给。我纳税，你纳税，这些税加在一起足以建造一条新的高速公路。和你一样，我参与使用英语语言，并且推动了其语言形式的发展。但是，当我们的文化产品被消费时，我们是独自消费它们的。我从事我的研究，研读泰勒，他从事他的研究，研读黑格尔。我们承认，作者具有个体的创造性，但阅读书单和教材所呈现的意义都具有不可化约的社会性。尽管如此，我们的阅读行为还是高度个体化的。

显然，哲学社群主义对许多人来说具有诱惑力，尤其是对于那些身处世界级的学术机构、极其信奉普世主义和非社群主义的学者而言——这里的学术机构至少包括某个大学，它聚集了一群孤僻古怪的、看似绝对不可能形成一个共同体的人，因此闻名遐迩。究竟是什么力量让哲学社群主义看起来如此貌似合理且引人入胜？原因或许很简单，那就是一个群体可以通过某种可能的方式协作起来，为其成员带来好处。一旦选择了一种特定方式进行协作，那么，这种方式对这个群体来说，就不仅仅是一种好的办法而已（诸如许多替代性的方法那样），而是比任何其他方式都要好的方法。这种方法比其他方案更好，是因为它能更容易地根据成员们的利益将其动员起来。

通常，这样的协作在如下方面显示出其优势：提供更好的共同信息、共同理解和共同预期，而这种共同预期能够促进持续协作，并且巩固群体在协作过程中所形成的特殊品位与偏好。要合理化任何一个特定的协作，只要祭出共同体之善就可以了——人们可以不必考虑协作所带来的广义上的好处，包括赫斯科维茨所提及的对个体自我意识的好处。

对善进行不可化约的社会消费，这是否可能呢？可能性或许存在。作为一种交互关系，爱情或友谊似乎不仅依赖于两个人为创造与维持其关系所分别作出的努力，而且取决于双方是否能够从这种关系中获益。 这也许意味着，我们可以超越这种结对的交互关系，在政体这样更大的尺度范围内来进行不可化约的社会消费。 然而，迄今为止，泰勒和其他当代社群主义者尚未在这方面为我们作出理论引导。

人类学家常常指出，不同社会自有其不同的价值。 社群主义理论家将这种观察道德化为某种奇怪的主张，认为每个群体或社会的价值都是正确的。 我想用理性选择的概念来理解人类学家的发现——如果我做到了这一点，那么，社群主义者试图合理化多元价值的努力就会不攻自破。 但是，这里仍然有一个或许可称之为"社群主义残余"的问题：每个人长大成人、获得文化知识，都要付出沉没成本(sunk cost)。经济学家有时会把沉没成本看成是一去不复返的。 而从社群主义者的理论残余角度来看，这种观点在很大程度上是错误的。 我们的沉没成本就是我们自己。 我们文化的沉没成本已经被转换成信息与默会的知识，而它们并未随风飘逝。 这其中的大多数还会是我们进一步行动的资源——尽管其中的大多数可能都是一种不幸的资源，或者更像是障碍，我们希望它一去不复返。

多数的沉没成本还会塑造我们的偏好。 随着其文化的消逝，易希几乎失去了生活中所有重要的东西。 在他辞世的前几年，他带着这种空虚，看起来过得很平静。 让我们分析一个极其特别的个案——在这个个案中，有人通过销毁个人沉没成本，随之也把自我意识摧毁殆尽。希特勒掌权后，库尔特·图霍夫斯基逃离德国并发表了一番著名的演说，宣称德国今后发生的事情与他无关。 的确，他曾在给他的一个朋友的信中写道："那个我们曾为之工作、我们曾以其为归属的世界已不复存在了。"[41]那个世界在多大程度上消逝了呢？ 图霍夫斯基又写道："我是一个作家，我如何表达要好过我所要表达的。"[42]进一步看，他的成年生活内容基本上是对德国以及那个时代的社会、艺术和文学进行批评。 随着他离开德国，这些批评和他的语言就一并死亡了。在瑞典，他能够读翻译过来的书，从中他看到许多作家在翻译中消亡了——正如他所看到的自己。 在卡尔·冯·奥西茨基(Karl von

Ossietzky)加入该杂志之前，他已经在《世界舞台》（*Die Weltbübne*）这个激进的和平周刊工作了。 随着希特勒的上台，甚至他的和平主义都变得一无是处，正如他所评论的，捷克人的和平主义只会让德国更轻松地践踏他们。

很明显，图霍夫斯基渴望与那些失去了自己文化的人取得联系，但是，这些人中的大多数或者是挣扎在生存线上，或者对图霍夫斯基所目睹的现象还没有足够的敏感——令图霍夫斯基不解的是，为什么成千上万的犹太人留在德国？ 为什么俄国人要努力寻求与一个宣称要消灭他们的政府保持良好的贸易关系？ 奥西茨基当时正被关押在集中营，因为他的写作涉及德国重整军备的内容，他在狱中获得了诺贝尔和平奖，但不久便离开人世。 图霍夫斯基的兄弟取道捷克斯洛伐克，经伦敦逃至美国，从而淡出了他的生活视窗。 即使在瑞士，当德裔瑞士人对希特勒的行动发表支持性言论时，图霍夫斯基会情不自禁地表示厌恶，转身离开（按他的逻辑，图霍夫斯基会这样说："噢，请原谅——您，我还以为您是一位高尚人士呢"[43]）。 与奥塔·本噶的处境一样，图霍夫斯基自绝于人，最终还是以自杀的方式英年早逝。

在图霍夫斯基最后三年的困苦生活中，道德价值确实变得危如累卵。 他欲与德国以及他过去的生活一刀两断，而他的自我、他的品位、他的担当，以及他的生活沉没成本的丢失，却总是把这种欲念撕成碎片。 希特勒以及那些支持希特勒的德国人几乎摧毁了他所拥有的一切。 一切都成为了往事。 除了离开这个世界，图霍夫斯基的日常生活中已再没有什么更重要的事项了。

结　论

总而言之，个体对诸如族群这样的群体的认同是理性的，而非原生性的，亦非超理性的（表现为群体认同压倒了个体利益）。 个体认同某个群体，乃是因为他们的利益使然。 个体可能发现群体认同好处多多——强烈的认同让他有机会获取群体所控制的职位，而且他还得到了一个群体所提供的相对安全而舒适的环境。 通过他们在群体中所获得的信息与能力，个体创造了他们自己对群体的认同。 一个群体通过其成员的协作而获得了权力，这种权力可以让该群体采取对抗其他群体的行动。 因此，这个群体能够名副其实地造福其成员，而成员们则会不假思索地相信群体具有善，而且这种善是本质性的而非权变性的。

在每个个案中，人性的许多细节都是社会建构的。 但这首先意味着，机遇、成本与收益在很大程度上取决于其他人做了什么以及正在做什么。 一个北美人可以成为一个富有的律师或企业家，因为那里有相应的机遇。 对于一个典型的肯尼亚人或孟加拉人，或者20世纪90年代早期的波斯尼亚人来说，那样的选择却是遥不可及的。 但是，反常的是，社会互动所产生的约束看起来更为苛刻。 比如，不同社会中的人似乎受到各种不同规范的限制。 在界定个体的群体归属问题上，那样的限制有着十分重要的功能。 在各式各样的群体中，社会建构的规范在群体认同的形成和维持过程中发挥了核心的作用，这是接下来两章的议题。 我们的观点是，这些规范——尤其是那些帮助激发群体忠诚感的规范——之所以行之有效，乃是因为它们服务于相关当事人的利益，纵使它们常常以复杂的方式发挥作用，哪怕参与者对其也不甚了了。

注 释

[1] 给民族与族群下定义并不容易，霍布斯鲍曼对此有详细的检查，参见 Hobsbawm, *Nations and Nationalism since 1780：Programme，Myth，Reality*（Cambridge：Cambridge University Press，1990），pp.1—13。

[2] 参见 Thorstein Veblen, *An Inquiry into the Nature of Peace and the Terms of Its Perpetuation*（New York：Augustus M. Kelley，1964 reprint[1917]）。

[3] Mancur Olson, Jr., *The Logic of Collective Action*（Cambridge, Mass.：Harvard University Press，1965）；Russell Hardin，*Collective Action*（Baltimore：Johns Hopkins University Press for Resources for the Future，1982）。

[4] Olson, *The Logic of Collective Action*.

[5] 引自 Hobsbawm, *Nations and Nationalism*，p.8。

［6］Thomas C. Schelling, *The Strategy of Conflict* (Cambridge, Mass.: Harvard University Press, 1960).

［7］Russell Hardin, "Acting Together, Contributing Together," *Rationality and Society* 3(July 1991):365—380.

［8］William Rees-Mogg, "The Sheriff Fiddles while the Town Burns," *Independent*, 4 May 1992, p. 17. 引自 Daniel Patrick Moynihan, *Pandaemonium: Ethnicity in International Politics*(Oxford: Oxford University Press, 1993), p.24。

［9］Russell Hardin, "Hobbesian Political Order," *Political Theory* 19(1991): 156—180.

［10］Robert Axelrod, "An Evolutionary Approach to Norms," *American Political Science Review* 80(1986):1095—1112.

［11］Hardin, "Acting Together, Contributing Together," esp. pp.374—377.

［12］Karl Marx, *The 18th Brumaire of Napoleon Bonaparte*(New York: International Publishers, 1963[1852]), pp.123—124.

［13］Marysa Navarro, "The Personal Is Political: Las Madres de Plaza de Mayo," in Susan Eckstein, ed., *Power and Popular Protest* (Berkeley: University of California Press, 1989), pp. 241—258, esp. p. 250; John Simpson and Jana Bennett, *The Disappeared and the Mothers of the Plaza*(New York: St. Martin's Press, 1985), pp.156—157.

［14］Stephane Dion, "The Importance of the Language Issue in the Constitutional Crisis," in Douglas Brown and Robert Young, eds., *Canada: The State of the Federation 1992*(Kingston: Institute of Intergovernmental Relations, 1992). 可参见第六章的进一步讨论。

［15］弗雷德·赫希(Fred Hirsch)在经济成长的背景下，区分了职位性物品、物质性物品以及这两者的交互，参见 Hirsch, *Social Limits to Growth* (Cambridge, Mass.: Harvard University Press, 1976),尤其是其中的第三章。 关于职位性物品和分配性物品在族群冲突中的作用,丹尼尔·贝尔也作过分析,参见 Daniel Bell, "Nationalism or Class? —Some Questions on the Potency of Political Symbols," *The Student Zionist*, May 1947(引自 Moynihan, *Pandaemonium*, p.59)。

［16］要了解更多的案例,可以参见 Donald Horowitz, *Ethnic Groups in Conflict* (Berkeley: University of California Press, 1985)。

［17］David D. Laitin, *Hegemony and Culture: Politics and Religious Change among the Yoruba*(Chicago: University of Chicago Press, 1986), pp.133—134.

［18］进一步的分析参见第六章。

［19］Moynihan, *Pandaemonium*, p.37.

［20］Gary S. Becker, *The Economics of Discrimination* (Chicago: University of Chicago Press, 1971, 2d ed.[1957]).

［21］*New Yorker*(7 March 1988), p.83.

［22］James W. Fernandez, "Tolerance in a Repugnant World and Other Dilemmas in the Cultural Relativism of Melville J. Herskovits," *Ethos* 18 (June 1990): 140—164, p.144.

［23］Bernard Williams, *Morality: An Introduction to Ethics* (New York: Harper, 1972), p.21.

［24］Fernandez, "Tolerance in a Repugnant World," pp.143—146. 用第七章的术语来说,赫斯科维茨是一个认识论的社群主义者而非规范性的社群主义者。

［25］David Hume, *A Treatise of Human Nature*, ed. L. A. Selby-Bigge and P. H. Nidditch(Oxford: Oxford University Press, 1978, 2d ed.; first pub.1739—1740), bk.3, pt.1, sect.1, pp.469—470.

［26］Melville J. Herskovits, *Cultural Relativism: Perspectives in Cultural Pluralism*, ed. Frances S. Herskovits (New York: Vintage, 1972), p. 21. 亦参见 Fernandez, "Tolerance in a Repugnant World," pp.155—156。

［27］Herskovits, *Cultural Relativism*, pp.102—103.

［28］Vladimir Reznichenko, "Anti-Semitism on Trial," *Soviet Life* (February

1991)：14—17，esp. p. 15.

[29] Hobsbawm，*Nations and Nationalism*，p. 12. 霍布斯鲍姆援引欧内斯特·勒南（Ernest Renan)的悲凉评论："扭曲历史是民族缔造的一部分。"关于北爱尔兰的情况，参见 Roy Foster，"Anglo-Irish Relations and Northern Ireland：Historical Perspectives，"in Dermot Keogh and Michael H. Haltzel，eds.，*Northern Ireland and the Politics of Reconciliation*（Cambridge：Cambridge University Press，1993)，pp. 13—32。关于法国的情况，参见 Herman Lebovies，*True France：The Wars over Cultural Identity*，*1900—1945*（Ithaca，N. Y.：Cornell University Press，1992)。 在得克萨斯州，曾有一个疑似原教旨主义者的牧师反对在地方的公立学校中教授各种语言，原因在于，如果基督能讲英语，那么我们的小孩子只要掌握英语也就足够了。

[30] 从比较的角度考虑一下：为什么一个球队在赢球的时候，球迷的忠诚度会高涨呢？ 原因在于赢球为球迷的忠诚提供了合理性，更为确切而言，或许是因为赢球给忠诚提供了回报，为球迷们带来了更多的快乐。

[31] 进一步的阅读，参见 Russell Hardin，"Common Sense at the Foundations，"in Bart Schultz，ed.，*Henry Sidgwick As Philosopher and Historian*（New York：Cambridge University Press，1992)，pp. 143—160。

[32] 这似乎是说，这种知识的问题还不够多，马克·蒙诺尼尔（Mark Monmonier)告诫我们，不要过分相信地图，参见 Monmonier，*How to Lie with Maps*（Chicago：University of Chicago Press，1991)。

[33] 参见 Hobsbawm，*Nations*，p. 6。

[34] Lord Acton，*Essays in the History of Liberty*，ed. J. Rufus Fears（Indianapolis，Ind.：Liberty Classics，1985，essay on "Nationality，" first pub. 1862)，p. 411. 参见注释29 中霍布斯鲍姆的评论。

[35] 然而，有些学者对此不以为然。 迈克尔·桑德尔（Michael Sandel)就抨击约翰·罗尔斯的正义论，认为这一理论建基于理想化的、没有文化知识的个体的选择。 但是，这种免于社会负担的人是不存在的，我们不清楚这样的理论是否能够让人信服，参见Michael J. Sandel，*Liberalism and the Limits of Justice*（Cambridge：Cambridge University Press，1982)。

[36] Charles Taylor，"Irreducibly Social Goods，"in Geoffrey Brennan and Cliff Walsh，eds.，*Rationality，Individualism and Public Policy*（Canberra：Centre for Research on Federal Financial Relations，1990)，pp. 45—63. 亦见相关学者的相应评论，包括罗伯特·E. 古丁（Robert E. Goodin)，约翰·布鲁姆（John Broome)，弗兰克·杰克逊（Frank Jackson)以及彼得·加登佛斯（Peter Gardenfors)等。 泰勒提及 "公共物品"（public goods)，但是这可能会与经济学中对此的技术性理解产生混淆。 鲜有物品是真正具有公共性的，但是有许多物品是集体性地提供的。

[37] Taylor，"Irreducibly Social Goods，" p. 55.

[38] Theodora Kroeber，*Ishi in Two Worlds：A Biography of the Last Wild Indian in North America*（Berkeley：University of California Press，1976[1961])。

[39] Taylor，"Irreducibly Social Goods，" p. 55. 在《共同体纽带》一文中，朱利叶斯·莫拉维斯克（Julius Moravcsik)对一些社群的直觉价值观提出了类似的主张。 参见Julius Moravcsik，"Communal Ties，" *Supplement to Proceedings and Addresses of the American Philosophical Association* 62（September 1988)：211—225。

[40] *Science* 251（11 January 1991)：159. 在现存的语言中，只有5%即约300 种尚无被灭绝的风险。 有些语言学家对这些观点表示质疑，因为他们质疑人们对语言的界定及其计量方式。

[41] Kurt Tucholsky，*Politische Briefe*，ed. by Fritz J. Raddatz（Reinbek bei Hamburg：Rowohlt，1969)，letter of 15 December 1934 to Walter Hasenclever，pp. 58—60，at p. 58.

[42] Ibid.，letter of 29 November 1935 to Hasenclever，pp. 71—74，p. 72.

[43] Ibid.，letter of 20 April 1933 to Hasenclever，pp. 19—21，p. 20. 他补充说道："人在海外，就能做到这一点。"

第四章

排他性规范

你和巴利亚人＊生活过 18 个月。很好,让我们看看你对巴利亚人有何感觉吧。你可以走到前沿阵地去杀一个巴利亚人,然后我们就可以放你走了。

——塞尔维亚官员对一个要逃离萨拉热窝的塞尔维亚平民所说的话(《纽约时报》,1993 年 11 月 14 日)

差别性规范与普世性规范

要理解共同体规范,我们最好把它与那些含义更为广阔的规范加以比较。 我想讨论两种一般意义上的规范:有一种规范能够给社会中的某个亚群体的成员带来好处——这个亚群体的边界在很大程度上是清晰可辨的;另外一种规范则对社会中几乎所有的成员都一视同仁。 总体上,通过比照这两类规范,我们可以看出,差别性规范(norms of difference)和排他性规范(norms of exclusion)易于进行理性分析,而普世性规范(universalistic norms)则较难如此加以理解。 这一结论可能与一些通俗的观点相左,在已有的文献中,差别性规范与排他性规范——有时称为共同体规范(communal norms)——是难以从理性选择的角度加

＊ 塞尔维亚人对波斯尼亚穆斯林的辱称。 ——译者注

以解释的。 这些观点认为，此类规范似乎具有原初性，或者用社群主义者的话来说，它们体现了一种超理性的承诺——这种承诺超越了自我而指向自我的共同体根源。

事关重大社会利益的规范能够强化某些事情并使之免于走向反面。比如，一个族群可能被完全同化——就如同过去两个世纪里在美国所发生的族群融合那样，而贵族也可能消融于更大的社会之中。 对此，反同化行为的规范就可能对同化的成功率产生重大的影响。 亚群体的规范通常能够固化个体对群体的认同，并强化该群体与更大的社会或社会中其他特定群体之间的割裂。 这些规范的运作，大多是通过改变群体边缘成员的利益，使之在行为上与群体核心成员保持利益上的一致性。这并不是说这些规范"有意"如此发挥作用，它们其实是无心插柳柳成荫的。 相形之下，普世性规范所强化的行为，通常是有利于集体利益而不利于个人利益的，这些行为甚至与亚群体的利益格格不入。 差别性规范与排他性规范擅长利用自我利益，也可以说，自我利益擅长利用差别性规范与排他性规范。 在这两种情形中，排他性规范皆因其与利益的契合而获得了巨大的力量。

许多规范似乎都包含着协作的策略结构。 用戴维·刘易斯（David Lewis）的话来说，规范即是惯例，或者更确切地说，它们支配了解决协作问题的惯例方案。[1]比如，在美国，右侧通行只是一种惯例，然而如果人们都遵守这一惯例而不逆反之，那么每个人都可以从中获益。 但是，我们却不能认为，某种特殊的惯例之所以存在是因为它对我们有利。 我们的利益仅仅在于，按照某些惯例办事可以保证我们的驾驶安全。 比如，在英国、日本和其他许多国家，左侧行驶的规则也一样能做得很好。 对我而言，理性就是在驾驶时遵守既定的习惯。 因此，入乡随俗便是一种理性——在北美右侧通行，在澳大利亚则左侧通行。

右侧行驶（比如在北美）或左侧行驶（比如在英国或日本）的惯例，可以被视为一种普世性规范的理想类型。 每个人在其社会之中都遵守惯例，这将惠及该社会中的所有人。 然而，驾驶惯例并非前文提及的那种事关社会重大利益的规范。 对于诸如驾驶惯例这样的规范，人们几乎不需要或者说无须予以强制执行，除非是针对那些甘冒违反惯例所带来的风险的人；人们也不太需要对何为错误的、自我毁灭式的行为多加训导。 对于违例开车之徒，人们更喜欢指责其愚昧而非贪婪。 如果我们把遵守惯例称为规范，那么，这种规范的功能完全是认识论意义上的，它并非通过激励来改变人的动机。[2]有鉴于此，我主张把"规范"限定在动机层面上，而不把驾驶惯例视为一种规范。 尽管如此，许多规范也都具有诸如驾驶惯例的协作性质。 正如每个人都遵例驾驶将惠及众人那样，大家都遵守某种规范也能让众人受益。 由此，在遵守规范、反对违例这一点上，人们就能够实现协作。

讲真话(truth-telling)的规范可能具有同样的普世诉求，但是，这种行为的动机却并非与生俱来，这与根据地方惯例进行驾驶的行为动机是不同的。 因此，讲真话的规范并非可有可无，它可能会潜在地激励出某些行为。 在一个既定的社会之中，这样的规范是普世性的。 我将称之为普世性规范。

促使成员认同特定共同体的族群规范也并非是冗余的。 族群间可能会有一些混居与通婚的情况——假使没有族群规范，混居与通婚就会趋于普遍化。 对于在群体生活中感到最惬意的人来说，群体规范可能没有必要；而对于其他人来说，群体规范却是必要的。 不过，规范可能与共同体中成员的利益息息相关，确切而言是因为这种规范能够用来制止某些能诱惑至少部分群体成员的行为。 如果共同体中的所有人都同舟共济，利益共担，那么大概也不需要什么共同体的规范了。 这一规范对某些人有好处，不过是因为共同体的边界不是很清楚——在认同共同体的人群与不认同这个共同体的人群之间，并不存在清晰的界限或者阶梯函数关系。 共同体规范的功能通常就是进行差别建构。 实际上，把"共同体规范"称为特殊规范、差别性规范或排他性规范可能更为贴切。 此类规范形式多样，越南战争时期所喊出来的一个口号"要么爱它，要么离开它"就是一例，其中的"它"所指的就是美国。

　　值得注意的是，用以形容上述两类规范的术语并非并行不悖。 人们可能会认为，"普世性规范"就是"普世的规范"（norms of universality）或相似规范，但如此理解可能造成误会。 康德式的、功利主义的、平等主义的，以及其他普世性的道德理论家，可能会遵循自己的普世规范或相似规范。 但是他们所论及的一些更为具体的规范，比如利他、互惠、或诚实，则是普世性的，因为它们适用于每一个个体。

　　普世性规范与差别性规范的关键区别在于，后者需要一种群体隔离感甚至是被排除感，通常，它还需要一个外部的敌对力量来赋予自己的存在价值。 差异是一种相对价值，它取决于外部参照物。 如果一个特殊的群体没有替代性的力量，那么讨论其差异性显然没有意义。 这意味着，对于一个群体而言，排他性规范对于相关群体来说也是一种包容性规范。 差别性规范旨在让个体接受群体所认同的价值观从而归依该群体。

　　然而，对于群体的一些边缘成员来说，持有微弱的群体认同会带来替代性的好处，他们甚至在利诱之下产生背叛组织的冲动。 因为有了替代性的忠诚对象，我可能就会希望获得作为群体一员的好处，而对群体却不承担任何义务。 与那些为群体付出更多贡献的人相比，我就属于群体的边缘成员。 如果群体对我的这种行为不管不顾，那么完全的背叛也就不必要了，然而，对于哪怕是很轻微的背叛行为，群体也可能作出排斥性的反应。 对于个人来说，背叛行为的激励结构本质上就是一个囚徒困境，在其中，部分的背叛，而非彻底背叛或者排斥，给个体与群体都带来了好处。 但是，对于群体来说，采取完全排斥的行动却能带来策略上的好处——排斥能够加大部分背叛的成本，于是貌似可以降低背叛事件的发生概率。 因此，群体规范的效用就在于增加背叛的成本，从而减少囚徒困境边缘（the prisoner's dilemma fringe）的规模。

　　我们大致可以用族际通婚率来测量囚徒困境边缘的规模。 有些群体似乎正在加速混居进程，而有些群体的混居进程则比较慢。 令人瞩目的是，与几十年前的情况相比，如今美国黑人的差别性规范更为强劲，其囚徒困境边缘更为狭窄；相形之下，犹太人的囚徒困境边缘则经历了一个迅速扩大的过程，其群体割裂状态也随之急剧瓦解了。 在1965 年以前的美国犹太人婚姻之中，族际通婚仅占 9%，而在 1985 年后结婚的人当中，这一比例达到了 52%。[3] 为了消灭两个群体间差别性规范的影响，双方都必须彼此开放，这或许是因为，双方都有一个很大的囚徒困境边缘地带，当两个群体的边缘出现了足够多的混居现象，群体中的其他成员便不能指望从差别性规范中获得多少好处，他们也随即进入了一个更大的边缘地带。

差别性规范通常存在着一个囚徒困境的边缘地带，若即若离的成员置身于其中，边缘地带的面积大小取决于成员资格以及背叛所能带来的利益。 而普世性规范中的囚徒困境则普遍存在，这些规范的作用在于通过抬高诸如撒谎与欺骗这样能够为个体带来好处的行为的行动成本，以减少这类行为的发生概率。 不过，既然普世性规范没有边界，那么就没有理由把违背规范的人说成是群体的边缘人。 撒谎或欺骗的动机可能影响社会中的所有成员，而不仅仅是边缘成员。 在这两类规范中，倘若存在着某种一般性规范，它能制止囚徒困境对违背相关社会秩序和规范自身的诱惑，那么这种规范就具有了执行的价值。[4]

对规范还有许多其他的分类法。 如，埃德娜·厄尔曼-玛格利特（Edna Ullmann-Margalit）就把规范区分为囚徒困境、纯粹协作和不平等协作，厄尔曼-玛格利特还论及"不公规范"（norm of partiality），这种规范将两个群体锁定于这样一种合作秩序中，其中一个群体比另一个群体获利更多。[5] 例如，人们可能会认为，正是基于人的利益，像妇女这样的群体就应该专心于繁育后代，这恰好提升了男人的特殊优势。[6] 实际上，在其历史上的某个阶段，一个规范可能可以清晰地归属于上述类型中的某一种，而在以后的发展阶段中，它又呈现为另外一种类型。或者，我们可以把一种规范在某种情境下表述为纯粹协作型的，而在另外一个情景下则称之为不平等的协作。 比如，在一个友善的社区中，讲真话总的来说可能是一种好品性，但是在一个政府实施种族灭绝的病态社会里，人们把犹太人或其他难民藏匿起来，讲真话这一规范就得另当别论了。 在某个既定的社会里，不少规范或许是无足轻重的，它们可能被扭曲、被断章取义，但在缺乏相关策略结构的情境下，它们仍然能够发挥作用。 它们或许是历史的幸存者。 马克思曾说，决斗的规范是"文化在过去一个时期的遗迹"[7]。 此外还有一些被过度概括的规范，它只有某种简单的策略结构，但却超越了其所应该调控的范围。

普世性规范可能陷于囚徒困境或是纯粹协作的策略结构之中。 由于这种规范调控着变动中的社会关系，它还会陷入某种混合性策略结构之中，而这种情况更有可能出现。 大多数人可能都不需要用规范来让自己与共同体的准则保持一致，因为人们可以直接从这种一致的关系中获得好处。 因此，对我们而言，接受规范与接受驾车"规范"没有太大区别。 但是，对于那些处于共同体边缘的人，以及那些对共同体认同感较弱并能够从中渔利的人，规范的调控却是有意义的。

差别性规范

族群或其他群体通常都有一些规范，它们能够将其群体成员与他们置身其中的更大的共同体区分开来，而那些更大社会中的群体所持有的一些规范则会加剧这种分裂趋势。 这一点在宗教场景中或许尤为突出。 比如，根据犹太教圣经的禁令，人们可以把钱借出去，但不能对兄弟收取利息，这被理解为，犹太人只能对非犹太人的借贷者收取利息。[8]尽管托马斯·阿奎那（Thomas Aquinas）认为，对于基督徒来说，有息贷款是邪恶的，但他也顺便指出，有息借款却并非如此。[9]因此，在中世纪及以后的欧洲社会中，犹太人把商人与高利贷者的角色区分开来，这映衬出犹太教与基督教规范相互结合的含义。

为什么群体成员情愿有所差别，要把非成员排斥在外？ 通常，这是由于成员资格能够带来好处。 好处至少有两种截然不同的形式。[10]首先，资源有限引发利益冲突，这种利益冲突驱使一个群体代表其成员去控制资源。 不可再生的土地和其他固定供应的资源就是一例，它们无法扩充，所以变得稀缺。 类似地，群体或国家控制下的工作职位，其供应量在短期内也可能是相对固定的。 在一个近乎常和博弈(constant-sum game)的冲突中，至少从短期来看，通过排斥他人对有限资源的占有，某些亚群体或联盟可以令其成员迅速获益。 在这里，群体成为获得其他好处的手段。

差别的第二个明显的好处是让人在其群体内感到舒适、熟悉、乐享交往。我们可以称之为认识论的好处(epistemological benefits)。 之所以有此好处，盖因它让人们不必从其所属的共同体之外去获得知识。 在这里，群体几乎就是一个消费品本身——人们乐于在群体的气氛中享受其生活。

这两种好处总能共同发挥作用。 比如，通过共同体的信息与援助网络，群体中的成员可能会更加容易找到工作，群体成员与群外之人交往，总是要比与自己人打交道更为费劲。 还比如，如果我与群体之外的人结婚，我的共同体的伙伴们可能会发现，我配偶的行为难以预料，因而总不如我与自己的邻居结为连理来的好。 倘若如此，我的配偶在我的共同体中会感到不适，相比我们同龄的以及同一环境中的其他夫妻而言，我们参与社会互动的机会可能就会少得可怜。

关于这两种好处，不是所有的群体成员都需要获取其中的某一种。 有些人可能在群体外面比在群体内部有更多的发展机会。 熟人关系也有其限度，它可能令某些人不胜其烦。 在我们的讨论中，这类人属于其群体的边缘人。 我们对差异性与排他性规范的理解，在很大程度上取决于群体的边缘人与我们所称的群体核心人之间的混合情况。

普世性规范

普世性规范并不因人而异。 人们在一个特定的共同体中遵循这类规范，可以不必参照或影响任何其他的共同体。 总的来说，普世性规范至少有两种独特的表现形式。 首先，它们可能是理论演绎的产物，正如由伊曼纽尔·康德(Immanuel Kant)、某位宗教领袖或其他人通过某种普世原理推导出来的那样。 其次，它们可能是社会建构的产物，其起源或已无从考证。 一般来说，第二种规范更像是某种共同体所特有的。 尽管人们可能相信，假以时日，有些规范终究会适用于任何共同体的任何人，但还是会有些人坚持认为，因为所有的规范扎根于共同体，因此哪怕是看似第一类的规范都属于第二类规范。 因为所有的或者几乎所有的规范都扎根于共同体，如果据此就把差别性规范或排他性规范视为共同体规范，似乎以共同体为基础即是这类规范的突出特征，这就不免是一种误解了。

有一类重要的普世性规范，它们在许多情境下几乎都能够实现自我执行——这包括讲真话，信守承诺，以及对配偶与朋友忠诚等等。 它们在规范一对或少数人之间的关系的同时，其自身也得到了强化。 我把这类规范简称为二元规范(dyadic norms)。 这些规范的强制力来自这一事实：维系这种规范所调控的关系有利于参与者，这些参与者之间的互动超越了即时性。 相形之下，在即时互动中，人们要么遵守相关规范，要么违背之。 二元社会关系的特征表明，其激励结构中存在着一个重复囚徒困境——在这种关系中，违反规范有时候可能给每个参与者带来短期利益，然而维持关系却是他们的长远利益所在。 如果后者足够大，它就可以超越短期利益，并且使人们为了更长远的利益而放弃短期利益行为。[11]

一个人可能因为道德禁忌而讲真话，但是一个人也可能出于维持一种既定关系的利益考量而讲真话。 即便有道德约束，人们可能还是受到自我利益的驱动——即让他者有足够的忠诚从而值得自己与之交易。在一个重复性的囚徒困境中，要是有一方合作不充分，那么另一方通常的回应就是退出这种关系，而非与之同流合污。 如果其他人因为利益而与你合作，你将更可能与之合作，而不是退出或欺骗。 总的来说，如果你周边的人都认识到了他们的利益而与你保持合作关系，那么你的前景就是一片光明的。[12]如果合作的人太少，那么，合作就会失去其价值，最后甚至变得一文不值。 同样地，在纳粹或其他极权主义社会中，讲真话似乎总是造成了许多关系的破裂。

因此，这些二元规范显然是自我强化的。 这样的规范可以调控庞大的人口——其中所有的人都嵌入各种各样的二元关系。 但是，大数目等级的二元规范却不存在。 对于一个调控大规模关系而非二元关系的规范而言，它无法仅仅通过合作方与非合作方的决裂和退出而得到强化。[13]下面所要讨论的差别性或排他性规范，调控着事关群体认同和排斥他者的大量社会关系。 通过内含于其功能结构中的机制，而非大规模囚徒困境中的同伴所提供的重复激励，这些规范得到了自我强化。总体而言，对大数目规范的解释不能依赖对集体行动问题的理性规制——它不能够保证规范得到强制执行，尽管在一些情景中，某种不稳定的惯例能够发挥调控作用。[14]

顺便提一下，当代民族主义常常会变得与亚群体的差别性规范有些相似，当然这是在整个民族层面而言的。 民族主义具有将该民族及其人民与其他民族及其人民区别开来的功能。 普世主义的、非敌对性的民族主义是存在的，而且毫无疑问的是，许多民族主义曾经具有这样的特征。 比如，一种特定的民族主义可以刺激经济活动、推动生产、艺术及其他方面的活动，还可以不针对任何个人地提升国家公民的资格。对于那些喜好穷兵黩武的人而言，这样的民族主义可能索然无趣，他们希望民族主义指向战争。 民族主义就是一个常有好斗倾向的差别性规范。 关于普世性规范的类型，我们将在第五章中加以讨论。

解释排他性规范

排他性规范与差别性规范有许多表现形式。 比如，它可以是某种具有强烈地方性的规范，这种规范认为我的小镇优于其他人的小镇，我的俱乐部强于其他俱乐部，或者说我的公司好过其他公司。 在大多数社会中，还有区分男人与女人的衣着规范。 有些加拿大人就认为，存在着一些能够把加拿大人与美国人区分开来的规范（当然有些加拿大人对此会有保留意见）。 这里要特别列举两类广义的排他性规范：用于界定族群或种族群体的规范，以及用于界定社会阶级的规范。 在本节中，我将以第一类的规范为分析对象，解释这类排他性规范是如何发挥作用的。 在下一节中，我将接着讨论"决斗"这一独特但殊为重要的规范，这一规范帮助维系着一个业已衰落的社会阶级的内涵及其地位。

让我们来考虑一种非宗教性的、发挥着区分功能的重要规范：用语规范，尤其是俚语和特殊术语。 对于一些相关人士来说，某些共同体特有的俚语可能只是一种便利的缩写而已，正如心理学家、管道工、音乐家、民意调查者以及其他的一些群体，他们根据该群体的特定需要发展各自的术语。 但是，有一些共同体所特有的俚语却没有这种简要功能，在语言学意义上，它们只是标准术语的替代品，而实际上，其真正的有效功能乃是区分作为使用者的使用者，标识出他们与不使用这些特殊术语的人的差别。

对于一些群体（比如说唱歌手）的规范而言，那些最能表达并界定该规范的人未必属于采取该规范的共同体。 有些说唱者，我们可能称他们是说唱规范的表现者，他们藐视中产阶级，但是却有着中产阶级的背景，而且并非来自贫困的内城。 但是我们还是可以说，这些中产阶级所参与的规范主要还是一种属于内城穷人的规范。 这些规范已被商业化了——这也就是为什么它能够迅速传播开去的原因。 任何有商业头脑的人都能感受到表现说唱规范所带来的好处，这与他们是否真正分享该规范的价值观没有关系，与他们个人是否超越利益的考量而藐视中产阶级也没有关系。 甚至，一个被控有罪的白人种族主义者也可以是该规范的传递者，他能在那些最装腔作势的白人或中产阶级面前以商业化方式表现这一规范。

在所有可能形成差别从而塑造社群的语汇中，有一些词汇值得注意——它们在更大的社群中具有贬义，或者甚至是具有侮辱性。 比如，如今有些黑人称呼彼此为"黑鬼"（nigger，念作"nigga"）。[15] 白人种族主义者曾用这个词来侮辱黑人，这个词也因此被黑人引以为耻。一个名为"探问"（Quest）的组合在其说唱音乐《差劲的黑鬼》（Sucka Nigga）中唱道，当白人使用"黑鬼"一词时，它的意思是"黑人将永远长不大"。这位说唱歌手又说道："社区里的其他黑人认为'黑鬼'令人生厌，我却不以为然。"他认为年轻人是与他有同感的。他们坦然拥抱困境，"黑鬼"这个词的种族色彩昭然若揭。[16]

对于大多数使用"黑鬼"一词的白人来说，这一术语仍是贬义的，而对于许多黑人（其中大多为上文说唱歌手提及的城市黑人）来说，这个词却承载着爱和社群的含义。黑人现在可以大方使用该词，但大多数白人则不可以，因此这个术语具有排斥性，至少在语言共同体的含义上，它把白人与黑人社群区分开来。最近，有一位芝加哥的白人教授试图让他的学生理解种族语言的伤害力，他对他班上唯一的一位黑人学生说："我们这儿有一位黑鬼。"这个学生后来说，这种语言伤害让她无法承受，"我想夺门而出，却感到力不从心"。[17]然而在现实生活中，这位女生也可能听到黑人称呼他们的朋友为黑鬼，对于这种插科打诨，她的反应或许是会心一笑。

同样一个词语既可能贬抑一些人，也可能抬举一些人，这似乎令人深感不解。但是，这在特定社群中却是合乎情理的。美国黑人还有许多其他的术语，听来很消极，但实际上却颇为正面。例如，有些骂人的话在某种意义上有赞叹的意思，"坏的"实际上就是"很棒的"，而说一顿饭很糟糕实则是说你不能错过它。当一些标准词汇如"伟大"、"糟糕"等等被滥用而其原意遭到削弱的时候，贬义词就可能成为褒义词了。

更广义地说，一个多世纪以来，美国黑人"就已经重新理解种族，将其引以为豪，而非视之为污名"[18]。随着黑人喊出"黑的就是美的"这一口号，这一让弗雷德里克·道格拉斯（Frederick Douglass）感到憎恶和悲哀的趋势发展到了极致。美国社会长期以来被视为污名的东西，如今在黑人的观念中已经不复如此，它甚至演化为对某种特质的主张乃至一种排他性规范了。

这意味着什么？ 你何以采用这一群体的俚语和行为方式？ 答案是：这么做可以让你进入该群体，获得好处。 这可能比使用奇怪的俚语和采取异常的行为方式更富有诱惑力。 而如果你拒不使用或弃用这些俚语，人们就会质疑你的群体忠诚感，包括你的信誉，这意味着你将难以取信于社群伙伴。 实际上，对于该群体的其他成员而言，行为方式的不一致甚至还会被理解为与他们进行决裂。 如果你拒绝使用共同体的俚语，他们凭什么与你为伍？ 他们又何以理解你的行动动机呢？

记得在 20 世纪 70 年代早期，我曾在纽约的街头碰上两个小群体：一边是四五个黑人男青年，一边是同样数目的黑人女青年。 其中的一个男子正在挑逗另一个群体中的某个女子，试图要与她一起玩，但一再地遭到鄙弃。 于是，该男子走上前揽住了这个女子的腰，而这位女子则奋力甩开了他的胳膊。 愤恨之下，这位男子骂道："你个混蛋。"该女子放慢了脚步，转过身来冲着这名男子莞尔一笑，说："不会吧，我是混蛋——你肯定是在说自己吧。"女青年的调侃令众人皆激赏称快，被她嘲笑的那个男子更是大笑不已。 接下来，这两个群体的对话就变得十分风趣和开放。 我也想在我自己的社群中如此这般地开放，但任何这样的尝试，都将会失去伙伴的尊重并招致鄙夷。 黑人社区开放的风格与白人社区注重隐私和举止端庄的风格，这两种规范构成了鲜明的反差，而这种差别性规范又强化了两类社群的隔离。[19]这些规范本身可能并不令人讨厌，但事实上，它们的影响却令人反感，它们实质上形成了一种排他性规范。

年轻黑人的"玩酷姿态"可以强化说唱歌手的俚语和其他语言手法，这在内城中尤为常见。 珍妮特·曼西尼·比尔森（Janet Mancini Billson）和理查德·梅杰斯（Richard Majors）将这种玩酷姿态解读为黑人对社会排斥的一种回应——这排斥来自白人或者至少是富裕社会。[20]不过，有必要分析一下这种姿态的受众范围，这其中不仅有白人（他们不住在黑人聚居区），群体自身的成员也包括不玩这种姿态的老年黑人以及年轻的黑人女性。 就受众而言，这种表演所包括的不同行为似乎各自有所特指：说唱的歌词可能有最为广泛的听众——它遍及内城的年轻黑人男性和白人。 而其姿态表演则影响不大，除非亲临现场获得视觉效果，其受众大多为老票友——包括表演这些姿态的人、年轻妇女，以及老年黑人。 正如比尔森和梅杰斯所解读的，这种姿态表演具有男子汉气概。 因此，其主流受众可能主要是年轻的黑人妇女，她们相对于男性的自立地位能够激发对这些表演的热情。 说唱或许本质上是政治的，但其姿态却完全可能是非政治性的。

功能解释

人们为什么使用很特别的俚语？ 这并非人们刻意选择的结果，而是因为，俚语一经产生就作为一种惯例存续下来。 而人们会非常轻易地通过遵循惯例来显示自己的身份。 使用俚语规范的功能就在于表达人们的群体认同。 的确，我们可以对规范的延续进行如下的功能解释：

> 如果且只有具备如下三个条件，那么，一项制度或一种行为模式 X 就可以解释为群体 G 的函数 F：
>
> 1. F 是 X 的效应；
> 2. F 有利于 G；
> 3. F 能够通过一个经由 G 的因果反馈链条来维系 X。[21]

在我们所讨论的这个例子中，X 就是群体的俚语或风格的规范，F 就是群体认同，G 就是相关亚群体的成员（比如某些黑人）。 其完整的解释如下：

1. 使用某个群体的俚语或类似风格的人对该群体的认同感会更强，这是因为他们发现，采用这些俚语和行为风格（相对于不如此行为）会给他们在群体中的生活带来更多的回报。

2. 要显示群体认同对群体成员的利益，这似乎颇有难度，但是依然有很多理由支持这一结论（未必成立，要依情形而定）。紧密的群体联系可以减少日常知识的获取成本，进而有利于人们的日常活动。这种联系可以给人带来一些好处，比如从群体那里谋得一份工作。[22]不管出于何种考虑，与群体的联系都可以为人们获取信息和创造联系提供方便可用的网络。人们也可以从群体联系所支持的社会关系及其所组织的活动中感受到某种愉悦。[23]

3. 于是我们可以发现，经由一个在相关群体（G）成员中的因果反馈循环，群体认同维持了群体使用俚语和风格的规范（X）。比起那些群体认同感较为松散的成员，对群体持有强烈认同感的成员情愿投入更多的时间去维持其规范。他们会发现，尽情享受，乃至将群体的俚语与风格发扬光大，这是自然而然的事。由此，俚语与风格的发展便会与日俱增、臻于极致，这并非因为群体执意如此，而是那些群体认同感最强的成员的个体动机使然。

人们与社会中一些亚群体保持更密切的联系，其代价就是要与其他群体变得相对疏远——包括那些比该群体拥有更多经济与社会发展机会的群体。对某些人而言，这一代价可能大于上述第二点所提及的收益，在这种情景下，差别性规范并无好处可言。但是，这一代价可能是被一个替代性的外部群体所强加的，以至于本群体坚守其隔离性规范，而无惧被其他群体排斥所带来的利益损害。在北美的历史上，白人对黑人的排斥，严重致使许多黑人缺乏发展机会。可以想象的是，要是如今的白人甚至中产阶级的黑人强化其对黑人的排斥，他们将是得不偿失的。

对于一个黑人青少年来说，模仿说唱歌手的穿着、行走乃至手势，或者像他们那样摆酷造型，这可能没有什么代价可言。但是，当成年之后继续玩说唱，并且惯于使用这些手势，这些人或许就会为此付出某种实质性的代价。 成年后的黑人面临的选择是，要么发展出新的形象与语言方式、要么照旧作为原来的亚社群中的一个成员。 转型的成本和在更大的社会中获得成功的不确定性，都可能会影响这种选择。 离弃原有的社群，这样的转型总是要损失一些旧情谊。 在布鲁克林，有一个名叫肖恩·亨特(Shawn Hunt)的 17 岁少年，他希望通过自己的奋斗读完高中升大学，他说他可以"用恰当、直白的英语"跟白人说话，但却很难如此与其黑人朋友们和睦相处，"他们也许想要这样做——但却不习惯于此。 他们并不觉得那有什么好。 他们认为我那样说话很可笑"。[24]

亨特与其社群的分裂也许很奏效。 小说家克里斯廷·亨特尔·拉塔尼(Kristin Hunter Lattany)写道："一个个体有自我冲突尚且可以，如果他对自己的社群三心二意，那么他就会失信于社群。"[25]天普大学非裔美国人研究项目的莫勒菲·阿桑特(Molefi Asante)很尖锐地批评了科内尔·韦斯特(Cornel West)，以为他有"同化主义"之虞。 阿桑特指出："问题的解决之道在于我们自己，而非外在于我们。"韦斯特的智识"属于白人的传统，他已被教化得面目全非了"。[26]对于同化主义，拉塔尼和阿桑特似乎都倾向于进行道德批评。 不过，道德批评或许也面临着心理困境。

倘若维持双重人格有巨大的心理障碍的话，请注意贫民窟俚语的价值之一就是它在贫民窟的社区之中殊为有用。 因此，贫民窟里的少年们，如果不能像肖恩·亨特那样通过两种语言以求维持在两个社群中的双重存在，他们几乎只能扎到贫民窟里的孩子堆里去。 正如迈克尔·赫克特(Michael Hechter)所指出的，如果一个社群能够在一个更大的社会中持有独特的语言，那么它就能更容易地保持团结，因为这种语言可以让它有更多的机会和更低的成本来监督人们的言行举止，甚至包括其态度。[27]

在一个野餐会上，现场有众多我的黑人邻居朋友，我是为数不多的几个白人之一。 主人是位出色的园丁，他用绝活手艺点缀了我们后院的胡同，并在他自己的房子里种满了郁郁葱葱的植物。 有人说这些漂亮的园艺有他妻子的功劳，而他的妻子总是谦逊地予以否认："这些事情都不是我做的，功劳归于吉姆——他总是让我在一边歇着，所以我有一个白色的拇指。"听到这个词，我不禁笑出声来。 人们总是用"绿色的拇指"形容一个人摆弄花草很在行，我却从未听过"白色的拇指"一说。 不过，这个形容着实非常巧妙。 在某种程度上，就像在第二语言中读到或听到的一个比喻那样，这个短语令人玩味。 即使人们能够在第一语言中找到类似的表达，这个用法也是令人印象深刻的。 对我而言，英语里面的"着火"(catch fire)是很平凡的一个词，而当我在德语语境中第一次读到它的时候，我的第一印象是，一只手伸出去抓住了盆子里的火。 只是经过阐释，这个词才回到了英语中那个平凡的含义。 不过，我的邻居所使用的"白色的拇指"一词显得更有冲击力，因为它创造性地道出了新意——正是那些有着白色拇指的贩卖奴隶的商人，在大西洋上杀死了许许多多的黑人；正是那些有着白色拇指的庄园主，统治着这些被贩卖的黑人中的幸存者及其后裔，而这只白色的拇指还可能依然沉重地压迫着美国黑人们的生活。 我的邻居使用的"白色的拇指"一词，引发了所有的这一切遐想。

我笑出了声，当时在场的一个妇女用不屑的眼神瞄了我的邻居一眼，女主人可能也感觉到气氛不对，她抿嘴一笑，对我说："没事吧，我们就是那样说的。"很显然，他们这个短语用得恰如其分，不过，它不能轻易地被大家所分享，这是他们的短语。 所以，在我面前，我邻居的这种表达对于黑人和白人两个社群都带来了些许震撼。 从我那黑人邻居朋友给她的鄙夷眼神中，我们也许能抽象出一些意思。 就像肖恩·亨特，人们希望他在有白人的场合中能使用恰当、直白的英语。显然，要让人们的日常用语能够意味深长，而且要不时地检视每一个陈述，那势必是很累人的。 要日复一日、周复一周，甚至长此以往地做下去，试问有谁愿意为此劳神烦心呢？

这里有一个努力适应双重社群生活的极端例子——故事的主角是一

个旧金山的出租司机。 最近，他和我谈起他的瘾君子生活。 他已不用烈性毒品而改为只用大麻了，但多年之后他终于醒悟，如果他不彻底切割他与那些瘾君子朋友的联系，他就永远不可能成功地离开那些潜在的毒品，当这些朋友注射或吸食各类毒品时，他总是难以置身事外。 我们在本章铭文中所提到的那个来自萨拉热窝的塞尔维亚难民提供了另外一个极端的例子。 在那场包围穆斯林城市的战争中，这个塞尔维亚人被迫从戎并被命令去屠杀一位来自其社区的穆斯林，以此证明他对塞尔维亚人的忠诚。[28]此前与穆斯林长达18个月的交往，显然把这位难民推向了塞尔维亚社群的边缘地带，在那样的空间中，他难以获得该社群的核心成员的信任。

乔恩·埃尔斯特(Jon Elster)认为，进行功能解释还需两个条件：

1. F(对群体的认同)是行动者生产 X(群体规范)时的意外后果；
   而且
2. F(或至少是 X 和 F 之间的因果关系)是群体 G 中的行动者所未识别的后果。

在这个广纳一切的速成社会学的年代，[29]对一个新出现的规范而言，要是上述第二条能够普遍成立，这一定会令人惊叹不已。 实际上说到底，第一个条件或许也是难以满足的。 不过，纵使有些规范的支持者能充分理解这种规范的功能角色，而且刻意努力维持这一规范，仍会有很多规范的实施是一种意外的后果——正如埃尔斯特所分析的那样。[30]

事实上，这两个条件只是区分"隐性功能"与"显性功能"的额外条件而已。 这种区别可能是重要的，因为有些在隐性状态下运行良好的反馈，一旦变成显性就失灵了。 此外，还有一些反馈即便完全处于显性状态也能很好地发挥作用。 确实，组织常常会有特别设计的、用以增强组织绩效的反馈。 很清楚，反馈的设置是符合功能解释模式的。 就目前的讨论而言，我们的关注点在于，反馈是具有功能意义的，因为它强化了相关的规范——无论它是隐性的还是显性的。[31]

把某种联系视为功能性的关系，这可能会引起混乱。我们或许是某个群体的成员，这个群体受到其他人的认同，其发展机会受到某种限制。也许我们可以通过改善群体地位来获得更好的发展机会，这一点正可以用来激励群体成员，使之积极行动起来。然而，成员也可能通过其他两种方法得到好处：拒绝本群体成员接受其他的认同标签，或者是让群体成员把认同的某些方面加以改造，去恶存善。如果据此宣称某些认同应该是正确的，那就有可能适得其反。假如我们能够令人信服地论证这些认同的确是好的，那么我们就更加能够成功地实现互相激励。黑人们可能会说"黑的就是美的"，这可以激励很多黑人，使他们有勇气去找寻机会，突破种族障碍。于是，我们就可以对这个口号进行功能性的解释，认为它有助于提高黑人的地位。但是，当说黑人说"黑的就是美的"时，提高群体地位却未必是他们的全部意图。因此，这种特殊的功能关系要能够运作，它就得保持在默然与隐性的状态之中。

最后，还要注意的是，功能性反馈的形式差异甚大，它或通过生物机制，或通过对环境的结构影响，或通过激励各种行为发挥作用。当它以激励效应发挥作用时，功能的解释就成为理性选择解释的一部分。而且，如果反馈产生了重要的激励效应，功能解释就成为理性选择解释的内在构成部分。在这里的讨论中，功能反馈关系都是通过激励的效应展示出来的，它们提供了一种理性选择解释，其解释的行为表面上貌似与自利并不相符。只有把功能揭示出来之后，行为背后的理性动机才能得到理解。

起源与发展

前面所讨论的问题是，彼此称呼"黑鬼"的规范是如何发挥作用的。此规范通过自我贬低来表现某种身份，这看来很奇怪。因此，人们可能首先要问的是，在一个社群形成这种规范之前，社群中的个体究竟何以可能如此行为？如果没人这么做，这个规范就不能形成。这不是人们随波逐流那么简单，它更像一个颇有难度的心理学把戏。 不过，这个把戏无需许多人去刨根究底。 有一些人这么做过，规范就运作起来了。 比如，早期的说唱歌手可能仅仅是重复某个手势，这种手势常常是程式化的，用于表达轻蔑的态度，而且也只是在家庭内部而非种族之间使用。 说唱的表达工具是手背，夸张地指向一个想象物，然后摊开，作不屑一顾状——在说唱出现之前，许多社群或许都有这样的日常行为，它不仅仅是内城的黑人所独有的。

说唱乃是某个群体为了标新立异所带来的奇特产物，但后来这一手势变得程式化而不再独特——任何一个八岁的小孩都能轻易做出这种手势。 人们优雅地打嗝、粗话连篇而又唯我独尊，这些藐视中产阶级的行为由来已久［法语中甚至有一个专门的说法“使中产阶级震惊”（*épater le bourgeois*）］。 在美国，人们一般把中产阶级和白人联系在一起。 许多美国黑人难以把藐视中产阶级与藐视白人区分开来。

在美国，“黑鬼”是极具种族主义色彩的词语之一。 正如欧文·刘易斯·艾伦(Irving Lewis Allen)所指出的，有人使用这个词，其实意在表明自己并非黑人。[32]不过，如今人们则用它来表明自己是黑人。[33]当黑人们用这个词时，他们是怎么赋予“黑鬼”以某种荣誉感的呢？ 在规范被建立之前，我们难以从个体层次上回答这个问题。 在这个层面上，这种把戏似乎令人困惑。 但是，在个体层面上，每天都有成千上万的新把戏在转变。 因此，对我们而言，一个基本的问题就是，某一把戏是如何在成千上万的把戏中脱颖而出并成为一种规范的。 在很大程度上，这个问题类似于“某种产品是如何进入市场的”。 物竞天择，适者生存。 在竞争中，特立独行或保持个性都是一种优势，它能让人对一个口号或一个产品产生深刻的印象。

在20世纪五六十年代晚期，民权运动高涨，种族词汇与种群政治的含义随之发生变化。 这时候，那些惯于对白人社会逆来顺受的黑人长辈有时候会提醒年轻人：“别忘了，你们什么也不是，你们只是一个黑人。”这正像白人对他们的下一代的告诫那样。 一个政治演讲者或许会很自然地援引这句话，用它来激怒年轻人而非提出忠告，意思变成"在这个国家，你什么也不是，你只是一个黑人，请别忘了这一点"[34]。 在早期，白人种族主义者用"黑鬼"这个词来特指黑人并且意图让黑人"安分守己"。[35]在民权运动的政治演说中，它也被用来区分黑人，并用以说明那强加于他们身上的种族隔离，从而把黑人激发成一种政治群体。 那个老旧而丑陋的标语于是变成了一个正面的词，过去的贬称如今则变为一种荣光。 自那以后，"黑鬼"就轻易地成为了一个令人自豪的词，因为把这个词作为一种积极的身份认同已经富有理据了。[36]

要理解"黑鬼"一词如何成为一种惯例，我们就得费时费劲地检视无数人的无数次的行动。 我们还得搞清楚，是谁在何时改变了它的含义；而且，为什么替代性的规范无法得到推广。 不管人们是否清楚这一惯例是如何呈现的，我们还是可以体会到这个惯例的规范性功能。总体上，后一个问题在社会科学中更加引人入胜。 对这一问题的理解，或许构成了文化决定论的基础。

规范的形成具有竞争性，但是如果据此断言它具有内在的非理性，那就大错特错了。 正如北美的右侧驾驶惯例那样，规范通常被视为是非理性的：人们之间相互合作，乃是出于共同的目的——尤其是那些为某个群体所特有的共同目的。 假如我们有一个很有权威的领袖，他有很多独门秘笈，他的所有方法都是合理而可接受的，并且都能够有效地促成合作，那么，这个领袖从中挑选其一并由此受惠，这只能被视为一种理性行为。[37]但是，很显然，正如驾车惯例形成之初那样，我们也能在没有领袖指引的条件下"选定"其中一种方法并使之成为规范。

把原本是贬损一个群体的术语升格为一个赞美的术语，或许还有其他更易于追溯的例子。 比如，在西班牙称霸荷兰期间，荷兰的革命运动变得以"乞丐"（les Gueux）闻名，此前，这是一个法语单词，意为"乞丐"。 1566年春天，荷兰的一些贵族向西班牙摄政王列了一个政治要求的清单，菲利普的一个顾问用"乞丐（gueux）"一词表明他们对这些贵族的鄙视，此后，"乞丐"一词便被使用开来，这或者是为了藐视西班牙人、或者是荷兰人为了进行自我激励，抑或是二者兼有之。荷兰人自称为乞丐，进而团结一致，继续抵抗西班牙的统治，最后的胜利归于"乞丐"（les Gueux），而他们其实是在提出要求而不是进行乞讨。 来自西班牙人的侮辱变成了团结荷兰人的呐喊。[38]到最后，"乞丐"名目繁多，有根据区域命名的，也有根据领导人命名的（比如奥兰治亲王威廉），还有其他一些类型（比如"乞丐海军"）。

维持

对于一个旨在强化共同体成员归属感的排他性规范或差别性规范而言，它要得到发展就必须解决执行力的问题。 正如我们在讨论说唱的准中产阶级化那样，规范能够得到执行，部分是因为规范与环境出现了格格不入的情况。 特立独行不再是共同体的快乐之源，让我们来看看约翰·霍华德·格里芬（John Howard Griffin）和托马斯·沃尔夫（Thomas Wolfe）的例子吧。

约翰·霍华德·格里芬是一名白人，他曾出版一本题为《黑者如我》（*Black Like Me*）的书，该书描述了他假扮黑人并受到南方种族主义者歧视的经历。[39]结果，在他的家乡小镇——得克萨斯州的曼斯菲尔德——人们对他退避三舍。 这些人的闪避行为，可能是出于道德的或政治的考虑，而不仅仅是因为他与本社区格格不入。

很多人都有这样的经历——他们因为接受教育、寻找工作而背井离乡，而后来再回去之时，他们发现自己已然不受欢迎了。 事实上，这正是托马斯·沃尔夫的《无处再还乡》（*You Can't Go Home Again*）的书名所要表达的主题之一。[40]故乡意味着便利、舒适，沃尔夫毫不掩饰他对它的热爱。 他如此描述家乡："她缠绵于袅袅炊烟之中，乡味浓浓，如今又化作闪闪光亮；她那令人熟悉的城墙、温暖、舒适、食物，以及爱，令人充满激情而怜爱不已。"[41]因此，在他看来，背井离乡所付出的代价是实在且巨大的。

  沃尔夫著作的主题还有另外一面——由于学识见长，或者时过境迁，人们返乡之后，可能再也找不到那曾经令其愉悦的家乡舒适感。[42]沃尔夫发现，家乡的舒适还是依旧那样的诱人，其部分原因在于人们漠视替代性的认同对象。完整的故事是这样的：舒适感导致了对家乡的留恋，于是人们就裁剪远景，坐井观天，而这又维持了对家乡的留恋。这个关系链令人沮丧。像沃尔夫那样的人可以跳出这一链条，其代价却是终生不得安宁。

  顺便再说一句，对家乡认识论意义上的舒适感能够得到自我强化。但是，自我强化只有在反馈是潜在的而非显性的条件下才会出现。显性的反馈几乎会毁灭自我强化机制。要使家乡倍感舒适，就要内在地保持对替代性认同对象的漠视，但是，如果有些人破解了漠视的这种强化群体利益的功能，那么，这些人有可能会奋力反对这种漠视。这里所要讨论的大多数其他规范，即使是完全显性化了，也可能依然有效地自我强化。

  如前所述，对家乡认识论意义上的舒适感实际上是人们的一种消费品，它带给人以愉悦。因此，它们并非直接构成一个人的利益。应该这样说，如果一个人喜欢这种感觉，那么能够享受这种感觉、能够有条件去获得这种感受，这就是其利益所在。在这个意义上，对家乡认识论意义上的舒适感更像是巧克力冰淇淋而不是钱。如果你带着某种敌意出现在我面前，并令我感到不适，那么把你排斥在外就是我的利益所在。我也可能会有其他的利益——比如为了工作机会而与你保持接触，这种利益可能大过上述排他性利益。然而，如果没有这种利益，我对你的排斥就不能视为一种对你的惩罚，而只能是一种自利行为。

  有时候人们会认为，阻止或制裁那些违反规范的人得付出成本，这并非制裁者的利益所在，因此，对于一个依靠制裁来强化其强制力的规范来说，它不能通过理性来加以维系。这一结论对某些规范是适用的，但对差别性规范和排他性规范来说，有些制裁者可能并不需要付出什么成本。实际上，他们所做的并不是制裁，他们的行动只是为了在熟悉的环境中获得舒适感，同时把不熟悉的人排斥在外。 对于曼斯菲尔德的白人而言，躲避格里芬轻而易举，这并不比拒绝黑人来得更难。这两种行为契合着他们的那个白人与黑人相隔离的世界，这种隔离显然对白人有利，他们控制了其社区中的绝大多数的经济及其他发展机会。

进一步地看，排他性规范能否成功总是要取决于其支持面。 在民权运动之前的美国南部，白人具有优越性，这种规范显然是广受支持的。[43]然而，一旦黑人被动员起来，法律开始改变，许多白人加入了要求种族平等的队伍之中。 人的观念真的会这么快就发生变化吗？ 未必如此。 很多白人之前都没有表达出他们的真实感觉，这是因为打破这个公然的规范的成本实在太大了。[44]因此，即使那些没有种族偏见的人也可能加入种族歧视的行列中——因为不这样做，就要付出巨大的代价。 即便有些人并不完全支持种族歧视的规范，他们也不能够从中受益，强烈支持这一规范的那些核心成员，还是可以依据这一规范成功地把这些人协作起来。 正如各种排他性或差别性规范，南方的种族主义正是在群体边缘——可能边缘面还很大——得到了强化，在这个边缘面上，存在着众多对群体认同度较弱的人。 民权运动使得这些人在种族平等的规范下与黑人一起实现了新的协作。[45]同样地，新的规范是通过强制那些非同道之人而得到执行的。

让我们先展望一下第六章所要讨论的内容，看看这种对差别性规范的分析如何解释在原苏联加盟共和国所骤然爆发的种族暴力冲突。 许多评论家都把它归因于冲突压制的解除，尽管种群冲突受到苏联的压制，但是还是潜在地积蓄着。 这样的分析看来是大错特错的。 在苏联时代，族群并没有控制什么机会，机会对几乎所有的人都是普遍开放的，它与人的族群身份无关。[46]在那个时期，除了提供一种家乡认识论意义上的舒适感，族群认同几乎无所作为，因此对冲突的压制几乎也就不存在。

经济增长所持续爆发出来的力量，使得机会不再拘泥于群际争执，而越发具有个体性（即非群体性），这样的力量能够摧毁极端族群主义者的权力。 不幸的是，从计划经济到市场经济的转型瞬间导致了生产力和收入的下降，至少是因为转型会弱化相当一部分劳动力的重要性（在政府和企业中，官僚和其他阶层还依然拥有控制权），与此同时，转型催生出新兴的企业家阶层，不过这一进程却非常缓慢。 因此，在苏联解体之后，经济前景在短期内是暗淡的，人们进行自保的快捷之道即是排斥他者，而这就需要通过群体努力去获取政治上的控制。

决 斗

决斗（duel）事关荣誉，它起源于意大利，16世纪早期开始传入法国，到16世纪晚期传入英国。 但17世纪之前，决斗还很少见。 后来，决斗之风又传到了德国、波兰以及俄国，在传入斯堪的纳维亚地区、荷兰和葡萄牙的初期被制止了。 这种行为严格来说是属于基督徒世界的——土耳其人、波斯人、埃塞俄比亚人都会认为这很荒谬。 决斗的权利就像是杀人游戏中的权利：这种权利为绅士所独有。 当伏尔泰（Voltaire）向贵族骑士罗恩（Rohan）提出要决斗时，骑士拒绝决斗，而是让他的仆人揍了伏尔泰一顿。[47]

决斗与仇杀（vendetta）貌似有相似之处：人们这么做是为了复仇，也许还为了保卫荣誉。 但是，很显然，决斗规范就是和贵族这一阶级联系在一起的。 在一个贵族的经济、政治重要性日渐为资产阶级所取代的时代，决斗登场了，并成为一项富有影响力的制度，这是因为，决斗可以"使绅士阶层凌驾于其他阶层之上，条件是他们需要具备勇气，以及无法被模仿的问题解决之道，这种行为规则只有贵族才能尊享"[48]。 16、17世纪英国法学家爱德华·柯克的法则是"复仇要听从地方法官的"，而与此相反，贵族的复仇却可以直接凌驾于法律之上。 在英格兰，在决斗中杀人无异于谋杀，要被判处死刑。 但对贵族的死刑判决权只归于上议院，而那里又不乏对决斗者的同情。 贵族决斗的管辖权专属上议院，这就给贵族诉诸决斗提供了某种专属的机会。

在复仇这一点上，决斗与仇杀貌似相同。但与决斗不同的是，仇杀并不是某个群体特有的，它也并不把一个群体与其他群体区分开来。如果有人诉诸仇杀，那么它便潜在地具有了普世意义。让我们这样来理解决斗的复杂性：决斗的盛行，"这是人类史册上最不可思议之事"[49]。在其担任英格兰首席检察官期间，弗朗西斯·培根（Francis Bacon）爵士曾明确断言，有人为了保持荣誉的纯洁性而相互决斗，然而荣誉的瑕疵其实并不重要，人们不至于冒着被谋杀或死亡的风险，不值得付出那么大的代价。说到底，这些荣誉的瑕疵只是谎言或某种非难，它们并不曾激励着当年的希腊人、罗马人或者其他人去作出这样的极端反应。[50]正如亚当·斯密指出的，在尊崇法律的地方，对冒犯行为的伤害也成为一种执法的对象。他也承认，"从前那些被视为重大冒犯的行为和言语，如今我们却不怎么在乎了"[51]。

有时候，人们会建议政府最好应该惩罚挑起决斗的行为，以此终止决斗。[52]而培根认为，这些挑衅行为根本就不必受到惩罚，除非它们上升到诽谤、攻击这一层面，而对这些问题已有法律给予制裁。对于有人抱怨法律没有对撒谎予以纠偏，培根则认为，人们有自由言论的权利。他否认说谎、侮辱会影响荣誉："任何一个立法者，如果他被问到这样的问题，他可以引用梭伦的回答来应对：他没有对说谎处以任何惩罚，那是因为他从来不会设想到世界会因此而变得如此不可思议。"如果绅士的荣誉是那样的脆弱，以至于一点点谎言和侮辱都能摧毁它，那就不妨弃之如敝履吧。[53]19世纪的波兰诗人、民族主义者亚当·米茨凯维奇（Adam Mickiewicz）如此粉饰这种荒诞行为："这就是一个为荣誉而生的男人的习惯，在谋杀之前，要先彼此致意。"[54]

培根坚持认为，政府应该惩治的是决斗，而不是说谎和侮辱。为了惩治决斗，他建议政府要有的放矢地应对荣誉问题。他希望国王能够把那些决斗者从他的法庭和辖区流放出去"若干年"。他也建议，法律要惩治所有与组织决斗有关的行为，这包括预约场地、发出战书、传递战书、接受或返回战书、同意做副手、易地决斗、罔顾国王告示而重燃战火等等。[55]

培根无法遏止决斗，认为它"就像魔术一样令年轻人着迷"。尽管如此，他似乎从另一个观察角度中找到了问题的关键。他写道："我应该想到，当出身高贵的人因为决斗而被诋毁蔑视为理发师、屠夫或者类似的底层机械工作人员之时，他们便会远离决斗。"[56]假使决斗这一行为迁尊降贵，任何小贩都可以把贵族叫出来决一生死，那么这一规范也就失去了它特有的权力。或者还有一种可能，如果霍布斯的律令要求必须将荣誉赋予那些拒绝决斗的人，而挑起决斗是不体面的，那么人们就不会再去决斗了。[57]

参与决斗的利益是在决斗阶级中保有自己的地位，这也意味着，要通过决斗把绝大多数他者排斥在本阶级之外。为一些鸡毛蒜皮的侮辱而挑起决斗，与对付那些富有伤害性的攻击而发起的决斗相比，至少同样是有利于维持这种地位的。实际上，在很长的时间里，人们一直在努力减少决斗的痛苦，这种取向与如下的功能解释是一致的。冒犯越严重，决斗与捍卫地位就越不相关，而更多地与实际的冒犯行为本身有关。对于随意的决斗，非贵族阶级拒之千里。因此，正是那些随意的决斗，最大限度地满足了贵族阶级把自己区别于非贵族阶级的功能需要。

如果说，决斗规范为一个群体构建了行动界限，我们需要解释的是，群体中的个体是如何受到激励而采取行动的？尤其是，这些激励是否强化了决斗的阶级区分功能，并且也被这种功能所强化？如果决斗作为排他性规范发挥作用，那么，它就与前文所述的关于规范的功能解释是一致的（见"解释排他性规范"一节）：X 是决斗规范，F 是对贵族阶级的认同，G 则是贵族阶级，这些就符合我们的功能模型：

1. 认同是规范所带来的。贵族通过根据规范行动而保有他们的地位，而由于贵族阶级并不乐意承认非贵族，非贵族就需要通过"学习高贵身份的根本标志"——"互相杀死对方是绅士的权利"[58]——去认同贵族。尽管非贵族经常羡慕这个玩决斗游戏的阶级的勇气与活力，但他们中的很多人并不愿意为了加入贵族阶级而付出高昂代价。

2. 将自己认同为一种特例独立的阶级，这有利于贵族阶级的成员。 他们有权享有国家、政府或者拿破仑浩劫后出现的常备军兵团办公室为他们提供的工作机会，同时，他们还在其临时的社区里过着舒适、快乐的生活，尊享特权。

3. 正如惯例那样，许多贵族对决斗趋之若鹜，这提升了违反这一规范的代价。 决斗规范的成功延续很可能会得到贵族们的进一步支持。 实际上，这个规范促使其实现自我强化，尤其是在那些鸡毛蒜皮的琐碎场景中。

不决斗的成本

根据上述功能分析，我们可以得出的第一个结论是，一个人若处于发出或者接受决斗挑战情势下，他参与决斗是理性的，这就是说，决斗是决斗者的利益。V. G. 基尔南（V. G. Kiernan）不同意这一观点，他认为，就个人而言，决斗"不能被视为是理性的，我们只能说，决斗作为一个制度可能有利于一个阶级或一个社会秩序"[59]。 类似地，瓦伦·F. 施瓦茨（Warren F. Schwartz）、基思·巴克斯特（Keith Baxter）以及戴维·瑞安（David Ryan）都认为，内战前，美国南方人多好决斗，视决斗为一种荣誉，这逼迫人们"为欺骗付出道德成本"。[60]现在还不清楚的是，在决斗者个体层次上，基尔南、施瓦茨等人的观点是否站得住脚。 他们更多的是在进行宣称而非论证，事实上，基尔南关于欧洲决斗所作的详细调查，支撑了与之相反的观点，即决斗对个人而言通常都应该是理性的。

在培根之后的一百年，针对一个法国贵族（*gentilhomme*）所可能面临的两难处境，孟德斯鸠（Montesquieu）这样写道："如果他遵守荣誉的法则，他就要死在断头台上，但如果他遵守正义的法则，他就会被这个社会中的男人们永远抛弃。"[61]培根谴责法外有法，他不无嘲讽地问道，为了防止出现类似孟德斯鸠所说的"贵族困境"，是否应该把法国人、意大利人的决斗守则纳入英国人的法律？[62]但培根的观点并未占据上风。 在他之后的两个世纪，1822年，一个被指控犯谋杀罪的苏格兰决斗者被判无罪，根据著名的科伯恩（Cockburn）法官的观点，他被宣判无罪的理由是，"根据当前社会中的法律，他实施的行为是必要的"。[63]

关于遵守一个强大的社会规范的必要性，可以从两个方面加以理解：首先，这种必要性很可能见诸这样一个谱系之中——其一端是萨特式的或尼采式的自我宣称，正如一个虚构的决斗者所表述的那样，而另一端则是炫耀个人的勇敢或对荣誉的执着。[64]其次，这种行动可能出于这样的认知，即如果人们不照例行事并直面决斗的风险，那么其生命必须被摧毁。 就第二个层面的必要性而言，在决斗中，无论是在需要时发出挑战，还是对挑战作出回应，如果不采取行动，都得付出高昂的代价——他会失去决斗者身处其中的少数特权阶层的成员资格。[65]对于那些作为成员享有该社会的生活福祉的人来说，社群中的人们对其避之唯恐不及或嗤之以鼻，这种排斥所带来的损失是十分严重的。 正如基尔南所说，"对拒绝挑战的惩罚十分严重，这远远超过了群体中的精英援引牧师的道德标准所作的谴责"[66]。 在他投入致命的决斗前的那封"出师表"中，亚历山大·汉密尔顿（Alexander Hamilton）如此写道："在我们所可能出现的公共事务危机中，不管是要除恶还是行善，将来的一个有用的能力或许就是与决斗这一偏见保持一致。"[67]

在一些情况下，回避决斗的代价或许不言自明——这种代价甚至是由国家或者其他权力机构所强加的。 在19世纪的法国军队中，接受挑战几乎就是一种义务。 1900年，一个哈布斯堡王朝的官员"由于没有对侮辱表示愤怒"而被降级。 在1871年至1914年间，德国官员除了决斗便无其他什么理由去挑起战事，在这种情况下，谁回避决斗，谁就会在其军团中因三分之二多数票遭到解职。 1906年，德意志帝国首相伯恩哈特·冯·比洛（Bernhard von Bülow）正式签署法令，确认此为当予执行的政策。 比洛的法令指出，对于任何一个不敢在决斗中捍卫其荣誉的下属，军团官员都不能予以容忍。 在 18 世纪的英国，国王乔治二世也颁布过类似的法令。[68]

决斗成本

容我比较一下参与决斗所付出的代价。 19 世纪早期的一个作家曾做过一个试验，在决斗中，他选用了较为原始的枪，结果，在典型的决斗距离中，这些枪很难打准对方。 他统计了 200 起决斗的结果，估算每 14 起决斗中大概只有一个人会被杀死。[69]很多无人受害的决斗或许没有被登记在册。 在 19 世纪 40 年代的莱比锡，有一年发生了 400 起决斗，那时还是一个学生的马克思·马勒（Max Muller）在其报告中说，死亡事故仅有两起。 在乔治·克莱蒙梭（Georges Clemenceau）关于 22 起决斗的较为可信的报告中，"只有一个对手似乎受了重伤"。看来，冒着失去生命的危险去参加决斗，其代价可能低于被社会遗弃所付出的代价。 如果的确是这样，为荣誉而参与决斗只是成为社会一员所要付出的代价中的一部分。 大多数的决斗行动表明，口碑与面子至关重要。 比如，决斗者的助手们是"他们所在的那个阶级众目睽睽之下的代表，他们代表着某种行为的标准，是所有阶级成员的表率"[70]。

最后，考虑一下决斗给有些人带来好处的可能性。[71]决斗或许是众多刺激性的游戏中的一种——比如，滑翔、在危险的山上滑雪、在公路上赛车，以及各种玩命的娱乐游戏等。 对许多人而言，决斗几乎就是一种消费品，而不是一个手段。 因此，我们不能只因其无法提升某些人的利益而把它说成是一种非理性的行为。 到滑雪场去度假，这也可能无法增进有些人的利益，但是，消费和满足各种不同欲望的手段，乃是我们的唯一的利益关切之所在。 从长远来看，对于那些特别享受决斗、尤其擅长决斗的人而言，他们能够比其他人提出更多的挑战，他们更能够为自己的利益往前冲。 但如此一来，对于面临这种挑战的人来说，利益关联也随之急剧提升。因此，对决斗的不同喜好，有可能会增加理性参与行动的可能性，这一点与前文提及的基尔南的观点正好相反。

决斗规范的力量

表面上看，决斗看似一种人们手中在握的工具，它可以用来规制一些越轨行为，比如侮辱妇女，也许更为典型的情况是在争吵时侮辱一个贵族，说他撒谎，或者对他进行身体攻击。而实际上，决斗具有越轨行为的功能，它标志并强化着人以群分的现实。[72]如果一个匠人侮辱了一名妇女，那么贵族是不会对他发出挑战的，但他会选用规避或经济隔离的办法惩罚他（或者也可能是不由分说地施以暴行）。一个贵族也没有义务接受来自一个平民所发出的挑战。[73]而且，决斗的规范是通过规避和排他而得到自我强化的。比较决斗所调控的规范以及决斗规范本身，两者强制力的有效性可谓不相上下，因为，比起去违背决斗所调控的规范，人们回绝一场决斗的行为动机是更为强大的。

然而，也许的确存在着一种重要的规制决斗的方法，这或许可以很好地解释为什么决斗的规制会很流行。在决斗过程中，那些违反决斗规范的行为会被清楚且显著地公之于众，这些行为不容误解。更早的时候，人们还引入了副手用以作证，即任何造成致命伤害的决斗都不是伏击与谋杀的结果，以免决斗沦为伏击。这一公示与贵族的含义是一致的——贵族是"高贵的"，亦即是值得关注的。基尔南写道："这意味着，要让决斗总是保持在观看视野之内，观看者中有贵族同行，也有在远处眺望的外人，一旦胜负迹象出现，他们随时准备上前去嘲弄失败的一方。"[74]因此，对于是否有人违反决斗规范，人们似乎没有什么太大的分歧意见。理解了决斗的这一特点，我们也就能够解释为什么打成平手的决斗者通常能够握手言和，而一旦决斗无法致对方于死地，宿怨也就烟消云散了。[75]可见参与决斗的更大动力并非在于实施惩罚或者复仇，而是为了维持个人地位。

在一种情况下，决斗规范的强化机制是十分清楚的。 基尔南指出，在 18 世纪腓特烈大帝时期的普鲁士军队中，军官们绝大多数是贵族地主，"他们的祖先比他们的土地还要多"，他们安身立命于军旅生活。 他们可以自由地进行决斗，而这样也使得非贵族不能进入或不能留在军团的军官队伍中，令非贵族阶层感到恐惧的是，如果他们不参与决斗，就要受到羞辱。[76]

伊万·屠格涅夫(Ivan Turgenev)的《春潮》(*Spring Torrents*)所描述的决斗，展示了个体决斗者的社会性得失。 萨宁(Sanin)喜欢杰玛(Gemma)小姐，[77]但杰玛却准备要嫁给年长而富有的赫尔·克吕贝尔(Herr Klueber)，她受到了登霍夫(Doenhof)男爵的侮辱。 克吕贝尔没有向登霍夫发出挑战，因此，在那个由游手好闲的中产阶级和移居者所构成荒唐社区中，他地位不保，颜面尽失；而萨宁却发出了挑战。萨宁和登霍夫的决斗照惯常仪式进行：约见医生，医生是见证决斗所必需的专家(他有专门的服务收费标准)，向决斗者发信说明规则以使决斗者对相关知识有相应了解。 他们相约在一个偏远小树林的空地见面，萨宁开火但没有命中(那必定很常见的)。 此刻，作为对挑战的回应，登霍夫可以冷静而谨慎地瞄准萨宁，将其射杀，但登霍夫却故意朝天开枪，他给了萨宁又一个机会。 这时，萨宁就能够很体面地宣称他放弃再次开枪，然后结束决斗，而登霍夫也会最后承认他对杰玛的确是无礼而有错的了。 于是乎，在他们那个轻佻的社区中，萨宁和登霍夫都提升了名誉、捍卫了地位。 在所有可能的方式中，他们找了一种最佳的方法处理了这件小儿科的侵誉事件。 当然，看到萨宁幸免于难，杰玛非常开心，这也令萨宁感到十分快慰。[78]

在屠格涅夫的小说里，只有克吕贝尔——因在其经济成就中所获得的独立地位——也许可以被认为会破坏为了女人的名誉而参与决斗的规范，并从中受益。 在屠格涅夫笔下那个日渐没落的贵族社群中，为了保护自己的地位，哪怕冒十四分之一的生命危险，这也是一个不堪负荷的代价。 克吕贝尔是商业社会的一个象征，这种社会摧毁了人们(包括许多贵族)参加决斗的动机。 随着商业社会的胜利，决斗规范随之灰飞烟灭。 相似的成功一旦得到累进并维系下来，就能最终削弱人们对分裂性组织的忠诚度，分裂性的群体——诸如第六章行将论及的族群——就会失去其吸引力了。

一旦决斗在某个群体中被确立为一种规范，它就会成为人们行为的主要动机，即便有人会觉得这是一个很愚蠢的规范，他也会照此行事。就好比一个美国人，他可能会认为左侧驾驶是很犯傻的，不过，当他在英国时，他自己也会照例左侧驾驶。 的确，巴扎罗夫（Bazerov，《父与子》一书所描写的一个儿子）就认为，决斗从理论上讲是荒谬的，但是，"从实践上看——好吧，那就另当别论了"[79]。 这一微妙观察被帕维尔·彼得罗维奇（Pavel Petrovich）说教式的反驳所扭曲，但它通常却是人们面对一个惯例所得出的令人悲哀的结论，这种惯例并非理想，但却调控着广泛的行为，以至于违例行事的代价甚大。 在小说《卡拉马佐夫兄弟》中，佐西马（Zossima）神父是修道院中的长老，他告诉人们其年轻时期的决斗经历，以及他对此的觉醒与反思。 但是，他无法摧毁这种决斗，"弃绝几乎是不可能的，因为只有在我接受了来自12步开外的射杀以后，我才会对他有发言权"[80]。 这就是说，他只有在付出一个难以接受的代价——放弃他作为青年军官的地位——之后，才能拒绝并终止决斗。 就像屠格涅夫笔下的萨宁，只有在他勇敢地面对一次射击从而保全其地位之后，他才可以理智地行动。 在契诃夫（Anton Chekhov）的《决斗》中，有个固执己见的动物学家冯·科伦（Von Koren），他以那傲慢的言辞乃至有些愚昧的结论道出了一切："结果是，有一种力量，也许不会高于我们和我们的哲学，却至少比后者来得强大。"[81]这种力量仅仅是一种日常性的、具有侵蚀性的激励，在本案例中，这种激励乃是一个不幸的惯例的产物——而非什么伟大或神秘的东西，甚至对于俄罗斯人而言也并非如此。

佐西马神父指出："在那个时期，尽管决斗遭到禁止、惩治严厉，但它在军队中却相当流行。"[82]对于那些意欲标新立异、高人一等的群体而言，迟钝的、官僚化的、墨守成规的政府对决斗的禁令，只会更加强化了决斗对他们的诱惑力。决斗就是贵族的"黑鬼"（nigger）或者"乞丐"（gueux），通过讽刺社会其他群体的蠢笨行为，决斗标志着贵族与其他群体的割裂及其独特性。

如果有人试图进入一个以决斗规范为荣的社会，那么他一定是认为他非得参与决斗的机会是很少的，而且，他在决斗中丧命或遭到重伤的概率也是很低的。因此，如果说入伙意味着承担决斗的风险，那么其成本应该会很低。在遭遇挑战或者在一个不得不应战的情势下，人们要么回避决斗并被这个社会所遗弃，要么是承担决斗所要产生的风险。鉴于真正进行决斗是不大可能的，在决斗中所承担的风险也已经大为降低。即使如此，对贵族而言，被社会抛弃是灾难性的，他们宁愿死也不愿被排除在外。[83]

决斗规范的解体

在决斗规范与贵族体制脱钩，且基尔南的理论丧失解释力之后，我们对决斗有了更多的了解。就如下面所讨论到的，到 19 世纪晚期，人们对决斗总体上的敌意，就如同它曾经有过的无穷魅力一样多了起来。而且，在经济与政治的急剧变迁过程中，那个曾经维系于决斗的贵族阶级也风光不再了。亚历山大·普希金（Aleksander Pushkin）描写过一次至为荒唐的决斗，决斗中一方被杀死，另一方受重伤。此后，普希金自己也在决斗中丧命。不久之后，年轻作家米哈伊尔·莱蒙托夫（Mikhail Lermontov）也重蹈覆辙。在这两个与普希金有关的决斗中，他们所展现的丑陋似乎要多于荣誉。（的确，在俄罗斯文学中，似乎所有的决斗都是丑陋的，包括此处论及的屠格涅夫、契诃夫、陀思妥耶夫斯基所描写过的决斗，以及托尔斯泰笔下的两次决斗。[84]）当亚历山大·汉密尔顿收到来自阿伦·伯尔（Aaron Burr）的挑战时，他可能认为自己注定要成为输家：无论是拒绝还是赢得这场决斗，他都会失去他的职业生涯（正如伯尔一样，尽管他赢了决斗，但决斗还是毁了其职业生涯），如果他输掉了决斗，他也就一命呜呼了。他死了，但他也许并未试图取胜，并且也希望伯尔不要试图取胜。[85]

当贵族体制被弱化、被渗透、被耗尽之后，建构贵族阶级的决斗最终失去了它的魅力。[86]正如其他规范那样，决斗为那些"并非与生俱来就是"贵族的人提供了进入贵族阶层的一种隐蔽的入场券，正因为如此，它实际上是自我削弱的。通过挑战建制化的贵族阶层，并且获得挑战权，一个暴发户似乎也可以跻身被决斗规范区隔而成的贵族之列。[87]早期对贵族规范的功能主义辩护，在美国几乎烟消云散——在那里，平等、暴发的愿景，使得每个白人都足以去通过决斗来挑战任何一方。作为白人群体的一分子所具有的荣耀，并不足以激发人们对决斗规范的热忱。

或许可以说，决斗死于人们的讥讽而不是法律的判决。[88]它已经违背法律生存了很长时间，但是，关于决斗能够带来或保护荣誉这一点广受讥讽的时候，决斗也就寿终正寝了。最后，我们会发现培根的洞见是那样睿智——他认为要销毁决斗，人们就得不以决斗为荣。克莱蒙梭曾作过记录，发现在22起决斗案中，几乎无人受伤，对此人们当一笑了之。俄罗斯小说家和剧作家们刻写过那些不值得任何阶级为之献身的肮脏决斗，他们也无法挽救这一规范。

最后，许多决斗的理由是很轻率的，因而也难以履行。比如，在法国，一个丈夫会在剧院看戏时指责另一个男人透过观剧望远镜偷窥他妻子，于是发起决斗；决斗事件还源于音乐评论，或者是由一只猫引发的。在英国，有人甚至因为争论决斗者的地产赌注之多寡而发起决斗。在意大利，还有人因为争论诗人塔索（Tasso）和阿里奥斯托（Ariosto）谁更优秀而挑起决斗。[89]而在决斗中最后受重伤的那个输家，后来不得不承认，他甚至没有读过他为之决斗的这首诗。一个16世纪晚期的作家这样描述，在决斗中，有三个或更多的副手会挺身加入战斗，他们的愉快心情发自肺腑。[90]普罗斯佩尔·梅里美（Prosper Mérimée）在其《古瓶恨》（The Etruscan Vasa）中所虚构的决斗，则起因于一场小的侮辱，奥古斯特·圣-克莱尔（Auguste Saint-Clair）痛苦并愤怒地相信，他的情人跟一个野蛮人有染，有人欲告知他不存在此事，他不假思索地驳斥了他。[91]倘若所有类似的事情都有如此严重的后果，那么每年都将会有半数的纽约的人死于决斗，死亡概率就不是十四分之一了。

法国人清高的姿态，以及他们在巴黎街头所表现出来的谨慎，也许都可以说是决斗规范的遗风。伯纳德·德·曼德维尔（Bernard de Mandeville）指出，荣誉感发展到极致，以至于"仅仅瞄人一眼都会被视为冒犯"[92]。但如果一个人不敢盯着另一个人，这个人一定也得抑制自己的幽默感，以免被弱智者所误解。决斗甚少因为愚笨而盛行，相反，愚笨因决斗而盛行。因此，决斗规范必定从许多方面耗竭了贵族社会。最后，当决斗的好处消失殆尽，当它失去烘托贵族体制的功能之时，决斗本身也就被消解了。

对决斗的理解与我们对种族和民族主义认同的理解是息息相关的。决斗帮助划定一个特殊群体的边界，在群体间冲突关系中激发成员对本群体的认同。决斗规范是捍卫荣誉的规范，一如捍卫种族纯洁性和民族主义的规范。史密斯认为，"对于任何社会实体来说，最能够生发敌意的冲动，就是最能激发荣誉的动机。在这方面，民族国家有其独特优势"[93]。在上述情景中，利益决定了荣誉，或许也玷污了荣誉。

规范的认识论

要理解规范，我们可以简单地假定，由于独特的或同质性的认识论原因，身处某特定社群中的人对这些规范是笃信不疑的。不过，从总体上说，努力去建构那形成某个特定规范的认识论，这更加饶有趣味。在此问题上，我们常常还要从宏观上思考某些社群之外的人的行为，观察他们是否也受到该特定规范的调控。有时候，某个规范趋于衰败，或者被另一个相当不同的规范所取代，即便这可能会对我更有利，我也会鉴于当下的利益考虑而遵循它。要对一个特定规范作出充分的解释，就得说明它究竟是如何兴起并得以存续的。如果条件容许，我们能够通过比较来管窥其奥。

沃尔特·司各特（Walter Scott）爵士有一个脾气暴躁的卫兵叫赫里沃德（Hereward），他认为要是自己被人说成撒谎者，这"等同于遭受攻击，如忍住不予反击，则自己无异于奴隶或役畜"。[94]很显然，对他而言，这就是他所直接感受到的事实——他从未感受到这种行为的愚昧，他也不会觉察到在特定的文化情景之外的人们对这种行为的不屑。不过，如果决斗的邀请招致了讥讽、轻慢，并且让社会中每个人感到恐惧，那么人们就不会轻易地赞同赫里沃德，人们也难以信奉决斗带来荣誉之说。如果决斗令人被社会排斥而非接纳，那么决斗就失去了人心。

在一个广为人知的荒岛笑话中，一个犹太人，他的船只遇险被抛到了岸上，于是他在那儿待了五年。有一天，一艘过路船的船长发现，在这个过去他以为不曾有人居住的荒岛上，竟然有两栋醒目的建筑，于是他抛锚上岸。他发现那是两座相隔半英里的、美轮美奂的教堂，但外面却不见人影。船长就和他的船员们进入到其中一座教堂。在那里，他们发现了这个孤独的人。当得知是这个人自己建造了这两座教堂，船长感到十分敬畏："这教堂真的非常漂亮，你究竟是如何把它们建起来的？"这个人耸了耸肩，解释说他毕竟已经无所事事地在那里度过了五年光阴。"但是，你为什么建了两座？"船长问。"我在这个教堂做礼拜，"这个犹太人说，"但我不会靠近另一座教堂。"这个凄凉的被遗弃者，就这样忠诚于那一脉犹太教，坚持着他的规范。即便他因船只失事而孤身困于这个荒岛，那个他成长于其中的社会惯例依然统驭着他，令他无从遁逃。

赫里沃德和这个被弃在荒岛上的犹太人的故事似乎不可思议。这只是关于他们的传说，他们与我们实际认识的人还是不同的。在现实中，人们大多过于遵守常识，不至于在那样极端的情境下表现忠诚。然而，有着强烈排他性规范的群体成员似乎经常会出现这样极端的想法。他们如何表现这种淋漓尽致的忠诚？至少有三个过程机制发挥了作用。其中前面两个已经提过了：第一，差别性和排他性规范会令人更紧张。随着边缘成员的离开，在群体内部，核心人员所拥有的更为强烈的忠诚度就会变得更加一般化。这个外移过程似乎可以很好地解释极端主义的增长——布鲁克林区的皇冠高地的犹太教仪式派信徒就是如此。[95]

第二，随着最核心的成员的行为演化到一定水平，他们会质疑那些意志不太坚定的成员的行为，成员资格的检测压力就会增加（如同在黑帮所看到的那样）。比如，在前面已着墨甚多的决斗规范中，人们会因为琐事而动怒，会为一个怪异的念头而甘冒伤亡的风险。如果说在群体中，如果说人们要致力于表现个人的勇气及其在群体中的资格地位，那么，为一点琐事而诉诸决斗，这或许才是对这些勇气和地位的最为有效的证明。

第三个也是最后的一个过程是，如果区隔真的有效，那么它就会限制群体的认识论，而这或许是致命的。[96]一个群体可能在某种程度上变得冷漠无情，而这对于个人而言也许是极为可怕的。一个个体如果表现得那样冷漠，我们可能会把他看成是愚昧的，也许是自毁性的。但一个群体自我强化而成的冷漠，却未必是其成员所意图为之的。群体形成漠视，只是其区隔规范所达成的一个功能，而漠视则又强化了群体的这一规范。有极端宗教信仰的异教团体、千禧年新宗教运动，以及更为严苛的信奉正统派基督教的教派，它们都造就了冷漠，没有这一点，它们特殊的信仰就难以令信徒服膺。这个例子意味着，功能解释并不能内在地说明它所解释的功能就一定是好的。对于受其影响的个体来说，一个明确的自我强化型的规范可能具有破坏性，这种破坏性最终也会波及那个承载着这种规范的群体本身，就如同在琼斯镇（Jonestown）和华科（Waco）所形成的邪门宗教社群那样。功能主义是形形色色的，而功能解释并不意味着人们得信奉于其中的某一种。

规范的实施

如果规范要具有显著意义，就得对行为产生影响，这就意味着它们应该得到强制实施。 那么，规范是如何成功地得到实施的？ 它们几乎可以通过其所创造的激励而得到自我实施，这有两种相对直接的方式。群体规范通过给群体成员以强烈激励——即招致群体排斥的隐性威胁，从而获得了执行力。 普世性规范通常没有这样的机制，尽管在诸如违反了严格的家规或宗教规范的情况下，规避也可能行之有效。 决斗或其他排他性规范都是自我强制的，这是因为它们增强了隔离与差别，而这未必是某些人有意为之的结果。

对许多最为重要的普世性规范（讲真话、忠于婚姻、公平交易）而言，它们那富有吸引力并且可用的实施机制是直接嵌入于一些特定的关系之中的，在这些关系中，普世性规范发挥了重要的作用。 如果你与我的互动是重复发生的，那么，即便我对你说真话可能对我的当前利益颇为不利，这也符合我的长期利益，因为这样可以保证你我今后进行有价值的互动，而且我可以博得诚实之名。[97]互动的持续性重复所带来的价值，超越了我通过叛逆合作关系在囚徒困境中所获得的那种一时的利益。 期待重复互动的动机，只见诸二元关系或小数目群体的情境之中。 对于那些代表一个大型群体来调控行为的规范而言，这种动机通常无济于事。 因此，它对讲真话、守承诺这样的规范是有用的，但对于像投票、向大型慈善团体捐助、遵守法律、诚实纳税和其他一些重要但非二元性行为而言，这种激励是无效的。

在战事期间要从戎作战的规范中，我们可以看到排他性规范是如何发挥作用的。[98]如果有人拒绝为军队服务，即便没有严重的惩罚，他也很可能会由于人们对其拒之千里而付出实实在在的代价。 然而，只有人们在总体上意识到战争的意义是把大家团结为一个群体，而且是一个全民族的群体的时候，这种代价才是真真切切的。 如果战争没有把大多数人都调动起来，那么，这种规范就会遭到弱化，就如同在越南战争期间，许许多多的美国人都认为这场战争是错误的，而且还有更多的人在怀疑这场战争与他们的关联。

　　然而，许多普世性规范总是难以让人们进行这样的考量，因为，它们所调控的关系并不是持续进行的，或者是行将终结的。 和讲真话这样的规范不同，仇杀规范不能在二元重复关系中得到维系。 但是，如果它也不能经由排斥而得以维系，那么，相形之下，二元性的普世性规范或者排他性规范看起来就更加受到理性的支撑。 不管怎样，诸多此类的规范都可能被扭曲并与利益相契合，由此得到了自我实施。[99]

　　由于社会的迅速繁荣富足，个体利益与群体命运之间的关联度越来越疏松，有鉴于此，个体与群体的联系就会趋于弱化。 说来也怪，这意味着，给个体带来不平等的机会，既能够摧毁群体间的不平等，也能够摧毁为了群体所进行的群体奋斗。

　　功能解释似乎尤其契合利益分析，亦即为什么个体会代表群体利益采取行动，尤其是当排斥不遵守规范者的可能性出现的时候。正是因为存在着排斥的可能性，人们才被激励起来为了集体利益而奋斗。 比如，一些公路关卡被用于收费，以对修路的贷款作分期偿还，以及作道路维护之用。 差别性规范的一个重要属性就是维持排斥的可能性。 但是，道路和其他公共物品供给中的激励，与通过排他性规范来规制人的行为所面临的激励相比，却有着一个显著的区别。 在前者，国家可以动员资源，建立机制以迫使个体致力于造福公共物品；而在规范的世界中，通常不存在通过自主赋权而形成的强制性权威——强制力直接地来自该群体成员。 人们可能会认为，在这个问题上，规范可能而且必定发挥了激励作用。 这样的作用显然并不出奇。 不过，这种行为却未必是由规范激发的。 如前所述，在更多的时候，群体成员会用一些较为世俗化的动机来执行其规范，其方法就是排斥违规者，或拒之于千里之外，或者只是显示出一种不友好的态度。

在典型意义上，非二元的普世性规范不包括排斥性机制。对于违规者，遵守此类规范的个体追随者们可能会出于严格的规范动机而予以回避。但是，这就意味着，这种规范并非仅仅通过个体激励而自我实施。因此，普世性规范就需要国家或其他强有力的实施机构，比如一个统驭性的宗教组织的灌输或监督。就其激励结构而言，普世性规范与常见的集体物品有更多的共同之处，而与典型的差别性规范大为不同，否则，它们会被扭曲为某种差别性规范，或者被某种差别性规范所替代。

规范的稳定性与脆弱性

19世纪英国文艺批评家沃尔特·佩特（Walter Pater）坚持认为，"对我们而言，那些感人至深的东西从来都是隽永的"[100]。基尔南似乎认为，这也适用于对决斗规范的理解，但请考虑一下相反的观点——我们不仅不再能感受那些已然消亡的规范，而且也不能理解它们曾发挥过的威力。或许，我仍能想象那种期待决斗的感受，然而我无法想象自己能够赞同前文提及的沃尔特·司各特爵士笔下的赫里沃德——认为别人说我是撒谎者，这便意味着把我羞辱为"一个奴隶和一头役畜"——对我而言，这样的认识是很荒谬可笑、没有激励力量的，甚至是不可理喻的。因此，佩特的观点似乎就是一个理论家的胡猜乱想，未能付之于实践。他可以如此表达，那是因为单词可以串在一起，而非因为他真的以经验支撑来论证其观点的正确性。

我们所要回答的问题是，为什么有的规范在一个场景中能够激励人心而在另一个场景中却完全哑火了？

为了找到答案，不妨让我们分析一个简单的惯例，而先不去考察那些强劲的规范。遵守规范可以是我们的利益所在，也可能不是，甚至与我们的利益针锋相对，这就像协作有很多理由那样。如果协作（比方遵照驾驶惯例）和利益发生冲突，那么多年以后，要是还有人说"看来，在左边驾驶还是错的，我们应该回归右边驾驶的习惯"，这会让人觉得很奇怪。 在 1967 年，当瑞典政府推动改变驾驶惯例之后，的确有人随即作出了那样的反应。[101]有些人反应慢，他们很难改变自己的旧习惯，于是发牢骚的时间可能更长一些。 但是，大多数的人都很快适应了这一新的惯例，而且，如果他们相信这种变化的道理，那么，他们一定会从道德上接受这种改变。 关于那个把自己那临嫁的女儿视为生命的一半的鳏夫伍德豪斯（Woodhouse），简·奥斯汀（Jane Austen）这样说道："他开始觉得，这不可避免的事情是一种令人憧憬的心灵释放。"[102]对于 1967 年的许多瑞典人和晚近的欧洲贵族来说，他们也许会逐步地理解伍德豪斯的这种心情。[103]

现在，让我们来假定，我们有一个决斗的规范，还有一个能够有效介入以阻止并惩罚决斗行为的国家。 在这种情况下，总的来说，自我利益便无法实施这种规范——尽管通过免于惩罚的决斗来确认自己的地位，可能仍然是某些人的期待所在。 很快，琐碎的侵誉事件不会再引发决斗，也许连重大的冒犯也不会导致决斗。 再不用多久，人们就会通过规避而非决斗来应对冒犯行为，尽管在塔索和阿里奥斯托孰优孰劣的问题上，人们可能相持不下，不过，人们会降低这种问题在贵族圈子中所具有的重要性，而待之以平常心。 因此，对于贵族阶级来说，也许还存在着一个社群和排斥的有效规范，但是像决斗这样富有戏剧性的或者说有效性的规范则不会再有。 对于国家来说，尽管一开始得频出重招，以求杜绝决斗，但是，制止这种行为很快就不需要那么频繁而严厉的惩罚了。 再过不久，决斗连同其惩罚就都消失在历史的长河之中了。

取而代之的是——恰如决斗在欧洲的命运那样——决斗者可能开始成为人们嘲弄的对象，而不再能获得他人的尊敬或赢得他人的羡慕。 由于强大的抑制力量，决斗者因此发觉决斗是无利可图的。

除了行为，这些发展还意味着哪些方面的变化？ 我们的知识与期待也都可能发生巨大的变迁。我们过去把决一死战视为回应冒犯的最有效方式，而我们的孩子们可能已经知道，最有效的回敬就是鄙视。从"实然"推出"应然"，孩子们开始认定，鄙视乃是正确的回应之道。过去我们认为决斗是确认地位的正确方式，而如今，我们的孩子可能会认为，正确方式毋宁是去呈现一种更加完美的、妙不可言的氛围。那些从未受到决斗规范左右的人，一定会着迷于培根所谓的"奇妙"实践。但是，这实际上是在说，他们并不具有实施这种规范的任何动机。他们没有这种动机的原因是该规范令他们无利可图。

结 论

总的来说，从惯例到受到制度强制实施的规则，我们都可以看到规范的存在。惯例也好，受制度强制实施的规则也罢，它们能够起作用，皆因其背后有个体利益之支撑。诸如驾驶规约这样的惯例具有自发性，其激励形成于实践的累积。相比之下，依靠制度强制实施的规则是审慎而精心的，尽管这种实施可能反复无常——比如交通法和刑法的强制执行。通常，规范的维持和实施都是自发的，而非刻意的或有组织的。不过，它们也总是受到一些更大的社群的实质性支持，从而得以强制执行。正是因为这一结构，排他性规范有时能够爆发出非同凡响的威力。自发的行动支撑着这种规范，并有效地将其付诸实施。

实施行为包含着两个方面——所作所为具有惩罚性，以及要付出代价。有鉴于此，人们通常要对他们的行动予以审慎的解析。但是，个体是依据利益来行动并作出相关的回应的，从这个意义上说，强制实施行为的每一个面向都可能是完全理性的。把那些违反规范的人排除在外所需要的动机是简单的，不外乎因为气氛不对而令人感到不适；而人们被排除在群体之外所付出的代价，无非是失去令人舒适的关系。所失去的还可能是一些机遇，比如那些通过关系找到工作、获得好处的经济机会——失去了这些机遇，也就增加了被群体排斥所付出的代价。

作为某个群体的成员（或者某个替代性群体的成员资格）能够带来好处，当人们对这种好处的需求是不对称的时候，排他性规范就得到了执行。 这种非对称性界定了群体的核心与边缘，那些对群体依赖性较低的人身处群体的边缘，有可能会受到制裁或排斥。 当然，成员资格所仰赖的是成员对群体的主观忠诚，而不需要什么客观特征。 对那些群体的核心成员而言，强烈的排他性规范可能从来不会损害他们的利益——实际上，强化这种规范可能总会给他们带来更多的利益。 很显然，如果规范能够与那些忠诚于群体的成员的利益相向而行，那么，比起那些总是拂逆成员利益的规范来说，它们就会有更大的机会得到延续，并且似乎不太容易受到侵犯。 第五章旨在讨论那些确实会在本质上损害利益的规范：即大数目普世性规范（large-number universalistic norms）。 此类规范具有包容性，而非排他性。 在现实中，这两种规范都存在，因为它们都服务于一个目的——避免人们为了自我利益而采取对集体不利的行动。 但在理论上，排他性规范更可能成功地实现这个目的，因为它们调动自我利益去反对自我利益，而普世性规范对自利行为的克服，则端赖于集体性的或者是其他规范性的忠诚。

注 释

[1] David K. Lewis, *Convention* (Cambridge, Mass.： Harvard University Press, 1969)；Russell Hardin, *Morality within the Limits of Reason* (Chicago： University of Chicago Press, 1988), pp. 47—53.

[2] 这意味着，除了这种规范外，其他的很多规范都可以进行功能解释。 下文将对此作进一步澄清。

[3] Peter Steinfels, "Debating Intermarriage and Jewish Survival," *New York Times* (18 October 1992), p. 1.

[4] 关于囚徒困境、协作与惯例之间的关系，参见 Russell Hardin, *Collective Action* (Baltimore：Johns Hopkins University Press for Resources for the Future, 1982), 第 9—12 章。

[5] Edna Ullmann-Margalit, *The Emergence of Norms* (Oxford：Oxford University Press, 1977)。 这类规范所调控的关系，对某些人来说是协作关系，对另外一些人而言则是一种囚徒困境。 这些规范受到协作的支撑，但是被用以制约囚徒困境边缘，对此，我们后面有进一步的阐述。

[6] 弗吉尼亚·沃尔夫(Virginia Woolf)认为，男性占优的规范虽然是一种耻辱，却发挥着重要的功能。它使得男性有了一种性别上的自信——通过这种排他性规范，每个男性都不劳而获地拥有了对另一半的优越感。参见 Woolf, *A Room of One's Own* (Harmondsworth, Middlesex: 1945[1928]), pp.36—38。

[7] V. G. Kiernan, *The Duel in European History: Honour and the Reign of Aristocracy* (Oxford: Oxford University Press, 1986), p. 277. 克里斯托弗·希尔 (Christopher Hill) 的书评对该书作了一个非常好的总结，参见 Christopher Hill, "Touche!," *New York Review of Books* (14 June 1990), pp.55—57。

[8] Deuteronomy 23:19.

[9] Thomas Aquinas, *Summa Theologiae* II-II. Question 78("On the Sin of Usury"). 即便有教会撑腰，关于基督徒贷款的禁令也是经常被打破的，参见 Robert S. Lopez and Irving W. Raymond, eds., *Medieval Trade in the Mediterranean World* (New York: Columbia University Press, 1955), pp.156—161。

[10] 进一步的讨论，参见第三章。

[11] 参见 Hardin, *Morality within the Limits of Reason*, chap.2。

[12] Russell Hardin, "The Street-Level Epistemology of Trust," *Analyse und Kritik* 14(Winter 1992):152—176; repr. *Politics and Society* 21(December 1993): pp.505—529.

[13] Hardin, *Collective Action*, pp.153—154.

[14] Ibid., pp.173—205.

[15] 此处以下的讨论回应了罗伯特·默顿(Robert K. Merton)的提问，即这些负面的词汇是如何成为一种自我赞美的说法的。"黑鬼"(nigger)一词在我的电脑的词汇拼写检查中总是不过关，大概这种拼写检查是按照白人的词汇标准进行的。时至今日，大部分白人还是难以在其词汇中将其囊括。令人反讽的是，白人要是这么做可能会让黑人感到不乐意。

[16] From the album *Midnight Marauders* (1994), distributed by RCA Records.

[17] John Camper, "Loyola Struggling to Handle New Racial Tensions: Professor's Remark Sets Off Firestorm," *Chicago Tribune*, 15 April 1990, sect. 2, pp. 1ff.; Jim Bowman, "Watch More Than P's and Q's," *Chicago Tribune*, 21 April 1990, sect. 1, p.12. 进一步的讨论参见 Michael Davis, "Wild Professors, Sensitive Students: A Preface to Academic Ethics," *Social Theory and Practice* 18(Summer 1992):117—141。

[18] Robert K. Merton, "Insiders and Outsiders: A Chapter in the Sociology of Knowledge," *American Journal of Sociology* 28(July 1972):9—47, at p.20.

[19] 这让我们想起克拉伦斯·托马斯(Clarence Thomas)在被任命为最高法院法官(九名最高法院法官中唯一的非白人法官——译者注)所引起的风波，支持者和反对者都对针对他性骚扰的指控感到困扰。其实，他那些富有性骚扰意味的评语，在黑人的男男女女的调侃中可谓家常便饭。

[20] Janet Mancini Billson and Richard Majors, *Cool Pose: The Dilemmas of Black Manhood in America* (Lexington, Mass.: Lexington, 1992).

[21] 这是对埃尔斯特观点的一种修正，参见 Jon Elster, *Ulysses and the Sirens* (Cambridge: Cambridge University Press, 1979), p. 28. 亦参见 Russell Hardin, "Rationality, Irrationality, and Functionalist Explanation," *Social Science Information* 19(September 1980):755—772。在这篇早期的文章中，我提到了"功能主义者的解释"。这个术语是有误导性的，因为它会唤起功能主义的幽灵。功能解释并不一定意味着功能主义。在功能主义者看来，某些行为对于社会的存续以及社会之善的实现是有其功能的。作为一种排他规范，种族主义并不具有这样维系社会之善的功能。但是人们可以对它进行功能解释：因其有助于增益种族主义者，从而得到了后者的支持。

[22] 如果别的群体或者更大的社会控制着工作及资源获取的机会，这就会对该行为形成一种潜在的代价，并且这种代价可能超过该行为所带来的潜在收益，下文对此有进一步的论述。

[23] 进一步的讨论，参见第三章。

[24] Sara Rimer, "Shawn, 17: Running Past Many Obstacles," *New York Times* (25 April 1993), pp.1, 47.

[25] Kristin Hunter Lattany, "Off-Timing: Stepping to the Different Drummer,"

in Gerald Early, ed., *Lure and Loathing：Essays on Race, Identity, and the Ambivalence of Assimilation*（New York：Penguin, 1993）, pp. 163—174, at p. 168. 埃德蒙·摩根（Edmund Morgan）曾短暂代伦纳德·杰佛里斯（Leonard Jeffries）出任纽约城市学院的黑人学系主任。据说他曾经在课堂上说："我的感觉是，在一个混合的世界中，自己放弃了很多黑人的属性。"对此，有个学生厉声反驳道："我的感觉是，如果你有你的认同，那是令人可怕的。"参见 James Traub, "The Hearts and Minds of City College," *New Yorker*（7 June 1993）, pp. 42—53, at p. 52。

[26] Jervis Anderson, "The Public Intellectual," *New Yorker*（17 January 1994）, 39—48, at pp. 45—48.

[27] Michael Hechter, "The Attainment of Solidarity in Intentional Communities," *Rationality and Society* 2（April 1990）：142—155.

[28] *New York Times*（14 November 1993）, p. 1.8.

[29] 进一步参见 Robert K. Merton, "Our Sociological Vernacular," *Columbia*（the magazine of Columbia University）, November 1981。

[30] 比如，决斗能够把一些人从贵族地位上排斥出去，许多贵族可能已经开始感受到这种效应，而还有许多贵族则并不欣赏这种规范。前者没能满足埃尔斯特的附加条件，而后者则做到了。

[31] Robert K. Merton, *Social Theory and Social Structure*（New York：Macmillan, 1968, enlarged ed.）, pp. 114—118; Hardin, "Rationality, Irrationality, and Functionalist Explanation," pp. 757—760. 埃尔斯特主要关注意图性行为和非意图性行为的差别，这可能会让他聚焦于潜在的、非意图的行为模式，并对此进行功能解释。但是，功能解释的根本特征是"反馈"，而非"缺乏意图"。

[32] Irving Lewis Allen, *The City in Slang*（Oxford：Oxford University Press, 1993）, pp. 217—218.

[33] 阿伦说："让他们用具有讽刺意味的绰号来命名我们，这也就命名了他们。"参见 Allen, *The City in Slang*, p. 218）。年轻的黑人互称黑鬼，这些似乎不太可能是为了去命名他们。

[34] 我成长于民权运动年代的得克萨斯州，黑人长辈的这些话是在我的脑海之中的，不过找不到出版物的记录了。类似地，关于诸如斯托克利·卡迈克尔（Stokely Carmichael）这样的民权运动人士批判黑人的种族身份的事，我也一些也许是夸张的记忆。卡迈克尔敦促人们放弃使用"黑鬼"一词。参见 Stokely Carmichael and Charles V. Hamilton, *Black Power：The Politics of Liberation in America*（New York：Random House, 1967）。关于美国黑人自我称呼演变的简史，参见 Tom W. Smith, "Changing Racial Labels：From 'Colored' to 'Negro' to 'Black' to 'African American,'" *Public Opinion Quarterly* 56（1992）：496—514。在该文中提到的最后一种变化似乎已经启程了，但是这种用法是否会颠倒过来，这也许还要由时间来说明。

[35] 阿瑟·赫茨伯格（Arthur Hertzberg）说："人们采取反犹太主义的立场，意在表明他们对自己的族群或民族有着一种纯粹的忠诚和代表性。"参见 Hertzberg, "Is Anti-Semitism Dying Out?" *New York Review of Books*（24 June 1993）, pp. 51—57, at p. 51。

[36] 用"臭黑鬼"（bad nigger）来形容一个暴徒，这可能另有其因。这种对自我的认识或许更像是一种萨特或者尼采式的声明。进一步参见 Jack Katz, *Seductions of Crime：Moral and Sensual Attractions in Doing Evil*（New York：Basic Books, 1988）, pp. 263—264。

[37] Edna Ullmann-Margalit and Sidney Morgenbesser, "Picking and Choosing," *Social Research* 44（Winter 1977）：757—785.

[38] 我感谢弗里茨·斯特恩（Fritz Stern）为我提供此例。参见 "Gueux," *New Encyclopedia Britannica*, *Micropaedia* vol. 4, 15th ed.（1978）, p. 78。

[39] John Howard Griffin, *Black Like Me*（New York：New American Library, 1976 [1961]）.

[40] Thomas Wolfe, *You Can't Go Home Again*（1940）; *Look Homeward, Angel*（New York：Scribner's, 1929）.

[41] Thomas Wolfe, *The Web and the Rock*（New York：Harper, 1939）。在他 1988 年的总统竞选演说中，乔治·布什（George Bush）显然借用并扭曲了沃尔夫的这段话。

[42]海洋文学家赫尔曼·梅尔维尔（Herman Melville）对此有更为一般性的描述：
"人的灵魂深处，有一座与世隔绝的塔希提岛，那里充满了和平与欢乐，但是，它却被一种半知半解的生命恐惧所萦绕。 不要离开这岛屿，否则你将永远无法回来。"参见
Melville, *Moby Dick*（或者是 1851 年出版的《白鲸》），第 58 章。

[43]不管怎样，人们都会认为，在民权运动之前南方的白人只要遵守种族隔离的法律，对于整个社会而言，他们作为个体就是一个负责任的人。 德怀特·麦克唐纳（Dwight Macdonald）认为，南方白人所实施的种族隔离和镇压，比起德国人的纳粹主义更应受到责罚，参见 Dwight Macdonald, *The Responsibility of Peoples and Other Essays in Political Criticism*（London：Victor Gollancz, 1957），pp. 19—24。

[44]Griffin, *Black Like Me*, p. 153.

[45]参见下文"规范的稳定性与脆弱性"一节的分析。

[46]当然有例外，比如对于犹太人的显著偏见，毫无疑问，这种偏见是有利于俄罗斯人的。

[47]Ian Gilmour, *Riot*, *Risings and Revolution*：*Governance and Violence in Eighteenth-Century England*（London：Hutchinson, 1992），pp. 265, 279.

[48]Kiernan, *The Duel in European History*, p. 159.

[49]Ibid., p. 152.

[50]Francis Bacon, *The Charge of Sir Francis Bacon Knight*, *His Majesties Attourney generall*, *touching* Duells, *upon an information* in the Star-chamber against *Priest and Wright*（London：1614；New York：Da Capo Press, facsimile reprint, 1968），pp. 22—23.

[51]Adam Smith, *Lectures on Jurisprudence*（Oxford：Oxford University Press, 1978；Indianapolis, Ind.：Liberty Press, 1982[from lecture notes dated 1762—1763]），p. 123.

[52]关于这方面的一个典型陈述，参见 Cesare Beccaria, *On Crimes and Punishments*（Indianapolis, Ind.：Hackett, 1986[1764]；trans. from the Italian by David Young），p. 21。

[53]Bacon, *The Charge of Sir Francis Bacon*, pp. 28—30（其中第 28 页和第 29 页被分别误为第 20 页和第 21 页）。

[54]引自 Kiernan, *The Duel in European History*, p. 282。

[55]Bacon, *The Charge of Sir Francis Bacon*, pp. 16—19, 31—32（最后一页被错误标码为 24）。

[56]Ibid., pp. 12, 6.

[57]Thomas Hobbes, *Leviathan*（Harmondsworth, Middlesex：Penguin, 1968[1651]），chap. 10, p. 157[45].

[58]Kiernan, *The Duel in European History*, p. 160.

[59]Ibid., p. 159；亦参见第 16、111、329 页。 基尔南认为，对于个体来说，参与决斗是非理性的；培根认为决斗是一种小题大做。 两者的观点有其呼应之处。

[60]Warren F. Schwartz, Keith Baxter and David Ryan, "The Duel：Can These Gentlemen Be Acting Efficiently?" *Journal of Legal Studies* 13（June 1984）：321—355, at p. 333.

[61]引自 Kiernan, *The Duel in European History*, p. 171, 亦参见 pp. 16, 52, 77。斯密也赞同孟德斯鸠对不决斗要付出高额代价的看法，参见 Smith, *Lectures in Jurisprudence*, p. 123。

[62]Bacon, *The Charge of Sir Francis Bacon*, pp. 9—10.

[63]Kiernan, *The Duel in European History*, p. 208.这场决斗的牺牲者是詹姆士·博士韦尔的儿子亚历山大·博斯韦尔爵士。

[64]Ibid., p. 27.

[65]Ibid., pp. 15, 77, 137, 156—157, 213, 328；Smith, *Lectures on Jurisprudence*, p. 123，克拉克（J. C. D. Clark）援引当时英国绅士的手册，其中提到，不参加决斗者"惨过被活埋"，参见 Clark, *English Society* 1688—1832：*Ideology, Social Structure and Political Practice during the Ancient Regime*（Cambridge：Cambridge University Press, 1985），p. 109。

[66]Kiernan, *The Duel in European History*, p. 160.

［67］引自 Robert Irving Warshow, *Alexander Hamilton*: *First American Businessman* (New York: Greenberg, 1931), p.216。

［68］Kiernan, *The Duel in European History*, pp.265, 273, 274, 281—282, 101；亦参见 pp.113—115。

［69］引自 Schwartz et al., "The Duel," p.324。

［70］Kiernan, *The Duel in European History*, pp.144, 272, 269, 138. 主要的甚至是唯一的决斗动机大概是个体层面而非集体层面的。 诸如维护阶级纯洁这样的集体层面的动机，只是被用来约束或激励个体行动。 基尔南在该书的其他地方指出，大多数决斗是"没有意义的混战"（第329页）。

［71］Ibid., pp.117, 265, 271, 283.

［72］在18世纪早期的法国，贵族占人口总数的百分之二。 参见 Roland Mousnier, *The Institutions of France under the Absolute Monarchy* 1598—1789 (Chicago: University of Chicago Press, 1979, from 1974 French ed.), p.147。

［73］Kiernan, *The Duel in European History*, p.11.

［74］Ibid., pp.63, 317.

［75］下文提及的屠格涅夫（Turgenev）的《春潮》，其结局也是如此。 亦参见 Kiernan, *The Duel in European History*, pp.149—151。

［76］Kiernan, *The Duel in European History*, p.111.

［77］女性也会决斗，但很少（参见 Kiernan, *The Duel in European History*, pp.132—133, 203, 327）。

［78］Ivan Turgenev, *Spring Torrents* (Baltimore: Penguin, 1980［1872］; trans. Leonard Schapiro), pp.71—77。

［79］Ivan Turgenev, *Fathers and Sons*, trans. Rosemary Edmonds (Baltimore: Penguin, 1965［1861］), p.235.

［80］Fyodor Dostoevsky, *The Brothers Karamazov* (Penguin, 1958, in one vol. 1982 ［1880］), p.352.

［81］参见 Anton Chekhov, "The Duel," in Chekhov, *The Duel and Other Stories* (New York: Ecco Press, 1984［1891］; trans. Constance Garnett), p.133。 在早些时候，作为冯·科伦（Von Koren）的敌手，拉韦斯基（Laevsky）认为决斗是"愚昧且没有意义的……但是有时候没有它也是不可能的"（第126页）。 这种不可能性意味着，要挑衅贵族和一些新贵群体们的尊享规范，就得付出个体成本。

［82］Dostoevsky, *The Brothers Karamazov*, p.349.

［83］西奥多·卡普洛（Theodore Caplow）使用来自多种组织的数据，说明组织的成员有一种强大的扭曲组织声名的倾向，他称之为夸张效应（aggrandizement effect），参见 Theodore Caplow, *Principles of Organization* (New York: Harcourt Brace Jovanovich, 1964), pp.213—216。 我们也可以认为，欧洲的贵族社会也受到这种趋势的折磨。

［84］Leo Tolstoy, *War and Peace* (London: Everyman, 1911［1864—1869］), pt.1, chaps.73—74. 托尔斯泰曾邀屠格涅夫决斗，但是后者让步了。 参见 Kiernan, *The Duel in European History*, pp.288—289。

［85］论其出身，伯尔与汉密尔顿都不能算作是贵族。 比起欧洲的贵族规范，决斗规范在他们的世界里并不是那么根深蒂固。

［86］Kiernan, *The Duel in European History*, p.326. 多米尼克·利文（Dominic Lieven）指出，这种规范在英国消逝得更快，这是因为在那里它没有军方的支持。Dominic Lieven, *The Aristocracy in Europe* 1815—1914 (New York: Columbia University Press, 1992), p.195.

［87］Kiernan, *The Duel in European History*, p.112. 在我们的时代，一个暴发户可以从英国纹章院以合理的价钱购得一个盾形纹章——在1984年，其价格不到1 000英镑（第326页）。 价格趋势与价值成正比。 或者，人们可以以每平方英尺149美元的价格在苏格兰高地的凯思尼斯郡（Caithness）购买土地，从而成为一方领主（advertisement, *Scientific American*, December 1992, p.163）。

［88］这也是阿尔杰农·韦斯特（Algernon West）的观点，参见 Kiernan, *The Duel in European History*, p.218。

［89］Ibid., pp.6, 62, 119；Gilmour, *Riot, Risings and Revolution*, p.267.

［90］ Pierre de Bourdielle Brantome，引自 Kiernan，*The Duel in European History*，p. 64。

［91］ Prosper Merimee，"The Etruscan Vase," pp. 93—115 in Merimee，*Carmen and Other Stories*，trans. Nicholas Jotcham（Oxford：Oxford University Press，1989 [1830]）. 他的对手在前一晚忽略了一个公开的、更严重的冒犯。

［92］ Bernard de Mandeville，*An Inquiry into the Origin of Honour and the Usefulness of Christianity in War*（London：1836），p. 64（cited in Kiernan，*The Duel in European History*，p. 75）.

［93］ T. V. Smith，"Honor," *Encyclopaedia of the Social Sciences*（New York：Macmillan，1932），vol. 7，pp. 456—458，at p. 458.

［94］ Walter Scott，*Count Robert of Paris*（Edinburgh，1831），chap. 2；引自 Kiernan，*The Duel in European History*，p. 237。

［95］ 进一步的分析参见第七章。

［96］ 第七章对此有详尽的讨论。

［97］ Hardin，*Collective Action*，p. 218.

［98］ 参见 Margaret Levi and Steven DeTray，"A Weapon Against War：Conscientious Objection in the United States，Australia，and France," *Politics and Society* 21（December 1993）：425—464。

［99］ 可进一步参见第五章。

［100］ Kiernan，*The Duel in European History*，p. 326.

［101］ *New York Times*（5 September 1967），p. 24.

［102］ Jane Austen，*Emma*（London：Penguin 1985，first pub. 1816），chap. 55，p. 464.

［103］ 在其黯淡的晚年，托尔斯泰也变得更为悲观。 他说："人民麻木了，他们习惯了麻木的过程，顺应这个过程的风俗和生命态度也随之出现了。"参见 Leo Tolstoy，*Resurrection*（London：Penguin，1966，trans. Rosemary Edmonds；first pub. 1899），p. 286.

第五章

普世性规范

使人们栽倒在其生活之中的,乃是一种残酷的乡规,而非卑贱的
贪婪。

——普罗斯佩·梅里美,《高龙巴》
(载于梅里美的《卡门》)

规范与利益

很显然,排他性规范可以强有力地激发个体去为群体效力。 群体
在逻辑上的极端形态就是它成为"所有人的群体"(group of all)。 从
定义上看,这样的群体并不排斥其他的某些组织。 那么,一个普世的
规范(Universal Norm)能否在"所有人的群体"中激励个体的行为呢?
很显然,在某种程度上,它可以产生激励,不过这种激励的力量并不强
大。 除了那些规制着诸如守诺言、讲真话和保持亲密伙伴间的忠诚等
本质上属于二元的、正在进行的关系的规范之外,一般的普世性规范往
往都颇为虚弱,难以通过自利动机得以实施。

且看一个典型的例子。 在民主制度下,人们认为公民在选举中应
当投票,这是一种公民职责。 这种规范激励着很多公民去投票。 正如
安东尼·唐斯(Anthony Downs)所指出的,投票行为并不符合绝大多数
个体的利益。[1]尽管如此,还是有许多人投了票。 在美国,约有过半

数的合格选民曾经在美国四年一遇的总统选举中投票。 在许多老牌民主国家比较重要的选举中，投票率还要高一些。 结果是，在任何一次重要的选举中，大约有一半到四分之三的公民都投了票。 可以肯定地说，在这些社会中，能够对他们的伙伴讲真话、信守诺言并保持忠诚的人的比例还要高一些，哪怕他们有机会可以不这么做。 投票规范看上去令人显得大公无私，但是，虽然投票的成本很低，这种规范却并不是那么强劲。 在人们的社会交往中，假如有四分之一甚至一半的承诺都最终落空，陈述变成了谎言，所有的亲密关系具有严重的机会主义特征，那么，人们又何必在乎选举？ 社会黯然如许，政府势必难有积极的作为。

那么，为什么某些普世性规范还是有效的呢？ 一个直接的解答是，正如选民被公民职责所引导的那样，这些规范的追随者被某种规范的力量所驱使。 这种解释对于特定个体的行为来说也许可以成立，但并不总是令人信服。 排他性规范和调控二元关系的群体规范往往是通过对个体利益的激励而得到自我强化的。 相形之下，看似强大的、非二元性的普世性规范究竟是如何盛行起来的呢？ 令人惊讶的是，该问题的答案似乎与排他性规范的解释并无二致：普世性规范的力量来自群体的支撑，这些群体所具有的强制力使得顺从普世性规范成为人们的一种理性选择。

个体顺从规范的行为是不是理性的？ 围绕这一问题所进行的辩论大多是一种误解。 应该说，在那些具有强大约束力的规范面前，人们的顺从既是出于规范的考虑，也是理性的选择。 而当利益和规范形成合力，我们就很难区分究竟何者为主、何者为次了。 但是，正如我接下来所要论证的那样，在仇杀、决斗（见第四章的讨论）以及其他规范中，正是自利的冲动决定着规范的诸多特征——自利动机解释了规范的强制力、形态或结构。 规范的结构乃是契合着利益的结构，换言之，它们的结构能够让利益得到强大的释放。 有人可能会认为利益扭曲了许多重要的规范——然而，这种说法甚为反常，因为除了某些特定的规范追随者或其他理论家，在许多人看来，被扭曲的原初规范（pristine norm）是不存在的。

规范是结果导向的吗？

人们往往认为规范不是理性的，也把信守诺言看成是非理性的行为。 在一定程度上，这都不过是一种谬见。 诚如休谟之洞察，在许多情境中，信守诺言是一种彻底的自利行为，或许所有的信誓旦旦亦都如此。[2]在某种意义上，认定规范具有非理性，不过是从一些不那么自利的规范（比如乐善好施和投票）中抽象出来的结论。 但是，在另外一个意义上，关于规范和利益的这种判断也来自某些变异的主张——正如乔·埃尔斯特所论证的，规范并非结果导向的，[3]在埃尔斯特看来，"非结果导向"乃是规范之特质。 在本质上，他认为规范仅仅事关行动的类型而非结果。 因此，规范属于道义论的道德（deontological morality）而非结果主义的道德（consequentialist morality）的一部分，前者所关切的是去做正确的事情，而不是带来正确的结果。

有些规范显然并非以结果为导向。 一个典型的例子是前文所提及的作为公民职责的投票规范。 在一次重大的选举中，人们一般无法用自己的选票去影响结果，从这个意义上说，投票并非结果导向的行为。 实际上，这种非结果导向的规范自有其价值，因为如果个体仅仅考虑行动的结果，他就不会参与投票了。 但是，要把埃尔斯特那样的非结果导向的定义推广到日常语言之中，那便是成问题的。 就规范的一般语义来说，它并非全然是道义论的。 实际上，区分道义论和结果主义的道德理论还只是晚近的一种创见。 在这种二分法出现之前，道德理论总是把这两种道德混为一谈——实际上，迄今为止，最基本的道德理论对这二者依然不加区分，因此，如果说规范的描述早已有此分类，这便未免令人称奇了。[4]

　　要把规范定义为非结果导向的，我们就得把许多一般性的原则和规范区分开来。 出于某种论述目的的需要，这种区分是合理的。 然而如此一来，埃尔斯特和我们所讨论的诸多"规范"就不能再被称为规范了。 对于下文所分析的那些特定的规范而言，问题就在于，人们遵从这些规范是出于自利的动机，还是基于道德的或超理性的考虑？ 如果是前者，那么这种自利自然意味着该规范是结果导向的。 根据埃尔斯特的定义原则，最后还有一个问题：人们所习以为常的东西是否也算是一种规范呢？

　　把规范看成非结果导向的，这种观点带出了诸多复杂的问题。 让我来讨论其中的四个方面：第一，规范是否受到来自潜在顺从者的理性评判的约束？ 第二，规范在更大的知识体中具有怎样的地位？ 第三，规范与社会人的假设、结果导向的行动与经济人假设之间，究竟有何明显关联？ 第四，关于结果导向这一说法的复杂性。

对规范的理性评判

　　各种公认的规范通常要服从于理性的评判，这一点是再清楚不过了。 比如，为了自己心仪的工作或者大学教育，某个黑人青年得考虑一下是否要放弃说唱乐和摆弄造型的各种规范。 红衣主教黎赛留（Cardinal Richelieu）和弗兰西斯·培根认为，两人决斗的规范弊大于利，于是他们便决定抛弃这种游戏。 在冰岛人的传奇故事中，那些卷入仇杀行动的人总是在喋喋不休地辩论各种选项的可能后果。 他们通常选择性地针对某个家庭成员下手，以得到更好的附加效果（见下文讨论）。 当米洛舍维奇清楚地看到领导塞尔维亚人的民族主义运动对他的价值时，他便毫不犹豫地滥用历史，制造出分外仇视外族的情绪。 环保主义者、和平主义者以及其他普世主义者总是为了其目标而制造新的规范。 关于服从特定规范的价值和有效性，所有这些人都作出了貌似合理的、直观的理性评判。

　　诸多机能不良的规范都稍纵即逝了，这与那种认为遵从规范与结果无关的观点形成了鲜明的反差。 欧洲的决斗规范在一个最为愚昧的决斗士的生命中得到了终结，他就是乔治·克列孟梭。 而这一规范之所以消逝，是因为在一个变化了的世道中，贵族作为一个阶级丧失了对社会的控制——他们再也没有什么理由去倡导对贵族的群体认同，决斗这一规范也就随之变得不可理喻。 规范从一个相关群体中消逝，必定是因为它无法激励某些成员，此后，有更多的成员乃至所有的个体都与之背道而驰。 权衡其利益之余，个体普遍地拒绝服从规范，这是现代社会中一个令人惊叹的现象。 一旦利益成为一个变数，人们就会在行动中予以计较，利益也就成功地掌控了规范；而当规范被利益早早地驯服，利益就会几乎完美地呈现出与规范的一致性。

不仅如此，还有一类现实主义的规范显然也是结果导向的。 我们可以说，它们仅仅是经验法则而非规范。 比如，在何时耕作、如何培育和何时收割的问题上，村民要依从一系列的规范。 我们可能在农艺理论上一塌糊涂，但是在现实中却可能很成功。 然而，依从经验法则未必意味着人们不在乎结果。 如果我们真的认为有其他操作方法可以产生更好的结果，我们将会乐于尝试。 当然，我们不一定就这么容易被说服——尤其是因为缺乏经验和科学精神的教化，我们的知识有限，可能只是一个蹩脚的科学家。 在某种程度上，我们的规范提出了下面一节所要讨论的"知识问题"，它也涉及规范背后的复杂动机问题，对此我们将在"结果导向"一节中加以解析。

我们知识中的规范

在生活中，我们的大部分知识都只是借来的：我从别人那里学习并且笃信之。[5]一个水手可能对天体物理学不甚了解，对天文学略知一二，但他仍然可以笃信有关的知识，借助星象、海图、地图和航海设备等顺利地航行。 如果我不擅长即时计算自己的得失，而我又想做得很好，那么，服从规则便不失为一种好办法。 比如，关于对家人和朋友信守诺言的原则，我可能说不出什么道理，或者说我无法算计出它所能带来的好处。 然而，我可以通过信守诺言来获取我们这个社会中相当一部分的知识。 规范的兴衰成败，不过是体现了我们掌握自己命运的努力。

对于埃尔斯特及其他有关的学者来说，问题并不在于我们是否能够对服从规范给出一个理性的解释，而是服从规范的个体是否能够根据后果来采取行动。 基尔南曾提及"决斗者有漠视结果的勇气"[6]。 不幸的是，正如我在第四章所论证的那样，基尔南的观点似乎站不住脚。埃尔斯特的问题可以化约为：假使我的行为不计成本和收益，那么这是否可以被称为"不计后果"？ 在第四章中，我们解释了决斗，对惯例的力量进行了理性分析。 惯例深刻地影响着个体的行动预期，这种影响是如此深远，以至于我们说决斗者具有理性也并不为过。 举例而言，即便是沃尔特·司各特爵士的卫兵赫里沃德这样一个"荣誉和决斗的直觉主义者"，他也以结果来决定其行动。 倘若不能得当地回应侮辱，他势必无地自容。[7]他显然清楚地意识到自己别无选择，即除了决斗他将无法在他的社会中存续。 因此，这种选择是结果导向的。

不过，有些诺言信守者并不这么认为。 他们的行动既与违背规范所招致的社会惩罚无关，也并非着眼于信守诺言所带来的好处。 很显然，即便信守诺言能够给他们带来好处，我们也不能说这些人的动机是为了自我利益。 认为很多人的动机与利益无关，这似乎言之有理，的确，它们也难以进行理性分析。 即便如此，这部分人也有属于自己的规范。 正如利益那样，这些规范是在其早年就被父母、老师及相关的力量所反复灌输的。 他们可能相信，他们自己的直觉让他们掌握了正确的规范——正如赫里沃德（见第四章）所秉持的那样——但是，这种本质上是唯我主义的信条（即因为我相信它，所以它是正确的）并不能赢得外人的尊重。 更可能的情况是，他们只相信某些规范的正确性，而并不去思量其合理性，或者说，他们对规范的遵从只是出于某种道德理论的律令（比如宗教理论或者社群主义），而根据这些理论，他们没有理由去超越这些规制他们自己的理论。 埃尔斯特对于规范的定义有其限定范围：它只适用于直觉主义的道义论者及各种律令理论的信徒。

社会人与经济人

这两个词经常被援引，仿佛是要用以刻画个体的二元性：部分是计算的理性，部分是非计算的社会性。[8]这两者经常被认为具有根本上的差异：它们分别代表了自我的两个对立面。尽管这些立论显得宏大而含糊，但在我看来，两者间真正的、本质的区别只是认识论意义上的：经济人的行动，是指行动建立在对因果知识的清晰掌握（也可能是错误的掌握）的基础上，而且行动者对各种选项作出了自觉的成本收益分析；社会人的行动并非依据这样的知识来行动，行动者仅仅是遵从其组织、社会或者文化。正如其行动出于习惯或规范那样，行动者对其背后的理由知之甚少。在前面一种情况下，人们的知识来自演绎，以及相对而言是直接的测量或评估；在后者那里，人们的知识是借来的，或者是如上所述，它仰赖于某种信仰。

基于这种差异，人的经济性和社会性会随着学习的变化而变化。有人可能会说，一种典型的变化就是人们通过学习从社会人变成了经济人。但是，经济动机和社会动机之间的变化是双向的。比如，可能存在着一种反常的、导致更大的隔阂与误解的学习——[伊斯兰教的阿亚图拉（Ayatollahs）和许多狂热的族群领袖就致力于这样的学习，他们运动的成功确认了这种学习模式的力量]。不过，还有更为重要的例子——艾尔弗雷德·诺思·怀特海（Alfred North Whitehead）睿智地告诉我们，文明的发展就是通过把那些有待于屡次思量的东西化约为习惯来实现的。在一个复杂的社会中，这种"习惯化"的过程是通过劳动分工来完成的——分工使得大多数人对身边一些重要的事情毫无察觉。我曾经很懂得如何组装汽车，也能够在必要的情况下维修汽车。但是现在我就不需要知道得那么透彻了。在某种意义上，变迁是技术性的，以至于我得学习新的知识才能掌握当今的汽车；但在另外的意义上，改变也是一个放弃旧做法、抛弃旧知识的过程。我貌似置身于一个代际转化的过程之中：一代人中的大多数懂得如何修理自己的汽车并让其重新上路，而另一代人则很少有人具有这样的技能。

根据这种学习论，人们可能相信，假以时日，我们的社会性会越来越弱，而经济性则越来越强。不过，日渐增益的学习效果，却可能被怀特海的"知识-习惯化约论"所抵消，而大多数人可能并不理解他的这种理论。怀海特式的化约思维削减了人们对详细的因果关系的寻求，然而，我们却不能把这种刻意的化约思维看成是"非经济的"。我想要使用计算机来写作，但是对计算机的运行原理却不甚了了；我想要自己骑自行车，但是毋须了解其运作的物理学，或者是索性根本不予以考虑；我常常从自己的寓所步行到办公室，这不需要去计划或设计路线——因为当时我正在考虑什么叫做社会人的问题。

最后，由于大部分知识依赖于信仰，因此经济人和社会人的边界是模糊的。我们所有关于事实、规范和理论的知识，都兼具社会学和经济学的属性。

结果导向

对于埃尔斯特来说，"X是一种规范"意味着，X并不是因为人们顺从其所能达到的效果才被顺从。在这里，"结果导向"显然属于主观判断。如果我对规范的顺从并不以结果为导向，那么我就认为规范不是结果导向的。但是，对另外一些人而言，顺从某个规范，可能是因为这么做可以做到利己又利人。实际上，所有重要的规范背后都有这种二元动机。对于个体来说，所有的规范（包括所有其他重要的行动和承诺的类型）在主观层面上都是混杂的。要是把这些复杂性都囊括在规范的定义之中，那么这样的概念便足以解释所有争论中的问题。和社会科学中的一些论点相反，我认为，只要解释是没有定案的，我们的概念界定一般来说也是很有争议的。先套用一个定义，然后去寻求解释，这种做法通常是迂腐的。只有我们做到了知胜于行，"那是一种规范，具有这样和那样的特征"这样明示的定义才能用以充分地理解各种类型的规范。

回到在"对规范的理性评判"一节中所提及的村落中的耕作规范，其中有一条是在每一个洞里面种下三粒玉米种子。我认为这么做，是因为人们相信基督教三位一体的教义，而你相信这么做可以提高产量，尽管关于播种多少粒玉米种子才是最好的，你并不知道。在这两种情况下，我们都随波逐流，信奉社会业已认定的知识。因此，我们都属于"社会人"的范畴，尽管你使用"社会人"的知识，你也可属于"经济人"之类属。从结果导向的视角来看，农村社区中的耕作规范属于我而非外人。在某个农作物种子短缺的年份，这些规范就可能会得到检验，而后很快发生改变。我们不需要借助经济学的或者科学的视角去重新评估已有的规范，我们可能意外地发现一个更好的操作方式——正如涂尔干所说的，人们只是在无意间发生了劳动分工。那么，我们的规范是否还是结果导向的呢？或者说，只是因为规范面临着更为广泛的知识和经历，它便不再成为我们的规范？

有一天，你也许会告诉我，我把信奉基督教三位一体和耕种玉米联系起来是很荒谬的，你一定了解阿赞德人（Azande）把足癣和鸟粪联系起来的故事——因为两者看上去如此相似。他们的结论是鸟粪导致足癣，而鸟粪也能治疗足癣。我的上述联系也正是如此荒谬。或者，你会告诉我，有历史记录表明，在基督教三位一体理论诞生之前，我们的祖先就已经在一个洞里种三粒玉米种子了。对于那些不信奉我的观点的人来说，你的这种历史论点特别有说服力。但是，我还是坚信一个洞三粒种子的做法，因为那是我们三位一体的神的意志。最终影响我的信念的，只能是我的社群伙伴的信条逐渐发生变化，尤其是那些为了产出率而改变每个洞中种子数量的变化。到那时，我可能在耕作的时候忘记了三位一体，不过我可能使用一种不同的方式来论证自己的选择，这种论证方式依然是宗教性的而非结果导向的。

由此，我们得出了一个奇怪的结论：我所遵行的规范并非结果导向的，这与其说是规范本身决定的，不如说是我自己决定的——是我把几乎所有的事情都归因于神的意志。 像你这样质疑我的信念从而贬低我们的规范的人，会与我们的社群格格不入。 不管怎样，如果一个规范不能成为"结果导向"的，那么它就是社会科学中一个难以处理的类属，因为这个规范只属于规范的持有者本人。

强劲的普世性规范

让我们来分析那些统御着极端行为的、令人惊叹的规范，从表面上看，它们似乎是非理性的或者超理性的。 这方面的规范有三组：每一组都包括一个"亚社群规范"（sub-community norm）和一个"普世性规范"，或在社会中看似具有普世性的规范。 这些规范的实际情况比我所描述的要复杂得多，所以，这里的分析具有某种理想类型的意味。 共同体规范是特定的，事关差异性，它包括排他性的称谓、决斗、犹太人的罪责感；而普世性规范则包括讲真话、荣誉、仇杀以及天主教的罪责感。 在第四章中，我已经讨论了排他称谓和决斗规范，这里我要把荣誉和仇杀拿来与这些规范分别进行比较。 而后，我将接着比较一下犹太教和天主教的罪责感。 最后，我将讨论另一对范畴："拒绝作证"和"遵纪守法"，它们作为一种规范分别支持着黑社会和国家的秩序。

有些次要的规范并不纠结于重要的社会规范的复杂性之中，讨论这种规范当然有其意义，但关注上文所述的那些非常重要的规范同样富有价值——这些规范似乎潜在地支配着现代社会秩序的各种可能性。 不管怎样，每一个比较组别中的第一种规范，乃是分析群体认同所需特别关注的问题。 我们区分亚社群规范和普世性规范，意在关注控制个体越轨行为的不同组织形式——越轨所偏离的规范（亚社群规范或普世性规范）不同，控制越轨的组织形式的选项也是不同的。 似乎可以说，那些具有对抗性的、群体层面的规范，往往能够天然地得到巨大的实施力量。 本质上，这种强化力量来自个体的自我利益。 进而言之，即便是普世性规范也得依赖于这样的力量，否则它就不足以成为强劲的规范。 这也就意味着，除了诸如天主教的罪责感这样的少数例外，如果普世性的价值要得到规范的支持，这些规范就必须被扭曲为能够被群体所强制执行的价值观。

荣誉

荣誉不为某个群体所独有，它四处可见。 尽管荣誉更可能与群体有关，或者说它们只是见效于规模相对较小且行动一致的社群之中——这类社群包括部落、家族，此外也包括在更大的社会范围中的一些亚社群，比如军官团体和贵族阶层。 荣誉似乎在更小的社会中更为奏效。 史密斯(T. V. Smith)认为，"理想越是一般化，越是没有情感深度，也许越没有现实效果"[9]。 在史密斯看来，这种关联也许只是一种明摆的事实，但是这似乎也有社会学的理据。 在小群体内，荣誉的规范通常具有差异性规范甚至排他性规范的感召力，因此它会受到自我利益的驱动。 在第四章中所讨论的决斗的规范，以及下文要讨论的复仇，均可在一般意义上被视为一种荣誉规范。 至于说唱乐、摆酷造型等(见于第四章所述)，把它们视为荣誉规范则是似是而非的。

在威尔第(Verdi)的歌剧《埃尔纳尼》(*Ernani*)中，这种看似具有普世性的荣誉规范得到了淋漓尽致的演绎。[10]伟大文学作品的故事情节往往用三言两语就能予以概括，不过，歌剧则不然。 埃尔纳尼是一个山贼，却与贵族席尔瓦(Silva)的侄女兼未婚妻埃尔维拉(Elvira)坠入爱河。 埃尔纳尼乔装闯入席尔瓦的家里并得到礼遇。 当埃尔纳尼身份暴露，席尔瓦的行为竟也体现出好客之道，甚至保护其免受国王的逮捕。 国王强行带走埃尔维拉之后，席尔瓦便逼埃尔纳尼与其决斗。 但是，在这个年迈的贵族面前，埃尔纳尼拒绝了决斗之邀。 凭着骑士间的约定，埃尔纳尼决定与席尔瓦联手向国王复仇(埃尔纳尼的这一决定并非心血来潮，而是为了让席尔瓦体面地走下必须为了荣誉而与山贼决战的台阶）。 埃尔纳尼把自己的角笛交给席尔瓦，誓言只要听到这角笛的声音他就一定如约赴死，并恳请对方把自己的生命延长到对国王完成复仇之时。 而席尔瓦则表示，如果把刺杀国王的权利让渡给他，他愿意把那命运的角笛交还。 不过，埃尔纳尼坚持要为父亲报仇，为了荣誉他必须亲自动手。 预谋刺杀国王的叛乱失败了，在参加叛乱的贵族行将被处决之际，埃尔纳尼公布了自己的贵族身份，在他看来，他那身为公爵的父亲正是被国王所谋杀。 国王决定将行动失败但不齿于苟且偷生的埃尔纳尼和其他人一同处死。 埃尔维拉向国王请求免予埃尔纳尼一死。 查尔斯五世国王念着先帝的仁德，决定宽恕这群谋反者，而且答应把埃尔维拉嫁给埃尔纳尼。 在两人的婚礼上，席尔瓦吹响了埃尔纳尼的角笛。 埃尔纳尼乞求席尔瓦宽容以待，以让他享受新婚之夜（这是否也可以说是一种荣誉呢？），之后他如约自尽了。

我们很难说埃尔纳尼的自杀是出于自我利益。 他并非为了荣誉以及在社会中存续而冒死决斗。 他是为了荣誉而自行了断的自杀者。 拒绝席尔瓦的催命令号，这可能会让他在社会中蒙受痛苦，但是这种痛苦再大也抵不过死亡——毕竟，他已经作为一个遭排斥的山贼身份生活了多年。 为了生活，或者是为了欣赏体育运动，许多人都面临着巨大的伤害和死亡的风险，但是没有人会因面对这些风险而选择自杀。 当席尔瓦要求埃尔纳尼自尽的时候，后者几乎欣然接受了这一生命劫数。他的行动似乎是出于某种规范上的考虑，而非利益。

史密斯论证道："荣誉是一种公开的认可，它受到外部力量的驱使，但这种认可也让自尊统御着自我的核心。"[11]或许，这说法未必能够解释对决斗规范的遵守，但是对于埃尔纳尼和席尔瓦的行为，它却是恰如其分的分析。 然而，我们却不能说埃尔纳尼的规范就是"社会的"，或者用史密斯的话来说，是"受到外部力量的驱使"。 他有两个最为令人震撼的荣誉时刻，一是自杀；二是他对被处死权利的坚持，而要处死他的，正是他所要手刃的那位国王。 这两种情景都是非同寻常的，不足以驱动一种被普遍接受的规范。 埃尔纳尼的献身是出自直觉，而不是清晰而预先设定的规则。　他唯一拥有的规范就是甚为空洞的荣誉——这种蕴含着荣誉的规范，在他看来是必要的。　而席尔瓦最为令人惊叹的行动，在于他尽管被蒙骗却依然对作为客人的埃尔纳尼提供了保护。　他甚至让国王带走他所爱恋的埃尔维拉，而不是他所要寻仇的埃尔纳尼。　可以说，这是对荣誉的直觉感受使然，但是没有任何一种守则可以让人做出这样的行动。

因此，埃尔纳尼和席尔瓦的行为，似乎是荣誉这一规范的反常之举（在拉丁语系国家关于荣誉的规则中，他们的一些行为亦属反常，因为那种规则不容许以荣誉的名义来粗鲁地对待埃尔维拉）。　不过，他们的动机看来绝然是规范性的。　这些人都是道义论的直觉主义者，他们直觉的力量存在严重的缺陷。　《埃尔纳尼》的故事带出了一个反常的结论：一个含糊的、任由直觉处理的荣辱规范或其他的规范性规则往往是反常的，即使它具有很清楚的规范性；而一个清晰的、能够非常直白地指示行动的规范，却可能成为社会或亚社会的建构力量。　但是，这样的规范却可能无法激发清晰的、规范性的道义感，这是因为实质性的社会激励发挥了作用，它们使得遵从规范成为规范遵从者的利益。　如果规范不是以结果为导向的，那么只有变质的规则才能够作为规范发挥作用。

附带说明一下，威尔第对《埃尔纳尼》的创作似乎也是依照其荣誉的规则行事的。　首先，他用美妙的音乐拯救了浪漫的愚昧。　其次，瓦格纳让特里斯坦（Tristan）这一角色整整花了一个小时才离开人间，而用爱德华·汉斯力克（Edurad Hanslick）的话来说，埃尔纳尼的死亡则是"轻快的"。[12]

仇杀

仇杀也是一种荣誉规范，它似乎是一种更为广义的决斗规范。　它作为一种规范并不属于一个特定的社会中的特定的阶级或群体，但可以激发不同地位和阶层的人的行动。　人们通常认为，在一个法律匮乏的世界中（比如科西嘉以及中世纪的冰岛），仇杀能够带来秩序。[13]它意味着"为逝者复仇"。[14]实际上，如下文所述，在德拉·雷比亚（della Rebbia）和巴里西尼（Barricini）家族控制下的科西嘉，由于地方法律本身是无效的，获得对假定的法律机制的控制权只是在持续的家族世仇中占据上风的一种手段。因此仇杀能够为无政府状态带来秩序。在这个意义上，仇杀规范似乎是一种有利于更大社会的普世性规范，它不仅仅有利于要报仇雪恨的个人或者家庭。

仇杀规范似乎总是出现在一个国家强制力很弱的社会之中。它提供了一种集体好处：执行命令，这几乎有利于社会中的每一个人。类似地，决斗也产生了一种集体好处（表明贵族的特性），但是这种集体利益具有寡头的特性，只属于社会中的一小部分人——实际上，这种利益来源于对其他群体的排斥以及寡头的特权。作为对国家的替代，仇杀规范调控着个体间的关系。尽管它也能在一个阶层内部起作用，但它所调控的往往不是阶层间关系，而仅仅是某个阶层内部的个人间关系。[15]

仇杀作为一种调控力量有什么好处呢？在《世仇下的和平》一文中，人类学家马克斯·格卢克曼（Max Gluckman）描写了无政府状态下世仇关系如何相对成功地维持和平。在他看来，世仇能够维持和平，这是因为人们之间总是具有交叉性的关系。人们在某些事情上是仇家而在另外一些问题上却可能是盟友。比如，在非洲的努尔人（Nuer）社会，一个男人不能与一个和他具有近亲关系的女子结婚，这意味着，为了娶妻成家，他就必须友善对待他人。格卢克曼注意到，一些非洲人总是在谈论其他的群体而非自己："她们是我们的敌人，我们迎娶她们。"[16]因此，在他看来，那种认为世仇导致持续不断的冲突的观点是值得质疑的。[17]

与格卢克曼对无政府状态下仇杀的看法不同，人们在阅读古代冰岛传奇故事的过程中，难免产生一种对常规化屠杀的恐惧感——世仇下的和平是建立在滥杀无辜的暴力和死亡的基础之上的。在科西嘉、黑山和阿尔巴尼亚等地方，出现了更为现代的复仇行动，它们也并不投合人心。[18]而且，仇杀总是被导入诸如家庭、家族或者社区这样的群体，于是它作为一种规范也就遭到了扭曲，成为一种用以保护自己的群体利益的排他性规范。 人们在保护本家族的利益（不管对或错）的过程中，通过仇杀规范来惩治错误行径并公正地管制冲突的原则也就被践踏了。

人们期许仇杀成为一种能够调控个体间关系的规范，然而与此相反，它总是调控着家庭、家族、部落或者其他的群体间的关系。 仇杀实质性地变成了世仇。 从第三章和第四章的讨论中，我们可以知道这种演化有两个根本原因：首先，群体总是能够更好地了解其内部成员而非外部成员的信息；其次，群体如果要对成员负责的话，总能有更为直观的理由去规约其成员的行动。

出于这两个原因，个体责任和群体责任出现了微妙的混合。 在我与对方群体中任何一个个体的互动中，我可能把对方的整个群体作为责任方。 而在你与自己的群体的内部互动中，你只是把群体中的个体作为责任人。 事实上，你所属的整个群体可能为其中某些成员的行动负责，比如说，一个家庭中所有的男子可能都会加入到报复另外一个家庭的血腥行动之中。 但是，即使对方群体中的某些人并没有出场或采取行动（或许甚至有人已经离开了社群），我也可能把包括他们在内的所有群体成员都作为责任人，对此，对方群体中的有些成员也许只是在承担替代责任。 要让一个群体整体性地承担责任，总能找到一个好的理由。 群体能够强制一个恶棍改变行为，这部分地是基于认识论上的原因，同时也是因为存在着利益上的关联。[19]

很不幸的是，只要两个群体互相交恶，它们就容易增加仇视。 它们沦陷于排他性规范的动机以及认识论结构之中。 作为宗派的一员，我受惠于群体成员之间的善举，依赖于群体其他成员的保护，因此，我的行为就愈加受到本群体知识的狭隘约束。

不仅如此，因为仇杀的规范和利益纠葛在一起，这种规范就可能被操纵。 族际仇杀的规则可能会被用来合法化某些政治的或个人的行动，而这些行动本来是不具有正当性的。[20]

对于普罗斯佩·梅里美（Prosper Mérimée）在《高龙巴》中所描写的仇杀关系，我们不妨多作分析。 高龙巴成功地把她那已经脱离了科西嘉社群关系的哥哥奥索拖下水，卷入到德拉·雷比亚和巴里西尼家的世仇之中，后者被认为是谋杀雷比亚的凶手。 如果奥索有仇不报，高龙巴肯定会引以为耻，甚至与其脱离关系。 高龙巴的行动似乎就是被仇杀的规范所支配的，而奥索的行动则被高龙巴所驱动。 实际上，在复仇之后，高龙巴很快陪伴奥索及其英国新娘离开了她的社群。 然而，她又把仇杀的规范施加在一个弱不禁风的老人身上，这位老人和高龙巴父亲之死有关，但是他自己的儿子却已经被奥索所杀。 她告诉这位老人，不要对其儿子的死亡有所怨言——因为，她父亲被杀的时候，自己还很年轻，而与此不同的是，老人家的儿子被杀的时候，他已是风烛残年的人了。[21]在整个故事中，高龙巴在那一刻的言行最令人震撼——因为，对于一个看来已经脱胎换骨、一个实际上已脱离仇杀文化的人来说，高龙巴身上所体现的显然是一种普遍化的、抽象的仇杀气质，一种纯粹而朴素的规范。

这些人身上丑陋且愚昧的价值观让奥索的英国知己内维尔小姐感到惊骇不已。 而在奥索看来，科西嘉人践行仇杀的习俗——如同本章开篇警句所言——与愚昧无关，而是一种残酷的传统。[22]对此，一个霍布斯主义者也许会退一步说，正是因为政府不到位，才让这种残酷的惯例大行其道。

仇杀和决斗有很多共同之处。 首先，正如奥索所言："如果一种事端不曾以某种合适的形式被制造出来，人们之间永远不会互相残杀。"[23]较之于残忍的报复和谋杀，仇杀是一种奇特的、文明的问题解决方式。 其次，一个人不遵从仇杀习俗，这可能给他带来社会性的损益，正如不遵从决斗规范会给19世纪末之前的欧洲贵族社会带来损益那样。 在奥索的年代，"给他兰贝科（rimbecco）"，意即让人当众遭到羞辱，是当时人们所能给予科西嘉人的一种最为严重的攻击。[24]这样的攻击催人雪耻。 人们要把仇杀这种规范以某种"合适的方式"广而告之，如果不能遵从这一文明的细节，那也会成为被指责的口实。但是，这只是规范中的一小部分。 最重要的问题在于，为什么仇杀规范是如此令人服膺，"兰贝科"何以成为一种道德上的攻击？

问题的部分答案或许仅仅是，人们就是会对伤害自己的人怀有仇意。 这种惩罚的冲动是一种真真切切的力量，它常常扭曲了现代社会中的法律和秩序的辩论。 这或许可以解释一种古时之见——即便是没有生命的东西，如果它给人们造成伤害，也难逃惩罚。 这种观点似乎也是孩子们自小就有的。 但是，让高龙巴备受煎熬的复仇冲动，实非现代人所能比拟。 很显然，高龙巴的冲动是社会情境的产物。 那么，它仅仅是一种社会氛围和习得的结果吗？ 或者说，是某种社会情境为她的复仇提供了强大的激励吗？ 社会氛围至少是其中的部分原因，而关于这种氛围对高龙巴及其乡民的影响，其中的因果关系或许可以借助相关的心理学理论得到解释。

然而，让我们转而考虑一下高龙巴行为背后的利益因素。 在她那个小社区之中，家庭之间为了家族优势而互相争斗。 高龙巴所采取的仇杀行动正是针对那个在她看来谋杀了其父亲的家族，而且这个家族与其家族世代结仇。 如果要找到那个杀害其父亲的凶手，那么这个凶手无疑就是巴里西尼家族的族长。 然而，能够实际上给高龙巴的家庭带来伤害的，却是这个家族的儿子们，那正是高龙巴所要下手仇杀的对象。 只有对他们斩草除根，她自己的家族才能有一个安全的未来。 如果她留在科西嘉并且结婚生子，那么不清除巴里岂尼家族的男性，她的孩子们的安全就没有了保障。

蒙太古家族和凯特莱普家族、哈特菲尔德家族和麦考伊斯家族，以及德拉·雷比亚家族和巴里西尼家族，冰岛传奇中的世仇以及其他在历史上或者文学作品中所见的仇杀，通常涉及两个冲突中的群体之间的利益问题——冲突常常缘起于对有限的地方资源和职位的争夺。 因此，与族群以及其他的群体一样，它们都践行排他关系，为争夺资源而发生冲突。仇杀通常演变成在两个敌对家族之间的战争连续剧。梅里美非常精湛地呈现出了这个科西嘉的仇杀故事，他让奥索的魅力感染了内维尔小姐的父亲，随着内维尔这位退休英军上校对奥索过去的战斗经历的了解，奥索的魅力也与日俱增，之前的敌意促成了他们的友谊。不过，在那个时候，他们之间并没有与领土有关的个人恩怨，而领土的纷争催生了英国与拿破仑政权的战事。

梅里美评论道："一个人被敌人所谋杀，但是一个人为何拥有敌人却通常不得而知。"[25] 很奇怪的是，德拉·雷比亚家族和巴里西尼家族的人，他们能够为了捍卫科西嘉人的尊严而在海外联合起来并且成为亲密的朋友，而回到科西嘉之后，他们就彼此分裂并互相敌视。他们和内维尔与奥索的关系恰恰相反——在后者那里，由于双方都脱离了战争，之前的敌人变成了朋友。

为什么两个科西嘉的家族会互相敌对呢？也许更为有趣的问题是：那种敌意究竟是怎么发生的？又是如何维持的？一旦有或多或少是偶然的事件发生并造成了两者的敌意，双方就很可能会把敌对的惯例维持下去，这是因为，在仇杀文化中，彼此都不相信对方会一笑泯恩仇。德拉·雷比亚家族和巴里西尼家族发现，他们在更大的国家政治上是针锋相对的，结果他们也在地方政治层面上分庭抗礼——在相对贫瘠的地方层面上，对资源和权力的争夺更为激烈。因此，他们总能找到敌视对方、为一己之利而先发制人的理由。

表面上看，仇杀似乎比决斗更具普世性。概而言之，仇杀可能在实际上产生了更广泛的社会秩序，但这只是保护群体利益的结果而已。因此，仇杀所具有的能量来自某种排他性规范而非普世性规范。仇杀的盛行，只不过反映了这么一个事实：亲属关系和宗教、语言和种族一样都能够造就群体差别。相对而言，宗教、语言和种族定义着大群体，而亲属关系——即便是人类学家笔下的那种亲属制度——所定义的通常是小群体。

为什么仇杀终究能够在小群体的层面发挥如此强大的威力？这里

面有三个因素。 首先，在那样的层面上，人们出现了某种特定的、担心被复仇的忧虑。 因此，在这种情境中，先发制人具有致命的诱惑力。 在古代冰岛的世仇传说中，索斯达森斯（Thjostarssons）要让山姆（Sam）去杀死赫拉夫科尔（Hrafnkel），而不仅仅是去折磨他，这是因为，折磨只会激发他去雪耻复仇——多年之后，赫拉夫科尔果然做到了。[26]

其次，在那样的层面上，个体能够从特定的复仇行动中得到特定的好处。 大致根据敌意的大小，而非根据他们与自己丈夫之死的关系，古德龙（Gudrun）把她所要仇杀的男子加以排序。[27]由于遭到一次轻微的冒犯，耐尔森斯（Njalssons）想要杀死瑟润（Thrain），其父亲建议他们应该制造被侮辱的口实，以便他们的致命报复显得出师有名。[28]在高龙巴的故事中，她雪耻的欲望和她剔除巴里西尼家族的威胁的利益考虑也是纠缠在一起的。

再次，一旦复仇行动展开，它就会被有限的认识论所强化。 敌意导致或者说恶化了群体之间接触的有限性，因此产生了更大的漠视和更大的怀疑。

不幸的是，实际中的报复行动或许总是有扩大化的倾向，至少在最早挑起事端的人看来是如此。 同样地，对于报复行动的报复可能会更加严重，至少在最初采取报复行动的人看来是如此。 报复行动就这样升级恶化，导致了家族或者群体之间的世仇。[29]在古冰岛诗歌《尼雅萨迦》（Njáls saga）中，一个妇人只要对她在宴会上的席次安排表示反对，便会引发一场两个派系的殊死决战。[30]

由于判断分歧可能造成冲突升级，对此威廉·伊恩·米勒（William Ian Miller）提供了一个精彩的解决之道。 当一个挪威商人砍下冰岛人司卡灵（Skæring）的一只手后，古德蒙德（Gudmund）（司卡灵的一个亲戚）的人提出了一个摆平方案：他要求对方赔付 3 000 元来解决这个挑衅所可能带来的报复行动。 对于是否接受这只冰岛人的手的价格，挪威人表示犹豫不决。 进一步的讨价还价未遂，于是，古德蒙德说他愿意帮助付给司卡灵这 3 000 元,不过条件是:"我可以从挪威人中挑选一个与司卡灵相近的一个人,并且砍掉他的一只手。 然后你们自行决定赔付多少钱给这个人。"很显然,挪威人开始意识到自己双手的不可或缺的重要性,然后他们就接受了这个摆平方案。[31]一个群体在与另外一个群体发生冲突的时候,总是受困于某种认识论的偏差,在这个摊牌过程中,古德蒙德找到了克服这种偏差的方法。 古德蒙德逼迫挪威人以近乎抽象、平等的说法表达这个问题,使他们像对待自己人那样对待冰岛人。

如果仇杀只是在普遍意义上用于解决某种特定的挑衅,那么这四类规范的强制力都不可能显现出这么大的作用。 实际上,正是因为上述的这些原因,仇杀演变成了持续的世仇,成为一种排他性规范。 最终,自我利益和曲解的认识论决定了仇杀规范所可能具有的内容。 如果是这样,那么与格卢克曼的"世仇下的和平"论相反,我们应当认为,在一个被仇杀规范所调控的社会中,暴力行动将颇为严重。 在那样的社会中,义无反顾地压制非我族类能够带来强大的利益。 在如上的冰岛传说中,山姆太过于愚钝,以至于他看不到杀害赫拉夫科尔所能给自己带来的好处。 所有的巴里西尼族人也许都想要德拉·雷比亚家族的族人去死,反过来也是这样(德拉·雷比亚家族最后成功了)。 如果有一个能够约束所有人的法律体系,所有的这些人也许都会过得更好。 和霍布斯的自然状态相比,那个自有其特定亚规则的社会虽然不那么令人绝望,但它们却是卑鄙的和凶残的。

顺便提一下,比起科西嘉岛上的世仇,古冰岛的复仇可能更适合用来维持广义的秩序。 在中古时代的冰岛,如果相关一方拒绝提供帮助,仇杀是可以被终止。 由于仇杀的对象可能被其家族成员所护卫,一个寻仇者也需要依赖帮手来完成仇杀事业,这就形成了一个重要的约束。 在科西嘉个体化的情境中,谋杀通常是通过伏击来完成的,无须他人的帮忙,这样,亲属的支援就不是仇杀的一个必要条件。 因为责任是集体性的,对于那些被认为有责任去参与仇杀的人来说,如果他们没有被说服的话，他们也就有理由拒绝采取行动。 在一场迟迟推延的仇杀中，赫拉夫科尔为兄弟雪仇。 索斯达森斯人七年之前就请求山姆杀死而不是折磨赫拉夫科尔，当他们想起这一点，于是拒绝了山姆的求助。[32]

比起依靠单打独斗的复仇制度，仰赖大量人力的复仇制度也许更为稳定、更不血腥。 当后者发挥作用时，冰岛的复仇制度就更能凸显利益的因素，尤其是它能够把个体和集体利益联结在一起。 然而，它也很可能受制于更大的政治动员，这种动员把冰岛文明拖入了 13 世纪的血腥内战之中。

天主教和犹太教的罪责

罪责感在日常生活中非常重要。 人们可能不假思索地以为，罪责并不是一种规范，而仅仅是一种遵守特定规范的动机。 但是，罪责感却因人而异，而且因文化差别而有所不同。 这种流变性不仅仅与激发这种罪责感的规范有关，罪责这种感受本身便是流变的。 人们或许可以貌似合理地相信，罪责感是罪责规范所产生的。 倘若这种规范要发挥作用，它就必须被某种强制力所创造、激发并予以维持。 一种规范如非自我强制，或者依赖罪责感或其他外在于该规范的动机得以实施，那么它只有被强制力所支撑才能发挥出激励行为的功能。

从理想意义上说，罪责可能具备两种形态：群体特有的和普世的。正如驾驶惯例不可能完全契合纯粹协作规范的理想模式那样，实际中的罪责规范可能与理想类型也不能完全吻合，不过我们可以说，犹太教和天主教的罪责形态各自符合上述两种理性类型的特征。 群体特有的罪责规范具有强化群体认同感的间接功效。 因此，它作为一种规范便具有了差别或区隔的功能。 下面，容我冒着歪曲原意的风险来简要地概括这两种不同的罪责规范的特征。

在理想类型的意义上，天主教的罪责发生于个体和上帝或神之间。阿纳托尔·弗朗斯（Anatole France）在他的《吾友之书》（*Le Livre de on ami*）一书中对天主教罪责的分析最具概括性，也最为纯粹。[33]皮埃尔

(Pierre)这个十岁的孩子(显然是弗朗斯的化身)面临着一则严酷的难题：他必须每周到学校的牧师那里去忏悔——然而他实在没有什么事情需要忏悔。 有一本关于原罪的书供他查阅，但这无济于事——他无法理解书中所讲述的原罪。 忏悔的本意是为了表达自己对原罪的耻辱感，但是他却为自己无事忏悔而感到羞耻。 很快，他得到了一个灵感——折腾自己同学方特耐(Fontanet)的帽子。 自那以后，他每周都自创点花样去折腾他人。 有了这有预谋的罪行，他就可以忏悔了。 很显然，所有的一切都源于这一事实，即他必须与作为神的代言人的牧师进行沟通，这是一种普世性的要求。 对这个问题的处理，皮埃尔并不曾与他的同学或家人商讨过。

相形之下，犹太教的罪责并不需要借助上帝的正式代表来表达。他是由社群成员——尤其是家庭成员——自发处理的。 管理一个人的罪责的最重要的人通常是其母亲，但是也可以包括其他执行者。 传统上，犹太教的罪责是有性别区分的。 男子被认为对社群负有责任，他们在不同职业中的成功是社群的利益所在(这是一个难以企及甚至不可能的要求——因为人们永远无法满足社群的需要，尤其是处于离散状态下的社群)。[34]而女子则被认为要恪守并维护家庭之道。 如今，由于女权主义的影响，一些社群中的犹太女子有了双重担当，她们对社群和家庭都负有责任了。

在天主教的罪责观中，教徒的罪责感建立在当下或者孩提时所形成信仰的基础上，这种信仰相信来世的报应。 这种规范横跨于上帝和个体之间，它具有"类二元关系"的性质，这使得它虽然具有普世特征却还能十分强劲。 即便对于一个堕落的、并未诚心信仰死后报应的理论的天主教徒来说，孩提时的信仰还是可能带出强劲的感受。 而在犹太教的罪责观中，个体如果违反规约，那么他得到的将是一种现世报，他的惩罚是根据统御着社群的、排他性的规范来实施的。

罪责的理据

我们说一个人对某种罪行有罪责感，一般是指这个人制造了一些他不应该制造的后果。 在道德生活中，一个人的罪责感来自其恶行，这意味着此人的行为导致了一个不好的结局，或者是说他破坏了某个道德规则。 类似地，在民事法中，如果人们无意中做出了违法行为，但并未导致严重的后果，人们也会对此感到罪责。 比如，我超速行车或者未能按照信号灯指示而停车，面对交通法的规则，我会感到罪责，虽然这些行为没给他人带来什么损害（在一些司法实践中，实施逮捕必须基于当事人的行为给他人带来损害的事实，而不仅仅是诸如超速这样的行为本身）。

　　上述两种罪责形式有着重要的心理学意义上的差异。 如果我的罪责来自行为所造成的伤害，那么，即便在伤害造成之前我看不出该行为有任何过错，我也会认定这种行为的错误性质。 比如我可能会因为事前考虑欠周而非事后的具体情况而感到罪责；如果我的罪责来自违规行为本身，那么，即便我通晓法规，而且也知道某些行为是违法的，但是只要违法了，我就会欣然对此承担责任。 当然，我也可能认为存在一些缓冲的情况——比如说，在我的行动情境中，本人的行为与另外某种规则可能发生冲突。 但是，如果是因为认知不足或者疏忽而违反法规，那么我的罪责感可能就会很微不足道，甚至不觉得应该自责。

　　对于道德理论家来说，这种区分似乎是在激发一场结果主义论（基于结果的）和道义论（基于规则）的辩论。 不过，我的目的却在于探索罪责的心理学，由此来理解它作为一种规范在调节社会互动中的作用。其中的一个核心问题乃是罪责感和"因果责任"（causal responsibilities）之间的错位。 我所关心的是辩论双方都能感受到的所谓的"罪责合理性"（reasonableness of guilt）。 一个行之有效的规范，能够促成一些合理性的行为模式或达成一些合理的后果。 如果罪责具有合理性，罪责规范就应当能够带来更好的行为。 不过，一种规范也可能逾越合理性，从而造就不合理的行为模式。

罪责的早期训导

文化可以从两个方面塑造罪责，一方面是有意为之，另一方面是通过某种价值观和实践附带为之。 意大利及西班牙的天主教社群和犹太人社群拥有两种独特而强劲的罪责规范的文化。 天主教和犹太教的罪责都能正确地发挥作用，然而它们也都能出差错。 天主教的罪责通常是刻意植入的。 在理论上，如果罪责感必须由犯错主体自行判断和确认，而非由一个反馈灵敏的、执行规范的社群来把握，那么要教导人们去接受一个普适性的规范（即人们应该在何时感到罪责）似乎就是难以做到的。 然而，在很大程度上，作为理性类型的天主教式的罪责正是如此被训导出来的。 这种罪责如果没有被教堂中的告解室制度所强制实施，它就会逐渐淡化，或者是转换为犹太人家庭中那种父母与子女的关系形式。

相形之下，犹太教的罪责似乎只是一种副产品，尽管它也会有一些高超的导师加以教化。 罪责通常是一种看似良好的操行或者价值观所附带产生的。 不言而喻，犹太教支持家庭成员关系，人们因此热切期许互惠关系，并对这种支持关系的失灵予以谴责。 不过，在极端的情况下，这种互惠支持几乎变成了一种自我影射的现象：人们须得支持那种支持性的结构或关系。 如下文所述，追求隐私或是试图保持生活中的部分隐私，这可能会被视为一种对互惠支持关系的冒犯。 人们批判隐私和离群自处这样的生活状态，于是，一个人便会因为其犯错意图以及有意或无意的犯错行为而感到罪责。 和基督教的父母、牧师或老师不同，犹太教的父母们要让小孩服从某些标准，他们并不需要刻意使用和培养罪责的感受，他们与小孩相处的实际生活方式或许就已逐步灌输了某种强大的罪责感。

在某些文化中，罪责规范是相对式微的。 比如我自己的文化背景（盎格鲁-撒克逊、爱尔兰、胡格诺派教的移民文化）就和罪责没有什么关系——当然，有人可能据此认为这是没有文化的表现。 我依稀记得，有一次和来自不同学科背景的同事共进午餐，当时我说本人不曾受到罪责感的困扰，一个爱尔兰的天主教徒表达了她对我这种"态度"的支持，继而，我们展开了基于不同文化背景的长篇讨论。 那天晚些时候，一个犹太裔的同事对我说道："你不曾困扰于罪责感，也许是因为你不曾做过任何错事。"我会心地笑了——仿佛她是在开玩笑，仿佛那只是犹太教的罪责感在作祟。 在我看来，我们对这种客观罪责行为的不同认识导致了她有某种罪责感而我却能免于这种压力。

不过，她可不是在开玩笑。 从某个特定的角度来看，她的话或许不无道理。 错误行为的规范本身就是由社会来界定的。 针对各种行为——包括那些相对平常或甚至难以避免的行为，以及那些普通人力所不能及的或是不该触及的行为——犹太人和天主教的文化制定出了许多是非曲直的标准。 举个或许颇为极端的例子，我的一个犹太人的同事曾提及她的妹妹在小时候如何在屋子里面寻求隐私的经历。 这一行为冒犯了她的母亲——在母亲看来，这种行为无疑是错误的。 然而，对于这个小女孩来说，这么做在某种程度上貌似并没有什么不好，至少她自己觉得挺好。 人们发觉他们自以为正确的事情实际上却被认定为错误的，再也没有比这更能催生令人困惑的罪责感了。 从这个遭遇中，我们可以看到，一个人难以成功地评估自己的罪责，乃是因为他自己不能评估结果的对错，或者说他无法评判行为的对错。 小孩可能产生一种普遍化的罪责感，而无法对责任进行因果推断。

因为有了深切的罪责感，人们对其可能的错误行为就会产生一种常态化的警觉，以至于预期的或潜在的罪责感能够规制并激励人的行动。普遍化的罪责感与特定行动的错误性感知无关，它无法用以激励道德行动。 如果规范太过于普遍性，它便难免放任自流、无法捉摸。 倘非如此，普遍化规范或许可能与一些错误的行为对象有关。 比如，当小孩的行为被家长责备之后，无需家长和小孩的任何行动，家长的出现就能够让小孩产生罪责感。 这样，人们对普遍化规范的关切并不能成功地调控行为，它所带来的只是预料之中的责备。

加尔文教的预定论教义（宣称有些人死后得救是生前就注定的，而有些人是被选择的），意味着获得救赎的特定个体其实是无所谓的——既然只有上帝的"恩典"才能决定命运，那么个体依靠自己的行动便无功可邀。 这似乎也意味着，救赎和道德在逻辑关系和因果关系上没有关联。 预定论教义恐怕是针对原罪论这一集体观念的一种最为冷酷的回应。 如果原罪论是这样，那么种族主义和其他类型的预判何尝不是如此呢？ 由于原罪论并不据理于个体的行动和能动，它便无法理性地激励那些奉其为圭臬的基督徒。 和预定论一样，原罪论是一种抽象的和知性的东西，它与人的行动及其道德没有逻辑关系和因果关系上的关联。 但是，可怕的是，它依然能够激发出某种罪责感，而那种罪责感必定是普遍化的。

值得一提的是，这样的宗教信条彻底地被人们道德化了，由此成为罪责感的一个来源。 通过误导与真实的行动问题之间的联系，这些信条似乎获得了巨大的能量。 如果这些信条在人们小时候就已被印记在心目之中——一如安斯康姆（G. E. M Anscombe）所建言的那样——它们也许就很有可能容易地自我延续下去。[35]关于原罪和个人的罪责理据之间的推定关系，个中的非逻辑性是一个小孩子所难以辨析的。

小孩的哭闹侵扰了父母或者是让他们感到尴尬，这样的利益冲突就可以招致惩罚行动。 在这里，我们可以再次看到，罪责感是可能被误导的。 但是，小孩或许不会因为这种冒犯而感到罪责，她会把惩罚看成是自己与父母之间利益冲突的结果。 或许，能否因此而产生罪责，要看这孩子在其他方面的罪责感的程度。 如果她承受着普遍化的罪责观念，她就会轻易地把其与父母（或者其他人）的利益冲突从道德上视为一种罪责行为，而似乎拥有自己不同的利益就是错误的。 一个没有被普遍化的罪责观所驯化的小孩，则不太可能把利益的冲突道德化。

早期罪责感的心理残余

假定我信奉上述解释，我继续承受着普遍化的罪责感的痛苦，这算是一种理性行为吗？ 在某种抽象的意义上，人们也许不以为然。 但是，正如我们在第三章的核心部分所论述的那样，这的确是一个认识论的问题。 因为我对罪责感的理解是从过去的经历中习得的，而且在某种程度上，这种理解具有心理发展的意义，因此，当我用不道德的手段谋得自己的利益或损害他人的利益的时候，我就不能选择不罪责自己。恰恰相反，我只能采取一种罪己的行动方案，这种方案可能不会在一般意义上符合我的利益，尽管它能够在当下符合我的利益，亦即缓解我的罪责感压力。

罪责是人们在可用的理论框架下对事实进行理解的结果，从这个意义上说，一个人的罪责感的发生过程也许是理性的。在此后的生命历程中去接受另一个理论，这并不能自动修正早期的理解——支撑这种理解的证据早就被遗忘了。[36] 更广义地说，我所知道的和所经历的都不足以让我自行获得正确的理论，如果我从文献中去获取更好的理论，我可能发现它们都是纸上谈兵。果若如此，我便很难让自己去接受一个廉价的理论并将其奉若神明。我更倾向于成为一个休谟式的怀疑主义者：我几乎质疑一切事物，包括人为何要有罪责感的问题。然而奇怪的是，我当下的社会关系是令我感到适意的，对此我深信不疑（当然，我也可能相信这些关系并不那么美好）。这种适意性大多具有认识论上的依据，因为我熟悉这个社群及其成员、行话、社群的期待，以及大家都知道我名字的酒吧，于是我可能会发现，如果我的社群关于罪责的观念合理地支持了整个社群的话，那么比起其他的选择，它就更加适合于我。许多人（甚至大多数人）似乎都接受了这样的论断。

罪责征候的文化残余

在罪责感所根植于其中的更大的文化价值观衰变之后，或者是当它所生产的观念不再令人信服，罪责可能作为一种文化残余而存在。犹太人的罪责观念也许不再具有存续的价值。这种观点未必导致社群的灭绝，但它可能与下一代中几乎所有人的利益都格格不入。但是，犹太人罪责规范的担当者对这种观念的强化，并非为了实现其功能效应。恰恰相反，罪责感被实施，是因为担当者们相信它们在道义和宗教意义上的正确性；因为他们除了遵从共同体规范之外没有别的任何想法；抑或是因为他们实在难以根据一个替代性选择进行协作。在这三个理由中，第一个原因体现了一种规范性的约束，第二个原因是认识论意义上的约束，第三个原因则是策略性的约束。 在这里，让我们来更为广泛地分析其中的第三个原因。

一个社群在整体上遵行某种特定的规范，这可能造成一个行动困局：即便社群规范对成员来说具有破坏性，多数成员也不可能从单方面的退出行动中获得好处。 比如，真正地打破犹太罪责感，也就意味着个体与这个社群的决裂。 对于一个迟暮之年的人来说，打破犹太罪责感所付出的这种代价实在太大，不值得这么做。 即便是对于一个年轻人而言，想要脱离这个社群或者说破坏、遗弃与社群内特定成员的联系，那也是件很痛苦的事。 同样地，要让一个18世纪的贵族与决斗规范决裂，那势必要付出十分痛苦的代价。

相形之下，与天主教罪责感的决裂却可能没有这么严重。 在天主教的信仰之下，人们生活中的共享愿景以及核心的规范都是普世性的，而非社群甚至家庭导向的。 在社群主义者看来，社群具有内在的特殊性，因此普世原则是它的腐蚀剂。 在意大利和西班牙的社群中，还有一种似乎被宗教规范所绑定，但是又能够独立存在的规范。 那种规范包含着对母亲的敬重，或者是一种母性的观念，它能够直接地强化社群的力量。 因此，比起法国或德国的天主教文化，意大利和西班牙的文化更具有社群性质。 尽管如此，作为罪责感核心的宗教规范仍是普世性的，个体打破这种规范的约束并不会给个体在社群内的生活带来灾难性的影响。

在犹太教罪责感调控下，家庭层面，也许还包括社群层面，出现了严密的凝聚力。 天主教的罪责感也可能产生这种凝聚力，但充其量是通过天主教徒所共享的对错观念来实现的。 略为夸张地说，在理想意义上，天主教社群的孩子的成长过程受到其与上帝及其代理人的一对一的契约的调控；而犹太教的孩子的成长过程则受到与其母亲之间的一对一的契约的管制（这种一对一的契约，也可能发生于孩子与可能成为其母亲的替代者的成年人之间——比如，亲戚、邻里乃至更疏远的关系）。 犹太教的罪责征候，不管激发了怎样的冲突，它依然造就出强大的家庭乃至社群的内聚力。 这种强大的共同体内聚力也许是各种犹太文化和社群的类型在两千多年的离散生活中得以存续的主要原因。 面对同一时空背景下具有霸权性质的文化，一个社群如果没有类似于犹太教的罪责感，就很可能轻易地被前者同化。

如果理解了罪责的早期驯化的心理残余，我们就能推算出集体残余的程度。 鲁思·本尼迪克特认为，西方社会正处于一个从罪责调控转向耻辱调控的文化转型之中，这在人类学家看来是一种奇谈怪论，因为她所研究的是孤立的、传统的社会——在那种社会中，驱动正确行动的主要是羞耻感和荣誉感，而非罪责感。 不管怎样，羞耻感和罪责感在西方社会中的调控功能是不能同日而语的。

实际上，至关重要的转型是从罪责调控转向利益调控，以及包括羞耻感在内的其他各种社会规范的调控。 这些规范中的一部分可能服务于某种利益。 这个转型或许不是整齐划一地把罪责调控置换为其他形态的调控。 恰恰相反，在某种意义上，罪责调控可能无须被置换就自我衰竭了。 随着罪责规范的式微，那些曾为它支配的秩序就会被削弱甚至瓦解。 如果说罪责曾有效地支撑着某种社群联系，那么，随着罪责的式微而且没有其他的规范取而代之，社群的联系就会弱化或者解体。

黑手党与国家

制度通常都包含着功能性的激励系统。 在这方面，作为组织的黑手党堪比国家。 但是，黑手党的成功秘诀当然在于它保持了其相对于社会的差异性，而国家的成功则在于它能够把权力渗透至社会中几乎所有的人。 因此，黑手党的服从规范是一种差别性规范，而国家的服从规范则是近乎普世性的。 在这里，黑手党和国家均值得仔细分析，不过，这并非因为它们都需要使用规范来激励服从行为，恰恰相反，它们似乎都不依赖规范。 当一个人决定是否要背叛黑手党或践踏法律的时候，他或她也很可能面临着某种压倒性的效忠或守法的激励。

黑手党的兴起，似乎是对西班牙在意大利南部的残酷统治的一种回应。通常，那样的统治方式不是进行掠夺或者收编，而仅仅是压制。这种统治方式减少了政府的职能，使之变得对大众不负责任，结果，互不信任成为家庭之外的人际关系的常态原则。由于社会中没有多少秩序，在竞争性的演化过程中，黑手党便发展为西西里岛社会生活中的主要支配力量。[37]

黑手党的"拒绝作证"（Omertà）貌似一种规范，它维持着群体的权力。"拒绝作证"也许是"蒙羞"（humilità）一词的扭曲，它或许也衍生自"人"（Omu）一词，意味着人们要对组织的行动予以保密，借以表示对组织领袖的敬重。黑手党要对该组织以外的社会以所谓提供保护的名义横加勒索，而这往往会招致后者的反抗，所以黑手党的成员须得保持缄默。在被警察调查的过程中，缄默尤其重要。"拒绝作证"不仅仅适用于黑手党的成员，而且也包括其近邻的所有人。当国家官员前来调查村落中的犯罪问题的时候，村子里的人必须三缄其口，否则就会大祸临头。[38]

"拒绝作证"是一个复杂的原则，因为这种行为所发生的情境通常也包含着强大的反向动机，激励着人们去打破缄默。假如我是一个黑手党成员，保持沉默可能让我因为某个罪行而坐牢多年；然而，如果我开口揭发，结果就可能是被从轻发落。因此，仅仅被黑手党社群排斥的威胁，并不能确保人们去贯彻"拒绝作证"的原则。快速清除才是更为有效的胁迫。如果我是深受黑手党迫害的一个村民，我会期待官员了解真相，但是比起因为讲真话而被暗杀，我宁愿选择接受黑手党的淫威。通过胁迫那些可能违反其规矩的成员，"拒绝作证"得到了直观且刻意的实施。遵行这一原则的人越多，胁迫的力量就越是强大。

如果一种规范能够带来集体福祉——比如说为群体争取更大的权力，那么基于集体行动逻辑的常理所吁求的个体的自我利益的激励，便是不需要的了。于是，驱动这种规范的主要力量，可能就是针对个体违规而精心设计的惩罚。许多规范都具有自发的制裁力量，惩罚在一定程度上体现着社会互动的性质。 比如，那些不赞同我说话方式的人，可能会降低我们相处的快乐程度，我们就可能因此将其排斥在外。我们无须积极地去惩罚他们，只是觉得与他们相处索然无趣，故而尽可能地不相往来。 交通法对普通人具有惩罚作用——人们的想法是，如果有机会被逮个正着，那就不能超速，同样地，"拒绝作证"对于黑手党人也有这样的功能。 我们把"拒绝作证"视为一种规范，正如我们说弱者遵从不逞能凌强的规范。 在弱者之中，只有愚昧之徒才会认为自己会受益于这样的规范。

我在第四章中所提及的功能解释范式适用于对"拒绝作证"的分析。 如果 F 是 G(黑手党)所获得的更大的权力，X(拒绝作证)是规范，那么，"拒绝作证"帮助强化了黑手党的权力(条件之一)，这个更大的权力惠及几乎所有的黑手党成员(条件之二)，这进一步强化了"拒绝作证"的力量，致使一些异端规则无法与之抗衡(条件之三)。[39]"拒绝作证"与梅里美笔下的荣誉规范相似，在《马铁奥·法尔哥尼》(Mateo Falcone)中，法尔哥尼的规范发挥了排他性规范的功能，它保卫了科西嘉人，使之免于国家力量(通常是来自法国或者意大利的外国人)的介入。 为此，法尔哥尼采取惨烈的行动。[40]

对遵守法律行为的分析是相似的。 守法的人越多，对于那些违法之徒来说，警察的权力也就越大。 大多数人是遵纪守法的，这就赋予国家以更大的能力去处理囚徒困境中的边缘人群——亦即那些总想通过犯罪行为来渔利的、试图搭便车的人。 倘若有太多的人不遵纪守法，警察就丧失了控制这些边缘面的力量。 在纽约时代广场的庆祝新年的和平集会上，即便警方的路障一开始就能够成功地把聚众阻隔在离广场一个甚至更多街区开外。 然而随着聚众越来越多并冲击了路障，警察最终不再阻止聚众前行。 在那个时刻，人们一定会觉得警察显得愚钝而无奈，而警察也一定会自叹如此——他们其实很清楚，只要让第一个人通过路障，便会有第二个人要通过。 然而，少数的警察是能够阻止数以千计的人逾越路障的。

一旦失序足够严重，我们便可以理解这一事实：在路障被破坏之后，或者是在罗马尼亚的尼古拉·齐奥塞斯库政权以及 1989 年民主德国和捷克斯洛伐克政权的轰然倒台过程中，警察是多么的束手无策。[41]可以说这就是霍布斯对国家及其强制权力的见解：一丁点的煽动，甚至仅仅是一小步的改革，就能摧毁支撑国家秩序中的协作关系，从而导致国家的崩溃。[42]

规范的道德性

在奥索手刃仇家的两个儿子、为父报仇雪恨之后，当高龙巴邀请内维尔小姐去奥索的藏身之所看望他的时候，内维尔小姐如此回应："高龙巴，我觉得这并不适合。"口齿伶俐的高龙巴反驳说："我知道，你们城里的女人总想着什么是合适的或不合适的，我们村里的女人只思考大是大非的问题。"[43]乍听起来，高龙巴的区分是颇有道理的：内维尔小姐只考虑社会惯例，而高龙巴本人的行为体现出某种道义。 那些背弃了内维尔所珍视的 19 世纪时期英国品性的人们，也许会欣然支持高龙巴的立场。 其实，高龙巴不过是在狡黠地玩弄语言游戏罢了，她的所谓道义不过是另外一个社会中的惯例而已。 她的道义包括那可憎的、曾经被她强加给奥索的仇杀规范。 对她而言，把这种规范强加给奥索也是理所当然的，这不仅仅是一种惯例；它是天经地义的。 但是，在被这种道义所支配的社会情境之外，这种行为却是不可思议的。

一如我们对高龙巴荒诞的仇杀行为的分析，我们或许能够从理性选择的角度去阐释某种规范，但是这么做可能会淡化或抹杀规范的道德性。 要进行道德辩护，我们当然还得从一些道德理论或原理出发。[44]一种规范在某种理论中是道德的，但是在其他理论中却未必如此。 一种解决了纯粹协作问题的惯例（比如驾车规则），则可能在各种道德理论中都具有道德性。 在驾车规则的例子中，每个当事人的利益都和谐与共，所有的规则都值得去履行。 一个功利主义论者会很容易得出这样的结论：如果协作驾驶很好，那么驾车惯例就必然是正确的。 一个契约主义论者可能会主张，人们得通过契约来形成一个相关的约定，这样的话，即便实际的惯例走样了，人们也能有依据地去判断惯例的是非。而在约翰·罗尔斯(John Rawls)或托马斯·斯坎隆(Thomas Scanlon)这样的理性主义的契约论者看来，人们除了理性地接受一个驾车惯例，别无他选。 一个道德理论如果无法论证某个驾驶惯例的正确性，那么它就是值得质疑的。

然而，这里所讨论的规范，以及在实际社会中所见到大多数事关利益的规范，都不具有驾驶惯例的纯粹品质。 在各式各样的道德理论中，许多规范都是令人存疑的。 比如说某种差别性或者排他性规范，它通常有助于规制群体中的核心成员与边缘成员之间的利益冲突。 在社群主义者看来，这样的规范很有吸引力，原因就在于这些规范自发地符合核心成员的价值和利益，而这些成员的生命前景有赖于群体的繁荣和团结。 但是，这些规范的有效功能在于改变那些处在群体边缘、可能在某些方面离弃群体的人的行为动机。 规范的作用在于惩处群体中那些对群体离心离德的人，从而把萨曼·拉什迪(Salman Rushdies)这样的人挤压到分裂群体的边缘。毋庸讳言，许多人能够从道德上支持发挥这种功能的特定规范，但是，这些规范的道德性却难以令人服膺。 相形之下，驾驶惯例却没有边缘面可言——几乎所有的人都很可能支持或者顺从之，每个人都是这利益群体的核心。

为什么违背驾驶惯例这样的协作规范是错误之举呢？ 这既非出于契约论的原因——实际上，人们可能不需要签订什么契约，不管是显性的还是隐性的；亦非"道义论行动"的逻辑——实际上，在我们所有可能的行动理由中，没有什么东西是天然正确的，我们只能有条件地认定其中的某种理由是正确的。 违背这种规范之所以是错误的，很简单，这是功利主义的逻辑。 即便是对于一个从未参与过共同规范的外人来说，遵从规范也会被认为是正确的，因为违背规范就意味着损人，甚至是害己。 从道德上说，来自北美的驾驶者在澳大利亚就应该入乡随俗，左侧通行。 很显然，在这件事情上，特定的驾驶惯例是清晰无虞的，它几乎就是一种理想类型——它契合着具体的社会现实，因此是一种非同寻常的理想类型。 有些规范并不能够完美地满足所有人的利益，比如，金钱的价值就几乎体现了一种纯粹的协作规范。 但作为一种规范它并不纯粹，因为有的人可能会重新估量其未来的价值，并采取策略行动。 比如有的人可能进行套期保值，由此导致跌价；还有的人可能赌其升价，故而囤积居奇，减少供应——这种情况，与前面所说的千万富翁亨特先生的哄抬银器价格的行为是如出一辙的。

在实际生活中，社群常常会把它们的惯例升级为道德权利，这是一种从"实然"推导"应然"，从事实判断推导价值判断的错误。 它们会据此声称，违背共同体规范(不管它是什么)总是错误的。 这是一种无效的简单化推论，尽管它可能是出于诚意，或许也是受到认识论的局限。 有时候人们会认为，社群的规范值得尊重是因为它具有强大的效力。 我们在这里所讨论的亚群体的规范，看来比普世性规范具有更强大的自我实施能力。 在这个意义上，它们更为强大，或者说具有更强的持续性(撇开规范和群体都一样脆弱的情况不说)。 但是，这并不能说明它们在某种意义上更具有道德性。 不幸的是，在辩护这些规范的社群主义者看来，人们之所以能够坚守规范，只是因为它们能够通过其功能性的机制得到自我实施(如前所述)——正是这些功能机制使得相关社群中的所有成员都把遵守规范作为自身的利益。[45]遵守规范本身并不是一种道德考虑，我们也无须因其效能而对这些规范给予特别的道德敬重。

这种情况可能对于占优势的群体有利，但是很显然，一个群体对另一个群体占据上风，这并没有什么内在的道德可言。 即便是一个社群主义的道德理论家也不会对这种主导性的结果进行价值判断——毕竟，社群主义是反普遍主义的。

对决斗规范的某种辩护是浅薄且似是而非的——有些人会认定，决斗的权利取决于决斗双方的自愿参与。[46]如果双方都真的要承担决斗风险，那么决斗就只是他们自己的事情。与此观点针锋相对，我们可能很快抛出一个反对意见，即决斗还与其他人有关，所以如果决斗伤害了第三方，那么它便是不对的，正如奥古斯特·圣-克莱尔（Auguste Saint-Clair）的致命决斗，它摧毁了他本来要迎娶的那个女人的生活。[47]那种观点可能还有更为根本的问题。在当今的社会情境中，假使我接受了你的决斗之约，而且就决斗结果而言，不存在利益攸关的第三方，这样我们的决斗似乎是符合自愿原则的。但是，在决斗规范的鼎盛时期，如果一个法国贵族对另一方发出挑战——尤其是当着别人的面这么做的时候，这种请战对于另一方来说就立即变得具有压迫性了。[48]对于被挑战者来说，拒绝挑战令其无地自容，而接受挑战则要冒着失去生命的风险。除非我们把被挑战者的选择从更大的社会情境中抽象出来，实际上他并非能够自主地进行选择。更有甚者，如果一个人在相关的情境之中没能发出挑战，那么他就可能损失其社会关系，从而感到受压迫。因此，在一个盛行决斗之风的时代中，所谓的自愿决斗的权利，显然并不能自圆其说。[49]个体拥有一些权利并且受到这些权利的影响，按照通识，我们不能够把这些权利视为个体的本质属性。[50]

决斗制度本身才是具有强制性或非自愿性的。假如我们拥有一个国家机构去惩治不参与决斗的人从而强制实施这样的规范，我们就能够很容易断定，这个国家机器具有强迫性。一些自由主义者也许会坚信，如果决斗规范不是有人刻意使之违背攸关者的意愿，那么这种规范就不乏自愿性。[51]只要构筑强大规范的行动在道德上是可接受的，那么行动结果所形成的制度也是符合道德的。然而，认为参加决斗的前辈们都是自愿行动，并意外地创造了毁坏贵族生活的规范，这种立论并无可取之处。迫使我参与决斗的权利，乃是一种单边的破坏我的现状的权利。当我面对这样的挑战者，我的处境和普契尼笔下的托斯卡（Tosca）的并无两样。对于托斯卡来说，她和斯卡尔皮亚（Scarpia）的交易——从行刑队那里释放托斯卡的爱人，条件是她要委身于斯卡尔皮亚——实在令她难以抉择。 斯卡尔皮亚这么说："我没有以暴力逼迫你，你是自由的，请走吧。"[52]她可以自由选择的是离开或者屈服。因此，宣布决斗为非法是一种普世性的取向，如果反决斗规范的法律更早地得到施行，结果很可能是贵族会得到更多的自由。

超越利益的规范

有许多规范只是巧合地产生了排他效应，这些规范所关注的是大家都应该采取的标准行为。 比如，在不同的社群之间，亲子关系的规矩可能有实质性的差别，但在同一个社群内部，人们对父母的期待却是一致的。 只有两个社群的亲子规范互不相同，而且这种差异成了道德判断的理据，这种规范才成为社群间差异的标识。 在这里，让我们来考虑一下《让·德·弗洛莱特》（*Jean De Florette*）和《甘泉玛侬》（*Manon of the Spring*）这两部电影所展现的亲子规范，或者说是更广义的家庭忠诚。

为了他的侄子（也是其唯一的继承人）的利益，塞萨·苏贝朗（Cesar Soubeyran）不断地侵扰若望（Jean Cadoret）一家，使之一败涂地（如果村民们知道他是弗洛莱特的儿子，他或许会被称为让·德·弗洛莱特）。在摧毁若望的过程中，塞萨绝对是邪恶而无情的，他没有为对方着想，避免与之接触，从未直面过他，总是和他保持距离，他对若望的印象只是他那醒目的驼背。 苏贝朗唯一的关切是这个人可能成为他的侄子乌戈林（Ugolin）的敌人，于是，正如他要为威胁其侄子安全的狼设下陷阱那样，他要想方设法地除掉若望。

当苏贝朗后来发现，若望毫无疑问就是自己与旧爱的孩子（他的军旅生活阻隔了他和旧爱的姻缘），于是他只是想要帮助自己的孙女，亦即曾被自己鄙视的玛侬。 他也为儿子若望的死感到悲痛不已，所以只是想以死谢罪。他的性格不容许他去面对玛侬，并把事情交待清楚，他与她之间没有互惠的行为动机。无论如何，他或许认为他的错误在玛侬那里是不可原谅的，也是怎么也无法弥补的。

奇怪的是，若非是在自己的亲生儿子身上酿成大祸，苏贝朗的行动在他自己看来就不会是一个错（在他给玛侬的遗书中，他甚至坚信他的儿子会在上帝面前宽恕自己——很显然，他并不意识到这一事实，即若望或许不会受到村子里那种可怕的唯我论规范的驱使）。支配他对玛侬的态度的规范，也正是那个驱动着他去摆布作为外来户的若望的规范。由于信息的约束，他对于若望的迫害以及后来对这种迫害的愧疚，具有彻头彻尾的一致性。

正如讲真话和守诺言那样，家庭忠诚的规范似乎也是互惠和累积的。但是，如果这些规范不能推及下一代人，它们就很容易超越互惠关系中所包含的激励。苏贝朗宣称，他代表其侄子的行动实际上也是代表着家族在过去、现在和未来的利益，为了获取其侄子的信任，他誓言自己"本着所有苏贝朗人的利益"。[53]如果人们期待互惠关系，那么至少有一部分期待是处于更大的社群之中的。举例来说，作为父亲、小孩或者兄弟姐妹，我的行为如有失职，便就会受到外人的指责。当苏贝朗想着只有其侄子能延续其家族命脉的时候，他是没有任何被直接问责的压力的。

深刻地塑造若望的悲惨命运乃是另一种社区规范。在苏贝朗眼里，村民们不太可能看出其叔侄二人的不良意图，他们也不会帮助若望。他认为："这里的村民们并不插手其他人的事情。"在村民们的酒吧闲聊中，当有人谈及苏贝朗叔侄封堵泉眼的可能性时，另外一个村民插话警告，说"我们"并不插手他人之事。的确，村民们对若望一家的态度是令人憎恶的——他们的态度没有任何根据，他们只是对任何来自克莱斯宾（Crespin）的人不怀好意。

奇怪的是，苏贝朗的行为针对的是个体，但是驱动其行为的规范看来却是社会建构的结果。这是法国南部社区的规范。在许多其他的社群生活中，父母和祖先所遵行的规范是不同的——他们可能把孩子卖掉或者视之为动产或奴仆。法国南部的家庭忠诚的规范和意大利南部的一些规范似乎是相似的。[54]这两个地方的居民都曾在政治和经济上被外部统治力量所压迫，这些统治力量罔顾当地人民的利益，并致使当地人民滋生出很大的互不信任感。[55]由于外来统治者不关注当地民生，当地人被迫自力更生，而不指望一个能够保护社会关系的、合理的警察和司法体制。由于大多数人难以做到自力更生，他们只能仰赖并得益于强大的家庭关系，能够保护家庭个体成员的群体性的家族责任对他们来说至关重要。

在苏贝朗与若望的故事中，冲突是单方面的，除了这一点，他的行为和奥索·德拉·雷比亚针对巴里西尼家族复仇行为如出一辙。苏贝朗敌视让·德·弗洛莱特，但是让·德·弗洛莱特对此却毫不知情。和科西嘉复仇规范相比，苏贝朗的规范并不光明正大：它没有被宣布，而是在暗地里被遵从。若望拥有令苏贝朗心仪的财产，于是他的行为与苏贝朗的利益相抵触，这在一个有产权关系的社会中实在是常见不过的了。

包括法国南部的家庭忠诚在内，许多规范驱使着人们的行为，但并不属于那两种受到遵从者的利益支撑的规范。在这些另类的规范中，有的规范能够在社群情境中系统地驱动个体行为（这些社群也可能是相对断裂的），有的则缺乏自我强化的功能性反馈机制，但却能够克服集体行动逻辑中的反常激励。法国南部社区中的家庭忠诚属于前一种规范类型。后者则体现在坚持公正、投票、纳税等行为之中——此类规范也许能广泛流传。它们未必是压倒性的，但却能够驱动许多显然并非自利的行为。

我们也许可以把这类规范中的某些部分看成是进化选择的结果。如果我们认为某种规范作为社群的共同价值观是物竞天择的结果，那么也就是说，受到这种规范驱动的社群能够在压力之下繁衍下去，而其他社群则或许因为被同化而消失了。犹太人社区中的罪责规范也许就发挥了这样的功能。 对于一些服从规范行为的生物选择，人们已经作出了一些精巧的解释。 而与生物选择不同，社会选择更加脆弱，因为它易于逆转。 社会选择可以通过人们的舒适感认识论及其所产生的知识局限来实现，这种局限性使得规范看起来是客观的。 即便由社会选择所产生的规范并不被利益所强化，它们也可能通过认识论来得到强化。

如果这就是社会选择的奥妙所在，那么对于一个在转型文化中成长，并且没有多少文化舒适感可供回味的人来说，他就具有了某种优势。 在这样的文化中，相对而言，人们可能不会那么执迷于那些通过认识论来自我强化的规范或者信念。 类似地，外在于社群的教育也能够弱化这种社群义务感。 曾有一个来自荷兰的年轻的神创论导师，为了能够与科学家并肩讨论并论证神创论的正确性，他选择了地质学教育。 四年之后，他在普林斯顿大学获得了博士学位并且背叛了自己最初的立场。[56]这样的故事也许不胜枚举。 对此，威廉·巴特勒·叶芝（W. B. Yeats）那广为吟诵的诗句或许是一记当头棒喝：

> 优秀的人们信心尽失，
> 坏蛋们则充满了炽烈的狂热。[57]

最优秀的人所缺失的信念大多是反常的——它们是在某个特定的、尤其是某个傲慢的社群中被人为地制造出来的，这似乎是正确无虞的。

最后，还有许多行为看似被某种规范所驱动，但是这种规范却不是公认的。 比如，复仇似乎近似于仇杀，但是比起支配着某个社群生活的仇杀规范，复仇却更异乎寻常地具有激励的力量。[58]在《呼啸山庄》中，希斯克利夫（Healthcliff）在复仇心态的驱使下，穷尽毕生之力去篡夺他的背叛者的财产。 而后，一旦所有的当事人都死去从而令他无处泄愤，他就想要亲手拆毁他们的庄园。[59]在《美丽与哀愁》中，川端康成（Yasunari Kawabata）也提供了一个"横断复仇"（transverse revenge）的例子，这种复仇与科西嘉的复仇之风可谓如出一辙。[60]川端康成的故事是优雅而清淡的，但是不消多说，他为我们刻画了庆子这一机智而美丽的复仇者形象。尽管如此，庆子的行动确实表达了一种横断复仇的动机：杀死他的亲戚，留下他的痛苦。

结 论

埃尔斯特批驳了这么一种观点，即"那些看来是规范导向的行动，实际上是一种理性的行动，或者更广义而言乃是一种利益最大化的行为"[61]。既然他把规范视为非结果导向的，他的反对意见便是不证自明的了。如果我对说唱、守信、决斗、仇杀及其他相关规范的解释可以成立的话，那么它们就都不是埃尔斯特意义上的规范了。然而，人们可能更看中埃尔斯特的观点，因为他们会说，这些行为并不是被理性所驱动的，因此不应该从理性选择的视角来看待这些行为。继而，人们会问：批驳这种错误的理性分析，这究竟有何差错呢？

对于有些规范来说，人们服从它们似乎并非出于利益考虑。举例来说，驱动埃尔纳尼和席尔瓦的荣誉规范，就超越了利益，在大规模选举中的投票行为的规范，在不同的环境下行善乐施的规范，以及无数关于宗教服从的规范，皆是如此。然而，那些对规范的理性主义解读并不值得人们去批判，我们所要批判的无非是一种蹩脚的解释，这样的话，把特定的规范视为超理性的种种蹩脚解释也要予以批判。方言中使用的各种用语规范，不太可能都是理性的或具有规范性的。人们服从某个重要的规范，如前所述，这也不能总是被视为理性选择或者规范选择。

在当代及更为早期的社会生活中，那些至关重要的规范具有两个方面的模式特征。首先，如果规范能够契合个体的利益，那么服务于集体利益的规范会更为强劲，反之亦反。这应该不会令人费解。规范的两种动机如果能够相互协同而不是相互抵抗，那么它当然就能够变得更为有效。　当然，从个体层面来看，双动机协同驱动下的规范未必总是更加强大。　在所有的文学作品和历史中，埃尔纳尼所承担的荣誉规范，在个体层面上的驱动力是最强劲的，它的力量表现在，在一个充满活力的男人与其心仪的人跨入婚姻门槛的时刻，荣誉规范立即让他付出了生命的代价。　类似地，行善乐施的规范也会让人自我牺牲。　但显而易见的是，埃尔纳尼的规范只是宰制着少数人的行为，而在本章以及第四章所说的排他性规范，却折磨着上百万的人，致使许许多多的人去采取极端行动。

其次，关注群体的规范比那些普世性的规范更加强劲。这部分地是从前面一个判断中延伸出来的。　排他性规范常常压倒了普世性规范。诚如史密斯所言，黑社会之中的罪犯的荣誉观念，"比起公民忠于法律的规范，会更为强劲地滋长，只是法律忠诚不会就此凌驾于反社会的群体之上"。[62]在本质上，这是第一个判断的意味所在，即当规范与利益发生聚合，规范便会尤其强大。　群体可以塑造个体的行为动机，从而诱发个体作出强大的奉献，并且能够减少成员获得更广泛知识的际遇，从而使规范避免遭弱化。　加纳纳什·奥贝赛克拉（Gananath Obeyesekere）说道，人类学家的话语事关文化，但不仅仅是在言说一种文化。　人类学家必须看到各种文化之间的联系。　然而，他不无悲哀地承认，这一观点"无法像宗教和政治的原教旨主义（fundamentalism）那样为信众提供能量、盲从，以及激情"[63]。　信众未必是真的愚昧无知，他们对规范的遵从与利益挂钩，因此具有更为强大的能量和激情。　奥贝赛克拉和我都是学界中人，他推广人类学，我普及政治哲学，所幸的是，我们在推广两种学科的普世价值方面有着契合利益。

这些结论又提出了两个广义的问题：强大的群体规范的后果是什么？　对此我们该如何加以评判？　这是此后两章中关于暴力冲突和社群主义所要涉及的话题。　理解了排他性规范——尤其是那些在当代引发轮番冲突的族群群体规范——的理性基础，这就可能最终塑造我们对这些规范的规范性判断。

注 释

〔1〕Anthony Downs, *An Economic Theory of Democracy*（New York：Harper and Row, 1957）。

〔2〕David Hume, *A Treatise of Human Nature*, any edition, bk. 3, pt. 2, sect. 5. Russell Hardin, *Morality within the Limits of Reason*（Chicago：University of Chicago Press, 1988）, pp. 41—44, 59—65。

〔3〕Jon Elster, *The Cement of Society：A Study of Social Order*（Cambridge：Cambridge University Press, 1989）, p. 98。

〔4〕关于结果主义和非结果主义的解释，参见 C. D. Broad, "The Doctrine of Consequences in Ethics," *International Journal of Ethics* 24（April 1914）：293—320；以及 G. E. M. Anscombe, "Modern Moral Philosophy," pp. 26—42 in Anscombe, *Ethics, Religion and Politics*（Minneapolis：University of Minnesota Press, 1981, essay first pub. 1958）。

〔5〕进一步参见 Russell Hardin, "The Economics of Knowledge and Utilitarian Morality," in Brad Hooker, ed., *Rationality, Rules, and Utility：Essays on Richard Brandt's Moral Philosophy*（Boulder, Colo.：Westview Press, 1993）, pp. 127—147。

〔6〕V. G. Kiernan, *The Duel in European History：Honour and the Reign of Aristocracy*（Oxford：Oxford University Press, 1986）, p. 161。

〔7〕参见第四章"规范的认识论"一节。赫里沃德是一个直觉主义者，因为他直观地判断自己的规范的正确性，仿佛他具有进行直观判断的能力。

〔8〕Elster, *Cement of Society*, p. 97。

〔9〕T. V. Smith, "Honor," in *Encyclopaedia of the Social Sciences*（New York：Macmillan, 1932）, vol. 7, pp. 456—458, at p. 457。

〔10〕*Ernani*（1844），歌剧脚本出自 Francesco Maria Piave，基于维克多·雨果1830年的作品《欧那尼》改编。

〔11〕Smith, "Honor," p. 456。

〔12〕引自 Charles Osborne, *The Complete Operas of Verdi*（New York：Da Capo, 1969）, p. 91。

〔13〕William Ian Miller, *Bloodtaking and Peacemaking：Feud, Law, and Society in Saga Iceland*（Chicago：University of Chicago Press, 1990）, esp. chap. 6。

〔14〕Marc Bloch, *Feudal Society*（Chicago：University of Chicago Press, 1961, trans. by L. A. Manyon）, vol. 1, p. 129。

〔15〕在冰岛，世仇并不是跨越社会阶层的，参见 Miller, *Bloodtaking and Peacemaking*, p. 185。尽管这种行动可能会导致越界屠杀，比如一个农场主为了报复另外一个农场主，可能会杀死对方农场主的奴隶。

〔16〕Max Gluckman, *Custom and Conflict in Africa*（Oxford：Blackwell, 1956）, pp. 18, 13。

〔17〕Ibid., p. 22。

〔18〕关于阿尔巴尼亚的情况，参见 Margaret Hasluck, *The Unwritten Law in Albania*, ed. by J. H. Hutton（Cambridge：Cambridge University Press, 1954），尤其是其中的第219—260页。

〔19〕进一步参见 Sally Falk Moore, *Law As Process：An Anthropological Approach*（London：Routledge & Kegan Paul, 1978）, pp. 130—131；以及 Miller, *Bloodtaking and Peacemaking*, pp. 198—206。

〔20〕Miller, *Bloodtaking and Peacemaking*, pp. 205, 217。

〔21〕Prosper Merimee, "Colomba," pp. 162—290 in Merimee, *Carmen and Other Stories*（Oxford：Oxford University Press 1989〔story from 1840〕）, p. 289。

〔22〕Ibid., p. 218。

〔23〕Ibid., p. 177。

〔24〕Ibid., pp. 204—205. 如果一个人很快放弃复仇并且寻求补偿的话，他就会遭到蔑视，这也见诸冰岛的文化。参见 Miller, *Bloodtaking and Peacemaking*, p. 189。

〔25〕Merimee, "Colomba," p. 190。

［26］Miller，*Bloodtaking and Peacemaking*，pp.188—202.

［27］Ibid.，pp.204—205.然而，仅仅有敌意并不是一个光彩的复仇理由（第216页）。

［28］Ibid.，p.215.

［29］Ibid.，pp.182—184.

［30］Ibid.，p.30.

［31］Ibid.，pp.1—2.

［32］Ibid.，p.200.

［33］Anatole France，*Le Livre de mon ami*（New York：Holt，Rinehart and Winston，1905［1885］），chap.8.

［34］关于社群责任的规范的例子，参见拉比·施内尔森（Rabbi Schneerson）对那些可能离开皇冠高地（Crown Heights）的犹太人的攻击，这方面的讨论参见第七章。

［35］G. E. M. Anscombe，"On Transubstantiation," pp.107—112 in Anscombe，*Ethics，Religion and Politics*（Minneapolis：University of Minnesota Press，1981，essay first pub.1974）.

［36］这在某种意义上与其他规范有可比之处。参见 Hardin，*Morality within the Limits of Reason*，pp.181—182。

［37］Diego Gambetta，"Mafia：The Price of Distrust," in Gambetta，ed.，*Trust：Making and Breaking Cooperative Relations*（New York：Basil Blackwell，1988），pp.158—175.

［38］Anton Blok，*The Mafia of a Sicilian Village 1860—1960：A Study of Violent Peasant Entrepreneurs*（New York：Harper，1974），pp.211—212.

［39］用埃尔斯特的术语来说，对于"拒绝作证"，我们可以作出一个过滤解释（filter explanation），而不是功能解释（functional explanation），这是因为黑手党的成员们承认黑手党的权力与"拒绝作证"规范之间的关系，参见第四章对排他性规范的解释。

［40］Prosper Merimee，"Mateo Falcone," in Merimee，*Carmen and Other Stories*［story from 1829］，pp.54—66.

［41］进一步参见第二章之"协作与权力"一节。

［42］参见第二章之"利维坦"一节。

［43］Merimee，"Colomba," p.273.

［44］进一步参见 Russell Hardin，"Blackmailing for Mutual Good," *University of Pennsylvania Law Review* 41（April 1993）：1787—1816。

［45］参见第四章中"差别性规范和普世性规范"一节的讨论。

［46］在19世纪，威廉·黑兹利特就已经表达了这种自由主义的观点的本质，参见 Kiernan，*The Duel in European History*，p.227；也可参见 p.209。

［47］Prosper Merimee，"The Etruscan Vase," in Merimee，*Carmen and Other Stories*［story from 1830］，pp.93—115，at p.115.

［48］其他人的出现却未必有这种功能。如果我私下挑战你而你不接受，那么我可能在公众场合予以揭露，这时你的回应理由只能是我在撒谎，否则你就会颜面尽失。这种规范对于任何想要依赖它的人来说，是极其周密的。

［49］参见 Kiernan，*The Duel in European History*，pp.137，156。

［50］Hardin，*Morality within the Limits of Reason*，chaps. 4 and 5.

［51］这似乎是罗伯特·诺齐克（Robert Nozick）在《无政府、国家与乌托邦》一书中的立场。本质上，那些基于在个体或者双边关系情境中发生的行动，在道德上是可以接受的，而那些只是侵害他人的偏好所采取的行动，在道德上则是错误的。

［52］Giacomo Puccini，*Tosca*（New York：G. Schirmer，1956［1900］），libretto by Luigi Illica and Giuseppe Giacosa，act 2，p.30.

［53］分别参见《让·德·弗洛莱特》和《甘泉玛侬》。

［54］关于南部意大利的情况，参见 Edward C. Banfield，*The Moral Basis of a Backward Society*（New York：Free Press，1958）。

［55］Gambetta，"Mafia：The Price of Distrust."

［56］*Science* 258（16 October 1992）：487.

［57］William Butler Yeats，"The Second Coming," first stanza，in Yeats，*The Collected Poems of W. B. Yeats*（New York：Macmillan，1956，definitive ed.），p.185.

［58］埃尔斯特所指的复仇规范既包括仇杀，也包括特殊性的复仇，参见 Jon Elster，

"Norms of Revenge," *Ethics* 100(1990)：862—885。

［59］Emily Bronte, *Wuthering Heights*（Oxford：Oxford University Press，World's Classics，1981［1847］，ed. Ian Jack）.希斯克利夫娶伊莎贝拉为妻，意在控制她的继承人的家财（这可谓深谋远虑）。曾经的伊莎贝拉对希斯克利夫是充满甜爱和信任的，她离弃希斯克利夫的时候这样说道："对于希斯克利夫，要不是亲自折磨他一下，他遭受什么痛苦能叫我心满意足呢？只要我能引起他的痛苦，而且他也知道是我引起的，那我倒情愿他少吃点苦。"（Ibid.，p.179）作为虚构形象的希斯克利夫也许有些夸张，但是这也是人之常情范围内的夸张。马尔科姆·罗兰·施利特（Malcolm Roland Schlette）为了杀死那个曾经让他蹲了 20 年大牢的检察官，他整整等了 31 年（*New York Times*［20 November 1986］）。

［60］Yasunari Kawabata, *Beauty and Sadness*（New York：Knopf，1975［1965］；trans. Howard S. Hibbett）.

［61］Elster, *The Cement of Society*, p.98.

［62］Smith，"Honor，" p.457.

［63］Gananath Obeyesekere, *The Work of Culture：Symbolic Transformation in Psychoanalysis and Anthropology*（Chicago：University of Chicago Press，1990），p.274.

第六章

暴力冲突

第二次世界大战期间,在法国和德国的支持者之间的争端中,要让人确信某一方的事业是最优秀的,最好的办法实际上就是让人成为这一方的一员。

——马塞尔·普鲁斯特:《追忆似水年华》

从冲突到暴力

试想一下,如果有些人集结成群并且称霸社会,他们就会为本群体成员争取到绝大多数资源。 在资源有限且固定的条件下,社会中的其他一部分人也会被激发起来,他们进行反向动员,试图保护自己的利益,由此就形成了两个群体针锋相对的冲突状态。 一个人要成为政治领袖,就必须获得实质性的支持,而获得支持的关键就在于把持一个特定群体的优势地位。 同时,要让两个群体的冲突显性化,就得合理地界定群体的成员资格。 成员资格有一些差别或许就够了,更为显著的差别是基于种族、族性、语言或者宗教等形成的,它们更容易引发动员。 两个群体只要有利益冲突便会在政治上互相敌对,因此,群体 A 中不需要有人在个体层面与群体 B 中的任何人产生敌意。 冲突双方都会同意,它们的行动目标是一样的,亦即获取可资利用的资源。

在铁托(Tito)死后不久,据说米洛凡·吉拉斯(Milovan Djilas)曾指出，南斯拉夫体制只能由铁托来掌管，"既然铁托已经走了，我们的经济形势也变得很糟糕，权力集中化将是一个自然趋势。然而，集权不会成功，因为它抵触了共和国中种族政治权力的基础。一种有别于传统的民族主义，建基于经济自利的更加危险的官僚民族主义出现了。南斯拉夫的体制即将因此而发生崩溃"[1]。

群体会形成差别性规范和排他性规范，这就为群体间的利益冲突埋下了伏笔。不过，仅有利益冲突并不足以导致暴力。比如，你和我会因为一个工作机会而发生冲突，假如只有一个人能够得到这个机会，有一方可能通过买凶杀死对方来取胜；但是，我们也可能只是拼力去竞争，然后让输家另谋他路。种族冲突一般都只是带来竞争而非暴力，正如铁托时代的南斯拉夫，那时的经济发展态势良好，斯洛文尼亚人和克罗地亚人发展得不错，波斯尼亚人次之，而塞尔维亚人和马其顿人则相对差一些，但那时没有一方想要诉诸暴力来改变现状。

那么，为什么会发生暴力呢？种族冲突的各种研究文献提供了诸多解释。对南斯拉夫1991年以来所生种种苦难，最为流行的解释之一是种族仇恨，对此下文会有更多的讨论。还有一种深受托马斯·霍布斯理论影响的主流解释，这种理论认为，在无政府状态下，冲突失去了制度约束，因此，人们倾向于通过最强大的暴力建立最起码的基础秩序。这两个原因中，霍布斯式的解释最值得我们关注。根据这一分析视角，如果没有制度帮助我们建立秩序，人们就会对所有冲突采取先发制人的姿态。如果冲突会导致暴力，那么我先发制人地镇压了那些与我有冲突的人，就可以在冲突中胜出。这就是说在你偷袭我之前，我得先下手为强。

对任何可能的攻击（甚至并非真正的攻击）实施自卫，这足以引发致命的冲突。规避冲突风险也许可以做到，很不幸的是，不先发制人的风险会由于对方（比如某个族群）不能保证不攻击而急剧增加。双方都相信，彼此都为一己之利而互不信任。一个仰赖相对自发性组织的族群（比如波黑塞族人）并不能对自己的所作所为提供保证。实际上，如同下文对爱尔兰共和军和波黑塞族人的讨论那样——在这些群体中，号称对群体有承诺的派系互相竞逐领导权，内部竞争使得他们都把对群体的承诺作为自己的行动目标。

1991 年，在后铁托的困顿年代，几乎所有的南斯拉夫领导人都觉察到了南斯拉夫行将解体的可能性。 在两个最为富裕的共和国即斯洛文尼亚和克罗地亚中，许多人都意图独立。 不幸的是，克罗地亚境内生活着一个大规模的塞族人社区，如果克罗地亚要退出南斯拉夫联邦，塞族居民会对他们在新国家中的少数民族地位感到不安。 因为塞族人控制着联邦政府和军队，干预克罗地亚人的反叛行为便成为塞族人的利益所在。 但是，克罗地亚人看到南斯拉夫中央政府以及整个经济都陷于困局，他们此时不独立更待何时呢？ 克罗地亚人终于选择了独立，接着他们对境内的塞族人率先发动攻击。 克罗地亚人为此付出了惨重代价，但在随后的解构和摧毁波斯尼亚的过程中，曾经兵戎相见的他们选择了并肩作战。 由于这一系列的机会主义攫取以及先发制人的暴力，南斯拉夫政权在血雨腥风中解体了。

就像在南斯拉夫一样，对于黎巴嫩、阿塞拜疆和亚美尼亚、卢旺达和布隆迪、伊拉克以及其他一些地方的种族冲突，霍布斯的理论似乎颇有说服力。 战争、经济不景气或者是对领导人职位的竞逐，导致了政府的不稳定，以至于它无力避免暴力的发生。 已经清晰的冲突关系于是便升级为暴力对抗。 而一旦暴力持续发生，正如在南斯拉夫所看到的那样，先发制人就会成为一种不可避免的冲动。 一个个体不必仇恨另一个群体中的成员，但他可能还是感到对方群体成员可能的仇恨，或者仅仅是他们所可能产生的威胁。 霍布斯洞察到所有人都必须先发制人，唯恐自己成为对方谋杀的牺牲品。 这甚至也可以用来分析有组织的族群冲突行为，不过，这种分析仅仅适用于群体层面的分析。

有时候，我们甚至可以把这种修正过的霍布斯理论用以分析各种叛乱的不同后果：在短期内，叛乱给所有的人都带来了损害。 按照霍布斯的观点，哪怕对于造反者而言，反对现政府的革命都是有害的，南斯拉夫人的遭遇似乎说明了这一点。[2]只有某些领导人(或者还包括其他一些人)的处境或前景可能因此得到改善。奇怪的是,这些领导人的命运好转是通过领导权对其个体的具体回报来实现的,而非通过提升其群体的整体福利而达到的。他们不像美国的工人运动领袖吉米·霍法(Jimmy Hoffa)——霍法从他的运输工人们身上攫取财富,不过,作为补偿,他也为他的工会中的大多数成员提高福利(当然,这也降低了其中一些会员工人以及大多数非会员运输工的福利)。至少在短期内,弗拉尼奥·图季曼(Franjo Tudjman)、斯洛博丹·米洛舍维奇、拉多万·卡拉季奇(Radovan Karadzic)不像霍法那样有可取之处。他们像社会中的寄生虫那样,以种族差异的名义进行谋杀、蹂躏大众、毁坏城市,甚至进行种族灭绝——这样的行动也夺去许多他们自己的民族同胞的生命。正如法乌德·阿贾米(Faoud Ajami)等人所评论的那样,这些人号召"以兄弟、信徒、亲人的名义开展行动,这是因为他们看到这样做是有利可图的"[3]。

有些人可能会用草率而伤感的方式谈起南斯拉夫和其他冲突,认为现实世界的冲突都是零和博弈。而按照霍布斯的逻辑,这样的理解是错误的。我们只能在某种有限的意义上把冲突看成是一种定额博弈。比如,当克罗地亚人和塞族人发生土地纠纷,实际上的土地供应就是固定的。但是,如果他们在控制土地的过程中,造成双方的资源和人力的毁损,结果就得不偿失。这并非零和博弈,而是负和博弈。潜在的冲突可能是零和的,而显现的冲突则肯定是负和博弈,至少从短期看是如此。用博弈理论的语言来讲,在一场纯粹的冲突中,某种变化要使一方获益,就一定会让另一方受损。一场纯粹的冲突也可能让冲突双方都变得更坏,但绝不可能让双方都变得更好,也不可能使一方变得更好而另一方不受任何伤害。

一场示威,甚至暴力、冲突可能在某个长时段中产生净收益,这是可以想象得到的。比如,一个国家可能去占领另一个国家的一部分,因为该地区的所有居民都是该国家的民族同胞。罗马尼亚和匈牙利之间就罗马尼亚境内的匈牙利民族问题所发生的冲突，可以说就是这种纯粹冲突的形态之一。 如果这些罗马尼亚裔匈牙利人变成为匈牙利的一部分，他们可能会很快变得富裕而兴旺，而所有这三个群体，即罗马尼亚人、罗马尼亚裔匈牙利人和本土的匈牙利人，他们的福利都会随之提升。 只有在罗马尼亚的资源不再用于控制罗马尼亚裔匈牙利人的情况下，罗马尼亚人的福利才能够得到提升。 但是，就我们这个时代的大多数暴力冲突而言，它们所产生的结果大多是严重的负和关系。 如果把先前属于匈牙利的特兰西瓦尼亚（Transylvania）还给匈牙利，并且能够令三方皆大欢喜，那么匈牙利和罗马尼亚间的关系就是被误解的而非冲突性的了。

在民族主义的文献中，常常有人认为民族主义的根本问题不是经济问题，也与理性选择无关。[4]这正如下面所要讨论的种族仇恨——人们认为民族主义的真正动机乃是某种意喻，它可能是理解这个世界的某种错误信仰所导致的。 许多极端民族主义者都有着唯我的、自负的信仰，认为自己就是不二选民。 这种信仰并不妨碍他们对其非理性的理性理解。[5]尽管他们的那些信条可能是温和的，可是这会带出进一步的信仰，即认为其他人都是下等的，甚至都是坏人。 这样的意喻充其量是一种对人们所要理解的事实的描述方式，其论点是难以批驳的。但是，即使人们接受了意喻理论，还是得解答一个问题：人们如何以及为何形成了如此系统且奇特的信仰？

沃克·康纳（Walker Connor）似乎认为，正是民族主义信仰导致了与民族主义运动有关的各种行为，而各种经济解释不足以显示"族群民族冲突的实质性条件"[6]。 不幸的是，经济问题与族群行动之间并非只有线形的因果关系，但是这并不是说两者没有瓜葛。 冲突可能与经济问题有关（在广义上包括政治家的职业激励以及老百姓的安乐感），而暴力应另当别论，它可能取决于某种"倾泻现象"（tipping phenomena）。

一个典型的倾泻现象是基于种族的居住隔离。[7]在美国的许多城市地区，由于先前有些白人搬离社区，于是越来越多的白人相继离开。

一个家庭离开他们的社区，接着，他最亲近的朋友们就有了离开的理由。 不用多久，这个社区就从原来的种族混合居住变成为纯粹的黑人社区（同时，黑人的社区移入也构成了一个引爆现象，越来越多的黑人想要迁入已经有很多黑人的社区）。

与此相似，在爱尔兰共和军（IRA）内部出现了某个战斗单位并且开始行动，另一个单位也随即加入，而后这样的行动单位更是纷至沓来，内战由此爆发了。 如果第一批战斗单位一开始就得到扼制，后来25年的暴力冲突可能就不会发生。 在索马里，西亚德·巴雷（Said Barre）试图夺回已属于埃塞俄比亚的索马里领土，当苏联削减对他的扶植力度，转而支持埃塞俄比亚时，西亚德·巴雷顿感泄气。 这时，索马里的一些部落首领发现了为自己牟利的机会，其他部落则跟着效仿，很快，索马里就在军阀纷争中陷于分裂。 在布隆迪，1993年开始出现的暴动应该是经过精心策划的，但是它的规模或许也是一种倾泻效应。 卢旺达的情况也是如此。 在南斯拉夫，几个失败的共产党人试图重新掌握权力，尽管事实证明他们没有能力领导南斯拉夫的经济。 由于他们发迹于各共和国，惯于进行区域动员，结果，在六个共和国之中，有四个共和国的领导人倾向于把区域利益置于国家利益之上，南斯拉夫由此从一个民族国家陷入了分崩离析的状态：塞尔维亚以塞尔维亚人优先之名义率先搞乱了南斯拉夫联邦政府，随着斯洛文尼亚和克罗地亚退出政府，波斯尼亚也要求退出南斯拉夫联邦政府。 由于斯洛文尼亚和克罗地亚的退出，对于穆斯林和波斯尼亚的克罗地亚人来说，留在南斯拉夫也就没有什么意义了。 而在波斯尼亚瓦解后，对于境内科索沃和马其顿的非塞尔维亚多数人来说，南斯拉夫也就失去了吸引力。 最后，甚至塞尔维亚人在南斯拉夫里也感到很不自在。 一开始的倾泻事件，使得南斯拉夫的种族敌意异常增加——族群敌意并非先于这些倾泻事件，亦非这些事件之肇因。 事实上，正如我们将在下面"种族仇恨"一节所要进一步讨论的，敌意的异常增加是在一段残酷的战争之后发生的。

当然，不是所有的剧烈暴力都是一种倾泻现象。 比如，希特勒利用群众力量发动了多个战争，他的行为就不是紧随他人的暴力或者胁迫而发动的。 不过，第一次世界大战或许就可以被视为一个倾泻事件，奥匈帝国王储大公弗兰茨·斐迪南（Francis Ferdinand）大公在萨拉热窝遇刺，这一事件引发了接连的动员，最后导致了战争，它甚至还把北美、非洲部分地区以及亚洲都卷入到欧洲的冲突之中。 自发的、大群体间的冲突，如非强势而黩武的领导人刻意为之，那么似乎便可以用倾泻效应加以解读。 在这些现象中，突发事件扮演了重要的角色。 有人可能会说，在某个特定的案例中，尽管倾泻现象导致了某种结果，但是最初的倾泻现象却也是由其他事件引起的，正如 1914 年萨拉热窝那个疯徒的行动那样，它引爆了后来的连串反应。

理顺信仰和事件之间的次序是很重要的，因为，民族主义的虚幻内容是由政治议程来决定并受操控的。 康纳问道："何谓民族？"他的回答是，民族就是"这样的一个大群体，它能够通过人们所感受到的亲属纽带来操控他们的忠诚"。 这里要强调的是"感受"二字，因为我可能无法在客观上声称拥有这种亲属纽带，却可能被引导并产生出这种纽带感。 康纳所说的乃是一种基于直觉而非客观事实的笃信。[8]在一些媒体被集体中控制的国家中，历史、战场的报告、族性、语言差异的诉求和领导人的意图都可能被严重扭曲，意在灌输一种强烈的、可以用以鼓动其他事件发生的民族主义责任。 这些奇怪的信仰必须被操控成为大众民族主义，这是一种典型的现代现象——它需要密集的传播，尽管这种传播也能展现出人性的世界主义图景。 离谱的是，恰恰是因为村落文化在现代传播中遭到漠视，一些宣扬种族优越感的、荒唐的暴力行动才甚嚣尘上。

族群仇恨

罗伯特·卡普兰（Robert Kaplan）曾援引 1961 年诺贝尔文学奖得主

伊沃·安德里奇(Ivo Andric)——一个住在波斯尼亚的克罗地亚人——写的一个发生在1920年的故事："是的，波斯尼亚就是一个仇恨之国，那就是波斯尼亚……深锁于人心的仇恨被压抑着，积聚成一股可怕的飓风……因此，仇恨是你赖以生存的炸药，它一再地被你的爱、你的愤怒和剧烈的情感所点燃。"[9]这种对波斯尼亚人的描写，看起来很像陀思妥耶夫斯基、卡夫卡或者埃德加·爱伦·坡笔下的某个人物形象。这个人物形象值得虚构，是因为其个性十分戏剧化且不同于常人。它不像一个完整的人的性格。但在卡普兰和安德里奇看来，总体上这就是波斯尼亚人的性格，卡普兰还视其为南斯拉夫文化的属性。进而言之，"对邻居的那种发自肺腑的仇恨"是族群冲突的"主要因素"。实际上，这种解读也常常见诸各种媒体报道。[10]

认为南斯拉夫人所具有的巴尔干式的仇恨特质造成了恐怖的暴力，这种观点可能会让一些书写其同胞苦难的、富有爱心的南斯拉夫人感到愤慨。[11]种族仇恨的解释不能建立在一些奇闻轶事的基础上，甚至也不能取信于一个诺贝尔奖获得者的文学构想。如果仇恨系统性地支撑了历史，那么它就应该是系统性地为人所知的。认为族群冲突是族群仇恨的后果，这种观点与历史事实不相符：这些处于冲突中的绝大多数群体，它们的关系曾经长期是良好的。在历史的长河中，暴力灾难的爆发只是一些瞬间时刻而已；在这些灾难情节之间，总会有一些实质性的族群融合。比如，在南斯拉夫，克罗地亚人和波斯尼亚人总是与塞尔维亚人比邻而居，他们在一定的制度、经济安排下合作共生，而且彼此通婚的情况也很常见。

而且，在那场恐怖的波斯尼亚战争中，很多参与者都否认他们对彼此怀有仇恨。在莫斯塔尔旧城区，有一个由几百名克罗地亚人组成的残忍无情的准军事团伙，其中有个年轻的屠杀者说："我真的不恨穆斯林——但就是因为我在这个环境中，所以我想把他们全杀掉。"[12]他本想作战争的袖手旁观者，但是，"莫斯塔尔的情境令他不能自已，他被贴上了标签，被迫作出选择：要么站在你们自己人的一边，要么像一条狗或叛徒那样落荒而逃"[13]。 离谱的是，他要么全然认同自己的社区，否则就只能与之全然断绝。他与他的穆斯林及塞族的伙伴们一起长大，可是，在不断升级的冲突中，他在这些朋友们面前变得无话可说。在他自己的社区环境中，他没有选择与之全然断绝，而是选择了全然认同。 很快，他变成了被困平民的刽子手：他杀害男人、女人、小孩，不管他们是否有武装。 毕竟，在那个先下手为强的世界，如果有人没有死，他就可能在你转身离开时朝你开枪。 他的方法就是观察那些穆斯林的行动规律，从而对他们进行伏击。

这个克罗地亚凶手的退出选择是残酷的，因此他的行动选择也是残酷的。 在这里，他与几个世纪前的法国贵族并没有什么不同——那些贵族宁愿选择战死决斗场也不愿被他们的社群鄙夷和排斥。 文学作品为那些贵族留下了一些可取的印象——他们有风格，甚至有人性光辉。所不同的是，今天尚未有人去把南斯拉夫的杀手们的形象予以浪漫化。

这些杀手的一个惊人之处在于，除了把杀戮和他们的严酷情境联系起来，他们似乎并不需要为自己的行为作道德辩护。 他似乎不需要让受害人显得罪有应得——他显然知道这些人根本就是无辜的，他们只是很不幸而已。 大屠杀中的很多参与者用他们的行动形成了一个公理：其他群体有错，所以格杀勿论。 比如，塞尔维亚人就相信，克罗地亚人、穆斯林或阿尔巴尼亚人犯有战争罪行，因此以暴制暴是合理的。如果这一主张找不到事实支撑，那么就以传言为据。 但是，莫斯塔尔的克罗地亚凶手却不需要拿米洛舍维奇或图季曼的谎言与传话作为自己的出师之名，他坦言，在存亡攸关的情境中，他仅仅是为了利益而采取行动。

在某些情形下，种族仇恨可能经久不衰，这见诸那些由于长期的、公然的族群镇压所形成的历史情境，比如南非、美国、危地马拉，以及其他一些地方——包括经过 30 年种族屠杀后的卢旺达和布隆迪。 但是，那些并非被仇恨的对象所强化的、真实的仇恨却常常难以延续到下一代。 仇恨似乎不可能被杜绝，人们常常用"原初性"来形容这种不可能性。 给仇恨贴上"原初的"这样的标签，我们似乎对它作出了一些解释。 而后，面对那些难以理解或难以置信的事情，人们就能够用这种"不知道怎么回事"的立场来对付了。

19世纪的宗教历史学家达姆斯特脱（J. Darmesteter）写道："当一个学者接近神圣的事物时，如果在他的意识深处、在其先祖灵魂栖居的至为牢固的里层，并未有一处神秘而馨香的殿堂，那么他就要灾祸临头了。"[14]涂尔干曾援引这个"原初主义者"的陈述，这个陈述似乎既极端又非常令人着迷，且不招人反感。

拉马克的进化论学说或许与原初主义者的基本假定有神会之处，它把现代人性归于在早期世代中的习得。 按照拉马克的理论，得克萨斯州人和塞尔维亚人、澳大利亚土著和巴黎的外来者、日本人和斯里兰卡僧迦罗人，他们全都有属于自己的、源于历史的独立的人性。 当然，据此推论，我们中有一些人就是奇形怪状的杂烩：就像各种各样的要素被揉在一起，做成了一盘糟糕的、过度搅拌的凉拌沙拉。 至少，这种杂烩不太可能繁生出数量足够多且足以支配他人的同类族群。

关于族群认同的准拉马克学说显然是愚昧的，而在报刊以及更为严肃的作品中，这种愚昧的论点甚为普遍。 实际上，族群认同并非原初的、本来的、古朴的或者是具有原教旨主义的涵义——我们尤其不能把它视为"前社会的"（pre-social）。 的确，与我们有关的一些东西是可以合理地被称为"原初的"，比如某种本能或者某种我们和其他很多物种共享的东西。 但是，我们决不能把任何必须先从社会中学习的东西看成是原初的。 族群认同是一种理论性的而非本能性的概念。 如果你拥有它，那应该是你在自己的有生之年中习得的，而决然不是从1389年的科索沃战争中学到的。 之前的历史可能塑造我们的族群认同，这是因为历史展示了一系列直觉或许无从把握的可能性。 历史可能会很好地提醒我们，先发制人、自我保护是我们的潜在利益之所在。

假定认同不是从拉马克式的基因传承机制中习得的，那么，那些年轻的波斯尼亚人怎么会去仇恨一些其他族群的波斯尼亚人呢？ 如下分析似乎有几分道理：穆斯林的仇恨是在内战的残酷情境下滋生出来的，因为波斯尼亚士兵们侮辱了穆斯林妇女，而塞尔维亚的领导者却纵容这些有序的、刻意的攻击；塞尔维亚人和克罗地亚人用迫击炮、火箭，甚至让冷酷的、训练有素的暗杀小组去轰炸、摧毁穆斯林的清真寺和他们的家园。 但是，他们又怎么能在此前四十多年的时间里和平共处、相互合作、比邻而居和相互通婚呢？ 毫无疑问，这种局面存在于 20 世纪90 年代的战争之前，而当今的族群仇恨是在战争之后发生的。 因此，称族群仇恨是南斯拉夫暴力的主要原因，这听起来就是一则关于人性的谣言。

群体认同与战争

相对而言，民族主义常常与两种颇为不同的战争现象有关。 一是民族国家之间的战争，二是国内的民族问题——比如英国的爱尔兰天主教徒、苏联的亚美尼亚人和立陶宛人、卢旺达和布隆迪的胡图族人和图西族人以及不同国家中的库尔德人问题。 在民族国家间的冲突现象中，战争在因果顺序上常常先于民族主义；而在国内民族问题上，国内的民族主义通常在一定程度上是内战的诱因。

就第一个现象而言，我们说战争在因果顺序上先于民族主义，这当然不是说，民族主义只有在一场特定的战争发生之后才得以发展。 相反，在备战阶段和战斗阶段，民族主义常常成为战争的动员手段。 比如，纳粹领导人一开始就是利用民族主义的诉求来吸引德国人民，而后发动战争。 当然，在战争的进程中，他们继续使用民族主义来动员人民。 纳粹主义者想必把民族主义奉为圭臬，因此，战争在一定意义上是民族主义造成的。 尽管如此，人们依然可以假定，大众民族主义者的强烈情绪是在族群领导人把它作为战争动员手段的过程中得到激化的。[15]这样的动员是有意义的，因为协调大规模的人口就是一种权力的形式。 政府为战争而进行协同的理想水平可能相当于或者接近于整个民族的动员程度。

而在国内民族主义的问题上，次民族群体的成员可能会相信，如果本群体能够在群体层面损人利己，那么作为群体的一分子也会从中获益。 于是，他们就会回应各种群体层面的诉求，包括民族主义、族群或者宗教的诉求在内——这些诉求可能是自发的，也可能是潜在领导人刻意为之的。 族群协同必定引发群体内部冲突的可能性。如果协作失败，那么，一个特定的群体就不能够控制政府，冲突也就无从谈起。或者，如果一个群体无法从对另一个群体的支配关系中获得好处，这个群体也就没有什么进行协作的动机。 不过，群体为了获得政治权力而进行协作，这通常能够带来一些现成的好处。

在某种意义上，民族主义在战争中的功能是机会主义的。 作为一种强大的协同力量，它可以不是为了让人民集体行动起来，甚至也不是在战争动员中形成魅力型的领袖。 民族主义的存在只是让协同行动有其聚焦点。 一些其他的动机（尤其是普世性的那种）可能就不会作为某个协同行动的聚焦点而发挥有效的功能。 第一次世界大战之后，伍德罗·威尔逊所推崇的普世主义理想在国内外的民族主义声浪中四处碰壁。 斯大林的大众动员也仰赖民族主义，而不仅仅是共产主义的修辞。 谢尔盖·爱森斯坦（Sergi Eisenstein）的电影《亚历山大·涅夫斯基》（1938 年）曾大获成功。 它的时代背景是随着德国纳粹政权的兴起，苏联开始处于希特勒的进攻威胁之中，而其成功的奥妙就在于它精心地描绘出了德国和苏联各自的民族性与民族主义。[16]在一定的情势下，阶级、宗教甚至人道主义都可以用于动员人民，但前面两个可能被用以进行战争动员。 十字军东征就是以宗教为基础进行动员的，此外，宗教还可以用于其他的协同动员。 但是，民族主义和种族中心主义的身份看起来尤其适合于发动类似于战争的动员。

民族主义本身绝非天然好战。 "纯粹"的民族主义或许存在，因为个人可能仅仅是认同一个特殊的国家或次国家群体，而这样的国家或者群体并无外部的敌对势力，认同也不是为了追求一个通过大众协调能够更好地实现的目标。如第三章所述，迈尔维尼·赫斯科维茨（Melville Herskovits）认为，在人类学家的笔下，很多具有种族中心主义倾向的人其实都是善意的。[17]18世纪德国诗人，约翰·戈特弗里德·赫德（Johann Gottfried Herder）就曾为一种"非进攻性的民族主义"（nonaggressive nationalism）进行辩护。他认为，就像以赛亚·伯林（Isaiah Berlin）所说的，要成为一个人，就意味着人们得产生某种认识论意义上的家园舒适感和归属感。[18]认为利益在人们献身于民族的行动中并不发挥核心作用，这甚至有些心理学的根据（第四章对排他性规范的解释不包括这种去利益的民族主义——尽管把此类民族主义与为了群体利益而协作起来的情况区分开来并加以剖析，或许是颇有意义的。）但是，我们可以再次看到，一个陷入战争中的领导人会利用赫斯科维茨的简单理论（即由实然到应然的谬误推论）以取得大众的支持，然后把民族主义情感转换为战斗力。

最后，请注意，如果群体命运与利益相勾连，那么，要直接解决很多族性的、民族主义的冲突就简直是不可能了。如果一个特定的族群或国家意在从某些政策中获利，那么其他群体或民族就可能得为此付出代价。两个群体之间的冲突或许难以通过妥协来解决，而妥协意味着双方在现状的基础上实现双赢。合作所带来的巨大经济利益可能会超越这样的冲突。比如西欧共同体的发展——自20世纪50年代的某个时间点之后，贸易和开放经济带来的利益最终压倒了民族分裂主义所产生的利益。在20世纪70年代，魁北克的商业领导人似乎意识到，比起追求独立，留在加拿大联邦并与之合作可能利大于弊（可见下文关于魁北克民族主义的讨论）。苏联之所以会出现日趋严重的、令人扼腕的种族冲突，原因就在于苏联经济的失败，致使人民之间难以实现合作双赢，使得冲突比合作能够带来更大的好处。如果世界范围内的经济增长陷于困顿，那么可以预料的是，为争取有限机会的种族冲突就会变得更加严酷。这在某种意义上是出于机会主义的原因——某个族群可以打着身份认同的旗号对其他行动者开战，而这么做是为了群体成员的利益。

不幸的是，如果一个群体要想通过支配另一方而获得利益，那么，另一方也会动员起来，并设法遏制这种支配。大卫·休谟(David Hume)认为，埃德加(Edgar)国王治下的古代盎格鲁-撒克逊人有两种方法可以威慑丹麦人。一是发展海军，不遗余力地阻止从海上入侵的丹麦人。二是镇压在其境内生活的丹麦人，从而达到威慑的目的。结果，"强大的防卫态势令外来的丹麦人退而却步；而境内的丹麦人看到，它们的骚乱、暴动注定会被摧毁"[19]。用当代威慑理论的话来说，通过对外抵御和对内惩治，英国人双管齐下地实现了对丹麦人的遏制。

在同一个国家中，处于冲突状态中的族群还有第三种威慑手段，即先发制人，这是一种主要的威慑形式。他们力争镇压对方群体中的成员，以防患于未然。为了反对丹麦人，盎格鲁-撒克逊人只有让自己变得更加强壮，才能遏制暴力冲突，在对付其境内丹麦人的问题上，他们不得不诉诸暴力，以暴制暴。世界上几乎每一个角落中的族群，似乎都是刻意施暴的，其目的就是为了预防遭受暴力攻击。从这一点看，它们与黑手党并无两样，领袖们为领袖地位而先发制人地谋杀敌手，以免自己受到迫害。

领土的考虑

在很多情况下，人们显然可以通过聚合而活得更好一些；而在另一些情形下，或许各不相干会让他们过得更好一些。加拿大、墨西哥和美国最近开始实施《北美自由贸易协定》(NAFTA)，可能就是为了让他们的人民能在一个更大、更有效的北美市场中有所收获。欧盟(EU)也采取了相似举动。最初的美国宪法实际上可以说是以完善美国市场为目的的关税同盟。如今，世界上的许多国家都加入到《关税及贸易总协定》（GATT）中，意图从自由市场中获得更多好处。 但是，与此同时，魁北克正在辩论是否要从加拿大联邦中退出，大量原苏联加盟共和国实现了独立，捷克和斯洛伐克分开了，斯洛文尼亚和克罗地亚退出了南斯拉夫，波斯尼亚的部分地区被切割成为克罗地亚和塞尔维亚的一部分。 即便在这些分裂的个案中，把分化的市场整合到更大的甚至是世界性的市场中，也能让相关的人民获益良多。 因此，以更小的国家尺度和更强的同质性为基础去维护一些所推定的利益，而拒绝在更大的国家层面所能获得的更大的经济生产力，这样的交易是得不偿失的。 比如，经济型的南斯拉夫牌汽车以及其公司散布于在南斯拉夫全国各处，而在战争中的人员伤亡可能令该公司几近灭亡。[20]

国家的碎片化似乎有两种类型：第一类见诸斯洛伐克、斯洛文尼亚和魁北克，这些地区似乎只是希望从自治中获利。 第二类表现为如波斯尼亚的解体和北爱尔兰的冲突，在这些冲突中，人们为自己的利好而让他人付出了直接的代价。 这两者可以分别被视为无害个案和有害个案。 即便在无害的割裂案例中，独立也可能给留在原国家中的人民带来损害。 比如，由于斯洛伐克的退出，捷克可能就会因减少的市场份额而蒙受损失。 但是，对斯洛伐克而言，他们的获益并非来自捷克的损失，这种损失是原先共同体的净损失。

那么，实现同质性可以带来什么好处呢？ 把赫德的观点往前推一步，在无害的民族主义与族群认同的支持者看来，好处不在于认识论上那种家园舒适感，好处在很大程度上仍旧是一种隐喻。 群体认同的真正信徒或许只需要隐喻和修辞，但是，如果要让其他人也能理解，那么仅有修辞就是不够的了。 而且，无害的民族主义和族群认同必须得在一定程度上遭遇冷落，这样，民族主义或族群的鼓动者才能大张旗鼓，用埃里克·霍布斯鲍姆的话来说，他们会宣称："我们跟其他人不同，我们比他们好。"[21]

在有害的碎片化个案中，征服所带来的好处是显而易见的。 如果图西族能像早先胡图族赶走他们的人那样把胡图族从卢旺达驱逐出去，并掌控卢旺达的土地，那么图西族所能得到的经济好处就是不言而喻的了。（实际上，当代图西族可能并无斩获，因为，即便造反取得成功，却也付出了太大的代价。）对塞尔维亚人来说，把穆斯林从波斯尼亚的大部分领土上挤走，把克罗地亚人从卡拉吉纳地区（前克罗地亚的一部分，但现在被并入塞尔维亚）赶出去，这些行动所带来的收益也是可想而知的。如果北爱尔兰留在英国或者回归爱尔兰，北爱尔兰的天主教徒们和新教教徒们或许会各自感到失落和黯然神伤。

最后，还有一些内部冲突的案例，它们发生在有明确边界的群体之间，可是群体间并没有实质性的你死我活的纷争。下面要讨论的索马里冲突或许就是如此，在这场冲突中，军阀们是唯一的潜在受益者，他们希望掌控国家的领导权。军阀们的忠诚追随者支持某个军阀作战，这并非出于他们想从中渔利，而是出于他们期望不至于因此遭殃。

在所有这些情况中，最难以分析的是像斯洛伐克和魁北克这样的无害分裂个案。很多斯洛伐克人和魁北克人都认为他们能够赢得好处，然而好处究竟是什么却并不清楚，而且，他们对自己行为的解释也是苍白的。当然，对于一些特定的政治领导人来说，从更大的国家分离出去是有利于其政治生涯的。

这三类冲突都会在下面的案例中有所表达。北爱尔兰、布隆迪和卢旺达、南斯拉夫的例子体现了有害分裂，其中，有人成为输家，赢家才能获得好处。而魁北克最可能是一个无害的分裂案例，其中，至少有一些魁北克人认为他们将受惠于独立，但是这种好处并不损害其他加拿大人的利益。而索马里则是一个纯粹的竞逐领导权的案例。南斯拉夫的冲突也是因领导权竞逐而引发的，显然，这也见诸魁北克。加拿大总理让·克雷蒂安（Jean Chrétien）是一个来自魁北克的联邦主义者，他曾议论过20世纪90年代分离主义运动的领导者卢西恩·布沙尔（Lucian Bouchard）——此君早年是一个自由主义者，魁北克党人，新民主党人，又是托利党人。克雷蒂安说道："这个人甚为活络。"[22]这个说法也可以用来形容斯洛博丹·米洛舍维奇、格里·亚当斯，以及其他很多族群分离主义者。 如果这样来看，这些人并非与众不同，他们只是一群关注自己政治生涯的政客罢了。

当代的暴力冲突案例

族群间的冲突屡见不鲜，但族群间的大规模暴力冲突则远非寻常事。 这也就意味着，暴力现象的解释需要考虑别的因素，而不能只停留在族群冲突的事实上。 关于冲突的原因，我们已经在本章以及第三章、第四章作了颇为系统的分析。 对于暴力的成因的分析似乎却稍欠系统，因为暴力常常是一种倾泻现象。[23]这也就是说，一旦暴力升级到一定程度，维持秩序的机制便会崩塌，从而使暴力骤然失控。 倾泻现象可能是同类事件系统性累积的结果，它也可能是一些偶发事件的产物。 之所以说暴力是一种倾泻现象，这是因为一旦暴力升级到某种程度，它常常能够得到自我强化。 暴力会激发报复性行为以及抢占先机的攻击行为。 不用多久，建立在理性行为预期基础上的稳定秩序就崩溃了，这就使得抢占先机成了一种铁铮铮的利益，暴力进而得到升级。

从下面的几个例子中，人们可以看到，引发暴力的冲突事件是多种多样的。 我将简要地描述这些例子。 在某种程度上，更为详尽的细节可能有助于我们找到事件的失控点，但对我们理解这些事件却没有什么实质性的帮助。 但是，所有这些案例都可能产生不同的结果。 详细的细节可以告诉我们一个事件是如何引爆的，它们向世人展示了事件的偶然性。 例如，在 1970 年前后，当爱尔兰共和军卷土重来时，英国情报人员或许可以渗透其中或摧毁它；铁托逝世的时间或许可以早十年或更多，那时南斯拉夫经济运转良好，这还可以让后续政权在一个多样化的社会中得以维系。 在非洲之角，在人们的暴行摧毁这些国家的制度与经济结构之前，联合国或许能够提前干预。

在这些事实中，并非所有的方面都值得社会科学家去解释，尽管铁托的寿命问题可能会让老年医学家感到兴趣。 但是，在解释族群冲突中暴力幅度的问题上，我们或许无须纠缠于相关事件的所有细节。 实际上，在一个典型的协作互动中，互动可以有不同的方向并带出不同的结果，这是协作互动的内在特征所在。 比如，有些地方的驾驶惯例是靠左行驶，而有的地方则是靠右行驶。 为什么北美人会自发地采取右侧通行的惯例，而瑞典和英国人却与此相反？ 或许有人对此作过饶有趣味的解释——但实际上这没有什么意义。 如同第四章所讨论过的，黑人赋予"黑鬼"一词以赞许的意味，这种惯例的形成可能有赖于成千上万的偶然选择。 我们无须对这些个体性的选择加以解释，从而求得对其结果的理解。 我们所要理解的或许只是那个最终的结果。

如果历史的进程稍有转变，那么南斯拉夫的族群、语言、宗教，还有边界可能都大为不同了。 如果出现这种情况，原生论主义者就会因此宣称，这种大为不同的南斯拉夫是自然而然的。 而社群主义者则会主张，各个族群社区都会有一些属于他们自己的、正确的价值。 实际上，所谓的自然而然以及正确性，在本质上都是偶然的。

南斯拉夫

直到最近，南斯拉夫还经常被视为一个运转良好的多民族国家的典范。 按照最近的一次国家统计资料（完成于 1981 年，大概是最后的一次），南斯拉夫人口中，36％为塞尔维亚人，20％为克罗地亚人，9％为穆斯林（仅指信奉伊斯兰教的斯拉夫人，而不包括非斯拉夫人的土耳其人或者阿尔巴尼亚人），斯洛文尼亚人和阿尔巴尼亚人各占8％，6％为马其顿人，5％为"南斯拉夫人"，3％为黑山人，2％为匈牙利人，此外还有其他一些零散的族群。[24] 南斯拉夫联邦由六个共和国和两个省（伏伊伏丁那和科索沃）组成。 这八个联邦单元中，斯洛文尼亚、科索沃和黑山共和国这三个单元的人口同质化程度较高，波斯尼亚的同质化程度最低。[25] 塞尔维亚兼并了伏伊伏丁那和科索沃，那里成为了少数民族的聚居地，它似乎也有吞并波斯尼亚大部之态势。 1981 年，科索沃被煽动谋求升格为共和国，这一行动遭到了塞尔维亚的压制，这被人们视为南斯拉夫解体的开端。这一事件为其他群体释放出了信号，它们开始考虑自己可能的未来。

尽管冲突多种多样，比如，在新塞尔维亚统治下，在阿尔巴尼亚人和科索沃人之间就涌动着某种对立情绪。但是，1991 年之后在南斯拉夫所爆发的主要暴力冲突，主要发生于塞尔维亚人、克罗地亚人和穆斯林之间。大多数穆斯林都居住在波斯尼亚境内，但是，由于穆斯林在境内处于少数民族的地位，要把他们看作"波斯尼亚人"——正如人们把住在克罗地亚的人说成是克罗地亚人，把住在塞尔维亚的人说成是塞尔维亚人的——却具有误导性。瑞士人有好几种语言，有着多样的族群背景以及宗教差异，与之相比，南斯拉夫境内的这三个民族的人本质上都是同样的，比瑞士的情况更为单一。他们是讲塞尔维亚-克罗地亚语这一共同语言的南部斯拉夫人，尽管这种语言的拼写有所不同：在克罗地亚用罗马字母，在塞尔维亚和波斯尼亚则用西里尔字母。据一些语言学家说，他们的方言之间的差别甚小，远不及英式英语和美式英语间的方言差异。无论如何，他们的语言所体现的是地区差异而非族群差异——比如，莫斯塔尔地区的塞尔维亚人、克罗地亚人和穆斯林都讲同样的方言。克罗地亚人主张他们的历史是由其语言所封装的，而当其领导人着手区分克罗地亚人与塞尔维亚人，切割自己在波斯尼亚的方言的时候，他们仿佛就是在自相矛盾或自我嘲讽。[26]还有一个令族群纯洁主义者不堪承受的事实：在 50 万黑山人中，三分之二的人相信黑山人与塞尔维亚人没有很明确的区别，而只有三分之一的人认为两者间的差异是不可调和的。[27]无论黑山人接受怎样的界定，民族必定是本尼迪克特·安德森所谓的一种"想象的共同体"。[28]

波斯尼亚的穆斯林不过是斯拉夫人的后裔，他们在奥斯曼帝国时期或之后转化信仰并皈依了伊斯兰教。比如已被摧毁的、位于班加卢卡的法哈迪亚清真寺，其建造者就是法哈德·帕萨·索库洛维奇（Ferhad Pasha Sokolovic），他的叔叔就是在奥斯曼帝国入侵后改信伊斯兰教的塞尔维亚人。[29]很多穆斯林一定是新教的鲍格米尔派教徒（Protestant Bogomils）的后裔，而鲍格米尔派教徒很可能也是胡格诺派教徒和波希米亚新教徒的祖先。 毋庸置疑，今天的一些克罗地亚人和塞尔维亚人都曾经信奉伊斯兰教，他们有的则是这些转化信仰者的后裔。 无论是转化还是再转化，这些行为必定总是自发的、个体性的，而且一定会造成家庭和邻里的分裂。 在某种意义上，波斯尼亚被转化成了一种多文化的状态。

这三种人之间的主要差别乃是宗教信仰，尽管大多数的南斯拉夫人不在乎这一点，在他们的社会陷于血腥冲突的时候，他们也就成为这个世界上最不像宗教信徒的人。 波格丹·德尼奇（Bogdan Denitch）曾提及他的一段经历：几年前，他试图在南斯拉夫开展调查，当一个访谈对象被问及其宗教信仰时，这个人却想先知道一下德尼奇的宗教信仰。德尼奇回答说："我是一个无神论者。"他的访谈对象则回击说："我知道你们这些该死的知识分子全都是无神论者，但是你究竟是哪一个宗教的无神论者？ 是天主教、东正教、还是伊斯兰教？"[30]对他而言，宗教标签不过是一个民族标签，而标签是象征性而空洞的。 它并不具有宗教的重要性——但如果没有什么宗教上的重要性，那么，标签也就没有任何重要性可言了。 它仅仅是一种空洞的信号，用以号召进行排他性的协作，甚至是谋杀。 无论如何，穆斯林、克罗地亚人和塞尔维亚人的三方冲突，都不具备显著的分裂特征，它们与亚美尼亚和阿塞拜疆基于语言、宗教和遗传基因所形成的割裂是不同的。

当然，群体间的冲突甚至暴力见诸历史。 当代群体冲突的领袖也抨击这种历史，但是他们所批评的那种历史版本却是掺假的，在很大程度上是错误的。 这正如勒南（Renan）所说，民族主义者扭曲了历史。[31]多年前的比较政治学中有一个"交叉分裂"（cross-cutting cleavage）理论（比如，你和我宗教一样，但阶层不同），这种交叉分裂导致了多元性下的稳定，而叠合分裂则会导致分化的冲突。 南斯拉夫的经验似乎曾经支持了这一理论，但这个国家如今的现实却背离了这个理论。

从某个重要的方面看，当前南斯拉夫的灾难与 1917 年的俄国、1945—1949 年的中国，以及 20 世纪 70 年代晚期的伊朗很相似。 羸弱的中央政府摇摇欲坠，于是被塞尔维亚沙文主义所控制，他们看到了从南斯拉夫分裂的可能性，于是抢先镇压克罗地亚境内的塞族人。[32] 而在俄国和中国的例子中，战争弱化了国家政权的道义基础；伊朗政权的崩溃则起因于国王的去世。 因此，这三个政权都被革命组织相对轻易地推翻了。 当年，马沙尔·铁托为了避免他的继承人急于夺权而一直削弱其影响力，同时，经过早期几十年的经济迅速发展之后，南斯拉夫的经济开始陷于困顿。 铁托在 1980 年逝世，于是围绕着领导权问题，南斯拉夫联盟出现了严重的政治斗争。

从 1980 年到 20 世纪 90 年代早期，南斯拉夫大事不断。[33] 由于铁托去世，经济也一直没有好转，失去口碑的共产党领导人开始诉诸民族主义以求得权力。 早在 1986 年，米洛舍维奇就提议让塞尔维亚人主导南斯拉夫联邦——如果必要，他会为此煽动在其他共和国中的作为少数民族的塞尔维亚人。 塞尔维亚是南斯拉夫最强大的共和国，并且塞尔维亚人控制着军队。 但是，在克罗地亚、科索沃和波斯尼亚-黑塞哥维那，塞尔维亚人则属于大的少数民族。 面对这种可能的威胁，克罗地亚在 1990 年要求独立，克罗地亚的领导人相信，这是一个前所未有的可能成功的时刻，不过，这威胁到了境内六七十万塞尔维亚人的前途。 新克罗地亚的宪章声称，塞尔维亚人是"受保护的少数民族"（这不是一个招人喜欢的概念），同时，克罗地亚政府开始把塞尔维亚人从警察队伍中清理出去，这一切似乎都进一步加剧了塞尔维亚人的不安全感。 作为回应，被解雇的警官们重新武装自己，组织准军事化单位，对抗这个新国家，他们得到了塞尔维亚的介入和支持，南斯拉夫旋即进入灾难状态。

先发制人的行为经常发生，因为此方并不相信对方会致力于开展合作。 复述一下克罗地亚的这段历史：由于担心克罗地亚的塞族人不能效忠于新国家，克罗地亚人便先下手为强。 他们清理整顿队伍，以免使塞族人成为克罗地亚警察局和军队内部的第五纵队。一旦克罗地亚人采取了这样的行动，他们就再也不会公平地对待克罗地亚的塞族人了。于是，克罗地亚的塞族人揭竿而起，并寻求塞尔维亚的支援。

如果说在克罗地亚致力于合作很困难，那么，在波斯尼亚这简直是不可能的。按照罗伯特·J.迈尔斯（Robert J. Myers）的说法，随着克罗地亚出走南斯拉夫联邦，波斯尼亚也就成了一个无法避免的悲剧。[34]它的命运一开始就是凄凉的。在波斯尼亚，大约有 200 万的斯拉夫穆斯林，150 万的塞尔维亚人，而克罗地亚人尚不足 100 万。穆斯林甚至不占多数，只不过在数量上比塞族人稍微多一些而已。波斯尼亚就是南斯拉夫的一个缩影，它根本上只能作为南斯拉夫的一部分而存在。但是，随着斯洛文尼亚和克罗地亚从南斯拉夫分离出去，波斯尼亚——或至少是它的那部分穆斯林人口——很可能就会变成附庸了。

既然其人口构成是多元的，那么，波斯尼亚就应该明白独立是不现实的。他们的总统是曾经拥护建立波斯尼亚伊斯兰国家的阿利雅·伊泽特贝戈维奇（Alija Izetbegovic）。随着波斯尼亚政府在 1991 年 12 月宣布独立，他们也就大祸临头了。[35]由于波斯尼亚-黑塞哥维那地区民族构成复杂，铁托曾提出一个原则，要求穆斯林、塞尔维亚和克罗地亚这三个"民族"成分共存于波斯尼亚政府中，宪章的变更要同时获得三方的同意。[36]波斯尼亚退出南斯拉夫联邦违反了这一原则，因为它遭到了波斯尼亚的塞族人（或者，进一步说，是他们的代表）的反对。但是人们可以说，由于斯洛文尼亚和克罗地亚的独立以及南斯拉夫的解体，铁托的原则也就成了一纸空文。

在事态的演变过程中，主要领导们似乎显得龌龊不堪。从他们对不断加剧的暴力冲突所进行的接连回应中，我们似乎也可以说他们是相对理性的。在这种被迫作出选择的情境中，好心人也会做坏事。由于害怕无力回应侵略行为，即便是好心人也会在恐慌中采取升级行动——尤其是在先下手为强、后下手遭殃的情况之下。如米沙·格伦尼（Misha Glenny）所说："为了理解暴行，我们就必须理解政治，舍此别无他途。"[37]他认为政治事关领土的得失，很显然这也就是个人政治权力的得失。 伊泽特贝戈维奇可能是某种例外的情况——他早年曾因为发表关于伊斯兰国家的言论而被判入狱，他对信仰的坚持或许与他对自己的政治职业的考虑至少是等量齐观的。[38]

在卡普兰看来，并非共产主义压制并放大了发生于南斯拉夫的历史性冲突；相反，南斯拉夫各疯狂的族群皆具有出奇的仇恨与猜忌心，一旦有某种空间，它们便会释放出来并足以引发冲突。[39]他写道："巴尔干是一片纯粹的记忆之域。"[40]邪恶的记忆变成了子弹，战争暴行是对迷思的自然反应，每个群体都充满了仇恨。 这是命定的劫数，在历史长河中不可避免地、永无止境地重复上演。 埃里克·霍布斯鲍姆对这种歪曲历史的看法给予了有力的驳斥。[41]但是，卡普兰也认为，最近爆发的冲突尤其是战争暴行，可能也是一种自下而上的自发行动，它们只是以一种特别的形式表达了南斯拉夫人民之间的宿怨。 这些宿怨是原生的，几乎也是神秘的。 它们变成了诗歌，变成了超历史、甚至超意义的东西："今天的事件，只不过是过去已经发生的所有事情的加总再现。"[42]最为夸张、华丽的隐喻显然也不足以捕捉这些宿怨的精神。

纵观冲突的历史，一个基本的事实就是它们是因为剧烈的失控（包括对电视和各种信息的失控）自上而下地引发的。 在这个事实面前，卡普兰的观点断然不能成立。 仇恨要导致冲突就得经受动员。 在波斯尼亚，经历了一年的战争之后才产生了族群驱逐和大规模的暴行。 格伦尼恰如其分地称之为"种族仇恨论的悖论"[43]。大多数极端的南斯拉夫领导人都扭曲历史，卡普兰应该对其误解历史感到愧疚。 不同于卡普兰的观点，扭曲历史是这些领导人在乱世中攫取权力的手段而非目的。 这些群体的领导人通常是彻底的机会主义者。 正如贝尔格莱德演员波罗·托多洛维奇（Boro Todorovic）在1991年所说的，塞尔维亚的民族主义领导人"昨天还在拥戴共产主义联盟，还在为兄弟情谊和国家统一而奋斗"[44]。 他们所拥戴的只是他们自己以及自己个人的机会，正如他们一如既往地追求权力那样。

因此，如同迈克尔·伊格纳提夫（Michael Ignatieff）所说，"不是过去如何规定了现在，而是现在操纵着过去，使之成为决定性的力量"。为了动员人们参战，"民族主义者不得不说服他们的邻居和朋友，告诉他们互相屠杀是自古有之但无法追忆的事实。但是，我们无法从历史中汲取教训……由此，巴尔干人民不得不以邻为敌——正如整个地区不得不从各民族和平共处的状态演变成托马斯·霍布斯笔下的那种梦魇场景"。[45]记者斯拉芬卡·德拉库利奇（Slavenka Drakulic）说她过去是"以她的教育、职业、性别和个性来自我定义"，但在1991年后，她发现她"所有的那些认同定义标签都被抽离了，只剩下克罗地亚人这一身份"。[46]

在过去的这个世纪中，有一部分非常残暴的战争领袖发动了暴力和种族仇恨，其中的大多数都是在上级命令之下由军队执行的。[47]而且，在很大程度上，这些领袖只是出于机会主义的考虑，煽动所谓的种族仇恨并加以利用——那惨死的成千上万人的生命，不过是他们获得并保住权力的手段罢了。大部分主要群体之间都彼此仇恨，可是，就在大爆发之前他们还频繁通婚。在过去的四五十年间，可能没有一个社会在族群关系方面有过更广泛的混合。在美国，欧洲裔的不同族群之间有大量的通婚，但是，其他的群体之间（比如黑人与亚裔、黑人和白人、亚裔和白人）的通婚就相对较少。

在南斯拉夫，比起纯粹的波斯尼亚人、克罗地亚人、塞尔维亚人族内通婚的家庭，许多族际通婚家庭的命运更悲惨，甚至更加充满仇恨。回想一下第四章的题词中所提及的那个来自萨拉热窝的难民，他被迫为塞尔维亚的军队服务，并包围那个穆斯林居多的城市。因为他和萨拉热窝的穆斯林一起生活过18个月，作为弥补，他被要求去杀穆斯林并证明他对塞尔维亚的忠诚。[48]如果一个居住在萨拉热窝的塞尔维亚人都不能被信任，那么那些和克罗地亚人或波斯尼亚人通婚的塞尔维亚人又怎会被信任？如果一个塞尔维亚人的同辈旁系血亲改信了伊斯兰教，那么情况又会如何呢？

在南斯拉夫的灾难中，最令人震惊的泄恨行动是他们对一些美丽的城市和城镇的破坏，这些摧毁行动似乎是刻意为之的。 被毁的包括波斯尼亚的首都萨拉热窝以及克罗地亚的武科瓦尔（Vukovar），它们被彻底而精心地夷为平地，或者如塞尔维亚所宣称的，它们被解放了。[49]战败的希特勒曾想要烧毁巴黎，希特勒和塞尔维亚领袖不仅想要毁灭人民和政府，也意图毁灭文明。 贝尔格莱德的前市长波格丹·博格达诺维奇（Bogdan Bodgdanovic）是一个建筑师。 他察觉到，塞族领袖有一种"恶毒的企图，它反对城市中的一切，亦即反对包括精神、道德、语言、品味、风格等在内的复杂的语义场。 从 14 世纪开始，'文雅'（urbanity）一词在大多数欧洲语言里都代表着高贵、有教养，代表着思想和词语、词语与感觉、感觉与行动的统一。 对于那些不及'文雅'要求之人而言，他们很容易聚集起来并将其毁灭"。[50]

在这里，我们可以一再看到，毁坏建筑和城市的意图是先发制人的、未来导向的。 塞尔维亚人意在通过扫除潜在反对力量的集聚点和制度来保证自己的掌控权。 在南斯拉夫，大多数的族际通婚家庭都在城市生活。 塞尔维亚攻击萨拉热窝，其所毁灭的就不是一个穆斯林城市，而是一个多元文化的城市，对塞族领袖来说，多元城市对他们产生的威胁远胜于一个单一族群的穆斯林城市。 同样地，武科瓦尔也是一个多元文化的城市，那里有 43% 的克罗地亚人，37% 的塞尔维亚人，以及 20% 的匈牙利人和其他族群。[51]塞尔维亚的黩武者甚至罔顾这个城市里塞族人的性命，族性动员者的首要逻辑就是保持冷漠：他们要限定视野，以便把本族群的认识论意义上的家园舒适感降至最低，并且制造出狭隘的忠诚感。 很显然，他们发现村民要比市民更容易顺应自己的行动逻辑。[52]战争让无知和文雅卷入其中，南斯拉夫旋即斯文扫地了。

还有一些摧毁行动具有更为精确的目标。 无数的清真寺和穆斯林图书馆被选择性地摧毁了。 这些摧毁行动不仅仅是依靠迫击炮的火力，如同萨拉热窝的沦陷那样。 相反，塞族武装力量炸毁了清真寺，然后用推土机清空瓦砾，让它杂草丛生。 他们也许摧毁了波斯尼亚境内半数的清真寺，并枪决或驱逐了成百上千的伊斯兰教神职人员。[53] 他们特别想要摧毁的是带有穆斯林社群气息的任何目标，一如他们想要摧毁任何超越狭隘社群的、具有普世情怀的东西。

请注意南斯拉夫灾难的一个特别之处。 米洛舍维奇和极端民族主义者的暴行让人回想起第二次世界大战以及几个世纪以来的战争，而就他们的动机而言，他们的行为似乎具有科西嘉人的"横向仇杀"（vendetta transversale）的特征。 "横向仇杀"意味着对行凶者的亲戚采取报复行动。 一方族人可能因为被看成是间接谋杀者而受到威胁，从而对另一方族人采取整治行动，这种行为可能出现在冰岛或者科西嘉这样的社会中。 不过，在南斯拉夫的族间攻防过程中，也许不存在这种现象。 唯一的防御只是那为了避免未来威胁而采取的抢先攻击，而过往的威胁只是说明了未来存在危险的可能性。 那样的防御完全是一种对于纯粹冲突的防御，而与血债血还的道德正义性无关。 后者适用于活着的南斯拉夫人，并仅就他们现在的暴行而言。

北爱尔兰

研究种族冲突的人常常认为他们能够理解很多的冲突事例，但是，北爱尔兰的情况却总是令人困惑。 在约四分之一个世纪的时间中，一些准军事集团间战火不断，开始是爱尔兰共和军的重新成立，而后诸如厄尔斯特防卫协会（Ulster Defense Association）和厄尔斯特志愿军这样的新教徒暴力群体也加入其中。 在一场引人瞩目的但却和平的民权运动之后，暴力旋即爆发了。 那场运动发生在 1968 年的北爱尔兰，目的是要保卫天主教徒个人的权利。（那时的选举资格仍然与财产挂钩——这构成了对天主教徒的歧视，因为他们相对较穷，没有什么属于自己的财产。 因此民权运动的一个主要诉求就是"一人一票"。）

地方上的新教徒警察无法保护天主教徒的民权活动分子的安全。

1969 年 1 月，甚至有警察在不当班的时候参与攻击民权运动中的游行者。 英国军队被调遣来保护游行者。 因此，英国军队的进驻最初与美国联邦政府对南部民权运动的介入是类似的。 但是，特德·希思（Ted Heath）政府宣布取消了北爱尔兰的自治权，并把它的六个郡纳入伦敦当局的直接管辖之下。 结果，英国士兵很快转而搜捕共和党积极分子，他们四处驻留，进入到准战争状态。 他们的出场、共和军的复兴、新教徒准军事恐怖小分队的再现，一起让北爱尔兰在过去的四分之一世纪中陷于血雨腥风之中，有超过 3 000 人死亡（每 500 人中有 1 人死亡），还有许许多多的人在宗派暴力中负伤。[54]

北爱尔兰的冲突与纽约皇冠高地的犹太教仪式派信徒（Lubavichers）所发起的千禧年运动（见第七章的讨论）很相似，它们都发生于一个拥有良好教育、相对繁荣的社会之中。 所以，我们似乎很难把这些人的行为和他们的利益联系起来。 那么他们何以如此？ 让我们来细究其中的两个奥秘。

首先，人们会提供另外一个理解爱尔兰共和军问题的路径：共和军要动员起来，就必须完成一项极其周密的、渗透性的任务：即扭曲其所征募的新兵的理解力，让他们对共和军产生足够强大的认同，令其放弃在其时空背景下所产生的普通的认同感。 共和军不仅要用认识论上的家园舒适感来实现激励，他们还得剔除普通人的理解力，代之以一种令人惊异的冷漠——而要在一个社会中保持这种冷漠态势必是难以做到的。

在一个现代社会中，这种冷漠状态是如何维系的呢？ 一个貌似合理的解释是，在这个世纪的早期，爱尔兰共和军在反抗英国统治、争取独立的战斗过程中形成了一种防御性的组织构造，这种构造过程实际上是通过分权形成诸多个体性的、彼此没有什么联系的蜂窝状组织，结果形成了一种冷漠状态。 这一结构与菲利普·塞尔兹尼克（Philip Selznick）对美国共产党的分析很相似。[55]在这种组织结构中，外部警力的成功渗透并不会破坏其他的单个单元，类似地，如果组织出现叛徒，也不至于产生多大的伤害，因为背叛者能够泄露给敌人的信息实在有限。 显然，即便是监狱也比这样的蜂窝组织更为开化，因此激进分子常常会在出狱之后拒绝继续遵从先前的暴力信念。[56]

不幸的是，这个蜂窝结构让共和军陷入了失控状态。 如果单个的蜂窝组织能够持续招募到新的年轻人，而且能够持续地把这些人与更大的社会隔离开来，那么它们就是可持续的。 久而久之，这些组织就会趋于激进化：它们会把那些立场不够坚定的成员清除出门，并力促成员们对组织形成绝对的效忠（进一步的讨论参见第四章"功能解释"和"规范的认识论"两节）。 近些年来，共和运动的政治领袖格里·亚当斯（Gerry Adams）宣称他们的组织确实是理性的、追求和平的，而激进的共和军力量却总是刻意地让他感到难堪——他们与波斯尼亚的塞尔维亚将军姆拉迪奇（Mladic）一样——他们无法无天，傲慢地撕毁和平协议并因此挫败政治家们的计划。

因此，北爱尔兰的冲突主要是一种历史遗留问题。 过去，我们试图在个体参与者层面上来理解这种冲突，但是在这个层面上，必须把个体的行为视为爱尔兰共和军过去动员的产物。 过去的动员模式创造出了某种蜂窝状组织，它们拥有招募新人、实施灌输的自主权，从而使得道德义务与认识论意义上的无知结合在一起，进而使得个体的行动在抽象的意义上看来有悖于自我利益。 和爱尔兰共和军相称的是，新教徒的恐怖主义分子复活了这种组织形式，这带来了一个显著的结果，即在一个相对富裕的社会中发生了种族和宗教的动员，而若非恐怖分子的极端主义行动的滋扰，这样的社会还会持续繁荣昌盛下去。

其次，即便在北爱尔兰，爱尔兰共和军的积极分子的活动强度也是非同寻常的。 在大约 50 万天主教徒中，只有大约几百名积极分子，其中某些积极分子还可能来自爱尔兰共和国。 每个积极成员平均下来都参与过几起谋杀行动。 关于爱尔兰共和军的电影和小说，或许很快就会在数量上超过它的成员总数。 他们是一群极端分子，比起当代许多其他的族群冲突的极端分子，甚至有过之而不及。 他们也没有广泛的支持。在1992年选举中，即使是在他们所主导的天主教选区中，格里·亚当斯也没有能保住他的议会席位。这个党本身只赢得了约11%的北爱尔兰人的选票——该地区有三分之一的选民是天主教徒，所以新芬党得到了三分之一的天主教教徒的支持——在爱尔兰共和国，它的得票率不及2%。据说，北爱尔兰绝大多数的天主教徒支持弃绝暴力的约翰·休谟（John Hume）。[57]新芬党的艰难政治处境正是该党名称的写照，新芬党（Sinn Fein）的意思是"我们，我们自己的"，这就好像是在对新教教徒说，"不是你们的，滚蛋"。这个党用排他性规范来自我标榜，其清晰性和对抗性堪比任何除了种族屠杀之外的各种族群冲突的规范。[58]然而，从动员爱尔兰人的角度看，该党的名称似乎却是积极正面的，它号召"我们"投身其事业。

有一个颇为敏感且富于表达的新教教徒医生，他曾服务于西贝尔法斯特（West Belfast）医院的急救室，在那里，他救治过包括格里·亚当斯在内的很多被炸伤和受枪伤的伤者，而且他也主张两个爱尔兰合并，在他看来，北爱尔兰的新教教徒害怕"集体死亡"（communal death）。[59]他们（天主教徒）说："我们会被悉数消灭的。"[60]这种担忧显得古怪而又合理。言其古怪，是因为大多数北爱尔兰的新教教徒必定相信，多数派政府给少数派的天主教徒提供了群体公共生活的可能性。然而，对于北爱尔兰的天主教多数派政府能否给那里的新教教徒提供群体公共生活的可能性，他们却不知为何表示怀疑。很显然，他们认为新教教徒是高贵的、公正的，而天主教徒是邪恶的、偏颇的。言其合理，是因为在由新教教徒国家（英国）的一部分变成一个天主教国家的过程中，这是有风险的。（然而，当下的每个选择都会有风险，维持现状可能会导致长期暴力的风险，对于北爱尔兰的天主教徒和新教教徒来说，他们的生活和经济都会因此遭到退化）。

人们常常指责新教教徒中的极端分子，认为他们的政策尤为龌龊，因为他们似乎不仅仅进攻士兵、警察或者政治领导人，也把矛头对准寻常百姓。在某种程度上，这种特殊性仅仅体现了一种机会主义。新教教徒没有可选择的军队或者警察，可攻击的政治领导人也很少。当然，实际上，一旦有机会他们就会攻击领导人，比如，在1981年，他们就试图刺杀贝尔纳黛特（Bernadette）和迈克尔·麦卡利斯基（Michael McAliskey）。贝尔纳黛特原名叫贝尔纳黛特·德夫林（Bernadette Devlin），她是一个国际知名的民权活动家，曾闻达于美国并在后来成为一位激进的共和党人。不管怎样，爱尔兰共和军也攻击并经常杀害诸如顾客和乘客这样无辜的人。而且，天主教和新教的准军事组织都会枪杀自己人。在1993年，据称爱尔兰共和军把更多的子弹射向了他们的爱尔兰天主教徒同胞而非英国军队。[61]对于一个蜂窝状组织的集合来说，这并不出奇。因为，为了自己的某个特定目的，也为了共和党人的事业，每一个蜂窝组织都可能展示出其致命的能力。这种利益的狭隘化过程，或许是所有群体的生活方式。

索马里

最近索马里呈现的"半秩序"状态，或许可以从根本上驳斥霍布斯关于无序的、个体化的自然状态的说法。霍布斯担忧个人对个人的战争状态，但是在他所谓的自然状态与有序的民族国家状态之间，还有可能出现自发组织的次级群体。一个社会有足够的财富和有序的组织便可以生产战争武器，包括步枪、装甲车、火炮和便携式火箭等等，只要这种情况不绝如缕，自然状态就会服从于无序地组织起来的战争状态——其中，一些相对较大但却不稳定的群体之间互相竞逐权力。这不会是一场霍布斯式的所有人反对所有人、人人自危的战争。在哲学上，无政府主义者的主张总的来说是不错的：无政府并不意味着混乱无序。在无政府状态下的索马里，至少还存在着某种次级秩序（sub-order）。这种次级秩序所能带来的毁灭性可能远远超过任何完整秩序，或许甚至超过了霍布斯式的自然状态，其原因就在于这种毁灭多少是有组织的，而不仅仅是自发的。

一个社会陷于次级秩序状态，那么任何认同依据都可以被拿来界定人的忠诚，以至于任何个体间竞争领导权的冲突都会不容分说地转变成种族或部落的冲突。 20世纪90年代早期的索马里冲突实际上就发生在哈维耶（Hawiya）族内，那里有两个强势的领导人竞逐该组织的领导权。 1991年1月，穆罕默德·西亚德·巴雷（Mohammed Siad Barre）政权被推翻之后，围绕其继承权问题，在穆罕默德·阿里·迈赫迪（Mohammed Ali Mahdi）和穆罕默德·法拉赫·艾迪德（Mohammed Farah Aidid）之间爆发了战争。 因此，索马里和南斯拉夫的暴力冲突的核心特征是一样的，在很大程度上，它是由野心勃勃的领袖所发动的结果。

在某些人看来，巴雷是一个索马里的民族主义者，他主张部落权力让位于民族团结。 和铁托一样，他也是一个混血后裔——或许因此成为一个天然的民族主义者。 他声称自己是一个索马里人，用戴维·莱廷的话来说，"几乎所有的追随者都对他的话深信不疑"[62]。 依据其父而非其母所属的部落，很多麦吉尔坦（Mageertayn）和伊萨克（Isaaq）部落的人都把他叫做马雷汉（Marehan）人。 这种称谓体现了一种故意的贬低，说明人们不把他放在眼里。 1977年他率兵进攻埃塞俄比亚，试图把其境内索马里人居住的土地并入索马里，这使他声名大噪。 他与部落领导人结盟，为部落提供武装以夯实国家军队。 当苏联由支持他转向支持埃塞俄比亚时，他的军队就被搞垮了。

此后，新武装起来的部落首领转而支持巴雷，人们把他的独裁统治机器称为MOD政府——MOD代表了与他的家族有关的三个部落：马雷汉（Marehan）、欧加登（Ogaadeen）、多勒巴汉特（Dulbahante）。 为了自卫，巴雷还为部落招兵买马。 就这样，之前的民族主义者变成了一个为权位而操弄群体认同的机会主义者。 巴雷和他的对手都试图（他们成功地做到了）动员部落忠诚，以求在民族冲突中取得上位。 从根本上说，国家政府的失败及之后的羸弱状态，带出了一种另类的政治选择——这个选择被绑定于部落认同之中，从而加剧了起初的无政府状态。

索马里是一个"偶然的国家"：它的边界划分本来可以极为不同，但相比很多其他的非洲国家，它的边界划定却是前后一贯的。境内有许多部落，它们在 1993 年至少分属于 14 个战争派系。此后，联合国部队的首脑伊姆蒂阿兹·沙欣(Imtiaz Shaheen)少将说："被大家称为索马里的，只是地理意义上的一片土地而已。"[63]这显然意味着它处于无政府状态之中。在某种意义上，沙欣此言差矣，因为除了有一部分索马里人住在埃塞俄比亚境内，索马里这个国家与索马里人的分布是高度一致的。但在另一层意义上，沙欣却没有错：连番内战使这个国家陷入贫穷、饥饿的状态，以至于联合国和美国最初的介入主要是为了解决饥荒问题。食物援助简直不能直接送抵中央政府——中央政府已经不复存焉。沙欣所提到的索马里情势，乃是已有联合国干预其中的状态。那个索马里仅仅是一片有很多群体(尤其是两个哈维耶领袖)混战其间的、地理意义上的土地。

很多人可能会把内战中的索马里理想化为一种处于胁迫之下的旧时索马里状态。但是，任何希望能看到一个有序的索马里的人，都不能如此简单地将它理想化。因为一些军阀拥兵自重，他们或许有能力无限期地维持这一具有强大摧毁力的准秩序，如果不能把军阀们聚在一起或加以控制，那么，从长远来看，索马里的和平前景可以说是暗淡的。让处于战争状态的索马里重新恢复秩序将是非常困难的。

在艾迪德和迈赫迪竞逐权力的哈维耶部落，曾有一个受过良好教育的族人如此建言：外国人在索马里可做的最好的事情，就是去收购居民手里的步枪。[64]他对索马里问题性质的认识，也许要比几乎无计可施的西方政治领导人更为清晰。曾在报道中引用这位索马里人建议的《纽约客》的记者似乎认为这个建议过于简单化——他们仿佛以为，艾迪德和迈赫迪之间的血腥世仇与那些致命武器的供应并没有什么关系。但是，这个建议并不简单化，而暴力和世仇的毁灭力也并非自我决定，实际上，它们受制于结构性的约束，并且与大规模的廉价武器有关。

胡图族和图西族

布隆迪和卢旺达的种族差异或许类似于波斯尼亚的情况，因为它们如今看来也形成了一个不可避免的悲剧，图西族是一个相对小的少数民族，人口据称只占到这个国家人口总数的10%—15%。（在1993年6月举行的国家大选中，尽管在布隆迪，图西族代表大约只占了15%，但胡图族的总统候选人赢得了65%的选票，而图西族的候选人获得了35%的选票。[65]很多图西族联合抵制这场选举，称之为民族人口普查。）但历史上，图西族一直在政治上和军事上统治着占多数的胡图族人。 现在，这两个国家的政府都是由胡图族领导的，但图西族依然控制着布隆迪的军队。 此外，还有一个很小的族群俾格米特瓦人（pygmy Twa），据说他们的人口不到全国的1%。（他们与奥塔·本噶有近亲关系，他去了美国之后，经历了致命的认同迷失的痛苦。[66]）

然而，按照很多记者和学者的解释，波斯尼亚各族群之间的关系与胡图族和图西族之间的关系是不可同日而语的。 一个在波斯尼亚的外来人或许得仔细辨别才能看出穆斯林、克罗地亚人和塞尔维亚人的不同，而对任何一个人来说，区分胡图族人和图西族人确实是轻而易举的。 图西族是尼罗河流域或埃塞俄比亚闯入者的后裔，他们明显白一些、高一些。 胡图族人对图西族人的攻击就是砍掉他们的小腿，这似乎是胡图族人的一种象征性的削砍动作：削砍他们的高度，也就是断绝他们的政治权力。

由此来看，胡图族人和图西族人几乎不可能在客观意义上搞错他们的身份。 对他们来说，主观认同和客观身份是很容易叠合在一起的，这就使得每一个人的认同都能和各自的族群对应起来。 不同于我们所讨论的其他大多数种族冲突个案，作为冲突双方的胡图族和图西族有着可见且可信的差别。 因此，在种族认同上形成协作是很容易的，而要打破这种协作则很难。

假定这些描述性的主张都是正确的，或者是大体上是正确的。 还有一个难题需要解答：图西和胡图这两个名称为何会变成族群标签？露西·梅尔(Lucy Mair)声称，图西族和胡图族的不同体现在他们拥有牛的可能性。[67]勒内·勒马钱德(Rene Lemarchand)则进一步认为，这些称号——包括图西族人、胡图族人、特瓦人，以及被称为"甘瓦"(ganwa)的高贵精英或是其他由国王所恩赐的职位——并不反映个人所固有的特征。一个"甘瓦"会被贬至图西族人的地位，而胡图族人和特瓦人也可能会被提升到图西族人的地位，而且，从另外一个意义上说，地位的概念有很强的相对性：对于国王来说，甘瓦就是胡图族人，对于甘瓦来说，图西族人就是胡图族人。图西族人会让他们的女儿嫁入显赫的胡图族人家。[68]因此，所有这些称号都是社会的而非族群的范畴。

因此很清楚的是，图西和胡图被分裂成敌对的两个族群，这并非不可避免的原始状态的结果，相反，它是社会建构的产物，而且是一种非常晚近的事态。这个社会建构见于过去三十年间几乎不曾休止的族群争斗，周期性的屠杀和摧残令生灵涂炭。在南斯拉夫晚近的暴行出现之前，那里的各族群曾彼此和平共处长达45年之久，与此不同的是，对胡图族人和图西族人而言，他们彼此相残的经历令人记忆犹新。但是，两者的相同点在于，南斯拉夫人屈从于米洛舍维奇、图季曼以及其他腐朽政客的淫威，在卢旺达，造就族群仇恨的是总统朱韦纳尔·哈比亚利马纳(Juvenal Habyarimana)长达17年的、腐败和无能的统治。作为一个胡图族人主导的政府的领袖，哈比亚利马纳显然渴望狂热的种族主义，因为这可以帮助他维持个人统治。[69]

哈比亚利马纳死后的暴乱期间，国家控制下的卢旺达电台持续煽动人们对图西族的仇恨。[70]一个激进的电台号召胡图族人去杀害图西族人，它督促人们："杀掉他们的妻子的时候，不要忘记也把那些孕妇也干掉"，"我们在1959年所犯的一个错误，就是没有把那些孩子都杀掉，现在，他们回过来反击我们了"。[71]与莫斯塔尔的克罗地亚刽子手一样，这些胡图族人认识到，他们的屠杀事业仅仅是为了确保他们的利益。而且，正如雅典人在米洛斯以及尤里乌斯·凯撒在高卢的行动一样，他们的大规模屠杀是为了斩草除根、防患于未然。

对于总统去世后最初出现的暴力行径，卢旺达和平运动活动家莫尼克·穆加瓦玛利亚（Monique Mujawamariya）指责说，是"有一小撮年轻人已经被当局蓄意培养成为杀人机器……然后他们被放出来了"[72]。尽管，图西族的反抗者也在1994年4月大开杀戒，联合国安全理事会还是将这场最惨绝人寰的大屠杀归咎于卢旺达政府军。[73]因此，穆加瓦玛利亚和安全理事会的判断是一致的，两者都认为恐怖的后果来自有组织的行动，而非族群仇恨的自发展现。

在某种意义上，正如群体标签的本意那样，这种冲突与阶级问题和经济问题有一定的关系。图西族人拥有牛，并且控制了与他们人口不成比例的全国大多数的土地，而胡图族人大多只是耕民。事实上，他们显著的形体差异甚至和饮食有关——图西族人主要以高蛋白食物为主，包括从牛身上得到新鲜血液和牛奶。[74]因此，这两个族群之间的冲突也说明族群和经济地位之间是有明显的正相关的。但是，正如他们有对暴力的生动记忆，他们也有对合作的生动记忆，包括这样的经历：胡图族人先是作为成功的部下，而后上升到图西族人的地位，与之平起平坐。[75]当胡图族人攻击图西族人时，图西族人的胡图族部下也难逃厄运。在总统哈比亚利马纳死后的卢旺达乱局中，四处袭击的胡图族人显然要杀掉哈比亚利马纳的敌人，这其中既包括图西族人也包括胡图族人。在随后图西族人的反击中，胡图族人大批逃往坦桑尼亚，正如先前图西族人大批逃离卢旺达那样。在布隆迪和卢旺达，位于尼罗河和刚果河两大水系之间的山脉分水岭地区贫瘠而崎岖的土地，常常使得生活在临近山谷中的人民互相隔离。这些国家的人口出生率很高，人口密度在非洲名列前茅。[76]因此，无论是布隆迪还是卢旺达，可供使用的优良耕地都是很匮乏的，而且土地资源越发紧张。

尽管有这些经济和阶级因素，我们还是不宜把胡图族与图西族间的冲突称为阶级冲突，因为，这两个"阶级"实际上并不彼此相关——他们并非互补的角色。图西族人养殖牛群主要是为了自用，胡图族人种植庄稼也主要是为自给自足。在卢旺达和布隆迪，人们都被组织在遍布的农业生存单元之中。两个群体的确存在经济上的冲突——但这仅仅关系到对有限资源的使用选择。他们就像法国和西班牙的战争王国——用法国国王的话来说，双方完全同意这一事实，即他们都想要得到同样的东西。

在这个案例中，最近的暴力始于 1959 年，当时的卢旺达-乌隆迪（布隆迪之旧称）正处于谋求独立成为两个国家的前夜。在殖民地和前殖民地时代，图西族尽管人数很少但却处于统治地位，而在后殖民地时期的独立建国之后，胡图族想要改变这一关系。到 1963 年，胡图族人已把大批的图西族人从卢旺达驱逐出境，并杀害了他们中的很多人，[77]留下来的图西族人不到总人口的 10%。自那以后，出现了周期性的暴行，尽管它们绝不像最近的屠杀那样残酷。而在前殖民时代，围绕权力继承问题也曾内战连连，只是我们对此所知甚少，也无法评估是否有种族冲突的情况。[78]

在新独立的布隆迪，最初的政治核心问题并非种族冲突，而是立法权与君主权之争。那时，图西族人和胡图族人联手作为多数党反对图西族国王。在共同的敌手面前，胡图族人和图西族人的两个政党的冲突（卢旺达难民的涌入显然为图西族的政党提供了动力）很快偃旗息鼓。1965 年，胡图族人的起义导致了大规模屠杀，另一场更为惨烈的冲突发生在 1972 年，那时的图西族人以受教育的胡图族人为目标实施报复。[79]1966 年，军队推翻了最后一位国王，共和制取代了君主制。1993 年，根据协商保护图西族少数派的宪法，图西族总统皮埃尔·布约亚（Pierre Buyoya）安排了民主选举，梅契尔·恩达达雅（Melchior Ndadaye）当选总统，他是布隆迪第一位民主选举的、也是第一位胡图族的领导人。但在同年 10 月，恩达达雅在军事政变中丧生（那时的军队主要由图西族领导），加之次年 4 月发生的夺去了两位总统性命[其中包括新当选的布隆迪总统西普里安·恩塔里亚米拉（Cyprien Ntaryamira）]的坠机事件（这或许是图西族叛乱分子制造的，也可能是反对哈比亚利马纳的胡图族人干的——他们对总统要与大多数的图西族叛乱分子达成和解感到恐惧），卢旺达陷入了暴力冲突的深渊。1993 年通过选举实现的民主转型似乎是美好的，它有着全盘的计划，两个总统候选人之间很少甚至没有种族冲突的硝烟味。但是这个转型过程却是灾难性的。[80]

如果霍布斯的理论是正确的——即任何试图让国家失效的努力只会给所有人带来伤害，那么，布隆迪的胡图族就注定要承受痛苦，这种痛苦要么来自他们无法平等地参与独立后国家建设的协作过程，要么来自内战所带来的血腥毁击。布隆迪或许曾为独立自治而努力，但是德国和比利时相继对它实施殖民统治，这段历史并没有让人们为这种自治作好准备，也没有提供自治的经济基础。而图西族部落之间的分裂，加之胡图族在人口上完全占优的事实，都强化了形成反民主的政府的可能性。

非洲的经济状况惨淡不堪：人均收入在近几十年中持续下降，而人口却在迅速膨胀。人们要改变个人的命运，就得寄希望于自己在群体中的地位变化。即便群体间的经济差异可能要大于它们的模态差异（modal difference），人们也会如此行动。在卢旺达和布隆迪，人们面临着优质土地资源和食物的短缺，他们因为牧地和耕地而引发族群和经济冲突，这些事实早在独立之前便已存在，它们结合起来促使人们进一步采取这样的行动。但是，这两个国家的情况都是如此令人绝望，以至于即便一个群体完全打倒了另一个群体，对于获胜方中的大多数成员来说，贫困状态的改善也只是微乎其微的。

在这些国家，假如有一个能改变当前经济状况的政府，种族冲突或许就能够消停下来。否则，这种冲突似乎是难以制止的。在卢旺达和布隆迪，我们可以很清楚地看到这一点。在那里（尤其是布隆迪），尽管有一些族际通婚，形体的原初差异还是提供了一种显著的群体身份——暴乱中的军事集团会根据这些外貌特征来进行选择性杀戮。如果说南斯拉夫会堕落，那么卢旺达和布隆迪似乎是无可救药的。不过要注意的是，如果要让族性来界定并规制图西族和胡图族的关系，那么他们或许都会把彼此看成是猎食动物，而非那些该被仇恨的人。比起我们这个时代中其他多数的暴力冲突，这个案例中的民族身份似乎更具有原生性。即便如此，我们也不能把族群认同看成是原生的——群体认同形成于因为争夺有限资源而发生的激烈冲突之中，它尤其容易受到腐败而残忍的政治领袖的煽动。

魁北克的民族主义

最后要讨论的这个案例没有涉及太多暴力。魁北克是加拿大一个平和的、富裕的省份。法裔加拿大人大多数住在魁北克，他们显然一直相信，在加拿大政治与经济生活中的英语霸权之下，他们承受着政策上的歧视。在 20 世纪 70 年代，该省通过选举产生了一个分离主义的政府，对此当地人欢呼雀跃。不过，魁北克人党只赢得了 41% 的选票，在简单多数票当选的制度下，选举所产生的通常是一个多元主义政府。尽管选民支持并不强烈，但这个政党还是决意号召举行一场关于独立的全民公决。结果不出意外，60% 的人反对独立，分离主义运动因此平息下来。

对于魁北克人党及其独立运动来说，这次公投失败的一个原因在于魁北克的商界领袖担心分离会损害经济繁荣。[81] 在 1993 年 10 月的加拿大议会选举中，魁北克人党在议会赢得了魁北克 75 个席位中的 54 个席位。它得到了全国选票的 14%，尽管这少于即将退出的托利党和即将上台的改革党，但它还是成为了国会内仅次于自由党的第二大党。党魁卢西恩·布沙尔（Lucien Bouchard）也正式成为"女王陛下的忠实反对派"的领袖。布沙尔承诺，在此后的 1995 年大选中，如果他的党能够赢得对魁北克省议会的控制，他将尽快就分离问题举行公民投票。

与在南斯拉夫、北爱尔兰、索马里、布隆迪和卢旺达的冲突相比，魁北克的例子有一个显著的不同：它在很大程度上是事关和平的选举。它们的不同点不仅仅在于后者没有暴力行径。一旦政府出面用选举和立法工具来解决冲突，改革群体所面临的集体行动问题就会变得更加温和，这体现在以下两个方面。

首先，这个群体所要动员的只是去引导人们的投票方式。除了承担投票结果中所暗示的一些风险，它并不要求成员承担责任。不过，即便是那样，我也敢认定自己的选票和结果没有什么关系，于是，我自己也就不承担任何责任，亦无须付出什么成本。因此，我不会因为排他性规范的制裁而被群体动员起来——尽管这样的动员或许可以帮助我以某种方式去投票。然而，如果我真的去投票，我会倾向于让自己的选票体现自己的利益或价值观。

其次，动员一个群体的明显的成本也许会变成领导人的潜在利益，因此，群体领导人有极大的动力去领导，他们在职期间还可能因为担任公职而得到一些财政支持。布沙尔就有固定收入，其领导行动得到了很好的支持，他甚至还能在未来拥有更好的回报。

显然，魁北克的独立运动实际上是一种无害的民族主义诉求。魁北克分离主义者不想伤害那些以英语为母语的加拿大人；他们只是希望在蒙特利尔(而非渥太华)拥有自己的国民政府。魁北克人追求民族独立，他们的利益何在？对于作为个体的魁北克人来说，他们有理由期待法裔人的新政府会给他们更多平等的发展机会，这种期待无论是在过去还是现在，都可以说是合理的。这也就是说，一个典型的魁北克人更想要的是一个独立的魁北克小社会，而不是加拿大的大社会。但是，如果在20世纪80年代的公投中商界领袖的看法言之有理，那么，独立虽然可能为社会内部提供更多的相对机会，但总体的发展机会却会因此缩减。

20世纪80年代之后发生了什么？现在，平等有了实质性的宪法保障，因此，一个普通的魁北克人可能会觉得，较之于在一个独立的法语社区，自己在双语环境中也能发展得很好。但不幸的是，这种期待并不让人安心。原因是他们所承载的两个世纪的经历太过沉重，这影响了对平等主义的承诺。因此，普通的魁北克人可能还是会相信独立是利大于弊的。

那么，魁北克独立会让普通魁北克人的生活变得更糟糕吗？ 可能不是这样的。 考虑到当今国际资本的境况，与美国、法国及其他国家发展经贸关系的可能性，以及《北美自由贸易协定》的签订（或许不容乐观），再考虑到本土商业令人看好的发展前景，人们或许可以放下曾经的担忧。 如今，魁北克的经济发展选择更加宽阔，这种选择也不会损害魁北克人的经济利益。[82]实际上，在 20 世纪 70 年代末期，魁北克人的担忧之一就是，在独立之后，蒙特利尔的英语母语使用者会退出许多管理岗位。 但是，魁北克人党的选举已经把很多英语母语使用者赶出去了。[83]如今，在管理岗位上有为数更多的法语母语使用者。 如果魁北克人想要从经济繁荣中实现利益最大化，那么无论他们最后作出怎样的选择，当地人都面临着被更大的文化所同化的问题。

对一个普通的魁北克人来说，独立的好处可能是经济的、非经济的，或者是二者的结合。 首先假定他们的利益是经济问题。 那么，留在加拿大，他们可能的获益是什么？ 很清楚，他们有可能得到的是更大市场的更高生产效率——整个加拿大的市场是魁北克的四倍。 魁北克和安大略的贸易额大约为每年 500 亿美元。[84]而在《北美自由贸易协定》实施之前，魁北克作为加拿大的一部分，从一个更大的市场中获得了自由贸易的好处——当然，如果它作为北美自由贸易市场的一部分，它所获得的好处还要更多一些。[85]所以，魁北克人党当初寻求的是主权联合体(souverainete-association)——保持政治主权，同时辅之以与加拿大的经济联合。

可以相信，经济联合是魁北克人留在加拿大唯一的最大利益（利益还包括免于独立所可能招致的战争威胁）。 在某种意义上，加拿大人关于这一问题的辩论是不得要领的，他们争吵的焦点是魁北克和中央政府的税收分配。 布沙尔认为，渥太华收入的 23% 来自魁北克，但只返还了 19%。 而加拿大的官方统计数据表明，在 1981—1991 年这十年间，魁北克从渥太华方面获得了共 730 亿加元的净返回。[86]布沙尔的数据似乎有些错误，而官方数据也颇具误导性。　官方数据似乎意味着魁北克得到了其他省份的支持，但是与此相反，请注意在那同一个时期中，魁北克所承担的国债数量与其所得到的收入返还数量几乎是差不多的（如果独立，那么魁北克将不得不承担那部分国债，这在很大程度上就会抵消它所获得的税收返还）。　在这样一个赤字预算的年代，布沙尔的数据似乎是不靠谱的。　不过，双方的数据都是修饰性的，没有多少意义。

如果《北美自由贸易协定》的实施没有问题，那么，魁北克的独立也许不需要付出经济上的代价，因为《北美自由贸易协定》要比主权联合体更能保护魁北克人的经济利益。　如魁北克人所说："如今加拿大对我们没有用了。"[87]但是，这并不意味着魁北克能够从分离中获得好处。　有一些类似赫德的主张，认为在国际经济竞争中，同质性的社会能够带来好处——但这一主张经不起推敲，也是很含糊的。　在所有关于魁北克独立所可能带来的好处的辩词中，我们还看不到什么令人信服的解说。

我们并不否认独立可能带来好处。　好处也许会有的——比如，加拿大人会振振有辞地说，与一个大北美政府相比，加拿大政府可以更好地为它的公民提供法律与秩序保障，这至少是一个好处。　在有效地供给这种公共物品的问题上，加拿大和美国各有其法，差别甚大。　如果把两种殊为不同的体系混为一体，恐怕加拿大人的利益只会大大受损。在很大程度上，加拿大体制的成本和收益可能是内化的，如果要说合并能够消除外部性，对此人们大概很难加以论证。（在其与加拿大的关系上，魁北克人似乎不可能提出一个与此类似的主张。）因此，加拿大人会很容易地得出一个结论：与美国和墨西哥的市场整合是有利可图的，但是统一法律体系却没有什么好处可言。

认为魁北克人自治就是魁北克人的利益所在，这种论点体现了一个更广义的主张，即在政府机构和立法机构要坚持"被动的代表性"（passive representation）的原则。　比如，如果美国的政府机构里面有黑人员工或代表，那么美国黑人就可以期待政府机构更好地理解他们的诉求。 让白人去倡导黑人利益，在政府中保持积极的代表性，仅有这一点或许是不够的，因为在一个多元的社会中，白人的倡导者不会对黑人的生活有足够的了解。 回想一下我们曾提及的一本书，即白人作者约翰·霍华德·格里芬的《黑者如我》。[88]在1959年的美国南部，黑人究竟意味着什么？ 书中呈现了一些令人不安的发现。 作者是一个平等主义者，但要不是他弄黑自己的皮肤、修剪头发，从而顺利深入到美国南部黑人区，他就不能对黑人的问题有一个全面的理解。 因此，在政治机体里让少数民族和妇女保持"被动的代表性"，乃是这些群体及其成员的利益所在。 这不只是一个象征性的考虑。 事实上，即便有时候它被认为是一种象征，大多数人也会认为这种象征具有非凡的因果效应——它能够激励群内成员去竞逐公共职位，并且让群体外成员与本群体成员平等相待。

这依然是一个典型意义上的利益解释。 在许多人看来，真正驱动着法裔加拿大人和其他种族、民族主义群体的力量，乃是一种追求大众主权、主宰自己命运的渴望。 毫无疑问，这是其行为动力的一部分。但它的分量有多少呢？ 很不幸，它在学者以及某些政客的愿景中似乎重于泰山；而对于实际中认同遭遇危机的人们来说，这种渴望的分量却轻如鸿毛。 在近期所有的选举中，魁北克的选民分裂成了好几个群体，而胜出者却未必代表大多数。 谁能来代表魁北克的主权？ 魁北克人的命运和各地民主制度下人民的命运是一样的——个体算不上什么，即便是群体也只能通过聚焦某个单一问题（诸如堕胎、与某个国家开战）来发挥作用，它们在其他问题上也就只能随波逐流了。 如果魁北克人领导国家政权，而这位领导人推行的政策令人痛苦，那么人们并不会因其魁北克人的身份而对此感到宽慰。 实际上，在过去的30年里，魁北克人领导整个加拿大政府长达29年之久——这绝不是一些魁北克人现在想要脱离加拿大的最起码的理由。

魁北克的问题以及东欧一些地区和其他很多地区的问题都是种族和文化群体的问题，这些群体表面上都希望保护他们所谓的非经济利益。

比如，伊泽特贝戈维奇想要在波斯尼亚建立一个伊斯兰国家，或许他只是想要保护那里的穆斯林的利益。　然而，认为他最初的目的是为了穆斯林的信仰，这是似是而非的。（不管是出于什么理由，他认为波斯尼亚这个国家应该由穆斯林掌管，这个信条显然与米洛舍维奇的观点一样的愚昧和具有挑衅性——后者想要让占人口总数36%的塞尔维亚人掌管整个南斯拉夫。　也许，更具有煽动性的是，南斯拉夫和波斯尼亚政府要灌输这种观念，由此恐吓其他群体，让它们卷入了先发制人的冲突之中。）

许多魁北克人都认为，由于他们使用法语，他们在加拿大的发展机会因此受到了限制；他们相信自治可以让法语有更大的发挥空间。　但是，因为他们使用法语，他们在北美经济中的发展机会并不会好过在加拿大所能获得的机会。　也许，他们想要的不是经济而是纯粹的文化。他们希望能够使法语及其文化遗产在魁北克得以保留。　魁北克的政治科学家斯蒂芬·迪翁(Stéphane Dion)认为，对语言遗失的担忧是分离主义运动的主要动力所在。[89]在法国的法国人也很担心他们的语言与文化，但拿破仑战败后他们便大势已去。　在文化挽救的战斗中，法国人是如此惨败以至于他们颁布法令，要求法国的电影院优先播放法国电影，优先使用法语——即便这种语言规定可能会让他们误解"安全的性行为"的说法。[90]我们不太清楚的是，在北美的大漩涡中，魁北克是否能比在加拿大发展得更好，因为，在加拿大，法裔人口占25%，如果把这部分人口放在北美的大框框中，它只有2%的份额。　《北美自由贸易协定》的作用是在一个更高的层面提供一个公共福祉，亦即提升市场有效性。　但这种作用的发挥，也伴随着一个更为强大的需要，亦即通过英语这一主导语言实现协同行动（也许以后会变成西班牙语，如果是那样，到时不会说西班牙语的老外就会和今天讲法语的人一样挑剔不休了）。

不管怎么说，在魁北克以及很多其他次国家地区，文化延续的确是一个问题。　人们关注这一问题，这可能体现了某种实然-应然谬误：它是我们的，所以，它对我们是好的。 但在这里，对"好"的宣示是以魁北克人的利益为基础的。 如果加拿大的法语社群败阵给几乎统治着这个世界的、强势的盎格鲁-撒克逊的文化和语言，那么，当代的法裔加拿大人便会实质性地融合到更大的加拿大文化中去。 在新的文化中，这一代法裔人的发展机会通常比那些本土的、同代的盎格鲁-撒克逊人要来得少。 本质上，我们不是在为独立的文化语言社区进行最后的辩护。 在一个次国家共同体中讲不同语言的人，很可能会让他们的下一代接受本国官方语言下的教育，以使孩子们获得更好的发展机会。 按照上面的假设，如果魁北克人在摆脱作为加拿大二等公民的过程中，能够在一个独立的政治共同体中好自为之，那么文化延续对他们来说应该不失为一种"纯粹的好处"。

当代暴力的道德责任

在卡普兰看来，南斯拉夫的事态只是展现了一种可以被预测的历史，这种历史通过一种南斯拉夫人异常可怕的心理学不断重演。 卡普兰这种理论很可能是有害的。 假定我们对此理论信以为真，那么我们的结论就是，这样的冲突无药可治。 我们或许可以稳定边民、动迁居民，但这只会激起进一步的暴力。 如果卡普兰是错的，那么我们可以说问题的症结在于政治结构的彻底失败，而非那些不可思议、光怪陆离的大众心理。 我们可以进而认定，铁托统治时期所形成的政治结构是罪魁祸首，而着眼于未来，人们就可以从改造政治结构入手去解决冲突了。

许多美国人和非南斯拉夫的欧洲人似乎情愿相信卡普兰的理论，因为这可以使他们脱离道德的困境。 如果所有的症结都在于那种南斯拉夫人所特有的、反常的甚至是愚蠢的心理状态——与友善的美国人和非南斯拉夫的欧洲人相比，南斯拉夫人看起来就是一个有明显缺陷的民

族——那么，他们就可以免除解决问题的责任。和这个理论相反，我
们可能会想起 50 年前德国人实施过的种族灭绝政策，或者是那些欧裔
美国人屠杀印第安人的暴行，他们灭绝了包括雅希人在内的印第安人部
落，屠杀手无寸铁的妇孺。[91] 对于随意组织起来猎杀印第安人的这些
行动，我们找不到一个原生论的解释。

有人可能会认为，联合国、美国和其他国家不应该军事干预南斯拉
夫，然而此论差矣。不介入也许有颇为实用主义的理由。比如，人们
根本看不到干预可以使事态好转的理由。[92] 当我们在新闻上看到大屠
杀，看到相机拍摄的蹂躏场面，看到曾经田园般美丽的萨拉热窝不时有
建筑冒出滚滚浓烟时，那些原生论和种族论仿佛会让自己觉得释然，貌
似良心也得到了安慰。这座经过几个世纪建成的美丽城市现在几乎一
无所剩，这种事实并不触动原生论者的理论神经。真正要命的事实
是，经过 18 个月的战火，这座城市几乎被摧毁殆尽。[93] 正是在这种神
经质般的摧毁行动中，人们发现了所谓的南斯拉夫人的性格。这样的
原生论信念似乎令人难以置信——不过，它似乎就是当代观察家们的主
流观点。这种观点通常是通过修辞而非数据来表达的。

正如第五章所论及的，与群体的排他性规范相比，普适性规范通常
较为微弱。如果排他性规范得到了自利动机的强化，它就会变得势不
可挡。在诸如南斯拉夫这样种族冲突蔓延的地方，普世价值显然是非
常微弱的；然而，在美国或其他国家中，这种规范也甚为微弱——这些
国家的人民和领导人都不愿意为缓和或控制致命的冲突承担任何责任。
如果说他们受到普世性规范的激励，那么这种规范是十分苍白无力的，
而且它们也不足以激励人们去采取行动。

结 论

革命常常骤然爆发，许多族群暴力冲突也是如此。持续繁荣的局

面通常只会在政治秩序运转良好的条件下出现，而政治的式微总是与经济萎靡有关。因此，在解释族群敌对关系的两个原因（经济困局和政治乱象）中，其中有一个因果关联可能是虚假的。然而，这两个因果关系恐怕都是直接的，也是确切的。一旦出现经济衰退，个体的前景就更加紧密地依赖于其所在的群体的前景，这就提升了群体冲突的重要性。而政局混乱使得群体更容易寻求控制，并针锋相对地实现动员，从而加剧了暴力冲突的可能性。

政局混乱能够造成群体冲突的显著化，这种作用机制想必是清楚的。经济繁荣的作用可能更为复杂。经济繁荣本身并不足以减少人们对群体成功的期待，相反，对群体冲突起决定作用的是个体行动与繁荣之间更为紧密的关系。"失范的资本主义"（anomic capitalism）一旦取得成功，它就能在族群冲突的显性化过程中筑起一道防护墙。这种资本主义产生了个人层面的激励，并且与群体认同和群体义务感的激励背道而驰。

自利动机伴随市场而来，关于它的效应，亚当·斯密乐见其成。他认为，个体为自利而奋斗，这将削弱宗教与文化所产生的激励，从而避免社会被毁掉的命运。[94]我们可以把他的理论进行归纳，认为自利尤其能够削弱个体代表群体而采取行动的动机。从表面上看，这似乎是一种恶性变化——至少在大多数时间里，我们更愿意让人们采取道德行动，让道德责任超越自利动机。但是，在种族群体间的冲突问题上，斯密的观点似乎更令人信服：基于人不为己、天诛地灭的原则，而不是一开始就着迷于我们这个世界中的族群政治结构，我们就能够创造出一个更好的世界。

面对 1991 年以后在南斯拉夫和原苏联的部分地区所发生的族群暴力，人们很难想象出一个更为糟糕的情况。与政治权力的崩溃相伴随的，不仅仅是常规的经济衰退，而且还有从计划经济向市场经济的转型。在这个有意为之的转型过程中，改革的早期措施摧毁了一大批服务于旧经济体制的官僚，瓦解了他们的生产力，同时，在新的市场经济组织发挥作用之前，经济的生产与分配迅速下滑。 仅仅是政府虚弱这一事实就能让局势变得十分危险。 在向市场转型的时期，中国的"老人政治"（gerontocracy）坚持强政府的路向，结果减少了衰退群体的动员机会。 在匈牙利，早在1989年之前，政府就主导并完成了大部分经济转型过程。 在南斯拉夫，塞尔维亚地区的经济落后于斯洛文尼亚、克罗地亚以及波斯尼亚的某些部分（包括已被摧毁的萨拉热窝），这一事实恶化了南斯拉夫的族群关系。 克罗地亚的独立似乎能够带来经济繁荣，但作为一个独立国家，塞尔维亚面临着非常艰难的转型，因此经济快速发展的机会并不多。 这样，不断升级的民族战争就分散了人们对若隐若现的国内冲突的注意力。

在我们这个时代有大量的群体，他们表面上是为了群体的目的而进行动员（族群尤其如此）。 个体的群体认同感很强烈，以致他们貌似会为了追求群体利益而甘愿放弃个人利益。 根据集体行动的逻辑的判断，由于个体的自利行为，这种群体导向的行动势必不是理性的。 他们看起来是非理性的（人们在这样的行动中显得很愚蠢或疯狂），或者是超理性的（人们的行为是被道德或群体责任所驱动）。 然而，因为前面的一个判断是错误的，后一项推理也不成立。 在暴力的族群冲突中，可能是愚蠢的、疯狂的或者是出于道德、超理性的考虑的群体认同在起作用。 但是，认同群体并加入群体冲突，乃是理性个体的既定行动场景。 不幸的是，由个体利益所驱动的群体导向行动常常与群体利益背道而驰。

如同美国和南非的黑人所经历的那样，当群体的成员因其群体成员身份而受到歧视的时候，为了摆脱这种加于个体身上的枷锁，他们就有必要以群体的名义采取行动。 在美国内战与南方各州的重建之后，黑人在法律地位上至多是二等公民；在南非，他们曾经根本就没有公民待遇。 在这些案例中，黑人们所发起的群体行动实际上是一种普世性而非排他性的诉求，它所敦促的是个体平等。 相形之下，在我们这个时代所发生的大多数族群暴力冲突，其诉求却不是普世性的，而是特殊主义的和排斥性的。这种诉求是一种典型的损人利己的冲动，因此产生了大量的暴行机会。但是，正如在实际生活中的各种纯粹冲突场景所揭示的，如果族群冲突无法保持隐性状态而趋于显性化，那么冲突各方都将成为输家、蒙受损失。人们热爱各自的群体，但这种爱可能变成一场灾难，甚至祸及自身。

尽管如此，还是有人可能会觉得，群体的主张在一定程度上应该受到尊重，群体应该能够为自己进行选择。不幸的是，这样的主张显得振振有词，于是各种群体都会"为他们自己作出选择"。我们或许都会呼吁争取群体自治。这意味着什么？掌管群体的人寥寥可数。在同等条件下，我们会相信本族群的平辈可以更好地保卫我们的利益吗？或者，当一个得克萨斯人、亚美尼亚人或天主教徒在为我们的族群负责时，我们会基于怎样的理由而觉得不错——是因为这种安排与我们息息相关，还是纯粹因为我们喜欢这个事实？

民主理论不能据理于纯粹协作的利益基础之上并提出它的主张，这些纯粹的协作利益包括驾驶惯例、时间惯例以及诸如此类的事情，它们很重要但却几乎与政治无关。[95]这些事情的处理通常无需任何民主程序，这是因为，在解决这些问题的过程中，人们能够通过大量的重复互动最终找到一个相互协作的惯例。

除却这样的事务，政治理论家就不能像某个联合国官员那样，对遭受战火折磨的索马里人提出如此歪曲的主张："无论如何，索马里的未来将由索马里人决定。"[96]索马里终将会有一个结局，而索马里人会为这个结果而深陷冲突之中，但是我们却不能说任何人都可以来控制局势，或者说"索马里人民"可以自行决定。有很多索马里人会为解决问题而奋斗，但是这种努力却可能带来大家都不想要或不堪设想的结果。如果"索马里人将会控制局势"这一说法貌似有理，那么我们似乎也可以说，迄今为止他们已经控制了局势——可是，对于这种所谓的控制，人们都已经受够了。

重申一下，对于索马里人、南斯拉夫人、各种不同族群来说，包括我们在内，在某些事务上的确能够达成一致，并且能够基于领导权或政策实现协作，而除了这些事务之外，我们其实都难以掌控自己的命运。奇怪的是，这些事务仅限于诸如驾驶或时间惯例这类东西。我们可以清理一些群体，从而净化我们的社会或者是政体；我们能够强制推行和使用我们的语言；我们可以把我们的宗教及其束缚强加于每一个人。但是在根据我们的偏好所形成的轻重缓急序列中，强制推行这些东西可能并不具有优先性。大部分人都不会反对自己的群体去获得权力。人们想要得到繁荣、安全以及其他事物，因此在某种意义上，我们就想要自己的群体能够获得支配权。如果群体支配权注定要带来灾难，这种灾难并不会妨碍人们去关切其所想要的东西。在一些小的群体协作奏效之后，我们将要面对的是常见的政府的问题——要在政府中建立共识、实现协作是很难的。这样，在一开始的怒气消停之后，我们可能会发现，我们根本无法主宰自己的命运。有些人可能运气不错，有利于自己的政策如愿以偿地得到了政府的接纳，而大多数人通常不会有这样的好运。所以说，我们自己主宰自己的命运，这仅仅是一种修辞，而非行动的计划。

这些议题提出了一个规范性问题：群体动员是否是好的？很显然，为了集体目的而成功地进行群体动员，这可以是一种精彩而美好的成就。然而，揆诸历史，它们也给人类带来一些深重的灾难。然而，认为共同体的义务感是好的，这种观点却广为流传。确实而言，在政治与法律哲学中，最近还有一股支持社群主义的思潮。在第七章中，我将对社群主义的认识论和道德问题进行分析。

注　释

[1] Robert D. Kaplan, *Balkan Ghosts: A Journey through History* (New York: St. Martin's, 1993), p.75.

[2] 塞尔维亚的首府贝尔格莱德实际上远离南斯拉夫战场，但是战争及其导致的经济崩溃也让这里的居民陷于贫困状态。在 1993 年 12 月，这个城市的街头出现了一条长达三英里的等候领取面包的队伍 (*New York Times* [19 December 1993], p. 1. 20)。贫困的部分原因在于其他国家对塞尔维亚实施了经济制裁，但即便没有制裁，塞尔维亚的经济也

无法支持对生活物资的自由市场供应，它得依赖外国的慈善援助。 战争爆发之前，该国的经济就已经陷于困境并逐渐演化为严重的危机。

〔3〕Faoud Ajami, "The Summoning," *Foreign Affairs* 72（September—October 1993）：2—9, at p. 9.

〔4〕Walker Connor, *Ethnonationalism*：*The Quest for Understanding*（Princeton：Princeton University Press, 1994）.

〔5〕在康纳所著的《种族民族主义》（*Ethnonationalism*）第 203 页处，他曾提到了一个乌克兰民族主义者，此人相信他的民族是上帝的选民：

我知道人人平等，

我认为这理所当然。

然而与此同时，我也知道我的民族是独特的……

对此我深信不虞。

自相矛盾乃是激进民族主义者的通病。 希腊的民族主义者也是这样，他们觉得在阿尔巴尼亚的希腊人社区天经地义地应该实现自治或成为希腊的一部分，但是他们也自然而然地拒绝其境内少数民族的自决主张。 参见 Hugh Poulton, *The Balkans*：*Minorities and States in Conflict*（London：Minority Rights Publications, 1993 new ed.〔1991〕）, p. 225。

〔6〕Connor, *Ethnonationalism*, p. 146.

〔7〕Thomas C. Schelling, *Micromotives and Macrobehavior*（New York：Norton, 1978, pp. 101—102）. 拉比·施尼尔森所担心的威胁，正是犹太人从皇冠高地倾泻外移的现象，进一步的讨论可参见第七章。

〔8〕Connor, *Ethnonationalism*, pp. 202, 212.

〔9〕Robert D. Kaplan, "A Reader's Guide to the Balkans," *New York Times Book Review*（18 April 1993）, pp. 1, 30—33, at p. 31. 卡普兰援引安德里奇的话，意在反驳这个流行的看法，即如果波斯尼亚人充分地与外族通婚、比邻而居，他们可能就不会具有这样的仇恨心态。

〔10〕此处引自《经济学人》对当时的族群冲突所作的一次调查，参见 *The Economist*, 21 December, 1991, p. 45。

〔11〕比如参见 Bogdan Denitch, *Ethnic Nationalism*：*The Tragic Death of Yugoslavia*（Minneapolis：University of Minnesota Press, 1994）。

〔12〕Robert Block, "Killers," *New York Review of Books*（18 November 1993）, pp. 9—10, at p. 10.

〔13〕Block, "Killers," p. 9.

〔14〕Emile Durkheim, *The Rules of Sociological Method*（New York：Free Press, 1964〔1895〕）, p. 33. 达姆斯特脱（Darmesteter）也论述了小孩对宗教仪式的记忆，这种记忆乃是宗教研究者所必须予以关注的。

〔15〕这是民族主义的一种常见形式，也是晚近一些优秀的民族主义研究作品的分析对象，比如 E. J. Hobsbawm, *Nations and Nationalism since 1780*：*Programme*, *Myth*, *Reality*（Cambridge：Cambridge University Press, 1990）；以及 John Breuilly, *Nationalism and the State*（Chicago：University of Chicago Press, 1985〔1982〕）。

〔16〕毫无疑问，也是因为这种形象刻写，在 1939 年苏德签订互不侵犯条约之后，该电影就被禁映了。 参见 Ephraim Katz, *The Film Encyclopedia*（New York：Putnam, 1982〔1979〕）, p. 383。

〔17〕Herskovits, *Cultural Relativism*, pp. 102—103.

〔18〕Isaiah Berlin, *Vico and Herder*：*Two Studies in the History of Ideas*（New York：Viking, 1976）. 另见柏林关于苏东地区民族主义的近论，参见 Nathan Gardels, "Two Concepts of Nationalism：An Interview with Isaiah Berlin," *New York Review of Books*（21 November 1991）, pp. 19—23。

〔19〕David Hume, *The History of England*, vol. 1（Indianapolis, Ind.：Liberty Press, 1983〔1778〕）, p. 97.

〔20〕*New York Times*（18 October 1992）, p. 4. 3.

〔21〕Eric Hobsbawm, "The New Threat to History," *New York Review of Books*（16 December 1993）, pp. 62—64, at p. 64.

〔22〕Mordecai Richler, "O Quebec," *New Yorker*（30 May 1994）, pp. 50—57, at p. 56.

［23］Schelling, *Micromotives and Macrobehavior*, pp. 101—102.

［24］Denitch, *Ethnic Nationalism: The Tragic Death of Yugoslavia*, p. 29. 康纳认为这些关于少数民族构成的数据有欺世之嫌，参见 Connor, *Ethnonationalism*, pp. 214, 225 n. 15。

［25］这方面的描绘参见 Branka Magas, *The Destruction of Yugoslavia: Tracking the Break-up 1980—1992*(London: Verso, 1993), p. 178。

［26］*New York Times*(26 December 1993), p. 1.3. 当时，克罗地亚当局试图把克罗地亚语从与其几乎一样的塞尔维亚语中切割开来。 他们在电视里宣称："语言保护着我们的历史和文化，它孕育着我们。"如果我们接受这种夸张的说法，我们一定会感到纳闷：那么为什么要和塞尔维亚人兵戎相见？ 仅仅是因为语言的字母表吗？

［27］Misha Glenny, *The Fall of Yugoslavia: The Third Balkan War* (New York: Penguin, 1994, rev. [1992]), p. 131.

［28］Benedict Anderson, *Imagined Communities: Reflections on the Origin and Spread of Nationalism*(London: Verso, 1991 rev. [1983]).

［29］*New York Times*(27 February 1994), p. 4.6.

［30］Denitch, *Ethnic Nationalism: The Tragic Death of Yugoslavia*, p. 29.

［31］引自 Hobsbawm, *Nations and Nationalism since 1780*, p. 12. 进一步的分析参见本书第三章的"实然-应然谬误"一节。

［32］James Fearon, "Ethnic War as a Commitment Problem," paper presented at the 1994 meeting of the American Political Science Association, 2—5 Sept., New York.

［33］Glenny, *The Fall of Yugoslavia*, surveys the events.

［34］Robert J. Myers, "The Moral Menace of Intervention," unpublished paper, Carnegie Council on Ethics and International Affairs, New York, 1994.

［35］Misha Glenny, "What Is To Be Done?" *New York Review of Books*(27 May 1993), pp. 14—16, at p. 14.

［36］约翰·C.卡尔霍恩(John C. Calhoun)可能会赞同此论。 在美国内战之前，他曾提出要在美国西部和南部建立"共存多数"(concurrent majorities)的统治规则。

［37］Glenny, *The Fall of Yugoslavia*, p. 184.

［38］Ibid., p. 183(领土兼并), p. 126(米洛舍维奇缺乏民族主义或族群感受), p. 148(伊泽特贝戈维奇的主张)。

［39］卡普兰认为，共产主义政权掌控历史和记忆长达 45 年，"因此这对暴力产生了某种乘数效应"。 参见 Kaplan, "A Reader's Guide to the Balkans," p. 30.

［40］Ibid., p. 1.格伦尼有时候也坚持这样的观点，比如参见 *The Fall of Yugoslavia*, p. 148. 卡普兰在另外的地方曾认为自己受困于自己的过去："遇见路人，我总是向他们询问我的过去。 唯有如此，我才能理解当下的我。"参见 Kaplan, *Balkan Ghosts*, p. xxi。

［41］Hobsbawm, "The New Threat to History."

［42］Kaplan, "A Reader's Guide to the Balkans," p. 30.

［43］Glenny, *The Fall of Yugoslavia*, p. 187.

［44］Ibid., p. xiii.

［45］Michael Ignatieff, "The Balkan Tragedy," *New York Review of Books*(13 May 1993), pp. 3—5, at p. 3.

［46］Ibid., p. 4.亦参见 Siavenka Drakulic, *The Balkan Express: Fragments from the Other Side of War*(New York: Norton, 1992)。

［47］斯里兰卡、泰国和缅甸的族群冲突或许亦是如此，在这些例子中，少数族群显然受到了掌权的多数派佛教徒的攻击。 参见 S. J. Tambiah, *Sri Lanka: Ethnic Fratricide and the Dismantling of Democracy*(Chicago: University of Chicago Press, 1986), pp. 138—140。

［48］*New York Times*(14 November 1993), p. 1.8(第四章对此也有引述)。 尽管这很残忍，发布命令的军官却自有其道理。 中世纪的冰岛社会中，对那些被永久流放的人也有相关的规则。 如果一个被永久流放的人誓言自己能够杀死其他三个违法者，并且在此后被证明没有食言，他就会被复职。 参见 Birgir T. R. Solvason, "Institutional Evolution in the Icelandic Commonwealth," *Constitutional Political Economy* 4 [1993]: 97—125, at p. 112)。

［49］Glenny，*The Fall of Yugoslavia*，p. 115. 武科瓦尔没有军事价值。 在塞尔维亚地区，它孤立于其他的克罗地亚社群之间。 这使得它在敌人面前如囊中之物，立即招致有条不紊的炮击。 无怪乎塞尔维亚的一个马其顿人叛逃者这样形容："这不是一场战争，而是一次灭绝行动。"（第 126 页）

［50］Bogdan Bogdanovic，"Murder of the City，" *New York Review ofBooks*（27 May 1993），p. 20. 其观点众所周知。 参见 Poulton，*The Balkans：Minorities and States in Conflict*，pp. 212—213。

［51］Magas，*The Destruction of Yugoslavia*，p. 356.

［52］Glenny，*The Fall of Yugoslavia*，p. 3.

［53］Roy Gutman，*A Witness to Genocide*（New York：Macmillan，1993），esp. pp. 77—83.

［54］Dermot Keogh and Michael H. Haltzel，"Introduction，" 参见 Keogh and Haltzel 编著，*Northern Ireland and the Politics of Reconciliation*（Cambridge：Cambridge University Press，1993），pp. 1—10.

［55］Philip Selznick，*The Organizational Weapon：A Study of Bolshevik Strategy and Tactics*（New York：McGraw-Hill，1952）.

［56］David Remnick，"Belfast Confetti，" *New Yorker*（25 April 1994），38—77，at pp. 71—72，75. 相反，米洛凡·吉拉斯认为，被拘禁的激进分子会强化他们的认识论盲区。 他讨论了希特勒、图季曼和伊泽特贝戈维奇的例子，参见 *New York Times*（26 December 1993），p. 4. 7。

［57］关于这一观点，参见 John Hume，"A New Ireland in a New Europe，" in Keogh and Haltzel，*Northern Ireland and the Politics of Reconciliation*，pp. 226—233。

［58］可进一步参见达希·孔内尔（Daithí Ó Conaill）的论点，他是新芬党在 20 世纪 70 年代的领袖。 参见 Keogh and Haltzel，"Introduction，" p. 4。

［59］Remnick，"Belfast Confetti，" p. 77.

［60］*New York Times*（5 December 1993），p. 1. 3.

［61］Remnick，"Belfast Confetti，" pp. 72—74.

［62］1994 年 2 月 7 日的信。 此处对巴雷的角色的分析，源自莱廷的观点。

［63］*New York Times*（21 February 1993），p. 1. 3.

［64］*New Yorker*（6 January 1992），p. 24. 在这里，美国人所能购买的武器大多源自美国和前苏联，这些武器是在穆罕默德·西亚德·巴雷长达 21 年的独裁中流入索马里的。 如果说有一些国家要负责任的话，那么美国对索马里的残杀就负有严重的责任。

［65］Rene Lemarchand，*Burundi：Ethnocide as Discourse and Practice*（Cambridge：Cambridge University Press，1994），p. 178.

［66］参见第一章。

［67］Lucy Mair，*African Societies*（Cambridge：Cambridge University Press，1974），p. 167. 如果她今天写这样的书，她或许会软化这种论点。 另参见 Alex Shoumatoff，"Rwanda's Aristocratic Guerrillas，" *New York Times Magazine*（13 December 1992），pp. 42—48。

［68］Lemarchand，*Burundi*，pp. 1—16. 勒内·勒马钱德并不认为族群背景标签有这么大的流变性，他认为图西族人不能效忠于胡图族或者特瓦族。

［69］这方面的解释参考了莫妮克·穆贾瓦玛利亚的说法，她是卢旺达一个混血的人权活动家。 参见 Lawrence Weschler，"Lost in Rwanda，" *New Yorker*（25 April 1994），pp. 42—45。

［70］*New York Times*（8 May 1994），p. 1. 10.

［71］Alex Shoumatoff，"Flight from Death，" *New Yorker*（20 June 1994），pp. 44—55，at p. 53.

［72］Weschler，"Lost in Rwanda，" p. 45.

［73］*New York Times*（1 May 1994），pp. 1. 1，16.

［74］那些在 20 世纪 60 年代就从卢旺达被驱逐出去、在难民营长大的图西族人，就没有这种高蛋白的饮食了。 据说他们个子也比较矮小一些，参见 Shoumatoff，"Rwanda's Aristocratic Guerrillas，" p. 44。

［75］Mair，*African Societies*，pp. 166—181.

〔76〕卢旺达的出生率恐怕是最高的，每个妇女平均生育 8.3 个孩子。参见 Shoumatoff, "Rwanda's Aristocratic Guerrillas," p. 48。

〔77〕Mair, *African Societies*, p. 180.

〔78〕Max Gluckman, *Politics, Law and Ritual in Tribal Society* (Chicago: Aldine, 1965; New York: New American Library repr., 1968), p. 189.

〔79〕Mair, *African Societies*, p. 181.

〔80〕Lemarchand, *Burundi*, pp. 178—187, xvi—xix.

〔81〕Stephane Dion, "The Quebec Challenge to Canadian Unity," *PS: Political Science and Politics* (March 1993), pp. 38—43, at p. 38.

〔82〕Dion, "The Quebec Challenge to Canadian Unity," p. 41.

〔83〕自从 1976 年魁北克人党在选举中获胜之后，有 15% 以英语为母语的魁北克本地人（即约 129 705 人）离开了魁北克。参见 Richler, "O Quebec," pp. 54, 57。

〔84〕*New York Times* (27 February 1994), p. 1.19.

〔85〕《北美自由贸易协定》也给加拿大带来了新的定位。有了《北美自由贸易协定》，即便让魁北克独立出去，加拿大也不会在经济上有大损失。约翰·休谟注意到英国和北爱尔兰的重新定位——这种变化和加拿大的是一样的：随着它们卷入欧盟大市场，英国把北爱尔兰拴定于自己的经济体之中的优势也就没有了。参见 John Hume, "A New Ireland in a New Europe," pp. 228—229。

〔86〕Richler, "O Quebec," p. 54.

〔87〕Dion, "The Quebec Challenge to Canadian Unity," p. 41.

〔88〕John Howard Griffin, *Black Like Me* (New York: New American Library, 1976 [1961]).

〔89〕Stephane Dion, "The Importance of the Language Issue in the Constitutional Crisis," in Douglas Brown and Robert Young, eds., *Canada: The State of the Federation 1992* (Kingston: Institute ofIntergovernmental Relations, 1992); "The Quebec Challenge to Canadian Unity," pp. 39—40.

〔90〕法国驻纽约的前文化专员安妮·科恩-索拉（如今任教于纽约大学）指出，由于法语的刻板和英语的灵活，在法语中使用英语词汇所表达的意思是值得玩味的。比如"安全的性行为"一词，不管它看起来多么缺乏情趣，但至少在语言学上是可以成立的，参见 *New York Times* (20 March 1994), p. 4.2。

〔91〕关于对雅希人的暴行，参见 Theodora Kroeber, *Ishi in Two Worlds* (Berkeley: University of California Press, 1976 deluxe ed. [1961]), pp. 56—100。

〔92〕Glenny, "What Is To Be Done?" p. 16.

〔93〕制造一些大规模伤害的成本可能远远低于避免这种伤害的成本，发生在萨拉热窝的故事就是一个通俗易懂的例子。一群扛着枪炮的粗人在城里扫荡一周，它给一个宏伟的天主教教堂或清真寺所造成的伤害，乃是数以百计的世界级的艺术家花上几年也弥补不了的。可以进一步参见第三章的讨论，见"基于协作的群体认同"一节。

〔94〕Albert O. Hirschman, *The Passions and the Interests: Political Arguments for Capitalism before Its Triumph* (Princeton: Princeton University Press, 1977); Stephen Holmes, "The Secret History of Self Interest," pp. 267—286 in Jane J. Mansbridge, ed., *Beyond Self Interest* (Chicago: University Of Chicago Press, 1990); and Istvan Hont and Michael Ignatieff, "Needs and justice in the *Wealth of Nations*: an introductory essay," pp. 1—44 in Hont and Ignatieff, eds., *Wealth and Virtue: The Shaping of Political Economy in the Scottish Enlightenment* (Cambridge: Cambridge University Press, 1983).

〔95〕Russell Hardin, "Public Choice vs. Democracy," in John W. Chapman, ed., NOMOS 32: *Majorities and Minorities* (New York: New York University Press, 1990), pp. 184—203.

〔96〕*New York Times* (21 February 1993), p. 1.3.

第七章

爱因斯坦的箴言与社群主义

重要的是不要停止质疑。

——阿尔伯特·爱因斯坦

鲍西亚的正义

《威尼斯商人》可谓莎士比亚喜剧中的悲剧。在该剧的倒数第二幕中，夏洛克赢得官司，可以强行从拖欠借款的商人安东尼奥身上割下一磅肉。因为安东尼奥借款时急需要这笔钱，所以他很高兴地接受了违约条款。鲍西亚，这位乔装成从罗马来的年轻律师，判定夏洛克有权从安东尼奥身上割这一磅肉，但是根据死刑处罚条例，他不能够洒漏一滴基督徒的鲜血，也不准割得超过或是不足一磅的重量。

夏洛克因无法执行判决而节节败退，彻底败诉，鲍西亚则将这起民事审判转成一起指控夏洛克的犯罪审判。她出色地完成了指控，依法实施对夏洛克的惩罚：将其财产一半充公，将另一半判归受害方安东尼奥。安东尼奥则提议，在夏洛克生前他不能使用这一半财产。夏洛克死后，这些财产会留给夏洛克的女儿和她的基督徒丈夫。

为什么温文尔雅的鲍西亚会作出如此严厉、充满智慧却又似乎寓意深刻的判决？人们可能会认为，她只是在根据自然法则实施判决，这些积极法则要求夏洛克必须为了他那割一磅肉的邪恶请求而受到惩罚。

但是，如果夏洛克和安东尼奥调换角色（安东尼奥是鲍西亚的丈夫巴萨尼奥的好朋友），鲍西亚还会作出同样的判决吗？ 当然，若将主角所在的场景变成另外一个样，然后推定这个故事的主角将会怎样做，这貌似有点无理取闹。 但是，在这个案子中，事实非常清楚：鲍西亚的正义是社群的正义，而不是对所有人都平等适用的自然正义。

夏洛克是一名犹太人和借贷者——他不是基督徒，用那个时代的话来说，他是一名高利贷商人（关于在犹太裔借款人角色的塑造过程中两种宗教之间的共犯关系，第四章已有过讨论）。 夏洛克不属于安东尼奥、巴萨尼奥和鲍西亚所在的社群。 鲍西亚因此将夏洛克踩在脚下，这是莎翁戏剧中最丑陋的一幕之一。 鲍西亚对夏洛克说："你应该需要正义，而不是欲望。"社群的意愿是强有力的正义。 在舞台上，如果女演员的道白没有恶毒之意，她或许永远无法贴切地演绎出鲍西亚的角色。 鲍西亚所在的社群认定，作为犹太人的夏洛克是个"外来者"，他必须为试图伤害"内部人"，甚至可能造成"内部人"死亡的行为接受严厉的惩罚。

人们也可能会说，这故事纯属虚构。 但这种丑陋的场面在现实中也存在。 这里有个非常残酷但也许颇有代表性的例子。 根据大赦国际的报告，一些村庄议事会或长老会议经常优先援引孟加拉法律，或者强制人们接受地方正义规则。 1992 年 8 月，一位遭到有权势的青年强奸、年仅 14 岁的女孩被长老会议判处鞭打一百下。 "长老会议宣称强奸者无罪，把这个女孩因被强奸而怀孕视为发生非法性行为的证据。"[1]

更普遍的是，由自己人组成的陪审团对审判的原初概念本质上是一种社群的概念——然则这种认知不仅与价值判断有关，更与知识有关。来自我所在的社群的成员对本人以及社群有更好的理解，这就足以使他们断定我是否应该承认我被指控的罪名。 中世纪的英国陪审团皆坚持自证方式——亦即在犯罪审判的过程中，只有被指控者和法官能够说话。 那些陪审员仅仅是"善与恶的见证者"。 被指控者和法官都是根据先验知识和有限审判的原则来说话。[2]但是，如果陪审员有权对我作出判决，他们可能很快就会以我所在的社群的价值为依据，并且根据我是否与社群保持一致而非仅仅是我的行为本身来作出判决。正如田纳西·威廉斯(Tennessee Williams)的戏剧中对那些村舍入侵者或者村舍内部那些"不合规矩的人"作出的判决，也正如许多欧洲或美洲的社群把那些他们不喜欢的妇女称为"女巫"，或者就像鲍西亚对夏洛克的审判那样，他们对我所采取的行动与这些行动如出一辙。

若干个世纪之后，由"与某人同等地位的公民"在审判的过程中组成陪审团、参与审判的理念已经变成了普世的规范，而非社群规范。如今，陪审团成员不能依靠他们自己的私人知识，而是必须完全根据在审判的过程中呈给他们的知识来作出判断。在1856年的英国，为了免受被指控者所在地可能存有偏见的社群的影响，政策允许变更属地管辖权来回避这一问题，这已经成为陪审团成员选择过程中的一个通则。[3]

在哲学上，普世性规则可以追溯到两千年前，但是直到晚近它们才成为实践中的创新。当人们捍卫这些普世性的规则时，通常也就是在反对各种奇特的社群正义及其滥用。与普世性规则相反，在当前的政治哲学领域存在着一股动向——针对哲学家所倡导的普世主义规则，有人高举实践中的"反普世主义"旗帜。一直以来，都有人关注社群如何界定解决问题的方式。例如，大卫·休谟在建立法律和社会习俗的过程中就屈从于社群意志。但是，当代那些信奉反普世主义的社群主义政治理论家，则在这方面走得更远。

社群主义诸流派

社群主义标签被应用到几个存在明显差异的主题，有些主题属于一个整体，但是有些主题之间则存在明显分歧。正如第三章所指出的那样，社群主义有着两种殊为不同的分类，即"特质论社群主义"和"哲学社群主义"。[4]实际上，将社群主义付诸行动的人，比如阿米什人、犹太教虔敬派、早期的反联邦主义分子中的一些人以及世界上其他数不清的群体，都是特质论社群主义者，群体层面的"唯我论"无一例外地构成其核心信念：他们认为他们的社群是"正当的"。他们通常认为，其他的群体都是"不道德的"，甚至应该被排斥、镇压或者消灭。

相形之下，哲学社群主义者则主张社群是正当的：社群界定了个体成员，或者说，社群勘定了成员行为对错的标准；他们抑或认为，那些不扎根于社群的个体成员，往往会出现道德上的沦落。哲学社群主义者从抽象意义上来界定社群，而非论述某个具体的社群。特质论社群主义者一些非常残暴的行动，往往会令哲学社群主义者在道德上感到震撼，正如此类行动对那些传统的普世主义道德理论家带来震撼那样。在某种意义上，哲学社群主义是一种普世主义运动，它关注社群，但并非关注某一个特殊的社群。特质论社群主义是一种反普世主义运动，或者说是许多此类运动的组合体。

当哲学社群主义争论个体成员日常的或基本的认识论时，这两种流派就走到了一起。一个人的知识在很大程度上是由社会决定的。个体社会成员对现实的知识和道德准则的认识论解释，至少部分地来自社群。人们通常把哲学社群主义看作是一种规范理论，但是，更确切地说，我们应当视之为一种可能具有规范意义的认识论理论。至少，关于什么是个体成员的规范判断，哲学社群主义提供了描述性和解释性的含义。作为一种在既定的社群内界定对错好坏的规范理论，社群主义很容易遭到人们的忽略和冷遇，尽管对于个体成员来说，它可能如同特质性社群主义那样有些说服力。哲学社群主义仅仅是一种认识论理论，它告诉人们如何相信自己、如何拥有其利益与偏好。这样的哲学社群主义，作为一种理论，不仅是墨守成规的，而且是似是而非的。

认识论社群主义

社群主义对道德和政治哲学提出了两个认识论问题。第一个问题事关个体认同，亦即我们何以成为"我们"。[5]尽管社群主义的支持者和批判者可能都会给出规范性的或者象征性的解释，但这更像是一个直接与我们认识一切事物的方式相关的认识论问题，包括我们的身份认同。几个世纪以来，这一问题一直是哲学辩论的焦点。第二个认识论的问题则关系到对这一判断的理解——即我们形成是非好坏标准的唯一的或者主要的知识来源，乃是我们的社群。这个问题有时候被视为一种本构性议题，就好像是说"正确"仅仅意味着某个社群将其视为正确的。但是，作为一个认识论的命题，它为道德与政治理论家提供了关于社群主义最有说服力的论述。这两个认识论问题在学理上相去甚远，尽管有人可能会认为，第二个问题在某种因果关系上依赖于第一个问题。

社群主义的支持者和批评者的大量文献，主要集中于社群与个体身份建构之间的关系。我更愿意侧重于第二个问题的讨论，即我们关于"正确"和"善"的知识是否主要来自我们的社群。倘若社群的决定力量无关紧要，那么对于讨论"正确"和"善"问题的道德和政治理论来说，规范性社群主义也就没有什么意义可言。

有人可能会坚持认为，不同社群的价值对于他们自身而言是"正确的"。但是，认为个体成员除非从社群中获得知识，否则基本上一无所知，这种观点已经足以说明社群主义的主要含义。社群 A 认为 X 是正确的，社群 B 认为 Y 而非 X 是正确的。从下面的分析来看，每一个结论从道德上来说都是正确的：A 社群中的成员和 B 社群中的成员都声称他们认为"正确"的事情才是正确的。而且，基于对事实的理解，他们也不可能得出其他的结论。他们也可能形成不同的认识，但是，此时此地要他们给出一个决定，他们就必须依赖于其既有的知识，而这些知识可能会支持他们的社群价值。

按照实际情况来说，从这个角度来看待社群主义问题，任何关于什么是"确实"正确的辩论都会误入歧途。 根据我自己的知识和理解角度，我所在的社群的道德可能是正确的。 同样地，以你的知识和你的理解，你所在的社群的道德可能也是正确的。 但是要得到事物的真相，至少还需要如下两个步骤中的任何一个：首先，我们可能认为，没有任何人会相信其所在的社群信仰的事物之外的东西，正如理查德·罗蒂（Richard Rorty）所指出的那样。[6] 但是，这种观点事实上站不住脚，更不要说它有多么荒谬了。 具有讽刺意味的是，社群主义理论家也对此抱有同感。 他们真正的理论立场，并非那些令他们敬畏的社群的立场。 这些理论家认为，不同的社群拥有完全不同但却正确的价值。 但是，现实生活中的社群却不以为然。 相反，他们认为自己是绝对正确的，而别人却是错误的。 如果哲学社群主义者只能通过社群来获得他们的知识和信念，那么他们就不可能形成关于社群的普遍的、相对抽象的观念。

其次，我们可能认为，人们无法为其道德主张寻求替代性的解释。这种观点似乎也不能成立，正如社群主义者自己的作品所昭示的那样。社群主义者对当代道德和政治理论的贡献，始于他们攻击普世性的、高度知识化的非社群主义理论。 大多数人可能都不会生产出一种康德式的或者穆勒式的，抑或是罗尔斯式的理论（尽管似乎任何人都能够创造出某种正义理论）。 尽管如此，认为人们可以用社群主义的要素来建构某种道德和政治理论，这种观点却明显是错误的，除非"社群主义"这个术语遭到滥用，但这样的话，"社群主义"也就失去了它的力量。

在下面的讨论中，我将会论及社群主义的两种基本形式：哲学社群主义和特质论社群主义。 当我提到社群主义者时，我主要是指理论家，也就是哲学社群主义者，而不是指那些相信特质性社群价值的人，因为这些人通常不认为自己是社群主义者。 通过借助某种相对简单、普遍承认的认识论知识来为社群主义提供理论解释，我试图将特质论社

群主义和哲学社群主义连接起来。 我将这种哲学社群主义的变形称为
"认识论社群主义"。 认识论社群主义是一种实用主义的概念。 如果
这种定义是合理限定的，那么它应该为所有的实用主义道德理论家所接
受，包括功利主义者在内。 这种定义的支持者认为，要想理解某个社
群的价值及其成员采取某种行动的原因，就得从社群的视角来加以理
解。 我认为，这基本上就是认识论中的某种"休谟"式的观点。 要想
理解道德和理性选择，我们并不需要那些判定何为客观正确的理论和规
则，而是要去理解人们何以判定某件事情是正确的。

哲学社群主义者主张理性即是要从一个社群成员的视角看待社群价
值。 认识论社群主义者对理性的看法自有一套根据，他们认为理性要
在某一个视角内部来加以审视。 在我的知识视角中，你所在社群的那
些价值可能是错误的。 而依你自己的视角来看，这些价值自然是正确
的。 但是关于你的视角，人们还可以引申更多。 至少在许多特质论社
群主义者看来，理性似乎就是一个人根据自己的视角采取行动。 即使
在某种强烈而狭隘的意义上，这种行动也是理性的——只要它符合你的
利益，而这种利益部分地取决于你所拥有的社群主义信念。

从社群的视角内部把人看成是理性的或者有道德的，这可能仅仅是
一种循环论证。 但是在某种特殊的情况下，这种观点可能是正确的。
如果我认为你的信仰符合逻辑，但却要求你违背你的信仰而行动，你可
能就会认为，我的善意给你带来了信仰上的失落。 而信仰的改变最终
可能会造成大量的损失和混乱。 因此，你最后可能会认为，抛弃旧信
仰所付出的代价，要远远超过根据我所鼓励的"更好"的信仰采取行动
所能获得的收益。 即使你同意我的观点并因此抛弃你的社群信仰，这
种代价也是甚为实在的。

在下面的讨论中，我将推测，社群中的成员在行动时，他们将受到
特质论社群主义者所主张的理性观念的指引。 例如，考虑到他们的信
仰，下文将要讨论的许多犹太教虔敬派信徒，他们借助宗教仪式来维持
其社群，这将被证明有明显的利益瓜葛。 他们也许还有其他与此相冲

突的利益。 但我却相信，他们中的许多人由于遵循其所在社群的规范，这些利益都得到了很好的满足。

在下面对社群主义认识论的讨论中，我采取了功利主义的立场。 除此之外，人们还可以从道义论的角度，认为社群中的文化成员身份会强化人的自主性。 威尔·金里卡(Will Kymlicka)将这种观点追溯到那些早期的思想家那里，包括约翰·穆勒、约翰·杜威等在内。[7] 19 世纪，人们在法国阿韦龙发现了野男孩，1920 年在印度也发现两个狼孩，这两个令人悲哀的故事，连同心理学中的发展与行为学理论都表明：一个个体要想彻底拥有"自我"或有语言和其他能力，他或她就必须优先得到某种程度的社会环境。[8] 除此因素之外，我不知道还有哪些因素能够证明强烈的、单一的联系能够强化自主性——也许仅仅是因为我没有找到解释自主性的根本因素。[9] 而且，从某种意义上说，社群主义者实际上也呼求自主性，不过这种自主性是群体层次而非个体层面上的。 群体自主并不必然否认个体自主的可能性，但两者却也不会轻易相容。

从知识到善

社群中的普通成员在其成长、生活过程中的认识论，乃至他们行动的正确性，本质上都是社群主义者争论的问题范围。 这些争论大致可以总结如下：知识大多是社会建构的，并在社会中得以强化。 如霍华德·马戈利斯(Howard Margolis)所说，基本上，一个人要相信 X，最容易也最有说服力的理由，就是他意识到其他所有的人都相信 X。[10] 认知本质上具有非逻辑性。[11] 作为可能是最坚定的认识论社群主义者，罗蒂显然赞同知识来自我们所在的社会环境的观点。 在他看来，"理性行为仅仅是一种适应性行为，它必须与处于同样环境中的其他相关群体的成员所采取的行为保持一致"。[12] 我们从行为模式和社会中建构我们的认知，我们无法证明许多人的知识的正当性，就像大多数人无法证明物理法则的合理性一样。准确地说，我们拥有的大多数知识的基础并不牢固。在相当程度上，我的日常知识是我置身其中的社会所给予的。身处不同社会之中的其他人可能拥有完全不同的知识。

每一位政治哲学家很可能都能完全接受这种关于知识形成的解释，或者是相关的变相解释。但是，社群主义者将这个问题转换成关于社群行为正当性的争论却有违常理。考虑到某个社群所业已接受的知识和理解，该社群的价值或道德法则可能是正确的。但如果从正当性的普遍理论来看，这些价值或道德法则未必正确。当然，社群主义者通常会反对这种普遍理论，认为它们缺乏有说服力的基础，无法与社群的价值观匹敌。

实际上，大部分道德理论史都反对唯我论主义者的观点，后者认为，如果说 X 是正确的，仅仅是由于他们自己这么认为。道德理论史也反对纯粹的自我主义。如果唯我论被看作是诸多道德理论中的一种，那么它就有可能是诸多理论中最没有价值、最愚蠢的理论。很明显，没有人为唯我论辩护。但是，自我主义则拥有完全能够自圆其说的观点，它通常被看作是道德理论的中心问题。亨利·西奇威克（Henry Sidgwick）甚至把它看成是众多道德理论中最有说服力的一种理论。[13]然而，在贯穿西方道德理论的所有历史——至少是自从苏格拉底以来的历史中，"人为什么要有道德？"这一问题基本上来说就是指为什么人们不能只顾自己的利益而漠视他人的利益。对这一问题的解释，社群主义实际上仅仅是一种"群体"层面上的唯我论。人们可能立刻质疑：为什么群体层次的唯我论如此具有吸引力，而个体层次的唯我论却遭人鄙弃？这不是我能回答的问题。大多数的社群主义者也无法回答这个问题。如果群体利益普遍令人满意，且群体利益不对其他群体的利益造成伤害，那么群体唯我论主义者的观点就是有吸引力的——然而这些情况的出现都是有条件的。

一种更令人信服的社群主义观点或许认为，社群主义类似于一种群体层次的自我主义。然而这种观点也不合常理。个体层次的自我主义具有明确的含义，与此类似的群体层次的自我主义则含混不清。毕竟，只有个体成员才会根据群体价值采取行动，群体行动仅仅是个体行动的集合体。为了支持群体价值，群体主义要求个体成员有时候必须放弃自己的个人利益。如果个体成员在某种程度上能够接受群体价值作为他们自己的价值观，那么他们就有可能避免这种冲突。如果我们能够对"某种程度"作出界定，那么群体主义就会成为一种有条理的观点。毫无疑问，要做到这一点，唯一的方法就是仔细辨别那些使个体成员逐渐信服某种群体价值的认识论动力。

对功利主义最常见的批评，是认为它推动个体社会成员将自己的一切偏好拔高到作为一种几乎无可置疑的价值之地位。社群主义也是这样。约翰·穆勒根据功利主义原理对社群规范进行辩护，他在很大程度上将遵守那些价值规范的决定留给个体成员，尽管这些价值规范有时候貌似变动不居。[14]但是，他的这个观点并没有将某些社群（比如摩门教）的价值规范提高到作为相关成员行为恰当与否的标准的地位。相反，他仅仅假定，国家力量践踏这些价值规范所造成的伤害要远远大于这些价值规范统治所能造成的伤害。这是一种认识论的解释——它依赖于信念的激励力量，同时也依赖于穆勒对施行国家权力所抱有的悲观主义态度。

主张某个社群的价值体系之于社群的正当性，这种观点本质上是一种功能主义的解释。但这通常没有得到充分的论证。当一个社群遵守其规范与道德准则的时候，这些规范和道德准则发挥了什么样的功能呢？如果这种功能仅仅是那些道德和政治理论所具有的标准功能中的一种，那么社群主义就会被简化为一种认识论的注释，它借助具体例子来展示这些理论中的某一种。如果它所具有的功能不在此列，那它是否应该被简化为某种以社群规则统治社群，或者为了社群的生存而不得不采取社群规则的理论呢？社群主义者明确主张某个社群的规则之所以正确，恰恰是因为它们本身是正确的，或者更糟糕的是，仅仅因为它们是社群的规则，这种主张是否会招致各种各样的批驳——正如亚瑟·

叔本华(Arthur Schopenhauer)对康德的嘲讽那样?

社群主义者可以不用论证某个社群规则和价值的"正确性",他们如此宣称便可以:根据这些规则行动会对社群的成员有利。 如果能够证明根据社群规则采取行动符合社群成员的利益,那么,从本质上说,社群主义就是功利主义。 或者,如果根据社群价值采取行动有助于社群成员的自主性,那么社群主义就可能会被看作是一种自主性理论。没有任何一位社群主义哲学家会把这些作为解答社群价值"正确性"这一问题的满意方案。 在这些解决方案中,某个社群的价值的正确性在于它是一种手段而非目的。

一些实用主义或者政策导向的社群主义者,例如阿米泰·埃齐奥尼(Amitai Etzioni),主要关注的是某种道德体系的运作能力,这种道德体系能够促进一个社会有效地满足其成员的福祉。[15]从他们的关注点来看,他们是福利社群主义者。 以社群为基础的道德体系,这似乎能够对这些社群主义者产生强烈的认识论吸引力。 对一个个体行动者来说,特质论社群主义可能就是唯一能够凭感觉就可以认知的伦理标准。小型飞机的飞行员经常认为他们在凭自己的感觉来飞行。 他们能够感知飞机状态,并采取相应的措施。 人们也可能熟练掌握很多其他的实用技能,例如骑自行车或者打球,都可以借助自己的感觉技巧。 这些活动或多或少都要求对如何圆满完成活动作出瞬间的、持续的反馈。存在这样的一个客观世界,在其中,有一套有效的法则告诉人们采取正确或者错误的行动。 在这样一个客观世界里,感觉技巧很有效。

我们往往不能凭感觉去判断伦理道德。 伦理与知识具有相同的责任,就像维特根斯坦所评论的那样:人们不可能通过在脑海里回想列车时刻表来核对自己对列车时刻表的记忆。 人们的记忆仅仅是第一次获得时刻表所造成的结果,它有可能是错误的。 这种记忆没有进一步的反馈,就像重力和间距的任何变化都会通过你在飞机上的座位作出反馈一样。 但是,对于社群主义者来说,却存在进一步反馈的可能性。 社群就是道德知识的仓库,等同于一份打印的火车离站和抵达时刻表。

你采取行动，即刻就会从你所在的社群获得反馈，从而知道自己的行动正确与否。特质论社群主义者采取行动，似乎存在着一个决定对错的客观标准，似乎道德现实主义行动的基础是感觉。尽管最近关于道德现实主义的著作层出不穷，但在标准的道德理论中却缺乏与此具有可比性的反馈。

当然，在功利主义理论中，在特定环境中的特定行动是否有好的结果，人们可能会获得反馈。但是，关于改善福利的规则本身是否就是道德的，人们却不可能获得这样的反馈。而在社群主义伦理学看来，反馈完全是社会性的、有章可循的。总的来说，它既不是"对"也不是"错"，除非社群主义道德有对错之分。

不论是特质论者还是理论家，社群主义者的一个标准步骤就是事先说明社群价值观的正确性，因为这些价值是"社群的"。如果社群的愿景至少对于其成员来说是正确的，那么检验个体成员的行为是否违背社群的对错标准，就能实现对个体成员行为的调控。社群主义的批评家试图检验那些有违近乎抽象的普世主义规则的"正确性"。不幸的是，他们的规则对于普通人来说通常过于深奥，结果人们往往不明就里，以至于无法从内心遵从这些规则。如果社群主义观点在本质上是一种认识论，那它一定能够说明：为什么身在社群内部的成员会持有这种观点？从社群成员的视角来看，为什么当他们的行动符合这些规则时，他们的行动就是符合道德的？而当他们的行动违背这些规则时，他们的行动就是不道德的？如果是这样的话，对社群主义的批判也就无从谈起了——尽管还有一些批判者可能试图立足于理想主义的理念去论证理想化的人应该如何行动。

特质论社群主义的一个主要认识论问题，是它违背了本章开头所提及的箴言：重要的事情是不要停止质疑。告诫者是爱因斯坦，他将此信念导入了科学活动。质疑这些信念，就是在增加改善这些信念的机会。而社群主义以及其他普通的伦理和政治理论均违背了爱因斯坦的箴言，因为它们认为一些重要的事实是完美而无须改进的。

人们或许以为，由于价值无关事实或谬误，所以爱因斯坦的箴言并不适用于价值判断，然而此言差矣。例如，如果某个社群的价值观碰巧与他们追求的目的不相符或有冲突，或者这些价值观所依据的现实信念面临着挑战，那么人们就可能会去改善该社群的价值观体系。[16]从根本上来说，质疑某个社群所业已确立的价值观体系，也就意味着只有跳出社群价值观才能对它加以评判。然而，这还不是事情的全部。在一些"应然性"寓意着"可能性"的康德式箴言中，最后还必须考虑几乎所有对个体应然行为进行约定的因素。仅仅质疑一个现实中某个社群价值观的经验判断，就为质疑其他一切事物打开了大门。人们不可能对那些理论或基础问题视而不见，却公开关注经验问题。即使是特质论社群主义者在考虑经验问题时也会同意爱因斯坦的箴言（天主教以前不这么认为，结果在迫害伽利略和其他科学家时自取其辱）。从这个意义上说，特质论社群主义的价值体系是大有问题的。

依照社群主义的箴言，我所在的社群的价值于我而言是正确的，这就有效地约定了我的行为——我无须从外部反观自己或者对我们的价值观进行判断。我唯一的标准就是这些价值观体系本身。总的来说，宗教伦理通常是一种命令伦理，而社群主义伦理正是如此。[17]如果特质论社群主义违背了爱因斯坦的箴言，我们就会认为相关的社群价值观的正确性是没有问题的。这些价值观的正确性就不能通过质疑以及与替代性观点的辨析而得到证明。但如此一来，如果继续承认这些价值观是正确的，则未免有违常理。正确性并不是特质论社群主义价值观的外部性特征。

看待一个价值观体系的正确性，只能在一个理论内部或者依从一个特定的视角来进行。哲学社群主义者通常只认定后一种观点，即只有从一个特定的视角分析才能得出价值观体系是正确的结论，对他们来说，由理论推导出的价值观没有意义。在其对道义论的自由主义（deontological liberalism）的批评中，迈克尔·桑德尔（Michael Sandel）明确反对康德式和罗尔斯式自由主义，认为这种自由主义具有先验性的理论基础，即设定了理想化的或者抽象的"人"的思考方式。[18]而在现实的社群中，人的存在既不理想化也不抽象——他们并非"混沌无知的自我"，他们无法穿越罗尔斯所谓的"无知之幕"；他们不是能够抛弃身上的一切特质但却能够作出选择的"人"。这些批评听起来头头是道，但是仅仅是指向罗尔斯式自由主义和康德式自由主义的特殊例子，而非其理论的一贯逻辑。桑德尔式的批评也不能施加于约翰·穆勒式功利主义思想以及其他的理论。

人们可能会反驳桑德尔的批评，认为罗尔斯的正义论其实并非建立在"无知之幕"的基础之上。这一"无知之幕"的假设，与其说是罗尔斯正义理论推导过程中不可缺少的概念部分，倒不如说是一种隐喻的策略。即便没有这种概念工具，罗尔斯的理论仍然可以被视为是理性主义的，当然比起康德理论的理性主义色彩，这种理性并不显得很咄咄逼人。这种理性主义理论不可能从典型意义上的传统社群中推导出来。假使有人能够为这种理性主义理论辩护，而无须借助那些困扰社群主义者的形而上的策略，那么这种理论就能产生对错的判断标准。我们可以说，X这一判断在理论内部是正确的，即使X并没有在一个存续至今的传统社群中被认为是正确的，或者说，X就是该社群内部的成员的所作所为。

有些社群主义者走得更远，他们认为，当我们说某件事是错误的时候，那意味着"我们"自己（社群成员）不这样做。[19]这是明显错误的，据此来论证某种道德理论这样做是很荒谬的。如此来理解行为的对错，就好比是在推测：在1860年，没有一个南方种植园中的人——不论是白人还是黑人——相信奴隶制是错误的。

人们也可能援引罗蒂的观点，认为人们不可能接受"某个"社群外部的价值观。[20]这样的观点要么是如此含糊不清而无法支持社群主义的观点，要么就是有着明显的谬误。问题就在于"某个"的含义。对于一个既定的个体成员而言，"某个"的内容是多种多样的。我认为地球基本上是圆的而不是平的，这样的想法可能来自某个社群或多个社群。 我认为伦理不可能是"客观正确"的，这样的想法可能来自某个其他的社群。 我认为人类福利要比所谓的个体权利和社群权利更加重要，这种观点也可能来自其他的社群。 诸如此类，不胜枚举。 "我"不是"我所在的社群"的产品，而是许多社群的共同结果，这些社群之间甚至互相冲突。 这种依附性和来源的多样性明显地符合罗蒂的观点。 这种看似属于社群主义者的观点，对于政治和道德哲学家来说过于模糊不清，以至于他们无法对此加以指责。 对我产生影响的社群数目很多，而桑德尔将我的"身份认同"视为我所在的"社群"的产物，这样的观点似乎难以成立。 而且，如果我的知识和价值观来源于多个社群，没有任何一个社群限定了我必须遵循的价值观和知识，那么人的自主性判断就颇有余地，甚至那些不属于社群的抽象判断乃至理性主义者的化约式判断也能发挥作用。 我通过自己的选择和判断接受或者说适应了新的社群。

假定对于一个既定的个体成员来说，"某个"是指一个特定的社群。 在这方面，对社群主义最有意义的佐证，似乎是诸如皇冠高地犹太教虔敬派教徒这样的社群。 此类社群导致人们之间拥有相同的信念。 然而，除非此类社群能够受到保护、防止来自其他社群的观念的入侵，并且不会做出违背自身价值观的事情，否则它就不可能将成员塑造成具有整齐划一的价值观的群体。 甚至在那些相对独立的社群内，例如在宾夕法尼亚州兰开斯特县的阿米什人社群，也会存在信念的多样性。 结果，这些社群发现，它们必须实施严厉的闪避行动（shunning），并把违例者逐出教会，以此保证社群的独立性。 实际上，在17世纪的曼诺派（Mannonites）之中存在着很多不同的派系，雅各布·安曼（Jacob Amman）领导建立了具有严格教义的阿米什派（Amish sect）。 该教派和其他的一些宗教群体大约同期创立。 因此，特质论社群主义价值观至多可以被视为某个群体的"情态"（modal），而非统一标准。 那些在群体内部推动修订价值观的力量，例如阿米什教派那样，必须从智识上去诉求一些依存于当下的群体实践之外的真理。 对于社群主义所主张的

"这就是我们应当皈依的社群"来说，这些外向的主张是一些特例——但是，对于任何试图相信其主张的人来说，这种主张严格来说不可能是社群主义的观点。 想象一下在阿米什派成员和其他曼诺派成员之间毫无意义的争论："教派是我们的"，而另一个人却说"教派是我们的"。 毫无疑问，他们认为，他们争论的焦点是他们自己的信念是正确的，正是围绕这些信念他们创立了自己的社群。

共同的善

很明显，社群主义道德理论的一个核心原理是，在行事方式乃至风格选择等方面，成功的协作是至关重要的——它赋予这种行事方式和风格以"善"，只要它们没有造成意外的不正当后果。 这些群体层次上的"原则"与经济学家的原则相似——为了满足人们的风格和偏好，我们仅仅需要知道这些风格和偏好是什么，而不需要弄清楚人们如何形成这些偏好和风格。 乐器的发展和音乐风格的变化似乎有些意外的偶然性。 然而，我们中的大多数人都会承认不同的音乐对相关的听众来说都是有益的，它们的好处是一样的，亦即给我们带来了快乐。 某种文化价值观中的大部分内容都可能具备这种协作结构。 但是，它们偶然的起源并不会挑战这些价值的正确性。

某些文化产品可能会入侵其他文化，甚至会取代其他文化中的某些产品。 例如小提琴和钢琴都已经变得国际化，已经替代了很多文化中的民族乐器。 从某种意义上说，这种结果意味着，比起那些被替代的文化产品来说，国际化的文化产品能够更好地满足某些需要。 就拿钢琴和小提琴来说，在某种程度上，它们可能很流行，这并不是因为它们在演奏音乐方面有什么特别优秀的地方（也许它们是主要的演奏乐器），而可能是因为它们带来了大量的乐曲，同时，它们有更多的机会呈现在世人面前。

　　这样的协作成果似乎不在社群主义的核心关注之列。 相反，有些价值观好像具备某种更为强烈的集体主义特征。 正如在丹尼尔·贝尔（Daniel Bell）看来：

　　　　对日常行为进行约束，这就是清教徒主义狂热的道德热忱的核心所在，这并不是因为清教徒们对自己苛刻或者充满渴望，而是他们像订立盟约一样建立了自己的社群。在这个社群里面，所有的个体成员彼此之间紧密联系。考虑到外面的危险以及生活在一个封闭世界里所面临的心理约束，个体成员不仅仅要关注自己的行为，而且还要关注社群的行为。一个人的罪恶不仅会使他个人陷入危险，而且会危及群体。如果不能遵守盟约的要求，一个人就可能会将上帝的愤怒带给社群。[21]

　　正如在仇杀行动中，社群必须约束自己的成员以求自保。

　　在贝尔看来，坚持社群价值观是有好处的，这本质上意味着群体要同生共死。 但是即便对清教徒社群来说，这种同生共死的观点也可能是一种奇谈怪论。 想象一下这个场景：由于个体成员的撤离，群体利益的维持将可能会缓慢地衰退。 就如戴维·雷姆尼克（David Remnick）所报道的那样，1969 年，布鲁克林皇冠高地的犹太教虔敬派教徒领袖梅纳凯姆·施内尔森（Menachem Schneerson）告诫他的民众说：

　　　　"最近，一种瘟疫正在我们的同胞中扩散，在整个犹太人社区所有的移民中间扩散。"领袖说道，"这种现象的后果之一就是这些社区中的人开始向那些非犹太裔人卖房子。甚至我们犹太人集会和作祷告的房子也被卖了。"援引犹太法典的条文，领袖告诉人们，不允许犹太人向异教徒卖房子，否则就会给整个社区带来恶果。他宣布："如果将房子卖给一个非犹太人造成伤害，哪怕是只对一个社区成员造成了伤害，也将运用严厉的犹太法典禁止此类行为。在我所指的这件事情里面,到底在多大程度上运用犹太法典(惩罚那些将房子卖给非犹太人的成员)取决于社区成员在多大程度上遭受了伤害。"[22]

当然,对于整个犹太社区的居民来说,他们的损失可能是其社群将不复存在。 结果,他们的文化和价值观也可能因此而消失。

犹太教虔敬派领袖关心的问题是社群的完整性、持续性以及其文化。 在这个世界上,犹太教仪式派有其特定的根源。 在欧洲,大多数的犹太教虔敬派社群都被纳粹摧毁了。 但是有一小部分成员居住在苏联境内,结果在大屠杀中幸存下来。 在布鲁克林形成相对来说比较大的社群只是最近的事,大概是从 1940 年开始的。 到 1992 年,皇冠高地的犹太教虔敬派社群成员的人数大约是 2 万人。 正如教会领袖援引犹太法典禁止出售房屋时所表明的那样,这个社区中的大多数人已经移居到纽约的郊区。[23]如果这些居民都是分散居住的,那么教会领袖可能会认为急需在某个地方重建社区,就好像早些时候大多数原有的欧洲犹太教虔敬派社区成员在布鲁克林重建他们的社区那样。

毫无疑问,早期的社区重建符合犹太教虔敬派的先辈们的利益,满足了他们的愿望。 如果这一代人的结果是分散居住,那么,这很可能也符合其利益、满足其愿望。 那么,到底什么是社区的群体利益呢? 如果真的有这种利益,那它必然是超越社群潜在成员利益的某种利益。 人们或者可以说,维持一个利益攸关的社群,这可能是这一代人最切实、最主要的利益,然而,这并不会比其他方面的利益更重要,比如他们子孙后代的安全与繁荣。 于是,社群的集体利益成了诉求安全和繁荣的个人利益的牺牲品。 犹太教虔敬派的领袖现在可以宣称:我离开社区理应是错误的——我的离去可能会伤害那些留下来的人,因为非犹太人随即就会搬进那被我遗弃的房子。 当然,我可以按照自己认为正确的理解来反驳这种指责:如果我继续留在这个社区,可能会对我的家庭造成伤害。 那么到底如何取舍? 是要"社群"遭受伤害还是"个体"遭受伤害?

人们可以想象的是，实际上，社区里的每一个人都有可能搬走。他们的利益可能成为这种行动的借口。试想，这个社区中的某些人可能强烈希望搬走，这一选择对其个人而言利大于弊。结果社区就解体了，就像艾伯特·赫希曼（Albert Hirschman）所谓的"退出"行为那样。[24]实际上，赫希曼关于"退出"行为的最有说服力的例子，就是美国的上层中产阶级让他们的孩子退出市区学校，转往郊区的学校。其结果是市区学校的质量急剧下降，以至于对学校质量要求比较低的阶层也开始退出，最终，就像在芝加哥、底特律、华盛顿和其他的美国城市所发生的那样，市区学校系统由于灾难性的质量下降而崩溃了。在这个例子中，那些最需要社群的人首先退出，因为他们最先产生了不满。

赫希曼对于城市学校衰落的解释，并不完全适用于分析犹太教虔敬派的例子。在皇冠高地，犹太教虔敬派社区流失的似乎是那些将个人利益置于集体价值观之上的人。因此，较之于那些离开的人而言，留下来的人似乎更需要他们的某些社群价值观。不过，随着社区规模的缩小，选择留守所付出的个人成本逐渐增加，这却也可能是事实。直到他们离开的那一刻，这些留守的成员可能还怀有强烈的认同，并积极维护社群的存在。

如果能够满足两个极端条件，那我们就可以解决退出的问题。首先，事实可能是，即使社区中曾经有人离开，社区的其他所有成员也会选择留守而非退出。其次，事实也可能是，为了在别处生活得更好，所有的人都选择离开这个社区。在皇冠高地，这两个条件都不具备——尽管人们无从对此进行充分的检验。第一个条件需要某些诸如誓约保证之类的力量来阻止策略性行动，防止一些成员率先搬离的可能性——比如，在远郊会得到一个好的工作机会。根据皇冠高地的事实来看，第二个条件似乎更不存在。

第三种极端条件——也许可能性非常小——是指尽管某个成员的某次撤离可能对其有所裨益，但是，随着社群的解体，几乎所有成员的利益都会每况愈下。 在这种情况下，犹太教虔敬派领袖的观点就很有说服力了。 这是否就是犹太教虔敬派领袖的逻辑？ 理应不然。 他只是坚持认为，社群和社群价值观都是正确的，从道德上应该予以维持。他也许不是像阿拉斯代尔·麦金泰尔（Alasdair MacIntyre）、理查德·罗蒂、查尔斯·泰勒这样的哲学社群主义者，而只是一位特质论社群主义者——对他来说，犹太教虔敬派社区是他所关心的唯一的社群。[25]

皇冠高地的弥赛亚

在其社群成员看来，施内尔森终究是他们的弥赛亚。 外人肯定无法接受这一点，且对社群所有成员的这一看法深感诧异。 这种主张没有讨论余地。 一旦有了这种信仰，人们就会全力对它加以辩护，将自己的社群视为与众不同的，其正确性的理由有别于其他社群。

有人认为犹太教虔敬派的领袖就是他们的"弥赛亚"，而在我们这些不属于犹太教虔敬派社区的人看来，这种观点比起历史上曾有过的认为宗教决议得掌握在某些要人手中的各种主张还要浅薄。 他们认为"救世主"在我们的时代仍然存在，这并不能消除我们对此的好奇和怀疑——就像我们曾经质疑那些宣称自己是"救世主"的历史人物一样，以 17 世纪的萨巴巴泰·塞维（Sabbatai Sevi）的例子来看，当他被迫在死亡和改宗之间作出选择时，他也就终结了自己作为精神领袖的职业。皈依伊斯兰教之后，他就被嘲笑为"虚伪的弥赛亚"。[26]塞维和犹太教虔敬派领袖之间唯一的不同就在于讲述故事的口吻，用讲述萨巴巴泰·塞维故事的讽刺或者幽默口吻来讲述皇冠高地犹太教虔敬派领袖的故事，在这一教派领袖的追随者看来是非常不敬的。

根据我的认识论，解释一群人是如何逐渐相信自己的领袖就是他们的"弥赛亚"，比起让自己去接受这一信条，要容易得多。[27]在我看来，认为在皇冠高地或者其他的任何地方存在着一个弥赛亚，这是很荒谬的。 我可能就像那些接受故事的人那样，既心怀敬意又惊觉不信。这是漫长而又混乱的千禧年运动中的另一个故事。 然而，好奇归好奇，这个故事却在 20 世纪末发生在布鲁克林这个纽约市内一个教育程度良好的社区。 这完全可能是历史上教育程度最高的千禧年运动。 犹太教虔敬派领袖的追随者并不是与世隔绝的石器时代的原始人，他们也不迷恋某种物体崇拜仪式。 所有的哲学社群主义者都可能会对他们的举止感到迷惑不解，因为它说明，即使一个社群并非主要由其对外部群体的仇恨所驱动，它也可能是有违常理的。 由外部威胁所驱动的社群——例如邪恶的纳粹团体——经常被看作哲学社群主义的怪物。 但是，一个人不必怀有邪恶的信念，也能招致苦果。

哲学社群主义一定会敬重犹太教虔敬派社群对自我的概念化及其信仰吗？[28]哲学社群主义者可能会说，考虑到社群成员的信仰，犹太教虔敬派的人自有其判断是非的理由。 哲学社群主义者或许可能进一步认为，社群的观点需要或者说建构了他们社群存在的正确性。 但这显然是错误的，因为，对于任何外在于这个社群的人而言，他们都不可能相信该社群的成员从道德上天生就应当接受这个社群的信仰和价值观。正如约翰·洛克所说，信仰并不是完全自由的，我们仅靠意愿并不能驾驭信仰。[29]相反，我们的信仰通常都是偶然形成的，尽管我们可能会努力去获得它。 犹太教虔敬派的某位成员可能会逐渐相信，一个没有语言表达能力的老人，无论他在一生中如何像他们的领袖一样正直，他也不可能成为他们社区中令人信服的"救世主"。 某些成员可能走得更远，他或许会逐渐相信，其社群的价值观对于个体成员和他们的生活来说往往是破坏性的。 这种信念往往使人们认为，要批判这种价值观，甚至只是为了更好地理解这种价值观，就非得从这个社群价值观的外部入手不可。

现在，让我们来认识哲学社群主义的首要取向。 实际上，它是在对社群进行功利主义辩护。 这种理论认为，某社群成员判定事物是非的标准，就存在于社群的原理和价值之中，可能再也没有比这更好的依据了。 出于认识论上的原因，一些从其他视角看来明显没有依据的信念，其合理性却可以被某个社群的个体成员所确信。 就像政府意图作为的那样，任何在较短时期内改变社群行为的努力都可能具有破坏性。因此，一旦社群成员根据他们的价值观来生活，他们的福利就能得到最大化。 如此论述根本没有涉及其价值观的内在是非问题，它只是说，也许是出于心理原因，一旦人们拥有了自己的价值观体系，如果他们能够据此生活，那么他们就将成为最幸福的人。

一些皇冠高地的犹太教虔敬派成员可能会对社区内部某些成员的狂热行为感到厌恶。 特别是，人们可能被某些特别令人难以置信的观点所激怒，比如把已经 90 岁高龄、在经过一次中风之后变得虚弱不堪的施内尔森称为他们"永远的王和弥赛亚"。[30]因此，强烈的社群信仰很可能会将那些非狂热分子逐出社区。 令人奇怪的是，施内尔森在1969 年的观点还能意外地对那些非狂热分子产生影响力。 他们当中的很多人很可能已经离开了这个社群，留下来的就是那些怀有非常强烈甚至狂热信念的社群主义者，从而令那些留守的非狂热主义成员的生活每况愈下。 离去的非狂热主义成员损害了留守的非狂热主义分子的利益。 施内尔森据此认为，非狂热分子不应该离开社区。 话虽如此，对于社区内的非狂热主义成员来说，比起损害其他非狂热主义成员的利益，离开社区似乎并无不当。 他们留守下来的部分风险，就在于可能损害其下一代人的生活。

为子孙后代立命

社群主义者断言，只有坚持其偶然获得的社群价值观，一个社群成员的利益才能得到最好的维护，即使这一论断看似不值一驳，我们也要明确表示异议。 毫无疑问，只要当下这一代人在他们的有生之年遵循他们的价值观，那么他们的利益就能得到最好的维护。 按照既定的路线与规范行事，他们便无须痛苦地去进行革新促变。 然而，被锁定在这样的轨道上，他们的子女和孙辈们却可能在未来遭受可怕的损失。因纽特人（The Inuit）渴望重建或者维持他们的传统习惯，再现他们在哈得孙河湾捕鱼和航海的乡村生活，他们渴望能够找回他们曾经的习俗，这不只是为了他们自己，也是为了其子孙后代。 当代人并不希望承受由一种文化向另一种文化转型所带来的损失，而对于他们的子孙后代来说，文化转型之类的挑战是不可避免的。 比起他们的先辈已经付出的代价来说，他们可能会因为转型而付出更多的代价。 通过削弱后代对其未来的希望来维系当下的乡村生活，认为这是在守护某种文化而非当代人的社群，这样的说辞是空洞乏力的。

现代社会中的社群（确切而言是"传统社群"）所必须面对的一个挑战，就是技术的发展及其带来的压迫效应。 在英国的工业化过程中，反对采用新机器的卢德分子抵制技术带来的剧烈变化，尤其是从传统的手工织布模式向巨大的水力织布机的转变所导致的生活变迁。 从某种意义上说，这种抗拒无异于螳臂当车，因为新技术意味着织布的成本更低、产量更高。 不过，从另外一个角度看，传统的织布工人却成为新技术的直接牺牲品，因为他们失去了传统的工作，如果他们能够在新的工厂里面找到工作，那也只是技能水平较低的工作。 技术变迁惠泽天下，而变迁的代价则是由特定的群体来承担的。 一旦由动力驱动的大型织布机出现，卢德分子就再也不能保持他们的传统工业了。 今天，任何一个国家如果自绝于这种革命性的技术进步，都会陷入相对贫穷状态。[31]让80%的国民从事农业或许不错，但是这也许会有很多弊端。至少我们可以发问，如果80%的人口都只是在生产初级食品，那么谁来生产和消费其他产品呢？ 其结果必然是民生困顿。

对于某个受到保护或者处于隔离状态的社群而言，认识论社群主义的论点或许言之有理。 例如，它可以用于解读阿米什派或皇冠高地的犹太教虔敬派。 假如伊斯兰教什叶派的领袖阿亚图拉（Ayatollahs）镇压所有异端，并宰制某些来自外国的影响力，那么这种论点也可能用来解读伊朗的故事。[32]但是，令认识论社群主义难堪的是，在一个趋于多元主义的社会里，任何社群内的成员都可能以某种方式批评和修正其社群的价值观。甚至在诸如阿米什派、犹太教虔敬派这样的社群中，尽管社群似乎能够如愿行事，但在其所镶嵌的那个更大的多元主义社会面前，它却无力阻止成员离心离德。社群的认识论面对着外部认识论的挑战，而对于需借助认识论观点来指导其行动的成员来说，外部社群的认识论总能成为他们的行动理据。

对于认识论自由主义者这样外在于社群的人而言，他们是不会认为下一代人应当为了从社群信条中获得好处而接受其信条的——为了从社群获益，他们可能也得接受社群外部的价值观。根据其认识论，外部的自由主义者应给下一代人以足够的自由，让他们自行选择其信仰。由是观之，在去留问题上，外部人士可能更主张人们退出社群，因为退出能够为下一代人带来更好的机遇。对此，施内尔森和他的犹太教虔敬派成员必定不以为然，他们强烈断言，离开社群是有害的，属于违法乱典之举。那么，究竟孰是孰非？是外部的自由主义者还是犹太教虔敬派的领袖？从他们各自的认识论来看，他们两方都是正确的。

来看一则广为人知的事例。令社群主义者感到悲哀的是，经常会有许多年轻的男性选择离开阿米什派、哈特派以及其他类似的集体性、宗教性的社团，而且他们通常一去不复还。这些人遵循着爱因斯坦的箴言（质疑自己的信仰），脱离了自己所在的社群。尽管社群的刻板和愚民特征可能会让那些热情的、学院派的社群主义学者感到气馁，但是它所拥有的其他一些品质的确令人印象深刻。尽管如此，这些社群还是经历着渐进的解体过程，而最高法院对"威斯康辛州诉约德等"（Wisconsin v. Yoder et al.）一案的判决，却阻滞甚至遏制了这一进程。在此案中，针对被指控违反了威斯康辛州的法律——该法律要求青少年必须接受16年的教育，也就是大约相当于10级或者一半时间的高中教育，作为被告的"旧秩序阿米什教派"（Old Order Amish）和"保守阿米什曼诺教会"（Conservative Amish Mennonite Church）的信徒提出了上诉。

令人惊诧的是，最高法院最后判定，阿米什社群有权决定社区青少年接受教育的时间，它可以低于一般的学校教育水平。 最高法院注意到，阿米什人认为中学教育（八年级以上）是一种他们无法接受的教育，因为这使"他们的孩子暴露在一种与他们现有的信仰相冲突的'俗世影响'之下"[33]。 在法院的判决中，最高法院借助那些本就反对美国宪法的反联邦社群主义分子的观点，允许阿米什社群拥有自己的教育标准。 这一判决直接指向社群中的孩子们。 一般来说，当子女与父母出现争执的时候，人们认为政府有权代表子女来介入。 但是在这个案件中，政府却似乎是站在父母一方去损害子女的权益。 如今，对于一名希望能够体验更广阔的社会情境的阿米什年轻人来说，他们依然能够跨出社群，可是他们却面临着就业的障碍，他们只能选择那些教育水平不超过八年级水平的工作，而这处境比贫民窟中的那些年轻人还要糟糕，这些人通常是得不到雇用的。

对最高法院的这一判令的标准解读是，这纯粹事关美国宪法中的宗教条款——该条款保护宗教和宗教信仰免受政府干涉。 然而，法院的实际观点却是暧昧的，判决考虑了其他的因素。 在法院看来，"如果我们把教育的目的看作是让孩子们为现代社会的生活作好准备，那么在八年级之上多一年或者两年的强制教育，这就是必需的。 但是事情还有另外一面，隔绝的农耕社区是阿米什宗教的基石，我们还可以把教育的目的看作是让孩子们能够应付这种社区的生活"[34]。

在约德案中，最高法院可能更多从社会学的角度考虑其中的利害关系。 假如四分之一的阿米什年轻信徒离开他们的社区，到一个更大的社会中去找工作。 他们出来时可能并没有作好准备。 阿米什年轻人的父母和他们的教堂所要考虑的问题是，如果让孩子们多接受两年的公立教育，还有多少年轻人会离开社区？ 对他们（尤其是对那些选择留守之人）的信仰而言，增加的教育会造成多大的损害？ 很明显，最高法院应该权衡与判决有关的所有当事人的利益，当然也包括那些行将离开社区的人的利益。可是，最高法院实际上只考虑父母一方的利益，也许还有所谓"社群"的利益，而漠视了政府在保障公民教育底线这一问题上的角色。由是观之，该判决偏重"社群"的利益或父母一方的利益，而轻视政府所追求的普遍利益，忽略那些行将离开阿米什派社区的孩子们的利益。正如所有在实践中的社群主义者那样，凭什么将某种特定的文化施加于孩子们身上，对此法院没能予以辩护。从宪法上来讲，美国的父母通常有权以某种特殊的信念来教育其子女。然而，现在的一些父母的做法却过于离谱，他们约束了孩子们的发展，使之愈加难以退出"信仰的社群"。

在这个案例中，最高法院所处理的不仅仅是偏好和利益，它实际上完成了对身份和认同的塑造。如果有社群厚颜宣称，为了维持其自身的完整，它必须弃绝外部的关注和介入，对这种立场进行辩护是非常困难的——尽管最高法院在约德案中公开接受了这种愚蠢而又毫无道德的立场。社群主义要站得住脚，就得牺牲子孙后代的利益。这正是自由主义和社群主义分歧的关键点。人们可能会为"约德"披上一层虚伪的自由主义光芒，将此看作是与在社群中的阿米什成年人的自由相关的一个判决。但是，这个判决以操纵未来几代人的命运来满足那些阿米什成年人的利益，它在根本上是非自由主义的。

尊重文化

在过去几十年来，道德哲学和政治哲学经常关注的一个中心问题就是所谓的"对人的尊重"。实际上，根据定义来看，任何一种有说服力的道德理论必须建立在某种"对人的尊重"的基础之上。例如，那些具有普世特征的功利主义理论和罗尔斯正义理论都是从解释个体的人的"利益"开始的。终极理论可能是从现实的"人"中抽象出来的。[35]社群主义理论赋予社群之于个体成员的巨大优先性，因此似乎与上述诸多理论具有重大的差异。根据罗蒂的观点，"群体尊严是对'内在的人的尊严'最自然而然的黑格尔式的类比，而个体正是通过群体尊严来确定自己的身份"[36]。从这个意义上说，个体应该受到尊重并不具有普世意义。然而，尊重不同文化，是否就具有普世意义呢？

令人奇怪的是，这仍然可能是一个普世性的问题。很明显，问题并不在于一个文化内部的个体成员是否尊重他的文化，而是某一种文化外部的个体成员是否尊重这一文化。对所有处于某一种文化之外的人来说，这个问题的答案是普世性的——即便这个问题可能仅仅与某一种文化相关。人们究竟应该在何种程度上尊重外在于他的某种文化及其规范？我能够尊重爱因斯坦或者像特蕾莎修女这样的名人，但是另外的某种文化对于其成员或其他人而言，却似乎是荒诞有害而不值得敬重的——举一个很典型的例子，有一种文化要求死了丈夫的女人应该在丈夫火化时陪葬。如果说让我来尊重那种文化，或者至少尊重那种文化的某些方面，那是很荒唐的。

人们或许会说，在某种文化中的成员的偏好值得考虑，毕竟这是他们的个人偏好。但如此一来，我便不会尊重这种文化的信仰和规范，我只是尊重有此类信仰的人。也许我可以更进一步地说，我尊重或者至少赞同社群成员那些被文化所决定的行为。但是，如果我认为这些偏好是以某种非常错误的方式形成的，并且非常有害，那么这种行为就不该得到敬重；如果这种偏好被灌输到其他人的心中，例如下一代人的心中，那么这种行为更应该受到谴责。

最后，从道德的角度来看，我们并不必然纯粹是在信仰层面上与这种社群中的人发生交往，这种交往也许事关他们进行选择的可能性。对于那些从认识论的角度去辩护共同体信仰的人而言，他们要让我相信他们的选择，就必须得为我的信仰与行动提供类似的认识论的论证，即便这种论证可能与他们的文化信仰是相悖的。

社群主义的共识或同意

在我们这个时代，得到最广泛支持的政治辩护原则之一，就是形形色色的"共识"（consensus）理论。 对决斗者来说，最标准也可能是最强有力的道德辩护，就是双方同意生死自负。 "一致同意"似乎具有强大的说服力，以至于契约论这一最难以令人信服的政治理论也拥有众多的信徒。 其支持者的论点似乎也把社群主义当成了某种"共识理论"——我们尊重某个社群的追求，是因为这正是该社群成员都需要的。

对此人们有明确的反对意见，即同意（agreement）并不意味着正确性。 尽管这种反对意见经常被人忽视。 因此，包括契约论和大多数社群主义在内的各种版本的"共识"理论，实非真正的道德理论。 为了不正当的目的，人们也可以缔结契约或者形成社群，正如黑社会、在莫斯塔尔的克罗地亚杀手帮以及卢旺达的胡图族军事组织（他们共同策划、共同攻击）。 实际上，当共识理论家为他们的契约和聚合作辩护时，他们通常将其正当性建构在契约安排或者社群安排能够满足缔约者和社群成员的利益之上，而不是因为这种安排能够满足某种其他的利益，例如更普遍性的利益或者其他人的利益。 即使在 20 世纪 30 年代末和 40 年代初所谓的德国人的"雅利安社群"内的成员全体一致地达成协议，大屠杀也是不道德的。 即使所有的塞族人都拥有与米洛舍维奇和卡拉季奇一样蛮横无理的气质，他们对穆斯林的谋杀也是不道德的。[37]

即使社群主义理论并没有诉诸明显的契约或者选举，它也会依赖传统习俗来形成一致意见或者缔结契约。[38]实际上，在群体中达成对习俗的同意，往往借助在群体边缘实施的一点暴力胁迫，甚至很多暴力胁迫，就像在第四章对排他性规范的分析那样。 如果同意本身并非制造正确性，那么，强制下的同意当然也不会产生正确性。

断言社群主义的义务感本身是正当的或者有道德的，这种观点没有说服力。在实践中，特质论社群主义以其丑陋的一面，使之成为人类历史上最怪异、最不道德的运动。其累累恶果显见于那些社会组织的行动——人们对种族清洗和大屠杀记忆犹新。历史上不计其数的伟大社群主义者，往往都犯过臭名昭著的罪行。对社群主义的各种乏味而空洞的辩护往往掩盖了其历史实践。

许多群体的整合与排斥规范的力量，有效地指证着其伤害力。如果他们不能够用来压制、强迫甚至排斥那些处在群体认同边缘的成员，那么这些规范也就没有意义。群体忠诚并非天生就是好的或者坏的。例如，我对阿塞拜疆族或者图西族的忠诚没有任何意义，除非这些族人能够让我为了他们的事业而奋斗。一个阿塞拜疆人或图西族人忠诚于其群体本无天然的对错之分。但是，如果我的忠诚能在某种程度上有助于他们战胜亚美尼亚人或者胡图族人，我对于阿塞拜疆族或者图西族的这种忠诚就可能是"正确"的。

关注规范、利益和群体需求的个体成员数目越多，他们就越有可能变成具有破坏性的力量，就像那些残忍的克罗地亚杀手一样，他们的任务就是把莫斯塔尔的穆斯林彻底地、永久性地消灭掉（见第六章的论述）。在美国和其他许多有着悠久的种族歧视史的国家，对基于种族原因而歧视个体成员的关注，经常转变成某种主张，即认为某个种族群体身份及其认同具有永恒的正确性。但是，对群体认同的关注却可能潜在地强化种族分歧，从长期来看它会致使种族冲突恶化，而且，这种冲突往往会殃及下一代人。

社群主义义务感的理性

我们可能会轻易地认为，信奉社群主义能够有利于社群利益，如果这有助于增进个体利益，那么这种行动也是理性的。 例如，如果我们能够为任何一种社群的保护主义作辩护的话，那么我们也就可以为个体对社群的义务感作理性的辩护。 这有可能是一种自我利益的辩护，而不是一种明显符合道德的辩护。 进而言之，我们可以将社群看作是对已有偏好的回应。 但是这种主张并不能为社群依据排他性规范和社群偏好来教育年轻人的行动进行辩护。 并且，在任何情况下，这种自我利益辩护必须在策略上完美无缺，否则就没有说服力。 一个社群按照这种方式来为自己的价值进行辩护，以至于与其他社群拔刀相见，如此一来，就像 20 世纪 90 年代在南斯拉夫和其他地方发生的暴力带来的最初结果一样，这些社群终将恶化而不是改善其成员的福利。

然而，我们必须认识到，这种对个体成员理性的定义与集体行动文献对个体成员理性的定义是不同的。 在集体行动理论中，我代表我所在的群体采取个体行动，这种行动本身必须对我有利，而且获益必须高于成本。 认为我们所有的人都采取这种行动就能为大家带来好处，仅仅有这样的主张是不够的。 但是，如果我们假定投票是我们群体的利益所在，那么我们可以将后一种观点（为群体利益而行动）偷换成前一种观点（为自己的利益而行动）。 在投票中，群体中的每个人都可以认为，群体好处的供给取决于人们对群体好处所作的贡献。 我自己并不交税，于是希望其他人也不交税。 只有我们的投票起作用，我才会交税，也只有这样，所有人才能够交税。 如果社群主义是一种基于传统习俗形成的同意，那么群体中的每一个人就会有效地为共同福祉而投票。

因此，我们主要关注的问题乃是人们达成同意的认识论。 从某种意义上说，我们社群的"同意"就是成员价值观的聚合，而成员价值观则是基于个体所拥有的知识所形成的。 如我们得到一个相关的聚合，那么结果如何呢？ 有趣的是，这在某种意义上也是孔多塞（Marguis de Condorcet）的问题——在法国大革命的红色恐怖终结其思考之前，他就试图解答这样的问题。 在"真相"与"假象"的问题上，例如在审判中要断定某个人是否有罪，普通人通常认为（嫌疑人）部分有罪、部分无罪。 孔多塞的审判理论认为，如果每个人更可能是"对"的而非"错"的，那么规模大的审判团就比规模小的审判团更容易找到真相。 如果仅仅只有一位审判团成员，那么作出错误判决的概率就会最大化。 如果有一个非常大的审判团，犯错的可能性就非常小。

只要一个社群的"规范"是由整个社群而不是由一个领导者或者一小群领导者来定义和实施的，社群规范似乎就跃居独尊地位。 然而，出于两个方面的原因，这个判断是错误的：首先，在任何重要的事情上，让社群成员的行动都应该是"正确的"而不是"错误的"，这是没有必要的。 其次，共同体的规范事关"或对或错"的问题，这也未必总是正确的——它们或许事关选择，好的规范是从两个甚至两个以上的规范中挑选出来的。

考虑一下第一个问题。 如果社群成员更容易犯错而不是作出正确选择，那么整个社群作决定就会导致错误的可能性最大化。 在某种意义上，恐怕正是对这种困境的理解，才导致了这个世界中有些领导者按照社群主义的视角来坚持独裁统治。 在整个 20 世纪，有海量的理论文献讨论了所谓的"大众社会"的问题——这些理论通常断定，普通大众更容易搞砸许多重要的事情。 这实际上就是威廉·科恩豪泽（William Kornhauser）《大众社会的政治》一书的基调所在。[39]实际上，种族动员可能会建构他所谓的"大众社会"的某种变形，在这种社会中，对一个优选群体的迷恋毁灭了多样性的多元主义。 因此，就像在早期纳粹德国那样，在南斯拉夫所出现的强烈的种族政治倾向会弱化其他形式的联系，包括基于通婚而形成的家庭纽带。 在《乌合之众》中，法国社会心理学家古斯塔夫·勒庞（Gustave Le Bon）对此也有特别论述。[40]许多反对民主的人都将此视为他们的一个共同话题。

我们是不是应该对孔多塞（他最终选择了自尽）抱有乐观主义态度，或者对科恩豪泽抱有悲观主义态度？ 这取决于我们所讨论的事实。 就种族政治而言，事实显然是错误的。 正如欧内斯特·勒南（Ernest

Renan)所言，民族主义分子最明显的特征就是他们对其民族历史的曲解，这种曲解极其愚蠢。如果历史被有意地扭曲了，对于那些部分地依赖于历史事实的规则及必须依赖于历史事实的辩解理由，人们自然而然就会产生怀疑。这不仅仅是社群主义观点的问题。比如，基于对物理世界公认的事实或规则，常识认识论能够帮助人们根据惯例而达成同意。然而这些事实很可能是错误的。真相与信仰的强烈程度或一致程度并没有关系。

关于第二个问题，即我们对规范的选择并不限定于那些相互排斥的替代性选项（比如有罪或无罪）。对此，除非所有的可能性都能够通过配对比较得以权衡，否则审判法就是不适用的。孔多塞的投票理论，后来又经过肯尼思·阿罗（Kenneth Arrow）的发展，表明对这一问题不可能存在一种完全成功的解决方案。[41]而且，比起那些规模小、差异性小的社会，规模更大、差异性更大的社会更不可能拥有社群主义规范。这也就意味着，对社群的欲求实际上就是对"小社群"的欲求，而这也正是那些反联邦主义者的欲求。

表面上来看，社群主义对国家政治的批评经常难以理喻。对于那些希望在大规模的现代国家中重建社群生活的人来说，他们应该更直接地面对他们的问题，他们应该承认社群只有在小规模、有限的范围内才可能实现，而在这个范围内，第四章所提及的排他性规范所具有的所有丑陋特征都有可能呈现——裹挟着其被强迫的思想贫瘠。他们应该问问，让世界充满成千上万排斥性的小型社群，这究竟是否具有吸引力？这可能是群体层次上的集体行动失败：每个群体都追求自己的利益，结果所有的群体都受到损害。例如，在许多情况下，显而易见的是，在地方层次上很强大的社群并不能转化成在更大的国家层次上的强大社群。[42]在更大的尺度上，就像制造社群或总体同意那样，强大的地方性规范的聚合很可能会引发内部残杀、毁坏，培植出对他人的刻意的冷漠。

结　论

　　认为群体和个体成员拥有不同的认识论基础，这种观点对于规范性社会理论来说具有重要的意义。毫无疑问，这是哲学社群主义的中心问题所在。在保护少数族群的论证过程中，威尔·金里卡含蓄地将这个问题置于其自由政治理论的中心。[43]这也构成了统治理论和功利主义理论的核心问题。正是因为个体和制度具有不同的认识论基础，我们才应该借助制度的调控来增大个体的道德选择。[44]道德和社会哲学上的很多争论似乎都是一些几乎公开表明的认识论之争。实际上，"真实"与"谬误"此类词汇经常出现在这些争论之中。然而，争论各方通常没有直观地澄清他们各种分歧的认识论基础。没有细心考虑认识论基础所导致的一种最常见的混乱就是，人们根据其理论来争辩个体成员应该做什么，但在个体成员能够知道他们应该做什么的问题上，却缺乏足够的关注。这种混淆使得一些辩论愈加模糊不清，包括关于一个人是否应该遵守法律的论争（如上所述），以及对规则功利主义（rule-utilitarianism）的论争。[45]它也是社群主义争论的一个核心问题。

　　为什么人们害怕他们的社群会遭到多元主义的挑战？这当然是因为他们正在面对着挑战。但是，这种威胁主要来自各种各样的多元主义认识论。多元主义通过赋予社群成员替代性的视角，特别是替代性的价值观，从而侵蚀了传统类型的社群。对于那些生活方式尚未定型的年轻人而言，他们或许特别容易受到替代性视角的影响。因此，对于那些只有少数人讲一种稀有语言的文化而言，在多元主义的浸染下，支撑该文化的社群很可能就无法实现文化的代际延续（如第三章所述）。年轻人可能将文化延续的失败视为某种解放。在发达工业国家，经过几代人之后，对生活在某个地方的某种价值追求就会被对日常的福利关注所取代，在故乡所获得的回报终究不敌在其他地方所提供机遇的诱惑

（即使这些机遇少得可怜，诸如加拉加斯这样的拉美城市的郊区，或者是美国的尘暴重灾区，也很明显比人们的故乡要有生机）。

最后，作为社群外人的我们，以及许多与我们持有相反的认识论原则的人也仅仅只能像穆勒那样（采取功利主义）。 只要我们的行动——即我们与该社群拥有一个共同的政府——能够发挥作用，我们就能够支持该社群的成员们去寻求属于他们自己的价值——但这些价值不可以使其与其他社群发生冲突，或者限制后代的发展。 这将会使我们成为认识论社群主义者，或许也只是像穆勒那样的功利主义者那样，愿意把心理学和社会学意义上的限制因素全盘纳入考虑之中。 考虑到皇冠高地的犹太教虔敬派领袖及其信徒的认识论，我们能够推定他们为特质论社群主义者。 然而，"我们"不可能在更深的层次上成为规范性社群主义者。 如果是那样，就未免很奇怪——我们应该尊重其他社群的认识论，可是我们却不应该尊重自己的认识论，这种观点是缺乏内在一致性和逻辑性的。

社群主义者反对自由主义，这源自两个不同的判断。 自由主义者——姑且不论是否是传统的自由主义——似乎假定他们的自由主义结论是绝对正确的，这并不仅仅是他们的社群思维方式的必然结果。 而社群主义者认为，所有的知识都是"嵌入性的"，因此不能够借助一个外部的、包罗万象的体系来加以判断。 在休谟的知识传统中，常识认识论主义者会与社群主义的观点达成相对广泛的一致，但他们却会反对社群主义最为死板的观点。 尤其是，在认识论自由主义者看来，正如爱因斯坦的箴言所评论的那样，让更多的观点呈现在个体面前，这将帮助他们更好地寻求关于"事实"或者"近似事实"问题的结论。 例如，有些人或许对千禧年运动及其灾难性后果有历史的了解，这些人势必会质疑千禧年运动对人类的益处，他们也一定会为皇冠高地犹太教虔敬派的前景感到悲哀。

哲学社群主义者通常认为我们所知道的知识在很大程度上是由文化决定的，但这也不能推论说我们的知识存在着文化上的偏见。 我们对许多事情的客观知识似乎非常自信，包括一些令人悲哀的知识——比如，一些物理学家伙同他人共同发明了原子弹，并且基本上是有目的地、并且合乎理论预期地摧毁了广岛和长崎这两个城市。 这些炸弹是爱因斯坦伟大的质能方程式带来的结果——这表明，理论能够极大地改变现实。

常识认识论让人们对知识的信心显得变动不居。 我认为对人类福利的关切应该高于对各种社群价值观或者社群生存的关切，这一观点与我认为我们的生活受到某种自然法则的支配的观点是根本不同的。 后一种观点具有很强大的说服力，以至于如果我遇到某个人——她的文化限制了她对自然法则的信心——面对她的无知，我所持有的认识论社群主义观点基本上也只能聊表善意而已。 我可能尊重那些信奉犹太教虔敬派及其"弥赛亚"的犹太人的观念，这样可能就构成对她的观念的不敬。 我或许可以善意地教导她，或者支持采用恰当的制度去克服她的"无知"。 我在某个（不论是不稳定的还是松散的）社群内持有自己的价值观，而她在她的社群内不可能持有与我同样的价值观，这么说也许不错，但是，如果认为即使她对自然法则一无所知，而我所理解的这些自然法则也不适用于她，这种看法就是错误的。 从这个意义上来说，我和她拥有不同的观点，即使这一点可能明显地与文化因素有关，认为她对这些事物的理解比我的理解更为正确，这也是有违常理的。

对于一个嵌入开放的多元主义社会的社群而言，最狭隘的社群主义观是难以延续的。 这是因为，社群的成员可能会因其特质论社群主义规范而经常遭遇强有力的反诘。 当一个特定的社群成员获得了外部的认识论观点，她就可能相应地修正自己关于事物对错的成见。 当犹太教虔敬派成功地抵制住这种观念修正并延续其价值观的时候，他们捍卫自身、抵挡更广泛的外部社会侵蚀的唯一资源，就是他们所在社群的价值观和激励。 运用这些资源很可能会恶化他们与邻居的冲突。 倘若他们更加有弹性，对其他的实践和价值观更加开放，那么他们在与邻居的和平共处方面将会更加成功。 基于一个群体排斥性的认同来推断该群体与其他群体之间的差别，甚至否定其他群体，这是一种谬论。 不过，这种推论其实也很自然，从群体的分离主义渴望中感受到敌意，这也是自然而然的。 这样的推论或许是致命的。

有悖常理的是，群体的长期生存往往需要少一点忠诚以及一些多样性，而非严格的同质性。 美国的印第安人因感染了欧洲人带来的病毒而大量死亡，令人吃惊的死亡率的主要原因在于他们缺乏能够降低病毒感染的基因多样性。[46]人们也可能认为，一个群体在与其他群体的竞争中走向灭亡，同样是因为它们缺乏社会多样性。 的确，如果我们认定一个群体具有同质性，那么这种观点在任何情况下都能解释群体为何难以延续。 个体生存与群体生存可能会相互冲突。 正如弗朗西斯·布莱克（Francis Black）对同质性人群中传染性疾病的毒性所作的评论那样：“族际通婚减少了这些疾病问题，但是通婚带来的不幸结果却是原有文化的消失。”[47]

这里可以再次看到，哲学社群主义者与特质论社群主义者的观点并不相同：他们自身并不是他们的理论所抽象出来的那种社群主义者。 相反，他们与那些具有类似的认识论立场的社群主义哲学家持有相同的观点。 然而，如果这就是他们所属的社群，那些几个世纪以来统治西方伦理学说的普世主义哲学家（本质上是反社群主义的）也会通过他们自己的社群来支持其普世主义价值观（比如普遍福利或自治）。 如果我们是认识论社群主义者——就像我本人和其他一些普世主义道德哲学家那样——那么，我们就会承认知识不仅来自历史经验，而且来自于理论和反思。 不论对于个人还是对于社群，我们都急需更好的知识，任何拒绝这种知识的行为都是愚蠢的、自绝的。 实际上，就像在现实生活中一样，在道德和政治哲学中忽视爱因斯坦的箴言也是愚蠢的。 那个箴言实际上是一种现实意义很强的规则。 我们可以倒置阿希斯·南迪的观点（见第一章），认为任何一个拒绝爱因斯坦箴言的特质论社群主义社会，从长远来看都有极大的生存风险——尽管这种说法会在认识论上痛遭诅咒。

罗蒂、桑德尔以及其他秉承社群主义新传统的当代学者，倾向于将他们的观点以不同的方式导向某种道德色彩浓厚的理性主义道德和政治理论，尤其是趋向于康德式和罗尔斯式的理论。他们强调社群作为知识和正义的来源，然而他们所得出的结论却往往与普世主义观点相悖；普世主义可不仅仅是那些康德式作者的立场。在社群主义兴起之前，人们或许可以认为，普世主义是西方所有主要的伦理理论流派所共同拥有的原则。例如，罗蒂认为，对许多人而言，越南战争"背叛了美国的希望、利益和自我印象"。他们据此进一步认为，这场战争是不道德的。在罗蒂看来，这些人在进行普世主义判断方面没有任何理论依据。他说："杜威可能会认为，这样自我苛责的努力是毫无意义的。"[48]

罗蒂基本上是一位实用主义者。在与他的观点共通的早期哲学家中，罗蒂极为推崇约翰·杜威。[49]但是，杜威公开主张功利主义的普世主义，他当然会这样认为——正如其他的战争批评家所作的那样——如果战争弊大于利，那么美国的越南战争就是不道德的。杜威并不反对所有的普世主义道德观，而仅仅是反对那些根据某种抽象理论演绎出来的固定的道德主张——杜威实际上是信奉爱因斯坦的箴言的。

罗蒂明显地将理性主义者的确定性和普世主义混合在一起，使之简化为一种类型，这么做似乎犯了哈耶克的错误。哈耶克反对笛卡儿式的建构主义（Cartesian Constructivism），正如罗蒂则反对康德式的建构主义（Kantian Constructivism）。哈耶克错误地认为功利主义必定是理性主义和建构主义，因此认定功利主义没有资格成为一种道德理论。[50]罗尔斯的建构主义或许被误导了，然而他的普世主义观点则不然，反对他的建构主义并不必然要求反对他的普世主义。杜威明确指出，诸如"优于"和"劣于"这样的短语自有其意义，无须从虚构的"最优"概念中引申出来。[51]在我们进行比较和推论的过程中，更好的参照状态通常是我们所处的状态，但是一个人要作出判断的能力并不取决于他是否处于这种参照状态之中。

　　洛克和斯密看到群体激励是有害的，因为他们经常是从他们个人所处的环境来看待这个问题。[52]在霍布斯和洛克所处的时代，英国的宗教群体之间势不两立。在斯密的时代，英国的商人群体严重损害了经济进步的前景。对这三个人来说，将政治和经济努力集中到个人和家庭，这有助于增加个体世界的机遇，而个体机遇能够给文明、自由和繁荣带来好处，这些好处超过了那些狭隘的群体机遇所能够带来的利益。洛克也认为一种宗教信念就信仰层面来说要比其他宗教来得正确，这在认识论上是有问题的。自他们的时代以降，不论我们可能从理论和历史中学习到什么，我们总能被他们的理论说服力所感染。

　　总而言之，社群主义不能够被严格地视为一种道德或政治理论。其认识论是它不能成为道德和政治理论的问题所在。认识论社群主义的理论仅仅指出，做某件事情是否理性取决于是谁在做，从根本上说，这是因为理性取决于一个人所拥有的知识及其愿望。因为一个人的知识主要来自社会学习，而非直接从"事实"中学习或者从观念中演绎出来，此人就必须在他的社群给他的限制中进行选择和采取行动。然而，我们的知识源自不同的甚至多个社群，在对知识进行选择和整合的过程中，我们每个人都是有创造性的。在大规模社会里面，我们从许多社群中选择和提取知识，而非仅仅受到单一社群的制约。

　　人们通过学习所得出的一些结论和原则——比如算术以及对福利和自治的诉求，也包括那些认为社群能够合理化正确性的不寻常之观点——在其适用的范围内具有普世性。因此，认识论社群主义一旦逾越其限定范围，其理论推导就会出现内在的不一致。理论有其限定范围，这不仅仅适用于饱受诟病的社群主义，也适用于所有的道德和政治理论——因为从根本上说，这些理论都是现实的而非纯粹理想型的。所有此类理论要有合理性，就都需要限定范围。

　　如果认识论社群主义者意识到社群多样性的事实，那么他就得接受爱因斯坦的箴言，并且应开放性地学习他者的文化。这与特质论社群主义者的社会愿景相反，作为其标志性的追求，那种愿景是不可修正的。 认识论社群主义也许能够理解，拥有既定文化的人们是如何在道德上"正当化"他们自己的文化，并像服从命令那样接受其规范。 但是，认识论社群主义不能赞同群体"唯我论"的观点。 群体中心主义伦理道德和政治并不受制于某种先验的正确性。 为了群体目的而动员个体成员，这经常借助恶意的排他性规范和压迫性的漠视的力量。 群体规范和价值观可以是正确的，但这要依情况而定，其正确性不能从社群母体中推定出来。

奇怪的是，认识论社群主义有两个突出的意涵：首先是关于社群成员的行为。 我们应该特别承认，各种各样的社群在某种程度上限定了塑造行为的知识——而对于这些行为，我们却可能错误地将其归咎于个人性格中的某种邪恶面向。 其次，认识论社群主义意味着我们得认真考虑各种共同体价值观与规范的权变性来源。 我们通常会发现，对这些价值观和规范的解释方式会令我们认定它们是没有道德基础的。 这两种意涵共同意味着，规范性社群主义是一种误导性的学说。

在更广义的立场上，我们应该得出结论：群体组织的存在以及个体对群体目标的忠诚，并不能用以对群体目标的正确性进行辩护。 实际上，正是因为个体动机与群体行动总是背道而驰，我们应该时常对群体成功动员个体的故事表示质疑。 我们应该关注那些产生群体义务感的激励因素，以期厘定这些激励的性质。 正如在第四章中所辨析过的排他性规范，以及第五章中所论述的被扭曲的普世性规范，效忠群体的动机可能是歪曲的且具有破坏性的。 成功的集体行动有时候是美妙的，但是它也可以是恐怖的；它可能遗祸无穷，甚至殃及那些在集体行动中获得成功的人。 在我们这个时代，对族群这样的"想象的共同体"的动员广泛存在，其所造成的伤害要远远超过可能的收益。 尽管"群体唯我主义者"的族群行动偶尔会带来一些好处，但它却构成了现代文明的巨大灾难之一。

注 释

[1] *New York Times*(26 June 1994), p.4.5.这样的报道有一个问题——作为《纽约时报》的读者，我们对于这种主张的依据并不知情。

[2] Thomas Andrew Green, *Verdict According to Conscience: Perspectives on the English Criminal Trial Jury, 1200—1800*(Chicago: University of Chicago Press, 1985), pp.14, 16.

[3] Theodore F. T. Plucknett, *A Concise History of Common Law*(Boston: Little, Brown, 1956, 5th ed.[1929]), pp.127—128.

[4] 朱利叶斯·莫拉维斯克(Julius Moravcsik)区分了"事实的"和"规范的"社群主义。他在普世主义的意义上使用"规范的社群主义"，由此来分析那些符合规范性标准的社群。参见 Moravcsik, "Communal Ties," *Proceedings and Addresses of the American Philosophical Association*(September 1988), supplement to vol.62, no.1, pp.211—225, at pp.212—213。

[5] 这体现在查尔斯·泰勒(Charles Taylor)的书名之中，参见 Taylor, *Sources of the Self: The Making of the Modern Identity*(Cambridge, Mass.: Harvard University Press, 1989)。

[6] Richard Rorty, "Postmodernist Bourgeois Liberalism," in Rorty, *Objectivity, Relativism, and Truth: Philosophical Papers*, vol.1(Cambridge: Cambridge University Press, [1985]), pp.197—203.

[7] Will Kymlicka, *Liberalism, Community, and Culture*(Oxford: Oxford University Press, 1989), p.207.

[8] Harlan Lane, *The Wild Boy of Aveyron*(Cambridge, Mass.: Harvard University Press, 1976; reprinted New York: Bantam, 1977); Robert M. Zingg, "India's Wolf Children: Two Human Infants Reared by Wolves," *Scientific American*(March 1941): 135—137; Inge Bretherton, "The Origins of Attachment Theory: John Bowlby and Mary Ainsworth," *Developmental Psychology* 28(1992): 759—775.

[9] 可以进一步参见 Russell Hardin, "Autonomy, Identity, and Welfare," in John Christman, ed., *The Inner Citadel: Essays on Individual Autonomy*(New York: Oxford University Press, 1989), pp.189—199。

[10] Howard Margolis, *Patterns, Thinking, and Cognition*(Chicago: University of Chicago Press, 1987), p.135.

[11] Ibid., p.45.

[12] Rorty, "Post modernist Bourgeois Liberalism," p.199.罗蒂认为这个观点出自 W. V. 奎因。进一步参见 Will Kymlicka, *Liberalism, Community, and Culture*(Oxford: Oxford University Press, 1991), p.65。

[13] Henry Sidgwick, *The Methods of Ethics*(London: Macmillan, 1907[1874], 7th ed.), pp.6—11.

[14] John Stuart Mill, *On Liberty*, any standard edition.

[15] Amitai Etzioni, *The Spirit of Community: Rights, Responsibilities, and the Communitarian Agenda*(New York: Crown, 1993).

[16] 我们甚至可以认为爱因斯坦的箴言也适用于艺术领域。比如，对于某些风格或者主体来说，某个油画作品并不仅仅体现了道义论的承诺，相反，油画的价值在于表现艺术家及其社群的思想，也在于那些赞助商和参观者的审美体验。后面的这些考虑要接受经验考验，从而形成更好的油画形式、风格和主题。

[17] Alan Donagan, "Moral Dilemmas, Genuine and Spurious: A Comparative Anatomy," *Ethics* 104(October 1993): 7—21, at p.14.

[18] Michael J. Sandel, *Liberalism and the Limits of Justice*(Cambridge: Cambridge University Press, 1982)。当桑德尔论及"道义论自由主义"，人们猜测他可能或者至少把这个词当成一种祸害。金里卡摒弃了桑德尔的批评，参见 Kymlicka, *Liberalism, Community, and Culture*, pp.52—58。

[19] Rorty, "Postmodernist Bourgeois Liberalism," p.200.

[20] 进一步参见 Kymlicka, *Liberalism, Community, and Culture*, pp.63—70。

［21］Daniel Bell, *The Cultural Contradictions of Capitalism* (London: Heinemann, 1976), p.59.

［22］David Remnick, "Waiting for the Apocalypse in Crown Heights," *New Yorker* (21 December 1992), pp.52—57, p.54.

［23］Ibid., pp.52—54.

［24］Albert O. Hirschman, *Exit, Voice, and Loyalty* (Cambridge, Mass.: Harvard University Press, 1970).

［25］如前所述，当前的犹太教仪式派信徒提出了一个奇怪的论题，即自主性是通过强有力的单一文化纽带才得到提升的。 实际上，通过提供宗教运作的各种文化服务，以及在保守的犹太人中进行传教，社群以外的力量或许帮助维系了犹太教仪式派的社群。来自外部的捐款还帮助成立一个实质性的组织，该组织为仪式派信徒提供就业机会，可想而知，这帮助巩固了信徒对社群的忠诚。

［26］Gershom Scholem, *Sabbatai Sevi: The Mystical Messiah* (Princeton: Princeton University Press, 1973).

［27］进一步的讨论参见第三章。

［28］深入的分析参见下文"敬重文化"一节。

［29］John Locke, *Letter on Toleration*, 任何标准版本。

［30］Remnick, "Waiting for the Apocalypse," p.53.

［31］这可以说就是苏联解体的原因所在，参见 Russell Hardin, "Efficiency vs. Equality and the Demise of Socialism," *Canadian Journal of Philosophy* 22(June 1992): 149—161。

［32］如果这的确被用以解释伊朗的例子，那么，强权就离谱得战胜了真理。 进一步参见 "Does Might Make Right?" in J. Roland Pennock and John W. Chapman, eds., NOMOS 29: *Authority Revisited* (New York: New York University Press, 1987), pp.201—217。

［33］*Wisconsin v. Yoder et al.*, 406 U.S., pp.205—249, at p.211.

［34］Ibid., p.222.

［35］"尊重人"是一个抑或复杂抑或空洞的说法，和其使用者的认识不同，它的含义其实是混沌的。 许多人认为这个主张可以用来区分不同的理论，尤其是各种权利理论。要得出这样的结论尚需许多研究工作。

［36］Rorry, "Postmodernist Bourgeois Liberalism," p.200.

［37］此处使用"谋杀"一词并不夸张。 它不是指通过军事行动杀死穆斯林中的抵抗者，而是指对穆斯林妇女、孩子和平民进行故意的杀戮。

［38］参见 Russell Hardin, *Collective Action* (Baltimore: Johns Hopkins University Press, 1982)，尤其是该书第 10 章至第 13 章对"基于习俗的契约"的讨论。

［39］William A. Kornhauser, *The Politics of Mass Society* (New York: Free Press, 1959).

［40］Gustave Le Bon, *The Crowd* (London: 1922 [1895]).

［41］关于这方面的一个简要解释，参见 Brian Barry and Russell Hardin, *Rational Man and Irrational Society?* (Beverly Hills, Calif.: Sage Publications, 1982), pp.213—228。

［42］与此相反的一个观点，参见 Wendell Berry, *Sex, Economy, Freedom, and Community: Eight Essays* (New York: Pantheon, 1993)，尤其是该书的首篇。 顺便提及一下，贝里(Berry)认为社群与地方是联系在一起的。 有趣的是，在大部分欧洲地区，中世纪法律适用于代表某个社群的个人，而不管他是什么地方的人。 "所以，里昂的一位大主教有段著名的评论：在法兰克人统治下的高卢，碰巧有五个人聚集在一起，如果他们——一位罗马人、一位萨利法兰克人、一位普利安法兰克人、一位西哥特人和一位勃艮第人——中间的每一个人各自服从一种不同的法律，那是毫不足怪的。"引自 Marc Bloch, *Feudal Society* [Chicago: University of Chicago Press: 1961], vol.1, p.111)。 在意大利林立的城市国家中，个体在签订契约之前要先了解他要遵从何种法律，有时候这对个体来说是一种负担(同上书，第 111—112 页)。

［43］Kymlicka, *Liberalism, Community, and Culture*.

［44］Russell Hardin, "The Economics of Knowledge and Utilitarian Morality," in

Brad Hooker, ed. , *Rationality*, *Rules*, *and Utility*: *Essays on Richard Brandt's Moral Philosophy* (Boulder, Colo. : Westview Press, forthcoming).

[45] Russell Hardin, "My University's Yacht: Morality and the Rule of Law," in Randy E. Barnett and Ian Shapiro, eds. , NOMOS 26, *The Rule of Law* (New York: New York University Press, 1993), pp. 127—147. 亦参见 Hardin, "The Street-Level Epistemology of Trust," *Analyse und Kritik* 14(December 1992):152—176; reprinted in *Politics and Society* 21(December 1993): 505—529。

[46] Francis L. Black, "Why Did They Die?" *Science* 258(11 December 1992): 1739—1740.

[47] Ibid. , p.1740.

[48] Rorty, "Postmodernist Bourgeois Liberalism," p.201.

[49] 查尔斯·皮尔士(Charles Peirce)也许是最为激进的实用主义哲学家，他比爱因斯坦走得更远："科学家只顾着学习真理，为此他把自己当前的一些暂定信念(他所有的信念都是暂定的)一扫而空，而且为此孜孜不倦。" 参见 Charles Sanders Peirce, "Preface" to *Scientific Metaphysics*, in *Collected Works of Charles Sanders Peirce* (Cambridge, Mass. : Harvard University Press, 1935), vol. 6, p. 3。 罗蒂的实用主义与规范性的社群主义并不契合，后者只有指令，没有质疑。

[50] F. A. Hayek, *The Mirage of Social Justice*, vol. 2 of *Law*, *Legislation*, *and Liberty* (Chicago: University of Chicago Press, 1976), pp. 17—23; and *Rules and Order*, vol. 1 of *Law*, *Legislation*, *and Liberty* (Chicago: University of Chicago Press, 1973), pp. 8—54.

[51] John Dewey, *The Quest for Certainty*: *A Study of the Relation of Knowledge and Action* (New York: G. P. Putnam's Sons, 1960 [1929]).

[52] 不管怎么说，洛克都是一个契约论者。

第八章

差异何去何从？

> 一人独处，我对世界有一种恐惧感和不安全感。但是，当和我的死党们混在一起的时候，我就变得趾高气扬且信心满满……在群体中，我们尝试着从未做过的事情。

——内森·麦考尔：

《让我不吐不快：一个美国年轻黑人的故事》

卡夫卡的婚姻失败

弗朗兹·卡夫卡(Franz Kafka)的婚姻可谓一塌糊涂：他接连解除婚约，乃至断绝了成家的念想。 婚姻问题显然严重地困扰着他，这在其日记中记录甚多。 在这些记录中，卡夫卡截然指出，他所羡慕的是"多姿多彩的姻缘幸福"，而非任何具体的婚姻形式。 即使是在他至为钟爱的姻缘案例中，他也认为其中的幸福是值得质疑的。[1]婚姻的理想与现实总是不相匹配的。

在这里我无意讨论婚姻问题。 在我的生命历程中，我逐渐认识到，社群是多么的美好；看到人们有这样或那样的社群归属，我艳羡不已。 很显然，大多数人都有过这样的体验。 多年以后，我对社群的看法却变得与卡夫卡的婚姻观如出一辙：任何实际的社群与理想中的社群都相去甚远。 尽管有时候社群的排他性没有意义，但是它还是愈演愈烈，这似乎是排他性的规范使然——在这种规范的规训下，人的忠诚感总能易于维持。　于是，我们就像越南战争战场上那些悲哀的指挥官那样，陷入了决策的两难境地：唯有摧毁一个村落，才能拯救这个村落。　我们把自己的社群变成己所不欲的样子，从而强化了这一社群。

　　人们毋须将这一观点作更为悲观的解读。　在我们的生活中，毕竟还有许多可亲的甚至全然有益于社会的“社群”。　然而，在通常的意义上，这类社群并不让人为之执着，它们并非我们生活中的重要构成部分，而且也不指望我们对其效忠。　此外，还有一些社群——包括支持团体、邻里组织、工作组织、宗教组织、游戏组织，以及类似的对我们甚为重要的组织，它们并不生产其自己的道德，亦即并无社群主义哲学家们所期待的社群之境界。　毫无疑问，某些在其成员的生活中相对重要的种族社群也甚为可亲可爱——之所以如此，乃是因为它们并不成为政治之焦点，而且与其他组织也无冲突可言。

　　而且，依据普世原则，有一些共同体动员甚至也是善的。　当某个群体或国家对另一个群体造成了与普世价值相悖的不公正的时候，如果后者的组织和认同能够克服这种不公正，那么这种组织和认同也可以说是理性的，而且可以予以道德论证。　美国全国有色人种民权促进协会（NAACP）就是一例，在该组织与歧视黑人的吉姆·克劳法作斗争的过程中，根据普世原则，它获得了道义上的胜利。　区别于普世正义的是共同体正义（Communal Justice），后者见诸莎士比亚的《威尼斯商人》、美国南方吉姆·克劳法、孟加拉的部族社会，以及各地对女巫的搜捕。　在我们这个年代，一个令人沮丧的情况是，寻求不平等和特权地位的共同体的价值，尽管是可耻的且具有破坏性，而较之于对平等这一普世价值的追求，它却总能够更好地被自我利益所强化。

　　不幸的是，即使温和的群体也可能变得乖戾。　以色列的故国之梦已经变得有点走火入魔，比如，在 1994 年 2 月，以色列军官巴鲁克·戈尔茨坦（Baruch Goldstein）对 29 名正在希伯伦的清真寺做礼拜的巴勒斯坦人大开杀戒，这震惊了大多数以色列人，他们建立一个独立、自由、富有尊严的国家之理想也因此遭到扭曲。 在 1981 年的一封通信中，已故的麻省理工学院政治学教授哈罗德·艾萨克斯（Harold Isaacs）就指出，他所挚爱的以色列已经沦落为一个"萧瑟之域，它沦落于一伙信奉民族-部族主义的、具有中世纪特征的犹太教狂徒之手"[2]。 类似地，美国和北爱尔兰民权运动的成功，开启了后来并不温和、甚至有害的分离主义运动。

面对这些现象，连同在南斯拉夫、卢旺达、布隆迪、斯里兰卡等地所见的荒诞事态，人们很难坚持认为社群是个好东西。 社群可以做好事，好则好矣，然而它一旦坏起来，就能够达到令人发指的地步。 在很多情况下，人们与一个劣迹斑斑的社群决裂，可能就会过得更好；但是，跳出火坑通常难以做到。 社群本身并不自我界定好与坏，好坏之分端赖于权变的环境。

人们有理由对社群感到恐慌，其中一个重要的方面就在于人们被要求建立群体认同，而这种召唤会遭到扭曲，扭曲则源自各种自利机制——比如排他性规范——的侵蚀。 把成员与社群联系起来的，通常是个人利益而非社群的理想或计划。 即便个体利益是亲切的，它们通常也与罪恶有瓜葛，如下两方面的个体利益便足以说明这一点。

归顺某个群体给个体带来的第一个好处，乃是认识论意义上的家园舒适感，这听来似乎甚为美妙。 但是，这些舒适感总是建立在排斥他人——通常是一种仇恨式的排斥——的基础上的。 犹太人从皇冠高地迁出，不再迷恋犹太教仪式派运动；激进的爱尔兰天主教徒通过自我选择，加入爱尔兰共和军；最为激进的犹太复国主义者进入以色列西岸，其结果都是催生和滋长了极端主义者。

第二个个体好处是经济学意义上的：获得工作与职位。 国家直接掌控着大量的工作机会。 在一些社会中，公职占据了就业市场的半壁江山；而在很多社会中，公职或军职乃是人们所能获得的最好的工作。在许多国家的医疗、教育和公共服务等领域，大多数工作都是被国家所掌控的。 事实上,在诸如索马里、布隆迪和卢旺达这样积贫积弱的社会,最有价值的资源或许就是政府本身,土地的重要性居次,尤其是当政府能够对土地产出品进行征税的情况下。 有鉴于此,如果某人所归属的群体控制了国家,相对而言,此人的好日子就可能来临了。 即便是在南斯拉夫,塞族人也从塞尔维亚族对军政的支配地位中捞到了好处。 在南斯拉夫的分裂过程中,塞族人的影响力随之式微。 在克罗地亚宣布独立之后,克罗地亚人在克拉伊纳的警队中驱赶塞族人并因此触发战事。[3]事实一再表明,坚持同质性可能会带来直观的经济利益——或许可以说,冰岛、日本和瑞典之所以富足,原因就在于这些社会中的人都共享着类似的价值观和由特定文化所塑造的行为预期。 然而,为了创造前所未有的同质性所造成的破坏性——就像在南斯拉夫、卢旺达和布隆迪所发生的不幸事件那样——却深深地抵消了这种行动未来所可能带来的好处。

鉴于社群的成就与排斥有潜在、恶意的瓜葛,社群所固有的一个基本问题即是它容易行为过度。 这颇似法律的执行,因为法律的执行可以通过"宁错杀一万,不漏过一个"的策略而变得极为有效。 定罪越多,冤案也可能越多,这是统计意义上难以避免的折中关系。 如果我们终于形成了一个法律执行的机制,那么我们得接受执行中出现冤案的可能性。 与此类似,支持着许多人的生活的共同忠诚和规范,一旦发展,也就可能阻碍许多共同体之外的人的生活。 更强大的社群生活,或许对某些事情大有裨益,然而却也能更深切地损害社群之外的人的利益,因此,其利弊需要加以权衡。 社群之善不能一概予以称颂,它显然是时好时坏的。 而且,对于像托马斯·沃尔夫这样的人来说,生活在那种温情的小镇社区甚至也是弊大于利的。

关于南斯拉夫的族群冲突这类事端,社群主义者一个貌似合理的回应是:暴行源自社群的崩溃并且致使其无法对个体行为进行文明的约束。 不幸的是,这种推理显然不得要领。 一个同质性的小社群被怂恿加入到萨拉热窝大都市的作战中,塞族人的这种举动并非因为其社群的解体。 而且，即便萨拉热窝遭受攻击并因此贫瘠不堪，在其沦陷为人间地狱之前的普世主义特征，还持续地赋予深陷族群矛盾中的人们以尊严。 社群的活力，而非社群的衰败，支撑着在南斯拉夫所发生的暴行。 社群被国家所利用，绑定于领袖们进行自我扩张的目的之中，社群就这样被滥用了。 促成滥用的力量来自群体认同的激励结构，排斥以及强烈的内聚力所带来的好处则强化了这种激励结构。

在社群主义者眼里，社群是没有责任这一问题的。 社群中的个体只需根据社群的准则行动便可以了。 在社群的政治生活中，成员的主要责任就是代表社群来行动。 然而奇怪的是，如果人们接受了社群，责任就会被某种特许权所替代，人们因此就可以为所欲为了——正如本章的题名所说的那样。 正如克罗地亚人在莫斯塔尔所进行的种族清洗，一个人可以残杀邻里而免于惩处；正如塞尔维亚士兵在波斯尼亚所进行的屠杀，一个人可以号称为了大塞族利益而强暴其邻里。 社群的道德成了国际关系的现实主义理论的一个版本：为了自己社群的利益，任何行动都可以被接受。

20 世纪后半叶之前，最伟大的社群主义思想家之一是埃蒙德·伯克，他颂扬传统。 对传统进行辩护的理据在于，创造新制度——诸如法国大革命这样的事件——产生了各种意外后果，而经历浩劫之后，传统依然存活至今。 我们知道传统的工具依然可用——而关于其他的替代性选择，我们则拿捏不定。 不过，即便是在我们的这个世界中，一个伯克主义者也难以为完全的历史停滞进行辩护。 如果其他社群在经济上很成功，而我的社群却置身于变迁之外，我的社群可能很快就会被淘汰出局。 比如，即便没有自相残杀的战事，卢旺达和布隆迪的人们也会渴求其他社群所获取的财富。 但是这种渴求意味着传统的思考和行动方式得发生剧烈的变动。 对于推动社会进步、繁荣或者哪怕是提升非洲黑人的生活尊严而言，社群都不是解决问题的关键。

多元主义

以赛亚·伯林自称为严肃的多元主义者，这不仅是因为他认为不同的文化必须互相宽容，而且他认为这个世界的美好之处就在于它有着许多不同的文化与群体。我赞同这种观点。托马斯·沃尔夫意识到自己已经无法回到家乡，许多人也不想再返乡——毕竟，世界上还有很多更精彩的地方。当然，伯林是一个跨文化的移民，他的认同取决于其移民的经历和多样化的文化之根。然而，社群主义所坚持的似乎是一种更为强烈的多元主义。在某种意义上，每一个文化的自我价值——不管这种价值为何——定义了这种文化的正当性。伯纳德·威廉斯曾把这种相对主义称为人类学家的异端，但是现在这种观点已然成为了政治哲学家的社群主义异端。[4]

伯林的多元主义道出了世界的事实。社群主义者——尤其是特质论社群主义者——对每一个社群的善都抱有愿景。族群政治的事实符合伯林的多元主义观点。但是，我们不能认为社群主义的愿景符合多样性的事实。比如，正如第三章所讨论的，这个世界广布各种语言，大部分语言的文化都非常贫瘠，除了其社群之外，它们和世界的接触也大多有限。尤其重要的是，它们中的大多数只能相对有限地接触现代生活或获得现代经济或政治组织中的职位，也无法抵御周遭的现代世界的影响。不管怎么说，讲这些语言的人也许会认定，比起被迫讲外语，从而进入公民和经济生活，还不如他们照旧的生活方式来得好。在社群主义政治哲学和大众的叙述中，这个问题的讨论大多止步于此，认为这就是事情的全部。[5]不幸的是，对于这些讲与世隔绝的语言的人来说，事情更为重要的一面并不在于其一两代人会有怎样的命数，而是他们的后代的命运——如果他们的语言从一个狭隘的共同体语言转化为一个区域性的甚至全球性的语言，这就会为他们呈现出各种发展机会。[6]

类似地，保护当代北美土著人的文化，让其享有维系其原初的经济形态以及偶尔富有压迫性的共同体组织——我们可以看到，在加拿大，国家权力出面保障这些社群的共有财产制度，最近又通过立法允许阿米什人让其子女免于教育，对少数族裔语言在官方和商业使用方面予以制度化，以及推出其他类似的社群导向的政策。这些政策只是取悦了这些族群中的当代人，使他们生活得更舒适而已；而这些群体的后代的利益却被牺牲了，对他们来说，这类政策的后果通常是令人沮丧的。

这些道德问题无法一概而论，其答案并不清晰可辨。为共同体"权益"进行辩护，显然是在压制个体的机会。世界上的许多群体都面临着这种艰难的权衡问题。代表这些群体并作政治决定的是这一代人中的成年人，后辈的意见无从表达。这些问题的研究者应当体认到，强化或者封锁这种共同体权益的政策都是残酷的，政策不能仅仅用来殷勤地取悦某些人。

在一个多元世界中，人们必须慎重权衡上述问题，而且不能抱有各扫门前雪的心态。在这个多元的世界中，镶嵌着大量特质论社群主义的社群。也许除了类似于冰岛这样的情景，没有一个社群是以孤岛状态存在的。即便是冰岛，它也不是一个狭隘的共同体社会，在很大程度上，它似乎因其开放性、国际化而获得了繁荣。[7]

普世主义

自我利益能驱动排他性规范，但是普世主义唯独缺乏这种驱动力，原因是普世性规范并非天然地受到自我利益的强化。的确，普世主义的驱动力总是如此微弱，以至于总是遭到扭曲，从而成为各种被自我利益所驱动的规范形态——比如仇杀和天主教的罪责感。被真正的仇杀规范所支配的社会也许不存在，但是，假如特定的事件成了一种烙印，那么仇杀就会演化为一种世仇。 世仇有一种本质上区别于其他规范的激励结构，同时它能对他者的行为带来一种别样的认识论。 世仇使得群体（诸如家族）之间的仇恨代代相传。 世仇只是偶尔被特定的事端所激发，但是它更可能被其自身所造成的漠视所恶化，甚至受其驱动。

　　类似的扭曲使其他的普世性规范深受其害。 比如，在拉丁社群中，天主教的罪责感的普遍主义规范可能尤为强烈，它变得与崇敬母系的家族规范有关。 因此，即便其宗教支持式微，罪责感也可能在这样的社群中延续下去。 群体本来并不惹人不快，但是自我利益对群体认同的强化力，常常扭曲了这些群体，使之变成有害的排斥性的东西。

　　就正直这一普世性规范而言，它可能崩溃，被倾力强化的正直规范仅仅见于某个频繁互动的小圈子之中；而不那么被强化的正直规范，则见诸更为广泛的关系之中，包括所有的公民、纳税人或者诸如百货公司和银行这样的大型机构。 即便在一个小圈子之中，假如人们预期到正直终将百无一用，那么它也可能遭到破坏。[8] 可能有些人会一以贯之地表现出正直或不正直，但还是有一些人，他们的正直观是亲疏有别的，因为与陌生人的环境相比，熟人圈内部的行为会受到更多的监视。因此，正直与利益有关，对于许多人而言，他们有时候显得正直，这很少是受到道德激励的结果，甚至没有道德激励可言。

　　受排他激励所驱动的规范具有非凡的力量，尽管如此，争取普世主义的努力——或者至少是争取包容性原则的努力却未曾泯灭。 许多宗教、政治和知识界的领导人为此奋斗不休，毫无疑问，在许多人的日常生活中，也可以看到这种努力。 几个世纪以来，普世主义吸引人们为之前仆后继，当然它也不断遭遇各种狭隘利益的挑战。 争取普世主义的一个有案可查的先驱者乃是试图为其兄长举办体面葬礼的安提戈涅（Antigone），她的两个兄弟——厄忒俄克勒斯（Eteocles）和波吕尼刻斯（Polynices）——在争夺底比斯（Thebes）统治权的战斗中同归于尽。 后来继承底比斯王位的克瑞翁（Creon），下令执行共同体的正义——为守卫底比斯的厄忒俄克勒斯举行了隆重的葬礼，而宣布波吕尼刻斯为叛徒，禁止将其下葬。 当安提戈涅不顾克瑞翁的禁令为波吕尼刻斯举行葬礼，她竟被克瑞翁下令活活封砌在波吕尼刻斯的墓中。 在这个事件中，普世主义败给了共同体主义(communalism)。[9]

强大的反普世主义的政治运动颇为常见。 举例而言，在美国的宪法辩论中，总有反联邦主义者的声音；在19世纪的欧洲，人们可以见到各种充满敌意的、硝烟味浓烈的民族主义，在20世纪的二三十年代则有纳粹和法西斯主义。 但实际上，直到最近，普世主义才遭遇一种渊博且精辟的哲学思潮的反击。 在西方传统中，关于伦理(除了一些神学伦理之外)的哲学讨论，在普世主义取向上是有共识的，但是晚近的讨论则不然。 在两个半千禧年之后，西方哲学产生了一个反普世主义的特殊主义纲领。 反对安提戈涅葬礼，正是这一纲领的隐喻，或者说是一种真正的挑衅。

康德主义者、自由主义者、自然法理论家、美德论者、功利主义者以及其他流派的人，在许多重要问题上争论不休。 但是他们基本上都假定，不管他们的主张出自什么原则，这些原则本身是普世的，而且不能对此抱有偏见。 社群主义者提出的问题无法加以论证——部分原因在于，社群主义者仅仅观察到：普通民众的行为是根据共同体的标准及其理解方式，而不是道德哲学家所说的永恒的普世价值。 但是，社群主义的这种理路却可能是激进而有缺陷的——它几乎就是在说：人们会怎么做，是因为他们知道应该怎么做。 社群主义者从事实判断推导出价值判断。 伏尔泰小说中的潘格洛斯(Pangloss)博士，认为当下的这个世界是所有可能的世界中最好的形态，长久以来，这种论调被广为讥讽。 当有人认为世界因其美好而存在，对此我们又何须多加批驳呢？

实践中的社群主义与欧洲中世纪的有悖常情的观念有相似之处，依据这些观念，"已发生之事在事实上享有正当性"。[10]当然，社群主义理论家和中世纪的欧洲人一样，总是根据自己所在的社群而非他人的社群进行判断。 他们是群体唯我论者。 在中世纪的所有思想状态中，恐怕没有比这种"根据事实"所制造的论调更加值得我们去加以抵御了。

有些人不仅仅是利他主义或康德主义的道德理论家,他们在实际生活中似乎也是利他主义或者康德主义的(我们应当希望这种联系并不完美,毕竟道德理论家在比例上是少之又少的)。 安德烈·特洛克梅(André Trocmé)是法国小镇勒尚邦(Le Chambon)上的一名新教牧师,在战争期间,他曾多年致力于解救犹太难民,使之免于纳粹的迫害,其行为显然受到道德力量的激励。[11]某些人,正如第五章所描写的高龙巴以及犹太人的遇难者,可能离乡不离俗,原先的社群给了他们特定的规范,这些规范赋予其行为以意义和支持,由于坚持其原乡规范,他们看上去终究也是受到规范的激励。 但是,这个世界上大多数看似有理可依的行为动机,都可能与排他性规范相似——它们扎根于强大的个人激励,并且得到有效的执行。 在族群政治和其他群体的政治中,排他性规范的力量是如此的汹涌澎湃,我们不必从规范上予以解释了。

解构与建构

本书所关注的是通常依赖于自发的、内在的激励而形成动员和认同的群体。 它们令人着迷的原因在于,无须借助科层化的国家权力,它们也能达成其组织以及集体的目标。 诸如族群这样的群体,它们依赖协作权力组织起来从而获取非凡的成就,这与严重依赖资源或者交换权力的组织和制度——诸如建制化的政府——相比,实在大相径庭。 比起交换权力,协作权力的内在灵活性不足,因为它依赖于群体中个体成员的责任,而且要维持这种责任感,就非得保持清晰的行动焦点不可。 这就意味着,协作权力更容易被外向的敌意所煽动,不管这种敌意所针对的是某个制度、行动或者某种地位。 它更能在危急关头与生死时刻,而不是相对和平与发展的时期大显神通。

根据他在英国革命年代的经历,霍布斯断言,反叛导致当代人每况愈下。 这只能用来说明,如果自发组织起来的群体有了一个攻击对象的话，它的行动就更能进行聚焦并加以协作。 这也意味着，这些群体的目标在本初的意义上是具有破坏性的。 我们可以得出一个公允的结论——那些与政府作对的群体只会把事情弄得更糟，即便他们赢得了作战的胜利。 当代的北爱尔兰、南斯拉夫、布隆迪和卢旺达、索马里、印度以及其他许多地方的经历，似乎支撑了霍布斯的命题；同时，我们可以看到，捷克、罗马尼亚的案例则似乎与霍布斯的结论相左——这就是说，这些国家在经济上获得成功，使得霍布斯的观点难以得到佐证。但是，即便是在经济转型成功的捷克共和国，那些老一代公民的生活还是会一而再、再而三地败落下去。

"集体利益"这一概念可能潜在地令人困惑，有鉴于此，假如界定成员资格的理据颇为狭隘且与其他成员攸关的政策议题并不相关，那么，通过集体增权来为成员服务，这种做法的合理性是令人存疑的。举例来说，米洛舍维奇可能祭起塞族民族主义行动纲领的大旗，成功地动员一部分塞族人。 但是，这部分被动员起来的民众，却不太可能一致同意其他方面的政策议题——尤其是当克罗地亚或者波斯尼亚的战火平息、塞族的领土吞并无以复加之后，这类争议就不可避免地要出现。[12]

或许有人会认为，只有各方——甚至包括塞族在内——的资源都消耗殆尽，南斯拉夫的战争才会终结。 但是，在经济管理方面或一般的国内事务管理方面，米洛舍维奇没有任何才华。 他的主要本事是为了战争和种族灭绝而把民众和资源调动起来。 战事结束之后，人们的诉求发生变化，政权可能顷刻沦丧——对此威胁，他或许心知肚明。 因此，他会竭力拖延并维系战事，也许把战火烧到科索沃。 族群战争正是他那能够集结起支持者的政策选择。

然而，族群的政治还会带来一种鲜为人知的损失。 倘若作家托马斯·沃尔夫后来不去哈佛读书，他可能就要承受这样的损失。 也正如亨利·路易斯·盖茨(Henry Louis Gates)对其黑人同胞的认同问题所说的，认同"意味着你的故事不纯属于自己——你的故事的特殊性服从于一个凌驾性的叙述框架"[13]。 形成群体认同就意味着失去个人身份。
族群身份的布道者掩盖了这种损失,他们宣称个人身份与族群身份在很
大程度上是没有两样的。

通过把自我渗入一个更大的社会整体,从而造成上述个人损失,这
是许多或善或恶的思想家和领导者所做的工程。 这样的工程对德国
人——诸如黑格尔、赫德、希特勒等——有着特殊的涵义,对于犹太复
国主义和泛阿拉伯主义,以及许多民族主义来说也可谓意义重大。 这
样的工程常常令人感到荣耀,甚至觉得甜蜜,同时它也常常引发种族灭
绝的行动。 以20世纪的发展史观之,要说这样的工程功大于过,这恐
怕是难以令人信服的。

随着现代欧洲民族国家的兴起,共同体的工程(communal project)
越来越具有政治上的重要性。 它总是被表述为某个民族的工程,然
而,国家能力在其边界内四处呈现,在这样的时代中,共同体建构又与
领土分裂问题瓜葛甚多。 民族和领地的边界碰巧互相叠合,这在今天
的现实世界中几乎难以做到。 叠合的条件是苛刻的——正如在冰岛所
见到的那种单一民族国家。 正因为如此,共同体工程造成了各种矛盾
或者暴力。 比如,克罗地亚在独立之后就成了一个自相矛盾的国家。
作为国家,它是领土意义上的,也是族群意义上的。 尽管,族群与领
土事实上显然没有实现叠合。 根据成立国家的意涵,新政权对塞族人
下了驱逐令,同时它宣称对其他的克罗地亚人社区的主权拥有,尤其是
在波斯尼亚的黑塞哥维那地区。

与共同体工程兴起的历史相反,这种工程通常被称为部落主义
(tribalism)。 的确,今天世界上的一些冲突看来确实与部落认同有关。
但是,在现代国家出现之前,部落主义或许是相对友善的。 当群体必
须得通过国家来达成目标,它们就更可能在有限的资源上出现公开的冲
突。 与南斯拉夫的大屠杀一样,卢旺达和布隆迪的悲剧,在很大程度
上也都是拜国家组织所赐。

对当代暴力的解决方案

本书第六章中讨论了五种冲突，这些冲突涉及的问题之一是它们中不乏狂热的领导者，这些人的行动纲领具有内在的排斥性，这种排斥性甚至有暴力色彩。在索马里，因权力争夺而引发冲突的案例至少可以说明这一点。在其他案例中，可以看到诸如北爱尔兰的伊恩·佩斯利，卢旺达已故的朱韦纳尔·哈比亚利马纳以及斯洛博丹·米洛舍维奇这样的人物，他们的出现，几乎无一例外地让冲突不可避免地得到升级，因为只有这样，领袖才可以把强化这些冲突作为其行动纲领。

在索马里、卢旺达和布隆迪的案例中，一个重要的问题是现存的政府根基不稳。在这种情况下，秩序重建——诸如联合国和美国在索马里的行动，以及法国在卢旺达的行动——极为艰难，如果重建的第一要义是建立已经全部解体的制度的话。早年在卢旺达和布隆迪所建立的殖民政府，并未建立起本土制度的形态。在索马里，战火摧毁了西亚德·巴雷的政府。所有这些国家都没有建立起可信的治理制度结构。波斯尼亚的问题更为严重，因为塞族的军事力量很显然是一小撮从波斯尼亚政府游离出来的政治群体自发组成的。

在这样的情势下，即便是最为友善的介入，也必须具备相当的规模才能奏效；而且，本地制度的建立得假以时日，在此之前，可能还需运作类似殖民政府这样的制度。的确，在卢旺达和布隆迪，要从 30 年的种族屠杀岁月过渡到相对和平的生活状态，这可能得通过外部力量来加以支撑，而且在时间上要牺牲一整代人。即便我们理解了这些国家中的症结问题，我们也未必能找到解决问题的处方。

在南斯拉夫和索马里的案例中，国际社会的早期介入或许能够终止战争贩子的协作行动。火速介入的呼声很高，[14]但是早期介入却并不顺畅（当时的美国正在如火如荼地进行总统选举）。 而且，早期介入在很多人看来是一种错误之选，因为其行动理据是对事件的估量而非事实。 一个反面的类比是，反叛群体能够更容易地破坏旧世界而不是建设新世界（如前所述）。 联合国介入的合理性在于阻止大屠杀，但是它可能永远不会为了阻止可能的大屠杀而进行介入，除非它是应邀派驻维和部队。[15]

移民——作为一种自然的"种族清洗"——也可以扭转这些冲突的未来走向。 比如，大多数在克罗地亚的塞族人已经离开——其人口总数从 1948 年的 766 000 锐减到 1992 年的 70 000。[16]不过，这个变化部分与塞尔维亚从克罗地亚的领土分离有关，而这又终将成为民族统一主义的冲突之焦点。 图西族人可能会转向布隆迪，胡图族人转向卢旺达。 这样，在布隆迪境内的图西族人，到时候可能就不会面临着人口比例不对等（1 比 6 或 7）的压力，这也许能够使之最终接受联盟的治理结构。 而在卢旺达聚集的胡图族人，最终也可能会有一个主导性的立场，即通过搅起族群间敌意来分散民众对政府大规模失败的注意力，这已经不能奏效了。 沿着这些方向，两个国家中的族群比例必定已出现了显著的变化，从而捐弃老一套主张，即认为两个国家的人口中都包括15%的图西族人。

然而，在所有案例的变化中，最重要的一点是要减少族群的支配力。 某些经济与社会的变化可以天然地造成族群支配力的下降。 催生的拉多万·卡拉季奇以及诸多爱尔兰共和军成员的力量是群体性的无知，而随着下一代的许多人离乡背土，进入城市，这种群体性的无知的影响力就会趋弱。 乡村中的少数群体聚居区可能在世代交替中衰落下去，这在发展中国家和发达国家都概莫能外。

两种效应可能是复合的。 由于当代的移民变得越发容易，随着年轻人进入城市，他们通常流向一个其族群群体占多数的国家。 比如，在塞尔维亚伏伊伏丁纳省的匈牙利人，往往迁往匈牙利；而科索沃的土耳其人则迁至土耳其。[17]这对塞族人来说产生了一个反常的影响——

也就是他们有更强的动机去厮守乡土，而不是移居至城市，这就将减缓塞尔维亚的经济转型，造成塞尔维亚更加积贫积弱。 如果塞族领袖努力让南斯拉夫保持统一，塞尔维亚人的生计也不至于比这一代人还更为糟糕。

族群民族主义的未来

读过丹尼尔·帕特里克·莫伊尼汉（Daniel Patrick Moynihan）的《地狱：国际政治中的族群》和埃里克·霍布斯鲍姆的《1870 年以来的民族与民族主义》的人都知道，关于当代族群或族裔民族主义动员的重要性，人们的分歧甚巨。 霍布斯鲍姆认为，民族主义也许曾经很重要，但如今已不是全球进程和解放运动的动因。[18]莫伊尼汉认为，族性依然是今天国际政治中的重大议题。[19]这两位作者可能都不赞同我的看法，但是我发现，这两本书都甚有说服力且才情横溢，它们可以说是这一主题上迄今以来最好的两本书。 奇妙的是，它们在我看来都得出了正确的结论。 比起解放运动的进程，当代的民族主义和族裔动员导致了更多的退化和破坏；但在这个世界上的大多数地方，它们依然是一种支配政治的力量。

人类福祉的增进并不依赖于成功的族裔动员。 对于一些受压迫的群体而言，争取更好生活的第一步或许正是成功进行族裔动员——正如美国的民权运动和南非的黑人自由斗争那样。 但是，这只是一种短期的转型效应。 一些民族——诸如不幸的塞族人、穆斯林和克罗地亚人——都曾进行过成功的动员，但是，对动员导致的冲突的任何一方来说，冲突所带来的不可能是幸福，而是深切的伤害。 从长远来看，和其他社会中的人一样，对于南非黑人来说，经济发展而非激进政治才是改善生活的可取之道。

对于群体来说，激进的动员不太可能有所增益，尽管如此，它还是时有发生。 为了成员的共有利益，群体动员的目标也许是美好的，但这种与私利挂钩的动员，在调适的过程中却总是容易遭到扭曲。 这个世界上有很多美好的群体，它们的目标是利己而不损人。 但是那些损人利己的群体，则总是要通过私利来激扬成员的责任感。 有着明显善意目标的群体，可能会通过群体唯我主义的扭曲而得到强化。 尤其是，群体通常依赖于排他性规范的功效，操作出能够把人们协作起来的、从而引发暴力的冲突议题。 这一逻辑见诸形形色色的情境之中，而在当代最为重要的表现就是族群冲突。

族群冲突会销声匿迹吗？ 也许可能。 但是，如果本书的解释大致成立的话，未来便不容乐观。 如果族群冲突植根于基于职位的利益，那么它就可能因此而日益恶化。 今天，对于许多人来说，政治地位的重要性愈加浮现出来——这与一个世纪之前不可同日而语。 在卢旺达和布隆迪的认同问题以及索马里的忠诚问题上，对于卷入这些问题的人们而言，获取政治地位的机会，或许是最大的诱惑。 政府的问题就在于，它会根据群体成员资格来分配工作和其他机会，从而造成歧视。政府不必如此，但是在实际中能够这么做。 因此，群体得奋力去控制政府——不管是当前的政府还是其残余部分。

经济繁荣可以淡化人们对族群认同以及族群政治的迷恋。 在当今的中国，人们甚至可以认为，经济发展已经淡化了激进政治的诉求。[20]这个结论可能令人感到纠结，但是排除了政治的替代性选择，这可能的确促进了中国的经济繁荣。 由于群体行动得不偿失，个体各逐其利，这就带来了社会得益这一斯密式的后果。 该结论契合着这一判断——在所有偏好小政府的理由之中，尤为重要的是，控制政府给人们带来的好处被削减了。 没有控制政府的冲动，族群政治就不会在那么多国家中大行其道了。 在多元族群国家中，只要国家控制大量的就业，它就会持续性地面临着族群政治的威胁——除非它能够粉碎反对派或者能够在就业选择上执行一种普世性的原则。

告别社群？

强劲且具有排斥性的社群支配着族群政治，那么，这种社群的诉求是什么呢？从理论说，它也许只不过是为了追求一种难以再有的纯朴性，这种纯朴性支撑着认识论意义上的家园舒适感。感受一下后来成为寺夫人的多萝西·奥斯本（Dorothy Osborne）在其 17 世纪的一封信中所描写的"年轻女仆"吧：她们"放牧着牛羊，静坐于树阴下，歌声悠扬；我走向她们，品鉴着她们的嗓音和美貌。较之于我在书中所感受到的古代牧羊姑娘，我发现她们大为不同。但是请相信我，其纯朴之美决不逊色于古人。我和她们交谈，发现她们无须借助任何东西就能成为世界上最幸福的人，她们所要的，仅仅是他们所拥有的知识。"[21] 然而，奥斯本笔下这些可爱的牧羊女仆只有在摧毁这些知识的情况下才能获取知识。她们只有在对替代选择无知的状况下，才是幸福的。当然，关于庄园世界的精彩，她们多少有所了解；关于他人对其幸福状态的评判，她们没有理由不信以为真。令人沮丧的是，要让她们知道自己在这个世界上究竟有多幸福，还只有依赖外人的评判。

我们一再看到，人们只有摧毁知识，才能拥有知识。投身于族性政治甚至就等于宣告这种知识业已瓦解。奥斯本描写了放牧牛羊的女仆人的纯朴生活，而族性政治却谈不上有这样的美感。族性政治发生于一种知识场域之中，而这种知识已经超越了社群在认识论上所具有的舒适感。针对一个特定的群体，如果这种知识不坚持普世的公平原则，那么它就成为可憎的和无道德的东西。对于一个强大的社群来说，要在政治上取得成功，就要求它去扫荡其四周的荆棘，并自我隔绝于外部世界——甚至致力于清除不纯粹分子、实现自我净化，并且拆毁那能够滋长世界主义价值观的城市，这正如波尔布特（Pol Pot）寻求毁灭金边，或如米洛舍维奇——他也许还设想过要摧毁贝尔格莱德。

经济、科技尤其是政治的变迁,早已让奥斯本的女仆社群一去不复返。换言之,这种社群的认识论已被其他的认识论所超越。在发达社会中,没有人能够像奥斯本笔下的女仆那样罔顾周遭世界。除了某个在阿米什人的世外桃源或者类似的社区中长大的人,可能没有人愿意再回到那个女仆的世界或类似的生活形态。

抚今追昔,在奥斯本的时代中,人们的生活更为分散,颇具无政府状态。奥斯本之后的一百年,反联邦主义者坚守强社群、弱国家、弱化联邦的立场,依然貌似颇有几分道理。但是,如果反联邦主义者立宪成功,那么这些立场就注定不太靠谱了。在一个激进的分权世界中,人们各自秉持不同语言、尚存自己,这并非不可能,因为在日常的生活中,他们并不互相依存。在欧洲历史上,唯一一个大型的集权组织就是天主教教会,它的"雇员"共享的是教会所用的拉丁语。当法国领导人选择把其境内通多国语言的人变成单一的民族成员,他们引入了标准的法语,以使得个体能够更为成功地为国家的政治与军事服务。[22] 在我们这个时代,国家权力不触及个体,这几乎是不可想象的,而语言就是这种触及的主要因素。在从前,个体独自面对其语言劣势;如今,通过张扬语言权利,他们集体性地应对这种不利条件。

然而,回到过去淳朴的社群生活世界,只是一种原则上的诉求,因为对于社群主义学者而言,在南斯拉夫、魁北克、北爱尔兰或者其他躁动着共同体主义的温床上,这样的淳朴性并不存在。实际上,对淳朴社群的追寻在很大程度上与个体私利有关。主要的利益分野在于包容或者排斥。如果认识论意义上的家园舒适感和其他的群体成员资格有丰厚的回报,那么个体利益亦相当重要。在一个既定的社群中,这种重要性自然因人而异。那些不重视个体利益的人,或者是持有反面利益的人,就会被甩到社群的边缘位置。

如果社群有着强大的领导力,或者该社群能够协作出很强大的群体责任感,抑或当那些对群体不够投入的边缘成员在社群中感到不适,这些边缘成员就会被群体抛弃。群体对于边缘成员的宽容度,也就划定了该群体的边界。 在残酷的冲突时期——就像南斯拉夫、卢旺达和布隆迪的内乱那样，能够制造出更为强大的群体责任感，造就漠然。 这种漠然又可能被误解为制造暴力的根源。 族群政治就是一个群体压制另一个群体的政治，玩的通常是零和游戏。 在残酷的冲突之中，群体的压制甚至能够开启个人自己采取行动的阀门。

终　论

斯坦福大学的哲学家朱利叶斯·莫拉维斯克为"共同体联系"设定了四个标准，这些标准是如此之苛刻，以至于实际中的社群很少能够企及政治社群主义的期待。 这些标准要求成员能够：(1)互相尊重；(2)关注彼此的福利；(3)在共同问题上互相信任；(4)互相关照。[23]任何实质性的、在政治上具有重要影响的社群，都会把这些条件变成空泛的、半普世主义的原则——或者是变为一种普通社群成员难以察觉的、盲目的责任感。 作为规范约束，这些标准使得莫拉维斯克的社群主义具有道德上的普世主义特征——对他来说，社群并不界定好与对的标准，相反，社群要做的是必须不辜负这些标准。

许多对现实社群的观察者(莫拉维斯克所谓的"事实"社群)乐意为上述标准添加一条：排斥那些被认为是不合群的成员。 爱德华·赛义德(Edward Said)指出，迈克尔·沃尔泽(Michael Walzer)的《撤离与革命》一书"可能充满着悲剧色彩，因为它告诉我们，一个人不能既归属于某个群体，又与不属于这个群体的人牵涉在一起"。[24]在 20 世纪90 年代，卢旺达人、布隆迪人、塞族人、克罗地亚人、天主教徒和北爱尔兰人的群体冲突以及其他类似的事件，揭示了类似的道理。 社群之大，以至于难以符合莫拉维斯克的规范性标准。 这些社群最令人震撼的特征在于，社群的生命力是被强大的排他性规范所驱动的。

排斥他人，可能受到多方因素的激发，包括认识论上舒适感的压力、经济上的优越性，或者宗教信仰，这些因素迎合了追寻认识论舒适感的需要。 在中东、北爱尔兰、魁北克以及阿米什人和犹太教仪式派的社群中，都可以看到宗教信仰的作用，但是在卢旺达、布隆迪、索马里或南斯拉夫，这种作用却微乎其微。 在索马里，经济优越性——尤其是那些最终赢得政权和其支持者群体的经济优越性——或许是暴力的主要驱动力。

在所有的这些案例中，归顺某个群体就意味着要罔顾那些被排斥的或者是与之为敌的人。 这些冲突揭示出了可怕的道理，个体似乎总是损人利己地迫害他人。 他们能够为了一己之利，降格自己的人性标准。 通过献身于不重要的认同，他们放弃了个体的身份。 在这其中，正如盖茨所描写的那样："你的故事从属于一个凌驾性的叙述框架。"在受排他性规范支撑的群体中，个体的行动能够超越集体行动的负面逻辑——但结果却总是害人害己。

注 释

[1] Franz Kafka, *Tagebucher*(Diaries)(Frankfurt：Fischer, 1967), p.391, entry for 17 October 1921.

[2] 引自 Daniel Patrick Moynihan, *Pandaemonium：Ethnicity in International Politics*(Oxford：Oxford University Press, 1993), p.165。

[3] 在早些时候，塞族人支配着科索沃，那里有90%的人口是阿拉巴尼亚人，但是他们却被塞族人着手逐出公务队伍，其中有部分人丢掉工作是由于米洛舍维奇废除地方法院系统造成的，有些人则因为他们拒绝使用西里尔字母表，还有许多人因为对被辞职的人报以同情心而被解职。 参见 Aryeh Neier, "Kosovo Survives！" *New York Review of Books* (3 February 1994), pp.26—28。 即使没有广义上的种族清洗，在公职系统中的族群净化也削弱了几乎所有的族群动员。

[4] Bernard Williams, *Morality：An Introduction to Ethics*(New York：Harper and Row, 1972), p.20.第七章对威廉斯的观点有更为详细的讨论。

[5] 社群主义者显然是能力卓著的、成功的大众普及者，他们能够触及那些从未听闻过罗尔斯、穆勒或者康德的人们。 正如排他性规范与普世性规范的反差那样，他们的反普世立场所引起的共鸣远非普世主义者所能及，参见 William A. Galston, "Clinton and the Promise of Communitarianism," *Chronicle of Higher Education*, 2 December 1992, p.A52, 以及 Peter Steinfels, "A Political Movement Blends Its Ideas from Left and Right," *New York Times*(24 May 1994), p.4.6。

[6] 挽救濒危的或已经死亡的欧洲方言对后代所产生的影响也是杂乱的。 霍布斯鲍姆对这种语言拯救运动评论道："今天，对于那些曾经寄望于语言民族主义的地方性中产阶级来说，除了一些地方性的好处，他们的期望几乎都落空了。"参见 E.J.Hobsbawm, *Nations and Nationalism since 1780：Programme*, *Myth*, *Reality*(Cambridge：Cambridge University Press, 1990), p.178。

[7] *New York Times*(26 June 1994), p.4.5.

［8］Russell Hardin, "Trusting Persons, Trusting Institutions," in Richard J. Zeckhauser, ed., *The Strategy of Choice* (Cambridge, Mass.: MIT Press, 1991), pp. 185—209.

［9］安提戈涅的观点通常被认为是自然法观点的先声。 在公认的自然法的真谛之处，这种观点本身在广义上具有普世性。

［10］Marc Bloch, *Feudal Society* (Chicago: University of Chicago Press, 1961), vol. 1, p. 113.

［11］Philip P. Hallie, *Lest Innocent Blood Be Shed* (New York: Harper, 1979).

［12］霍布斯认为，一个没有政府的社区也许有可能进行协作，即在一个特定的危机（比如来自外部的攻击）面前，为了一般的利益而开展联合行动。 但是，在他看来，这并不足以保障社区的安全，因为没有了共同敌人之后，"社区中的人们就会再度陷于人与人的战争状态"。 参见 Thomas Hobbes, *Leviathan* (Harmondsworth, Middlesex: Penguin, 1968 ［1651］), chap. 17, p. 225 ［86］。

［13］Henry Louis Gates, Jr., "Bad Influence," *New Yorker* (7 March 1994), pp. 94—98, at p. 94 (a review of Nathan McCall, *Makes Me Wanna Holler: A Young Black Man in America* [New York: Random House, 1994]).

［14］例如，乔治·肯尼(George Kenney)就从美国国务院辞职，以抗议美国对南斯拉夫的初期内战的政策。 *New York Times* (27 August 1994), p. A7.

［15］类似地，我们可以回想一下美国南卡罗来纳州的约翰·C.卡尔霍恩的举动——他想要赶在北方力量强大起来以及废奴宪法修订案获得多数支持之前，让南部从合众国中独立出来。 分裂的冲动总是在群体前景堪忧的时候出现。

［16］在塞族和克罗地亚的战争之前，1948 年的人口已经减少了三分之一，大部分留下的人又从克拉伊纳塞尔维亚共和国被带走，这样到 1993 年 4 月就只留下了大约七万人。 参见 Stevan K. Pavlowitch, "Who is Balkanizing Whom? The Misunderstandings between the Debris of Yugoslavia and an Unprepared West," *Daedalus* (Spring 1994), pp. 203—223, at p. 223n。

［17］Hugh Poulton, *The Balkans* (London: Minority Rights Group, 1993, new ed. [1991]), p. 226.

［18］Hobsbawm, *Nations and Nationalism*, pp. 163—165.

［19］Moynihan, *Pandaemonium*, p. 125.

［20］Sanyuan Li, "Hazards of Democratization in China" (Chicago: University of Chicago diss. in Political Science, 1994).

［21］引自 Virginia Woolf, A *Room of One's Own* (Harmondsworth, Middlesex: Penguin, 1945 ［1928］), p. 63, 着重号为作者所加。

［22］Eugen Weber, *Peasants into Frenchmen: The Modernization of Rural France, 1870—1914* (Stanford, Calif.: Stanford University Press, 1976).

［23］Julius Moravcsik, "Communal Ties," *Proceedings and Addresses of the American Philosophical Association* (September 1988), supplement to vol. 62, no. 1, pp. 211—225, at pp. 212—213.

［24］Edward W. Said, "Michael Walzer's *Exodus and Revolution*: A Canaanite Reading," in Edward W. Said and Christopher Hitchens, eds., *Blaming the Victims: Spurious Scholarship and the Palestinian Question* (London: Verso, 1988), pp. 161—178, at p. 178; Michael Walzer, *Exodus and Revolution* (New York: Basic Books, 1985).

参考文献

Acton, Lord. *Essays in the History of Liberty*. Ed. by J. Rufus Fears. Indianapolis, Ind.: Liberty Classics, 1985, essay on "Nationality" first pub. 1862.

Ajami, Faoud. "The Summoning," *Foreign Affairs* 72(September-October 1993):2—9.

Allen, Irving Lewis. *The City in Slang*. Oxford: Oxford University Press, 1993.

Anderson, Benedict. *Imagined Communities: Reflections on the Origin and Spread of Nationalism*. London: Verso, rev. ed., 1991(1983).

Anderson, Jervis. "The Public Intellectual," *New Yorker*, 17 January 1994, 39—48.

Anderson, Jessica. *Tirra Lirra by the River*. Penguin, 1984(1978).

Anscombe, G. E. M. "Modern Moral Philosophy," pp. 26—42 in Anscombe, *Ethics, Religion and Politics*. Minneapolis: University of Minnesota Press, 1981, essay first pub. 1958.

——. "On Transubstantiation," pp. 107—112 in Anscombe, *Ethics, Religion and Politics*. Minneapolis: University of Minnesota Press, 1981, essay first pub. 1974.

Arneson, Richard J. "Marxism and Secular Faith," *American Political Science Review* 79 (September 1985): 627—640.

Austen, Jane. *Emma*. London: Penguin 1985, first pub. 1816.

Austin, John. *The Province of Jurisprudence Determined*. New York: Noonday Press, 1954(1832).

Axelrod, Robert. "An Evolutionary Approach to Norms," *American Political Science Review* 80(1986): 1095—1112.

Bacon, Francis. *The Charge of Sir Francis Bacon Knight, His Majesties Attourney generall, touching* Duells, *upon an information* in the Star-chamber against *Priest and Wright*. London: 1614; New York: Da Capo Press, facsimile repr., 1968.

Barry, Brian. "Is It Better To Be Powerful or Lucky?" *Political Studies* 28(June and September 1980): 183—194, 338—352.

Barry, Brian, and Russell Hardin. *Rational Man and Irrational Society*? Beverly Hills, Calif.: Sage Publications, 1982.

Bartky, Ian R., and Elizaeth Harrison. "Standard and Daylight Saving Time," *Scientific American* 240(May 1979): 46—53.

Banfield, Edward C. *The Moral Basis of a Backward Society*. New York: Free Press, 1958.

Beccaria, Cesare. *On Crimes and Punishments*. Trans. from the Italian by David Young. Indianapolis, Ind.: Hackett, 1986(1764).

Becker, Gary S. *The Economics of Discrimination*. Chicago: University of Chicago Press, 1971 2d ed. (1957).

Bell, Daniel. "Nationalism or Class? —Some Questions on the Potency of Political Symbols," *The Student Zionist*, May 1947.

Bell, Daniel. *The Cultural Contradictions of Capitalism*. London: Heinemann, 1976.

Berlin, Isaiah. *Vico and Herder: Two Studies in the History of Ideas*. New York: Viking, 1976.

Berry, Wendell. *Sex, Economy, Freedom, and Community: Eight Essays*. New York: Pantheon, 1993.

Black, Francis L. "Why Did They Die?" *Science* 258(11 December 1992): 1739—1740.

Bloch, Marc. *Feudal Society*. vol. 1. Trans. by L. A. Manyon. Chicago: University of Chicago Press, 1961, (1939—1940).

Block, Robert. "Killers," *New York Review of Books*, 18 November 1993, pp. 9—10.

Blok, Anton. *The Mafia of a Sicilian Village 1860—1960: A Study of Violent Peasant Entrepreneurs*. New York: Harper, 1974.

Bogdanovic, Bogdan. "Murder of the City," *New York Review of Books*, 27 May 1993, p. 20.

Boswell, James. *Life of Johnson*. London: Oxford University Press, 1976(1791).

Bradford, Philips Verner, and Harvey Blume. *Ota Benga: The Pygmy in the Zoo*. New York: St. Martin's, 1992.

Bretherton, Inge. "The Origins of Attachment Theory: John Bowlby and Mary Ainsworth," *Developmental Psychology* 28(1992): 759—775.

Breuilly, John. *Nationalism and the State*. Chicago: University of Chicago Press, 1985 (1982).

Broad, C. D. "The Doctrine of Consequences in Ethics," *International Journal of Ethics* 24 (April 1914): 293—320.

Brontë, Emily. *Wuthering Heights*. Ed. by Ian Jack. Oxford: Oxford University Press, World's Classics, 1981(1847).

Campeanu, Pavel. "The Revolt of the Romanians," *New York Review of Books*, 1 February 1990, pp. 30—31.

Caplow, Theodore. *Principles of Organization*. New York: Harcourt Brace Jovanovich, 1964.

Chekhov, Anton. "The Duel," in Chekhov, *The Duel and Other Stories*. Trans. by Constance Garnett. New York: Ecco Press, 1984(1891).

Clark, J. C. D. *English Society 1688—1832: Ideology, Social Structure and Political Practice during the Ancien Regime*. Cambridge: Cambridge University Press, 1985.

Connor, Walker. *Ethnonationalism: The Quest for Understanding*. Princeton: Princeton University Press, 1994.

D'Amato, Anthony. "Is International Law Really 'Law'?" *Northwestern Law Review* 79 (1984—1985): 1293—1314.

Denitch, Bogdan. *Ethnic Nationalism: The Tragic Death of Yugoslavia*. Minneapolis: University of Minnesota Press, 1994.

Dewey, John. *The Quest for Certainty: A Study of the Relation of Knowledge and Action*. New York: G. P. Putnam's Sons, 1960(1929).

Dion, Stéphane. "The Importance of the Language Issue in the Constitutional Crisis," in Douglas Brown and Robert Young, eds., *Canada: The State of the Federation 1992*. Kingston: Institute of Intergovernmental Relations, 1992.

——. "The Quebec Challenge to Canadian Unity," *PS: Political Science and Politics* (March 1993), pp. 38—43.

Donagan, Alan. "Moral Dilemmas, Genuine and Spurious: A Comparative Anatomy," *Ethics* 104(October 1993): 7—21.

Dostoevsky, Fyodor. *The Brothers Karamazov*. Penguin, 1958, in one vol. 1982(1880).

Downs, Anthony. *An Economic Theory of Democracy*. New York: Harper and Row, 1957.

Durkheim, Émile. *The Rules of Sociological Method*. New York: Free Press, 1964(1895).

Elster, Jon. *Ulysses and the Sirens*. Cambridge: Cambridge University Press, 1979.

——. *Sour Grapes: Studies in the Subversion of Rationality*. Cambridge: Cambridge University Press, 1983.

——. *The Cement of Society: A Study of Social Order*. Cambridge: Cambridge University Press, 1989.

——. "Norms of Revenge," *Ethics* 100(1990): 862—885.

Erikson, Erik H. *Insight and Responsibility*. New York: Norton, 1964.

Etzioni, Amitai. *The Spirit of Community: Rights, Responsibilities, and the Communi-*

tarian Agenda. New York: Crown, 1993.

Fearon, James. "Ethnic War As a Commitment Problem." Paper presented at the 1994 American Political Science Association meeting, 2—5 September, New York.

Fernandez, James W. "Tolerance in a Repugnant World and Other Dilemmas in the Cultural Relativism of Melville J. Herskovits," *Ethos* 18(June 1990):140—164.

Flood, Merrill. "Some Experimental Games," Rand Corporation Research Memorandum RM-789-1, 20 June 1952.

——. "Some Experimental Games," *Management Science* 5(October 1958):5—26.

——. Private communication, 25 February 1975.

Foster, Roy. "Anglo-Irish Relations and Northern Ireland: Historical Perspectives," in Dermot Keogh and Michael H. Haltzel, eds., *Northern Ireland and the Politics of Reconciliation*. Cambridge: Cambridge University Press, 1993.

France, Anatole. *Le Livre de mon ami*. New York: Holt, Rinehart and Winston, 1905 (1885).

Freud, Sigmund. *The Ego and the Id*. Ed. by James Strachey. New York: Norton, 1962.

Galston, William A. "Clinton and the Promise of Communitarianism," *Chronicle of Higher Education*, 2 December 1992, p. A52.

Gambetta, Diego. "Mafia: The Price of Distrust," in Gambetta, ed., *Trust: Making and Breaking Cooperative Relations*. New York: Basil Blackwell, 1988.

Gardels, Nathan. "Two Concepts of Nationalism: An Interview with Isaiah Berlin," *New York Review of Books*, 21 November 1991, pp. 19—23.

Gates, Henry Louis, Jr. "Bad Influence," *New Yorker*, 7 March 1994, pp. 94—98.

Gilmour, Ian. *Riot, Risings and Revolution: Governance and Violence in Eighteenth-Century England*. London: Hutchinson, 1992.

Glenny, Misha. "What Is To Be Done?" *New York Review of Books*, 27 May 1993, pp. 14—16.

——. *The Fall of Yugoslavia: The Third Balkan War*. New York: Penguin, 1994, rev. (1992).

Gluckman, Max. *Custom and Conflict in Africa*. Oxford: Blackwell, 1956.

——. *Politics, Law and Ritual in Tribal Society*. Chicago: Aldine 1965; repr., New York: New American Library, 1968.

Green, Thomas Andrew. *Verdict According to Conscience: Perspectives on the English Criminal Trial Jury, 1200—1800*. Chicago: University of Chicago Press, 1985.

Griffin, John Howard. *Black Like Me*. New York: New American Library, 1976(1961).

"Gueux," *New Encyclopedia Britannica, Micropaedia* vol. 4, 15th ed. (1978), p. 78.

Gutman, Roy. *A Witness to Genocide*. New York: Macmillan, 1993.

Hallie, Philip P. *Lest Innocent Blood Be Shed*. New York: Harper, 1979.

Hardin, Russell. "Rationality, Irrationality, and Functionalist Explanation," *Social Science Information* 19(September 1980):755—772.

——. *Collective Action*. Baltimore: Johns Hopkins University Press for Resources for the Future, 1982.

——. "Does Might Make Right?" pp. 201—217 in J. Roland Pennock and John W. Chapman, eds., NOMOS 29: *Authority Revisited*. New York: New York University Press, 1987.

——. *Morality within the Limits of Reason*. Chicago: University of Chicago Press, 1988.

——. "Autonomy, Identity, and Welfare," in John Christman, ed., *The Inner Citadel: Essays on Individual Autonomy*. New York: Oxford University Press, 1989.

——. "Public Choice vs. Democracy," in John W. Chapman, ed., NOMOS 32: *Majorities and Minorities*. New York: New York University Press, 1990.

——. "Acting Together, Contributing Together," *Rationality and Society* 3(July 1991): 365—380.

——. "Hobbesian Political Order," *Political Theory* 19(May 1991):156—180.

——. "Trusting Persons, Trusting Institutions," in Richard J. Zeckhauser, ed., *The*

Strategy of Choice. Cambridge, Mass.: MIT Press, 1991.

——. "Common Sense at the Foundations," in Bart Schultz, ed., *Henry Sidgwick As Philosopher and Historian*. New York: Cambridge University Press, 1992.

——. "Efficiency vs. Equality and the Demise of Socialism," *Canadian Journal of Philosophy* 22(June 1992): 149—161.

——. "The Morality of Law and Economics," *Law and Philosophy* 11(November 1992): 331—384.

——. "The Street-Level Epistemology of Trust," *Analyse und Kritik* 14(Winter 1992): 152—176; reprinted *Politics and Society* 21(December 1993): pp. 505—529.

——. "Blackmailing for Mutual Good," *University of Pennsylvania Law Review* 41(April 1993):1787—1816.

——. "Altruism and Mutual Advantage," *Social Service Review* 67(September 1993): 358—373.

——. "The Economics of Knowledge and Utilitarian Morality," in Brad Hooker, ed., *Rationality, Rules, and Utility: Essays on Richard Brandt's Moral Philosophy*. Boulder, Colo.: Westview Press, 1993.

——. "My University's Yacht: Morality and the Rule of Law," in Randy E. Barnett and Ian Shapiro, eds., NOMOS 26, *The Rule of Law*. New York: New York University Press, 1994.

Hart, H. L. A. *The Concept of Law*. Oxford: Oxford University Press, 1961.

Hasluck, Margaret. *The Unwritten Law in Albania*. Ed. by J. H. Hutton. Cambridge: Cambridge University Press, 1954.

Hayek, F. A. *Rules and Order*. Vol. 1 of *Law, Legislation, and Liberty*. Chicago: University of Chicago Press, 1973.

——. *The Mirage of Social Justice*. Vol. 2 of *Law, Legislation, and Liberty*. Chicago: University of Chicago Press, 1976.

Heath, Anthony. *Rational Choice and Social Exchange*. Cambridge: Cambridge University Press, 1976.

Hechter, Michael. "The Attainment of Solidarity in Intentional Communities," *Rationality and Society* 2(April 1990):142—155.

Herskovits, Melville J. *Cultural Relativism: Perspectives in Cultural Pluralism*. Ed. by Frances S. Herskovits. New York: Vintage, 1972.

Hertzberg, Arthur. "Is Anti-Semitism Dying Out?" *New York Review of Books*, 24 June 1993, pp. 51—57.

Hirsch, Fred. *Social Limits to Growth*. Cambridge, Mass: Harvard University Press, 1976.

Hirschman, Albert O. *Exit, Voice, and Loyalty*. Cambridge, Mass.: Harvard University Press, 1970.

——. *The Passions and the Interests: Political Arguments for Capitalism before Its Triumph*. Princeton: Princeton University Press, 1977.

Hobbes, Thomas. *Leviathan*. Harmondsworth, Middlesex: Penguin, 1968(1651).

Hobsbawm, E. J. *Nations and Nationalism since 1780: Programme, Myth, Reality*. Cambridge: Cambridge University Press, 1990.

——. "The New Threat to History," *New York Review of Books*, 16 December 1993, pp. 62—64.

Holmes, Stephen. "The Secret History of Self Interest," in Jane J. Mansbridge, ed., *Beyond Self Interest*. Chicago: University of Chicago Press, 1990.

Hont, Istvan, and Michael Ignatieff. "Needs and justice in the *Wealth of Nations*: an introductory essay," in Hont and Ignatieff, eds., *Wealth and Virtue: The Shaping of Political Economy in the Scottish Enlightenment*. Cambridge: Cambridge University Press, 1983.

Horowitz, Donald. *Ethnic Groups in Conflict*. Berkeley: University of California Press, 1985.

Hume, David. *A Treatise of Human Nature*. Ed. by L. A. Selby-Bigge and P. H. Nidditch. Oxford: Oxford University Press, 1978 2d ed. ; first pub. 1739—1740.

Hume, David. "Of the First Principles of Government," pp. 32—36 in Hume, *Essays Moral, Political and Literary*. Ed. by Eugene F. Miller. Indianapolis, Ind. : Liberty Press, 1985; essay first pub. 1741.

——. *The History of England*. Vol. 1. Indianapolis, Ind. : Liberty Press, 1983(1778).

Hume, John. "A New Ireland in a New Europe," in Dermot Keogh and Michael H. Haltzel, eds. , *Northern Ireland and the Politics of Reconciliation*. Cambridge: Cambridge University Press, 1993, pp. 226—233.

Ignatieff, Michael. "The Balkan Tragedy," *New York Review of Books*, 13 May 1993, pp. 3—5.

Ishiguro, Kazuo. *The Remains of the Day*. New York: Knopf, 1989.

James, William. "Herbert Spencer," in James, *Essays in Philosophy*. Cambridge, Mass. : Harvard University Press, 1978; essay first pub. 1904.

Kafka, Franz. *Tagebücher* (Diaries). Frankfurt: Fischer, 1967.

Kaplan, Robert D. *Balkan Ghosts: A Journey through History*. New York: St. Martin's, 1993.

——. "A Reader's Guide to the Balkans," *New York Times Book Review*, 18 April 1993, pp. 1, 30—33.

Katz, Ephraim. *The Film Encyclopedia*. New York: Putnam, 1982(1979).

Katz, Jack. *Seductions of Crime: Moral and Sensual Attractions in Doing Evil*. New York: Basic Books, 1988.

Kavka, Gregory S. *Hobbesian Moral and Political Theory*. Princeton: Princeton University Press, 1986.

Kawabata, Yasunari. *Beauty and Sadness*. Trans. by Howard S. Hibbett. New York: Knopf, 1975(1965).

Keogh, Dermot, and Michael H. Haltzel. "Introduction," in Keogh and Haltzel, eds. , *Northern Ireland and the Politics of Reconciliation*. Cambridge: Cambridge University Press, 1993.

Kiernan, V. G. *The Duel in European History: Honour and the Reign of Aristocracy*. Oxford: Oxford University Press, 1986.

Kornhauser, William A. *The Politics of Mass Society*. New York: Free Press, 1959.

Kroeber, Theodora. *Ishi in Two Worlds: A Biography of the Last Wild Indian in North America*. Berkeley: University of California Press, 1976(1961).

Kymlicka, Will. *Liberalism, Community, and Culture*. Oxford: Oxford University Press, 1989.

Laitin, David D. *Hegemony and Culture: Politics and Religious Change among the Yoruba*. Chicago: University of Chicago Press, 1986.

Lane, Harlan. *The Wild Boy of Aveyron*. Cambridge, Mass. : Harvard University Press, 1976; repr. New York: Bantam, 1977.

Lash, Scott, and John Urry. "The New Marxism of Collective Action: A Critical Analysis," *Sociology* 18(February 1984): 33—50.

Le Bon, Gustave. *The Crowd*. London: 1922(1895).

Lebovics, Herman. *True France: The Wars over Cultural Identity, 1900—1945*. Ithaca, N. Y. : Cornell University Press, 1992.

Lemarchand, René. *Burundi: Ethnocide as Discourse and Practice*. Cambridge: Cambridge University Press, 1994.

Levi, Margaret, and Stephen DeTray. "A Weapon Against War: Conscientious Objection in the United States, Australia, and France," *Politics and Society* 21 (December 1993): 425—464.

Lewis, David K. *Convention*. Cambridge, Mass. : Harvard University Press, 1969.

Li, Sanyuan. "Hazards of Democratization in China." Chicago: University of Chicago diss. in Political Science, 1994.

Lieven, Dominic. *The Aristocracy in Europe 1815—1914*. New York: Columbia University Press, 1992.

Locke, John. *Letter on Toleration*. Any standard edition.

Macdonald, Dwight. *The Responsibility of Peoples and Other Essays in Political Criticism*. London: Victor Gollancz, 1957.

Magas, Branka. *The Destruction of Yugoslavia: Tracking the Break-up 1980—92*. London: Verso, 1993.

Mair, Lucy. *African Societies*. Cambridge: Cambridge University Press, 1974.

Mandeville, Bernard. *An Inquiry into the Origin of Honour and the Usefulness of Christianity in War*. London, 1836.

Margolis, Howard. *Patterns, Thinking, and Cognition*. Chicago: University of Chicago Press, 1987.

Marx, Karl. *The 18th Brumaire of Louis Bonaparte*. New York: International Publishers, 1963(1852).

McCall, Nathan. *Makes Me Wanna Holler: A Young Black Man in America*. New York: Random House, 1994.

Melville, Herman. *Moby Dick* (published in 1851 as *The Whale*, any complete edition).

Mérimée, Prosper. "Colomba," in Mérimée, *Carmen and Other Stories*. Oxford: Oxford University Press, 1989 (story from 1840).

——. "The Etruscan Vase," in Mérimée, *Carmen and Other Stories*, pp. 93—115.

——. "Mateo Falcone," in Mérimée, *Carmen and Other Stories*, pp. 54—66.

Merton, Robert K. *Social Theory and Social Structure*. New York: Macmillan, 1968 enlarged ed.

——. "Insiders and Outsiders: A Chapter in the Sociology of Knowledge," *American Journal of Sociology* 28(July 1972).

——. "Our Sociological Vernacular," *Columbia* (the magazine of Columbia University), November 1981.

Mill, John Stuart. *On Liberty*. Any standard edition.

——. *Principles of Political Economy*. Ed. by J. M. Robson. Toronto: University of Toronto Press, 1965(1871), 7th ed.

Miller, William Ian. *Bloodtaking and Peacemaking: Feud, Law, and Society in Saga Iceland*. Chicago: University of Chicago Press, 1990.

Monmonier, Mark. *How to Lie with Maps*. Chicago: University of Chicago Press, 1991.

Moravcsik, Julius. "Communal Ties," *Proceedings and Addresses of the American Philosophical Association* (September 1988), supplement to vol. 62, no. 1, pp. 211—225.

Moore, Sally Falk. *Law As Process: An Anthropological Approach*. London: Routledge & Kegan Paul, 1978.

Mousnier, Roland. *The Institutions of France under the Absolute Monarchy 1598—1789*. Chicago: University of Chicago Press, 1979, from 1974 French ed.

Moynihan, Daniel Patrick. *Pandaemonium: Ethnicity in International Politics*. Oxford: Oxford University Press, 1993.

Murphy, Jeffrie, and Jules Coleman. *The Philosophy of Law*. Boulder, Colo. : Westview, 1990, rev. ed.

Myers, Robert J. "The Moral Menace of Intervention." Unpublished paper, Carnegie Council on Ethics and International Affairs, New York, 1994.

Navarro, Marysa. "The Personal Is Political: Las Madres de Plaza de Mayo," in Susan Eckstein, ed. , *Power and Popular Protest*. Berkeley: University of California Press, 1989.

Neier, Aryeh. "Kosovo Survives!" *New York Review of Books*, 3 February 1994, pp. 26—28.

Nozick, Robert. *Anarchy, State, and Utopia*. New York: Basic Books, 1974.

Obeyesekere, Gananath. *The Work of Culture: Symbolic Transformation in Psychoanalysis and Anthropology*. Chicago: University of Chicago Press, 1990.

Olson, Mancur, Jr. *The Logic of Collective Action*. Cambridge, Mass. : Harvard University

Press, 1965.

Osborne, Charles. *The Complete Operas of Verdi*. New York: Da Capo, 1969.

Parsons, Talcott. "Power and the Social System," pp. 94—143 in Steven Lukes, ed. , *Power*. New York: New York University Press, 1986(1963).

Pavlowitch, Stevan K. "Who is 'Balkanizing' Whom? The Misunderstandings between the Debris of Yugoslavia and an Unprepared West," *Daedalus*(Spring 1994), 203—223.

Peirce, Charles Sanders. "Preface" to *Scientific Metaphysics*, in *Collected Works of Charles Sanders Peirce*. Cambridge, Mass. : Harvard University Press, 1935, vol. 6.

Plato. *The Republic*. Any edition.

Plucknett, Theodore F. T. *A Concise History of Common Law*. Boston: Little, Brown, 1956, 5th ed. (1929).

Polanyi, Michael. *The Tacit Dimension*. Garden City, N. Y. : Anchor, 1967(1966).

Posner, Richard A. "The Ethical and Political Basis of Wealth Maximization," in Posner, *The Economics of Justice*. Cambridge, Mass. : Harvard University Press, 1981.

——. *Economic Analysis of Law*. Boston: Little,Brown, 1992, 4th ed.

Poulton, Hugh. *The Balkans: Minorities and States in Conflict*. London: Minority Rights Group, 1993, new ed. (1991).

Puccini, Giacomo. *Tosca*. New York: G. Schirmer, 1956(1900), libretto by Luigi Illica and Giuseppe Giacosa.

Rapoport, Anatol. *Fights, Games, and Debates*. Ann Arbor, Mich. : University of Michigan Press, 1960.

Remnick, David. "Waiting for the Apocalypse in Crown Heights," *New Yorker*, 21 December 1992, pp. 52—57, p. 54.

——. "Belfast Confetti," *New Yorker*, 25 April 1994, pp. 38—77.

Reznichenko, Vladimir. "Anti-Semitism on Trial," *Soviet Life*(February 1991): 14—17.

Richler, Mordecai. "O Quebec," *New Yorker*, 30 May 1994, pp. 50—57.

Rorty, Richard. "Postmodernist Bourgeois Liberalism," in Rorty, *Objectivity, Relativism, and Truth: Philosophical Papers*. Vol. 1. Cambridge: Cambridge University Press, 1991(essay from 1985).

Said, Edward W. "Michael Walzer's *Exodus and Revolution*: A Canaanite Reading," in Edward W. Said and Christopher Hitchens, eds. , *Blaming the Victims: Spurious Scholarship and the Palestinian Question*. London: Verso, 1988.

Sandel, Michael J. *Liberalism and the Limits of Justice*. Cambridge: Cambridge University Press, 1982.

Schelling, Thomas C. *The Strategy of Conflict*. Cambridge, Mass. : Harvard University Press, 1960.

——. *Micromotives and Macrobehavior*. New York: Norton, 1978.

Scholem, Gershom. *Sabbatai Sevi: The Mystical Messiah*. Princeton: Princeton University Press, 1973.

Schwartz, Warren F. , Keith Baxter, and David Ryan. "The Duel: Can These Gentlemen Be Acting Efficiently?" *Journal of Legal Studies* 13(June 1984):321—355.

Scott, John Finley. *Internalization of Norms: A Sociological Theory of Moral Commitment*. Englewood Cliffs, N. J. : Prentice-Hall, 1971.

Scott, Walter. *Count Robert of Paris*. Edinburgh, 1831.

Selznick, Philip. *The Organizational Weapon: A Study of Bolshevik Strategy and Tactics*. New York: McGraw-Hill, 1952.

Shoumatoff, Alex. "Rwanda's Aristocratic Guerrillas," *New York Times Magazine*, 13 December 1992, pp. 42—48.

——. "Flight from Death." *New Yorker*, 20 June 1994, pp. 44—55, at p. 53.

Sidgwick, Henry. *The Methods of Ethics*. London: Macmillan, 1907(1874), 7th ed.

Simpson, John, and Jana Bennett. *The Disappeared and the Mothers of the Plaza*. New York: St. Martin's Press, 1985.

Smith, Adam. *An Inquiry into the Nature and Causes of the Wealth of Nations*. Oxford:

Oxford University Press, 1976; Indianapolis, Ind.; Liberty Classics, 1981, repr.

——. *Lectures on Jurisprudence*. Oxford; Oxford University Press, 1978; Indianapolis, Ind.; Liberty Classics, 1982, reprint(from lecture notes dated 1762—1763).

Smith, T. V. "Honor," *Encyclopaedia of the Social Sciences*. Vol. 7. New York; Macmillan, 1932, pp. 456—458.

Solvason, Birgir T. R. "Institutional Evolution in the Icelandic Commonwealth," *Constitutional Political Economy* 4(1993); 97—125.

Steinfels, Peter. "A Political Movement Blends Its Ideas from Left and Right," *New York Times*, 24 May 1994, p. 4. 6.

Stinchcombe, Arthur. "Is the Prisoner's Dilemma All of Sociology?" *Inquiry* 23(1980); 187—192.

Tambiah, S. J. *Sri Lanka; Ethnic Fratricide and the Dismantling of Democracy*. Chicago; University of Chicago Press, 1986.

Taylor, Charles. *Sources of the Self; The Making of the Modern Identity*. Cambridge, Mass.; Harvard University Press, 1989.

——. "Irreducibly Social Goods," in Geoffrey Brennan and Cliff Walsh, eds., *Rationality, Individualism and Public Policy*(Canberra; Centre for Research on Federal Financial Relations, 1990), pp. 45—63.

Tocqueville, Alexis de. "Memoir on Pauperism," in Seymour Drescher, *Tocqueville and Beaumont on Social Reform*. New York; Harper, 1968(1835).

Tolstoy, Leo. *War and Peace*. London; Everyman, 1911(1864—1869).

——. *Resurrection*. Trans. by Rosemary Edmonds. London; Penguin, 1966; first pub. 1899.

Townsend, Joseph. *A Dissertation on the Poor Laws, By a Well-Wisher to Mankind*. Berkeley, Calif.; University of California Press, 1971(1786).

Tucholsky, Kurt. *Politische Briefe*. Ed. by Fritz J. Raddatz. Reinbek bei Hamburg; Rowohlt, 1969.

Turgenev, Ivan. *Fathers and Sons*. Trans. by Rosemary Edmonds. Baltimore; Penguin, 1965(1861).

——. *Spring Torrents*. Trans. by Leonard Schapiro. Baltimore; Penguin, 1980(1872).

Veblen, Thorstein. *An Inquiry into the Nature of Peace and the Terms of Its Perpetuation*. New York; Augustus M. Kelley, 1964 repr. (1917).

Verdi, Giuseppe. *Ernani*(1844), with a libretto by Francesco Maria Piave, based on the play *Hernani*(1830), by Victor Hugo.

Walzer, Michael. *Exodus and Revolution*. New York; Basic Books, 1985.

Warshow, Robert Irving. *Alexander Hamilton; First American Businessman*. New York; Greenberg, 1931.

Weber, Eugen. *Peasants into Frenchmen; The Modernization of Rural France, 1870—1914*. Stanford, Calif.; Stanford University Press, 1976.

Weschler, Lawrence. "Lost in Rwanda," *New Yorker*, 25 April 1994, pp. 42—45.

Williams, Bernard. *Morality; An Introduction to Ethics*. New York; Harper and Row, 1972.

——. *Ethics and the Limits of Philosophy*. Cambridge, Mass.; Harvard University Press, 1985.

Wisconsin v. Yoder et al., 406 U. S., pp. 205—249.

Wolfe, Thomas. *Look Homeward, Angel*. New York; Scribner's, 1929.

——. *The Web and the Rock*. New York; Harper, 1939.

——. *You Can't Go Home Again*(1940).

Woolf, Virginia. *A Room of One's Own*. Harmondsworth, Middlesex; Penguin, 1945(1928).

Xenophon. *The Persian Expedition* (or *Anabasis*). Any edition.

Yeats, William Butler. *The Collected Poems of W. B. Yeats*. New York; Macmillan, 1956, definitive edition.

Zingg, Robert M. "India's Wolf Children; Two Human Infants Reared by Wolves," *Scientific American*(March 1941); 135—137.

图书在版编目(CIP)数据

群体冲突的逻辑/(美)哈丁(Hardin, E.)著;刘
春荣,汤艳文译.—上海:上海人民出版社,2013
(世纪人文系列丛书.世纪前沿)
书名原文:One for all:the logic of group conflict
ISBN 978 - 7 - 208 - 11526 - 2

Ⅰ.①群… Ⅱ.①哈… ②刘… ③汤… Ⅲ.①社会冲
突论-研究 Ⅳ.①C91

中国版本图书馆 CIP 数据核字(2013)第 156704 号

责任编辑 周 丹 潘丹榕
封面装帧 陆智昌

群体冲突的逻辑
[美]拉塞尔·哈丁 著
刘春荣 汤艳文 译

出　　版 上海人民出版社
　　　　　　(200001 上海福建中路 193 号)
发　　行 上海人民出版社发行中心
印　　刷 上海商务联西印刷有限公司
开　　本 635×965 1/16
印　　张 20.5
插　　页 4
字　　数 273,000
版　　次 2013 年 8 月第 1 版
印　　次 2020 年 4 月第 3 次印刷
ISBN 978 - 7 - 208 - 11526 - 2/D · 2303
定　　价 68.00 元